国家社科基金2012年资助项目
中西部高校提升综合实力建设项目资助

中国民族史学理论新探索

陈育宁 主编

中国社会科学出版社

图书在版编目(CIP)数据

中国民族史学理论新探索/陈育宁主编. —北京:中国社会科学出版社,2015.12

ISBN 978 – 7 – 5161 – 7131 – 8

Ⅰ.①中… Ⅱ.①陈… Ⅲ.①民族历史—研究—中国 Ⅳ.①K28

中国版本图书馆 CIP 数据核字(2015)第 283342 号

出 版 人	赵剑英	
责任编辑	郭晓鸿	
特约编辑	席建海	
责任校对	王 影	
责任印制	戴 宽	

出 版	中国社会科学出版社	
社 址	北京鼓楼西大街甲 158 号	
邮 编	100720	
网 址	http://www.csspw.cn	
发 行 部	010 – 84083685	
门 市 部	010 – 84029450	
经 销	新华书店及其他书店	

印 刷	北京君升印刷有限公司	
装 订	廊坊市广阳区广增装订厂	
版 次	2015 年 12 月第 1 版	
印 次	2015 年 12 月第 1 次印刷	

开 本	710×1000 1/16	
印 张	21	
插 页	2	
字 数	348 千字	
定 价	78.00 元	

目　录

序

郝时远*

中国是一个统一的多民族国家，中华民族是一个多元一体的大家庭，这是当代中国最基本的国情。在世界范围，发源于江河流域的几大古老文明，唯有中华文明源远流长、延续至今，其重要的内在机理就是统一与多样、多元与一体的辩证关系，贯穿于整个中国历史的过程。陈育宁先生主编的《中国民族史学理论新探索》，即是对这一历史过程进行理论思考的一部学术著作。

陈育宁先生长期从事中国民族史研究，在北方民族史研究中成果卓著，在民族史学理论的探索中成绩斐然，为学界所敬仰。这部新作是他主持国家社会科学基金项目成就的硕果，打开了中国民族史学理论研究的新视野。清末思想家龚自珍曾言："欲知大道，必先为史。"对中国而言，其"大道"者即是统一的多民族国家形成和发展的规律，其"为史"者则是中华民族多元一体形成和发展的过程。把握这一规律，辨析这一过程，是中国民族史学理论研究的基本着力点，也是《中国民族史学理论新探索》一书贯通始终的思想方法和理论指向。

中国现代的民族史学研究已经有百年的历史，新中国成立以来的 65 年间，民族史研究取得了长足的发展，中国民族史、中国民族关系史、断代民族史、族别通史、中华民族史、中华民族凝聚力等研究成果比比皆是，其中都包含了从理论上概括、从实证中阐释中国历史规律的思想成就。但

---

* 郝时远，中国社会科学院院长助理，学部委员，学部主席团秘书长，研究员，著名民族理论、民族史专家。

是，从总体而言，民族史学理论的系统化、思辨性、解释力和影响力尚属薄弱，在中国史学理论研究领域中的独特性和重要性还不显著。事实上，正如这部著作所立论的统一的多民族国家、多元一体的中华民族这两个支点，就是中国历史熔铸的国家禀赋和民族格局。从这个意义上说，民族史学理论不仅是中国史学理论的有机组成部分，而且就是中国史学理论的基本特色。

这部著作展开的历史视野，既有民族史学关涉的多种文字、国内外的文献，也切实把握了"大道"所昭示的历史史实，揭示了中国历史上"五方之民"及其后裔遵循天下统一之大道、因俗而治之方略、和而不同之目标，在共同建立统一的多民族国家进程中凝聚为中华民族的历史规律和现实结果。该书作者正是立足于这样一种国家观、历史观、民族观，去观察和解读民族源流、民族关系、战争与和平、分裂与统一、迁徙与融合、农耕与游牧、中原与边疆等重大历史要素，史论结合地阐发了尊重历史、符合国情的理论观点。

中国历史上维护统一、重视差异的治世之道，莫过于先秦时代形成的"修其教不易其俗，齐其政不易其宜"的理念。虽然历朝各代施政的观念不同、政策多样，体现着封建王朝统治势力的阶级属性，但是中国历史发展的进程始终在"大一统"的轨道上运行，无论江山易手何族，谋求"大一统"的"天下"观始终没有改变，统一的多民族国家格局没有改变，这是中国历史的大势。把握大势而不纠结于"琐事"，顺应主流而不为"末节"所惑，这是构建和提炼理论的基本要求，也是客观评价曲折、科学论证过程的前提条件。这正是《中国民族史学理论新探索》一书秉持的思想方法，由此对中国历史上涉及民族关系的政治、经济、文化、人物等一系列重要话题的观念、论理革故鼎新，令人读来由衷感佩、发人深省、获益良多。

这部著作以上下五千年的视野，论述了中华文明的历史脉络，着重对中华文化包容多样的基质进行了思辨。中华文化集各民族文化之大成，在各民族长期互动中深深植根于中华沃土，滋养、培育了中华民族凝聚力。这是一个漫长的历史过程，对这一历史过程的规律性探索和实证性提炼，也是本书展示的一大亮点，由此导入近代以来建立在中华文化认同基础上的现代国家重建、多元一体认同，从历史纵深和现实前景为我们展开了当代中华文化认同的深层意义，揭示了当代中华文化认同对祖国、中华民族、中国特色社会主义道路认同所具有的关键性作用。

总之，这是一部民族史学理论研究的前沿成果，这部著作的面世不仅对推进和深化我国民族史研究具有重要的学术价值和理论意义，而且对深刻认识我国统一的多民族国家基本国情，加强中华民族大团结，构筑多元一体大家庭共有的精神家园，具有重要的现实意义。

2014 年 11 月于北京

前　言

民族史学作为一门具有现代意义的学科，从梁启超撰写《历史上中国民族之观察》（1906 年）和《中国历史上的民族之研究》（1920 年）两篇宏论算起，迄今约百年时间。这一个世纪中，民族史学的发展在探索中前进，已经取得了相当可观的成绩。但就目前的研究现状而言，与我国悠久的历史传统和丰富多彩的多民族历史比照，还远远不够。如何深入、系统、创建性地研究中国多民族历史，仍然是当前和今后相当长时间内我们需要思考并予以解决的问题。而深化民族史的研究，必须要完善民族史学理论学科的建设。

任何学科都需要理论的指导，民族史学也不例外，其理论研究更为重要

理论是概念、原理的体系，是系统化了的理性认识，具有全面性、逻辑性和系统性的特征。理论的产生和发展既由社会实践决定，又有自身的相对独立性。理论必须与实践相结合，离开了实践的理论是空洞的理论。科学的理论是在社会实践基础上产生并经过社会实践的检验和证明的理论，是客观事物的本质、规律性的正确反映。

理论是任何一门学科发展与完善的保障，如果没有理论的提升与引导，研究工作就会被具体问题的茫茫大海所淹没，具体问题的研究也会陷入茫无头绪之中。只有掌握了理论工具，我们才能运用它深入剖析具体现象，帮助我们理解具体问题，并发现其中规律。理论与具体问题的研究总是相辅相成、共同促进提高的。

民族史学作为一门学科，更需要理论的指导。从宏观层面来讲，要运用历史唯物主义作指导，要吸收和借鉴其母体——历史学和民族学的相关理论，与此同时，民族史学由于其研究对象和研究内容的特殊性，必须要有自己的学科理论与方法作为指导，建立适合我国民族历史发展规律的理论体系、方法和原则。建立民族史学科学的理论体系，不仅是指导研究历史上的民族和民族关系、形成正确的民族史观的需要，同时对于解决现实的民族工作中所遇到的问题，也有借鉴和指导作用，是处理现实社会民族关系的理论依据和历史依据。

中国民族史学的特殊性需要理论概括

中国民族史是一个庞大复杂的学科体系，有它相对独立的学科特点。

一是时间久远。从有文字记载开始，中国历史上一直有民族不断出现、发展和消亡。有的民族或其先祖的历史可以追溯很远，有文字或实物的实证。有的民族在历史舞台上有过突出的展示，旋即消失。有的民族是在民族融合的过程中形成的新民族，有的民族随着时间的推移融入其他民族中。总之，中国多民族的发展历时久远，连续不断，错综复杂，具有其独特性。

二是中国各民族的历史不是孤立地发展。20世纪初期，王桐龄先生就指出："实则中国民族本为混合体，无纯粹之汉族，亦无纯粹之满人。"[①]他认为，中国各族群经过了几千年的相互交流与融合，实际上都已经成为血缘混合的群体。这充分表明了中国各民族发展中有着紧密联系的一面。由于中国地域自成一个地理单元，在这个地域范围内，很多民族都不可能孤立地发展。民族之间的相互交往，有战争形式，有经济联系，有文化交流，等等。总之，民族之间的相互依存，越到晚近，越密不可分。

三是中国民族的共性与个性的统一。中国民族史既有世界民族发展的共性问题，也有中国民族发展的个性问题。同时，中国民族史既有整个民族发展的共性问题，又有各个民族、各个地区发展的个性问题。共性问题属于全人类发展的重大问题，作为世界民族的一分子，中国不可能脱离这个系统。但是，中国民族发展的许多特殊现象和具体问题，还需要我们自

---

① 王桐龄：《中国民族史》序 1，文化学社 1934 年版。

己去加以概括和总结。比如中原王朝和周边少数民族的关系，民族人物的评价，民族政策的制定和评价，中国疆域和民族政权的关系，中国历史上统一和分裂的关系，中华民族的凝聚力，中华民族的自我认同与国家认同，等等，这些涉及中国历史上民族的诸多有特殊性的问题都需要有具体的理论和原则来加以阐释。

中国民族史研究的领域非常广阔，涉及各民族自身问题，又涉及民族关系问题。对这些带有共性的问题应该有理性的思考和回答，应该有对其规律的科学总结和归纳，这样才能使我们对学科体系的认识进入比较自觉的状态。正如白寿彝先生所说："小问题不是不能研究，但若过多地研究这类问题，就太零碎了。我们不可能有很多功夫去研究太小、太碎的问题。因此，我们研究问题要抓住主要问题，抓大问题，抓带有全面性的问题。"[①] 民族史学理论正是带有全面性的大问题。

因为历史的原因，传统史观影响我们正确地分析历史问题

中国历史上形成地看待民族和民族问题的传统观点，有较为客观和理性的一面，也有一些影响深远的片面认识，比较突出的有中原王朝正统论、大汉族主义、狭隘民族主义等。由于受历史、社会、阶级、文化的局限，这些片面的观念不仅难以正确解读中国多民族的历史及其发展方向，而且形成了许多根深蒂固的错误认识，甚至至今仍然成为影响我们的民族偏见和错误观念，因此，十分有必要以正确理论为指导，加以廓清和纠正，以利于民族史学健康科学的发展，同时有利于中国多民族社会的长久和谐。

我国有悠久的治史传统，在大量的史籍中留下了众多关于少数民族的记载。就卷帙浩繁的"二十四史"而言，其中就有专门记录少数民族活动的篇章，这是我国正史撰述的一个传统。因为无论是哪一个王朝，或是哪一个民族建立的政权，都毫不例外地要与其他民族或民族政权打交道，都有大量的政治、经济、军事、文化的交往内容。中国历史上有许多少数民族建立过自己的政权，最先是匈奴，匈奴建立的政权一直延续到五胡十六

---

① 白寿彝：《关于中国民族关系史上的几个问题》，《民族宗教集》，北京师范大学出版社1992年版，第61页。

国时期,大约在北方存在了700年时间。继匈奴之后,鲜卑、突厥、党项、蒙古、女真、契丹、满族等都在我国历史上建立过政权。其中蒙古族和满族还建立了全国统一的政权,当今中国的疆域就是元朝奠定、清朝确定的。许多少数民族用自己的语言文字留下了本民族的历史记载,还有广泛流传的传说以及大量的历史遗迹和实物资料。这些珍贵的文献和资料,历来备受我国史学家的重视。但是,传统史学由于受到封建正统观和民族歧视等意识的支配,忽视甚至歪曲少数民族为推动中国历史发展所起的重要作用,没有也不可能给予少数民族以应有的历史地位,从而也难以准确客观地描述中华多民族的历史发展进程。

封建正统观念自汉代形成后,日益发展完善,渗透在社会生活的各个方面。这种封建正统观表现在民族关系上,认为汉族是礼仪之族,汉族所在的中原地区是文化之区,处天下之中,汉族建立的中原王朝是正统,而其他民族则是“虽有君长而无礼仪”的“蛮族”,少数民族建立的政权是“割据”。认为夷夏有别,周边少数民族“非我族类,其心必异”,加以歧视和防范。在这种正统观的影响下,传统史学不可能对少数民族的历史作用和地位做出正确的描述,同样也不可能对汉族的形成发展及历史作用做出正确的描述。

随着辩证唯物主义和历史唯物主义以及科学的民族观的逐步确立,我们在观察分析历史时,越来越认识到,中华民族的历史是各民族共同创造的,历史上各个民族,包括已经消失了的民族,他们对中华民族的形成和发展,对于统一的多民族国家的形成和发展,都做出了其他任何一个民族不可替代的贡献,少数民族的历史在中国历史中占有十分重要的地位。重要的是,只有运用民族平等的观点,才能对这一问题取得正确的认识。①

现实迫切需要民族史学理论服务社会

现实的民族现象、民族问题、民族关系是历史延续的结果。认知历史与现实的联系,揭示其中规律,正确认识今天的民族问题,也必须有科学

---

① 陈育宁主编:《中华民族凝聚力的历史探索——民族史学理论问题研究》,云南人民出版社1994年版,第1—3页。

的理论做指导。

其一，民族史学理论与中国的历史书写。

白寿彝先生说过："历史工作中最重要任务就是要写历史书……写出历史可以对各族人民进行历史唯物主义教育，使广大的各族人民有机会懂得祖国的过去、本民族的过去，展望祖国的未来、本民族的未来。""通过历史书对青年一代进行宣传教育。这种宣传教育不是假的，不是歪曲历史的，不是捏造事实的，而是要根据历史事实进行的。"① 而通史的撰写最能够反映历史的全貌，因此，编撰中国通史成为很多史学家的毕生学术追求。

中国通史的撰述绕不开对各民族历史的描述；而如何描述各民族的历史，用什么观点去诠释各民族的历史及民族之间的关系，则与民族史学理论密不可分。民族史学理论问题解决不好，真正的中国通史很难写下去。白寿彝先生长期从事民族史和民族史学理论的研究，积累了丰厚的成果。他总主编的巨著《中国通史》被誉为"20 世纪中国史学的压轴之作"。他的民族史修养以及对民族史学理论问题的科学论断，是他能够组织完成这部《中国通史》的必要条件。民族史学理论的研究程度，关系着中国通史的编纂水平，这是 20 世纪中国史学的发展给予我们的重要启示。②

研究民族史学理论，能够指导我们客观地论述中华民族发生、发展的历史全貌和多民族共同创建中华文明的伟大历史。把这种正确的历史观和民族观贯彻在历史研究和教学中，融入历史著作的编写中，使人们正确了解多民族国家的历史，认识各民族、特别是少数民族对祖国的贡献，树立各族人民热爱祖国的高尚情操，这是民族史学理论建设的一项重要使命。

其二，树立正确的民族史观。

研究和描述多民族的历史，是一项具有高度历史责任感和强烈政治意识的使命。必须看到，我们所面对的大量历史遗产，包括文献记载和传统思想，都有不少对少数民族存有偏见的"夷夏观"和民族歧视的"正统观"。没有正确的理论武装，很难摒弃错误观点的影响。带着对少数民族

---

① 白寿彝：《关于中国民族关系史上的几个问题》，《民族宗教集》，北京师范大学出版社 1992 年版，第 62—63 页。

② 周文玖：《从"一个"到"多元一体"——关于中国民族理论发展的史学史考察》，《北京大学学报》2007 年第 4 期。

的偏见去研究民族历史问题，必然会出现偏差，不符合历史事实，也不符合当前民族工作的要求，甚至会造成损害民族关系的不良后果。所以，要总结民族史学理论研究中已经比较成熟的观点，指导民族史的研究，继承历史上的好传统，推进今天的民族团结局面。

其三，为祖国统一提供理论依据。

当前，我国虽然处在社会主义建设的最好时期，但是各种不稳定因素还时有出现，并且在相当长的一段时间内，民族分裂主义势力还将存在。总体来看，国家的统一问题还面临着严重挑战。民族史学理论的研究，从民族史的理论层面，论证多民族国家统一的历史，中华民族凝聚力发生发展的客观过程，可以通过对这些问题的正确解答，为多民族统一国家提供历史理论的依据。

其四，对民族研究做出理论指导。

民族史是民族学研究的一个重要领域，民族史学理论的深入研究，可以对整个民族学研究提供更多的理论依据。比如关于"民族"概念的内涵研究，目前学术界尚未完全形成统一的认识。对"民族"及相关观念的解释，大都是由西方传入，或者本身就是西方概念，这些 nation，ethic-group，甚至我们通常使用的"民族"概念，似乎都不能准确涵盖、描述中国民族的内涵。中国民族历史的一个最大的特点是，它有世界其他民族无法比拟的一些基本特征——历史悠久、多元一体、从未间断，这是中国史，也是人类史的一笔宝贵财富。由此，通过研究中国民族的历史，进而给民族一个更为恰当的定义，从而成为正确解读中国民族的一个认识工具，而不是仅仅从西方的认识角度来解释中国的民族。这也可以叫作有中国特色的"民族"定义。对这样重大问题的解答，必然离不开对中国民族历史的理论概括和提升，也离不开民族史学理论的帮助。

其五，为制定民族政策和解决民族问题提供理论依据。

民族史学理论的另一个重要任务就是充分利用对历史传统的正确说明，帮助人们认识今天的民族关系，认识中华民族凝聚力的现实意义，从而为社会提供科学的、正确的民族观，在正确揭示历史的同时服务现实，助力于民族工作的实践，为民族政策的制定和民族问题的解决提供历史依据和理论依据。

第一章　中国民族史学的形成与发展

第一节　中国历史——一部多民族的共同史

我国自古就是一个多元文化和多民族的地区。中华历史文化在其滥觞的旧石器时代，就已呈现出多元的色彩。考古学成果显示，在今天中国的疆域范围内，从黑龙江到青海，从云南到台湾都发现有早期人类的化石地点。至于旧石器时代文化的分布范围之广，已遍布中国各地理区域。中国的旧石器文化，不仅分布广泛，而且已出现不同技术传统的区别，是考古文化不同区系发展的萌芽。

与旧石器时代文化的点、片分布相比，新石器时代文化则给人以满天星斗的印象。20 世纪 80 年代，我国各省区发现的新石器文化遗址已有7000 多处，而随着近 20 年来考古发现如井喷式上升，这个数字已远远不能揭示在中国发现的新石器时代文化的总体状况。对于如此丰富的史前文化分布特点，学者们形成了各种论说观点，其中包括苏秉琦的"六大区系"说，严文明的"多重花瓣"说，张光直的"互动圈"说，石兴邦的"三大传统"说，以及陈连开的"两部三带九类型"说。上述各说从不同角度反映出学者们对中国多元交融历史文化的根源性共识。这些多元交融的史前历史与文化为以后历史上多民族的发展和汇集开了先河。

在有文字记载以前的传说时代，相当于新石器时代的中国境内，已经产生了具有不同文化特征和起源、以地域纽带代替了血缘纽带的几个大的部落集团，它们是：黄帝集团、炎帝集团、太昊集团、少昊集团、三苗集团以及长江下游的百越部落集团。这些部落集团之间不断发生着各种各样的联系，它们相互攻伐、兼并、融合，在历史进入到文明时代后，这些部落集团逐渐发展演变成为一些民族集团。

据学者对殷墟甲骨文的研究，夏商周时期，我国就存在着夏、蛮、夷、戎、狄五大民族集团。《礼记·王制》中记载："中国戎夷，五方之民，皆有性也，不可推移。东方曰夷，被发文身，有不火食者矣；南方曰蛮，雕题交趾，有不火食者矣；西方曰戎，被发衣皮，有不粒食者矣；北方曰狄，衣羽毛穴居，有不粒食者矣。中国、蛮、夷、戎、狄，皆有安居、和味、宜服、利用、备器。五方之民，言语不通，嗜欲不同。达其志，通其欲……"

这种"华夷五方"的民族集团分布格局是历史上人们对中国多民族存在状况的最初认识。在这五大民族集团中，夏族经过夏、商、周几代的发展，已成为人数最多，政治、经济、文化发展水平最高的民族。在夏族的周围存在着蛮、夷、戎、狄四大民族集团，内部则比较复杂，每一个民族集团内部都有着更复杂、更细致的分类，如《尔雅》云："九夷、八狄、七戎、六蛮，此谓之四海。"四方民族众多的族称，虽然可能部分是同一民族在不同时期的名称，但总体上反映的却是民族构成的复杂性和多元性。

秦汉至南北朝时期，中国各民族状况在先秦五大民族集团的基础上有了很大发展和改变。先秦时期所称的夏或华夏族，这时逐渐改称汉族，这一族称的出现，与汉朝的建立和两汉 400 多年历史的影响密切相关。夏或华夏改称汉族，并不是这一民族共同体的本质发生了变化，更不是新民族产生，只是族称的改变。这一改变，实质上显示了该民族共同体发展到了一个新阶段，这种发展，不仅表现在居住区域的扩大、人口的增加、社会制度和经济文化的发展，还表现在其内在联系的加强和发展。

在这一时期，原来先秦的"四方"之民也有了很大发展，这既表现在他们经济文化的发展和社会的进步，也表现在各民族集团中都出现了比较单一的民族，有些还建立了强大的民族政权。

这一时期，在中国相继出现和存在的民族，北方有匈奴、丁零、敕勒、高车、柔然；东北方有东胡、乌桓、鲜卑、夫余、朝鲜、高丽；西域先有 36 国，后又发展为 50 多个城邦和行国，其中较大和较重要的有居于天山北路的乌孙和居于天山南路的楼兰（后改称鄯善）、焉耆、龟兹、疏勒、于阗、莎车，横跨天山南北的有姑师，后发展为车师六国等；西方秦陇以西和青藏高原存在着支系众多的氐羌；南方存在着所谓百越，其中较大的有东瓯、闽越、南越、西瓯、骆越；西南黔川滇地区，又有所谓西南夷，其成分甚为复杂，有属氐羌系统者，有属百越系统者，也有属南亚高棉系统者。在这些民族中间，匈奴曾建立了强大的游牧帝国，统一了北方地区，臣服了东北和西域相当部分的民族和城邦、行国。南越建立了强大的国家，统一了岭南地区。鲜卑、氐羌等族建立过或大或小、存在时间或长或短的国家。特别是鲜卑建立的北魏、北齐、北周，更是长时间主宰了我国淮河秦岭以北，并为隋唐的统一奠定或创造了条件。

隋唐与宋辽金时期，中国的民族构成发生了重大变化。汉族通过魏晋南北朝300多年的分裂混战和民族迁徙，融合了许多民族成分，壮大了自己，扩大了居住区域，社会经济文化发展到了一个新高度。汉族周边的各民族也有了很大发展，并出现了许多新的族称和族体。例如，北方和西北方有铁勒、突厥、回纥（后改回鹘）、鞑靼、蒙兀（蒙古）和西域各城邦；东北方有契丹、奚、靺鞨、室韦、高丽、渤海、女真；西方和西南方有吐谷浑、党项羌、吐蕃、乌蛮、白蛮、濮，等等；南方有溪洞、僚、瑶、苗、壮、黎、仡佬，等等。这些族称有的是原来民族名称的改变，表现的是同一民族在不同时期的不同称谓；有的代表着新民族的形成；有些则经过长期的发展形成了单一的民族，并有了比较固定的族称。在他们中间，势力较强和在历史上影响较大的有突厥、回纥、吐蕃、乌蛮、白蛮、渤海、契丹、女真等族。突厥、回纥曾在我国北方和西北方相继建立了强大的汗国。吐蕃则在我国西藏、青海地区建立了强大的帝国，其最盛时势力扩大到西域、中亚并占据了唐朝西部的许多州县。建立在今云南地区以乌蛮、白蛮为主的南诏、大理，曾存在了5个多世纪，统治了云南地区以及与其毗邻的各族。渤海（原靺鞨一部）、契丹、女真各族，在我国东北及华北地区，相继建立了渤海、辽、金等国，曾强盛一时。南方民族未建立过强大的国家，都处于中原王朝的统治之下，但他们也发展为比较固定和较为强大的族体，如瑶、苗、壮、黎、仡佬、畲等。

元、明、清三代从13世纪20年代到20世纪初，共经历了640多年。这时汉族在与蒙古、色目等族融合的基础上进一步发展壮大，周边诸民族在族体及分布上均趋于稳定。在清朝时期，见于记载的数十个民族，虽然族称仍然繁多，也不完全统一，但作为民族共同体都已定型，每个民族的聚居区也趋于稳定，并与中国今日的民族基本一致了。这一时期还形成了一些新的民族，如广泛分布于中国各地的信仰伊斯兰教的人群最终形成回族共同体；满族虽然源于女真，但又加入了蒙古族、汉族等成分而形成。在这一时期，蒙古族建立了空前统一的元朝大帝国，元朝疆域辽阔，民族众多，都达到了前所未有的程度。由满族建立的清王朝则奠定了现代中国的版图。①

纵观中国五千年文明史以及更为久远的人类活动的历史，在每一个历史时期都留下了当时各个民族群体活动的足迹，他们是中国历史不可或缺的重要角色，与汉族共同创造了中国多民族发展的历史，共同开创了中国的疆域，共同开发了中国的物质资源，创造了举世瞩目的经济财富，共同创造了多元共存的中华文化。

第二节 多民族的历史记载与文化遗产

一 传统史学对多民族历史的记载

1. 先秦时期的民族史撰述

中国是一个有着悠久史学传统的国家，中国史学中始终保持着撰写少数民族历史的良好传统。中国自有文字记载以来，在包括甲骨文、金文文献中就已经有了民族史的资料记载，先秦《尚书》《诗经》《春秋》和《左传》等儒家经典以及《国语》《山海经》《逸周书》《竹书纪年》《天问》等古代典籍更是有许多涉及民族历史的内容。

殷商甲骨文中涉及许多周边民族的历史，其中方、土方、井方、肃、鬼方、羌方等就是武丁时殷的方国，亦即当时周边的少数民族。②

先秦儒家经典《尚书》《诗经》《春秋》《左传》等清晰地反映了西周时期"诸夏"与周边的蛮、夷、戎、狄的交往历史。《春秋》记载了周王室的史事和一百多个国家之间的朝聘、会盟、通婚和战争。《左传》对当

---

① 参见陈育宁《民族史学概论》，宁夏人民出版社 2006 年版，第 16—19 页。
② 刘梦溪主编：《中国现代学术经典·董作宾卷》，河北教育出版社 1996 年版，第 58—70 页。

时处于中原地区的"诸夏"和各民族之间的频繁活动记载颇多，反映了春秋时期各族间的交往、融合的局面。

先秦时期的民族史记载，总的看来比较零星，不成系统。但这些记载不仅反映了当时民族间有了较频繁的相互交往，更重要的是反映了中国早期民族观的形成，其中最突出的是"华夷"观念。在这些先秦文献中，"诸夏"与"夷狄"被按照地理和文化的差别作了区分，进而又形成以"尊王攘夷"为主要政治诉求的"夷夏之辨"观念，如《左传·闵公元年》："狄人伐邢，管敬仲言于齐侯曰：'戎狄豺狼，不可厌也；诸夏亲昵，不可弃也。'"《左传·成公四年》记：鲁成公"欲求成于楚而叛晋，季文子曰：'不可……非我族类，其心必异。楚虽大，非吾族也，其肯字我乎？'公乃止。"先秦时期形成的有关民族划分和民族关系的认识，对中国的政治和文化影响深远，虽经各个时期不断有所发展，但基本的认识和观念则贯穿中国历史的始终。

2. 中国历代正史的民族史撰述

中国历史学的成熟，源于司马迁开创性的纪传体通史巨作《史记》。在《史记》中，司马迁专门为少数民族撰写了六篇专传：《匈奴列传》《南越尉陀列传》《东越列传》《朝鲜列传》《西南夷列传》《大宛列传》，分别将环绕中原的各民族历史进行了较为系统的记载，在其本纪、表、世家中对民族活动也多有记述，留下了许多宝贵的民族史资料。

司马迁认同孔子"入夷则为夷，入夏则为夏"的民族观，更秉持客观著史的准则，在《史记》的诸多纪传及六篇少数民族专传中客观描述、分析各民族历史与文化。对于少数民族，司马迁并非一味斥其愚昧落后，而是承认其历史功绩，如《越王勾践世家》太史公曰："越虽蛮夷，其先岂尝有大公德于民哉，何其长久也！"。除《西南夷列传》外，司马迁均直接使用周边民族与政权的名称，没有套用"蛮""狄""戎"等称呼。司马迁在《史记》中还表达了他的大一统思想，如在《匈奴列传》中称："匈奴，其先祖夏后之苗裔也，曰淳维。"在《越王勾践世家》中称："越王勾践，其先禹之苗裔，而夏后氏少康庶子也"。在《楚世家》中称："楚之先祖出自帝颛顼高阳，高阳者，黄帝之孙，昌意之子也。"这些记载现在看来未必属客观事实，但司马迁肯定了周边少数民族先祖源于华夏，只是由于生存环境的变化而形成了不同的文化和习俗，这种华夷同宗思想反映了司马迁大一统的民族历史观。

班固秉承司马迁的民族观，不仅在《汉书》的诸多纪传中记述中原与少数民族的关系，也为少数民族及其历史设传书写，包括《匈奴传》（上下）《西南夷两粤朝鲜传》《西域传》（上下）等，还为在汉朝做出贡献的少数民族人物立传，如《金日磾传》等。

两汉之后的史家撰写少数民族史专篇，大体上延续了司马迁和班固的构思。西晋陈寿《三国志》在《魏书》最后一卷（卷三十）专列乌丸、鲜卑、东夷三传，并在小序中对为它们立传的原因进行了说明："乌丸、鲜卑，即古所谓东胡也。其习俗、前事，撰汉记者已录而载之矣。故但举汉末魏初以来，以备四夷之变云。"关于为东夷夫余、高句丽、沃沮、挹娄、濊人、韩人与倭人等民族立传，主要是由于汉末魏初东夷各族与中原政权有着密切的关系，而这些情况都是"前史之所未备"。《三国志》善于叙事，文笔简洁，但未为西北各族和西南各族写传，是一缺憾。

南朝宋范晔在《后汉书》中撰写了《东夷列传》《南蛮西南夷列传》《西羌传》《西域传》《南匈奴列传》和《乌桓鲜卑列传》等六个少数民族专传。其记载范围有类《史记》，考虑到了边疆各族。关于这些少数民族入传的原因，范晔指出："自中兴之后，四夷来宾，虽时有乖畔，而使驿不绝，故国俗风土，可得略记。"范晔详尽记述了上述各地区少数民族及其分支的族源、历代沿革、地理位置、风俗人情、政权更迭及与东汉政权的交往活动。范晔在《后汉书》的少数民族列传里，强调中原民族与各少数民族的同宗同源关系，如《东夷列传》记载了三韩中的辰韩"耆老自言秦之亡人，避苦役，适韩国，马韩割东界之地与之"，说明其祖先是秦朝时因逃避劳役之苦而逃亡之人，与中原民族存在血缘关系；《西羌列传》言"西羌之本，出自三苗，姜姓之别也，其国近南岳。及舜流四凶，徙之三危，河关之西南羌地是也"。这些记载无疑是以中华一统、民族融合为前提和出发点的。

南朝梁沈约著《宋书》，设有四个少数民族列传。其中《索虏列传》记载了鲜卑族拓跋部的族源、兴起及其所建北魏政权与刘宋政权的战和关系，《鲜卑吐谷浑列传》记载了鲜卑族吐谷浑部的起源、政权沿革及自其首领土谷浑阿犲开始对刘宋政权的臣服关系,《蛮夷列传》与《氐胡列传》则记载了当时蛮、夷和氐族的发展情况及其对刘宋政权的臣服或交战关系。以"索虏"为列传题名,反映了当时史家内华夏外夷狄的民族观。沈约在《宋书·索虏列传》中记载:"索头虏姓拓跋氏,其先汉将李陵后也。陵降匈奴,有数百千种,各立名号,索头虏亦其一也。"亦强调拓跋鲜卑出自华夏。

萧子显《南齐书》设三个少数民族列传。《魏虏列传》的设立,是为了总结自东晋以来南北民族矛盾激化,与北魏政权分立的经验教训:"齐、虏分,江南为国历三代矣。华夏分崩,旧京幅裂,观衅阻兵,事兴东晋。"《蛮东南夷列传》与《芮芮虏河南氐羌列传》的设立,是为了总结与少数民族文化交往及互通有无的盛况:"故交、广富贵,牣积王府。充斥之事差微,声教之道可被","贸易有无,世开边利,羽毛齿革,无损于我。"

北齐魏收撰写的《魏书》,记述了中国北方鲜卑族拓跋部从 4 世纪后期至 6 世纪中期的历史,其最重要的成就在于,它是中国历代"正史"中第一部记述少数民族政权的史籍。《魏书》在编排上以序纪记载建国以前的祖先,本纪记载未即位的太子,列传按时间先后顺序和民族区分,把同类人物放在一起,这不仅是一种体例上的创新,同时反映了作者对于当时鲜卑族崛起于中国北方,鲜卑史成为中国历史不可分割的重要组成部分的认识。尽管魏收在《魏书》中称东晋为僭晋、称南朝为岛夷,不录西魏的史实,但它在承认各民族都是黄帝子孙的前提下,记载了以鲜卑族为主体的多民族的历史,记载了各少数民族的社会状况及其与中原王朝在政治、经济与文化等方面的联系,反映了北魏统治下各少数民族杂居、日益融合和共同发展的史实,又表明作者已把鲜卑族历史看成是华夏民族不可分割的一个组成部分。

唐朝开始设馆修史,集体编撰完成了《晋书》《梁书》《陈书》《北齐书》《周书》《隋书》等史著,改变了此前绝大多数"正史"成于史官一人之手、作者史观贯穿全书的撰述传统,使史著以帝王是非为是非,更直接地为统治者服务。国家的统一,必然要求产生与之相适应的历史著作。唐初,皇家组织撰写上述史著,强调"正统"和"僭伪",不十分关注"华""夷"界限,这反映了隋唐统一后"天下一家"的思想。

《晋书》是唐太宗命房玄龄监修，令狐德棻等 20 余人集体编撰而成。有关少数民族的记述除"列传"第六十七"四夷"外，为了反映西晋末北方匈奴、鲜卑、羯、氐、羌等族建立的十六国史实，《晋书》创制了前代史书所没有的"载记"三十卷，大大丰富了有关少数民族历史的记述。

《梁书》与《陈书》是姚思廉奉唐太宗敕令修撰，前者计五十六卷，其中第五十四卷为"诸夷列传"，分为"海南诸国"（林邑等九族）、"东夷"（高句丽等七族）、"西北诸戎"（河南等十六族），内容较为丰富。后者仅有三十六卷，未列少数民族专传。

《北齐书》是唐贞观年间李百药奉敕修撰，计五十卷，由于篇幅所限，亦未列少数民族专传。

《周书》由令狐德棻等奉敕修撰，计五十卷。《周书》与《魏书》是较早以少数民族政权的历史记述入"正史"的，本身记述的就是少数民族史。最后两卷以"异域列传"上下卷形式记述了周边其他少数民族的历史。

《隋书》由魏征等奉旨修撰，计八十五卷，其中卷八十一以下四卷分别为"东夷""南蛮""西域""北狄"列传。

《南史》《北史》是唐初史学家李延寿在其父李大师撰述的基础上修撰而成。《南史》八十卷，《北史》一百卷。李大师计划"编年以备南北"，写一部贯通南北朝的史书，体现"天下一家"的思想。《南史》《北史》主要取材于宋、南齐、梁、陈、魏、北齐、周、隋八书。李延寿撰写"二史"的方法是对"八书"进行"抄录"和"连缀"。与其父"编年以备南北"不同的是，李延寿以纪传体撰成了二史。在一定意义上说《南史》《北史》属于通史，《南史》是通宋、齐、梁、陈四个皇朝的历史，《北史》是通北魏、东魏、西魏、北齐、北周、隋六个王朝的历史。李延寿坚持国家统一思想，在《南史》中不列《索虏传》，在《北史》中不立《岛夷传》；于北魏、东魏、西魏、北齐、北周历史均立"本纪"，于宋、齐、梁、陈历史亦均立"本纪"，从而摆脱了南北朝时期因政治分裂而造成的史学家的偏见和局限。

五代后晋官修的《旧唐书》，是现存最早的系统记录唐代历史的史籍。原名《唐书》，宋代欧阳修、宋祁等编撰的《新唐书》问世后，始改称

《旧唐书》。《旧唐书》共二百卷，包括本纪二十卷，志三十卷，列传一百五十卷。其中卷一百九十四以下为少数民族列传，计有"突厥"（上下）、"回纥""吐蕃"（上下）、"南蛮、西南蛮""西戎""东夷""北狄"。新旧唐书的少数民族列传虽详略稍有不同，但布局基本一致，体现唐代大一统的历史进程中中国各民族的演进和与中央王朝的关系。

《旧五代史》是宋太祖诏令薛居正等编纂的官修史书。共一百五十卷，包括本纪六十一卷，志十二卷，列传七十七卷。对于周边少数民族以"外国列传"名之，卷一百三十七为"契丹"传、卷一百三十八为"吐蕃"等11个民族或地区传。这种编写体例使全书以中原王朝的兴亡为主线，以十国的兴亡和周边民族的起伏为副线，叙述条理清晰。这部书虽名为五代史，实为当时整个五代十国时期各民族的一部断代史。

欧阳修所撰《新五代史》，原名《五代史记》，是唐代设馆修史以后唯一的私修正史。共七十四卷，包括本纪十二卷，列传四十五卷，考三卷，世家及年谱十一卷，四夷附录三卷。在编排体例上取法《南史》《北史》，打破朝代界线，把五朝的史实统编在一起，按时间顺序排列。世家及年谱，大致相当于《旧五代史》的《世袭列传》和《僭伪列传》，明确将中原以外的割据政权分为吴、南唐、前蜀、后蜀、南汉、楚、吴越、闽、南平、东汉等十国。"四夷附录"相当于旧史的"外国列传"。

新旧五代史虽然主要记述的是入主中原的少数民族建立的政权史，但以"外国列传""四夷附录"的形式记述周边少数民族历史，反映了宋朝人的正统观和华夷有别的观念。

《宋史》《辽史》《金史》是元末官修的三部纪传体断代史书，由丞相脱脱主持修撰。《宋史》共计四百九十六卷，是二十五史中篇幅最庞大的一部官修史书，约五百万字。卷四百八十五（列传第二百四十四）以下八卷为"外国列传"，记述各北方少数民族及外国史实，最后四卷为"蛮夷列传"，记述南方少数民族史实。《辽史》共计一百一十六卷，卷一百一十五（列传第四十五卷）为"二国外记"，记述高丽与西夏史实。《金史》计一百三十五卷，最后两卷记述西夏、高丽史事。三部史书虽为大一统的元代官修，但由于修史"义例"问题长期未得解决，直到至正三年（1343年），元顺帝诏令丞相脱脱为都总裁，决定辽、金、宋三史"各与正统，各系其年号", 各修一史, 才结束了长期停顿的局面, 由此使修史时间仓促, 未能就周边少数民族和中央王朝的关系进行系统梳理。三部史书与唐代官修史书所贯穿的"天下一家"大一统思想相去甚远。

《元史》为明朝初年(洪武二年和洪武三年两次编纂, 总用时仅 331 天)宋濂等奉明太祖敕令修撰。《元史》只有"外夷列传"(最后三卷)而未列少数民族列传, 这与元朝一统天下, 将周边各民族地区完全纳入中国版图的历史史实相吻合。《元史》虽遭后世诟病, 但这种国内一家、各民族一视同仁的思想值得肯定。

清末民国时期, 学人柯绍忞不满于《元史》错漏过多, 吸收清后期有关蒙元史研究的新成果, 如洪钧的《元史译文证补》、屠寄的《蒙兀儿史记》等以及欧洲、中亚等地有关蒙元史的资料和书籍, 如《多桑蒙古史》、拉施特《史集》等, 积三十年之力完成了二百五十七卷的《新元史》, 被北洋政府列入正史, 1922 年刊行。《新元史》以《元史》为底本, 内容较《元史》更为充实, 但亦有较多错误, 尤其未编"艺文志"为学界诟病。故两书不可偏废, 并列于"二十五史"。《新元史》有关中国少数民族史的编纂体例基本沿袭《元史》, 只专列了"云南湖广四川等处蛮夷"一卷(卷二百四十八, 列传一百四十五)。

《明史》是二十四史最后一部, 署名张廷玉等撰。《明史》的实际撰修工作始于清康熙十八年(1679 年), 至雍正十三年(1735 年)定稿, 历时五十余年。前后参加修撰的学者约有百人, 中间诏令任监修、总裁者几次更换。《明史》取材丰富、文字简洁、体例比较严密, 在历代官修正史中占据了较高的地位。《明史》有关外国及周边地区和少数民族的记述较为详备, 对南方明王朝管辖的各民族地区以"土司列传"形式详述, 自卷三百一十至卷三百一十九分别记述湖广、四川、云南、贵州、广西各地土司; 对海外各地及北方与明王朝对抗的蒙古族则以"外国列传"形式记述, 自卷三百二十至卷三百二十八分别记述了"朝鲜""安南""日本"及南洋西洋各国各地和漠北鞑靼、瓦剌等; 全书最后四卷是"西域列传", 卷三百二十九和卷三百三十记述明朝管辖的新疆东部及甘青各卫, 卷三百三十一记述西藏等地藏族史实, 卷三百三十二记述自南疆至阿拉伯(默德那)各地史实。

《清史稿》是由"中华民国"初年专设清史馆编修而成，赵尔巽任馆长负责其事，缪荃孙、柯劭忞等为总纂。1914 年开始编纂，1927 年秋大致完稿。体例一如历代正史，共五百二十九卷。由于清廷档案、私家著述和文化典籍保存得比较完整，《清史稿》汇集了比较丰富的清史资料。但由于纂修者多为清室遗老，故书中不乏反对革命、诬蔑先烈、谀扬清朝之词；加上"随修随刻，不复有整理之暇"，体例不一、繁简失当、史实错误等亦属不少。尽管有种种缺陷，今天仍然是研究清史必备的参考书。《清史稿》有关少数民族史的体例较为规范，卷五百一十二至五百一十七为"土司"传，分别记述湖广、四川、云南、贵州、广西、甘肃土司事；卷五百一十八至五百二十五为"藩部"传，其中卷五百一十八至五百二十记述内蒙古，卷五百二十一记述蒙古（喀尔喀），卷五百二十二记述青海额鲁特蒙古，卷五百二十三为西蒙古，卷五百二十四为乌梁海蒙古，卷五百二十五为西藏。总计十四卷的"土司"传和"藩部"传囊括了行省制及满洲本部以外的全部清朝管理的中国少数民族居住区，记述有详略，但这种体例清晰地反映了清王朝多民族国家的历史事实。

3. 其他历史文献中的民族史撰述

除了正史，从两汉时期开始还出现了专门的民族史著作，如东汉袁康、吴平辑录的《越绝书》、赵晔所撰的《吴越春秋》、杨终所撰的《哀牢传》等便是较早的民族专史。

两汉以后，各种形式的民族史撰述更加丰富，《隋书·经籍志》所录魏晋南北朝时期记载十六国史事之"霸史"："二十七部，三百三十五卷。通计亡书，合三十三部，三百四十六卷。"（《隋书》卷三三《经籍志二》霸史类著录）现存仅有《华阳国志》《十六国春秋》二部。

隋唐以后许多记载民族史的文献流传下来，其中比较重要的包括：《大唐西域记》《渤海国志》《云南志》（又名《蛮书》）《南诏野史》《南海寄归传》《岭表异录》《岭外代答》《桂海虞衡志》《溪蛮丛笑》《契丹国志》《大金国志》《西夏事略》《松漠纪闻》《长春真人西游记》《蒙鞑备录》《黑鞑事略》《云南志略》《大理行记》《诸番志》《东夷考略》《夷俗记》《百夷传》《行边纪闻》《卢龙塞略》《炎徼纪闻》《南中纪闻》《滇纪》《黔纪》《西南夷风土纪》《蒙古游牧纪》等。

另外，唐杜佑的《通典》之"边防典"为九典之一，不是按"典"的要求专记制度，而是叙述少数民族的历史、文化、分布状况及其与中原王朝的关系，既反映了中唐民族关系的重要性，也反映了当时较为开明的民族观。

二　少数民族文献对多民族历史的记载

中国自古以来是一个地域辽阔的多民族国家，历史上许多少数民族用本民族创制的文字积累了大量民族史籍，对我国多民族历史均有各种不同记述。

中国古代民族中，突厥最早创制了自己的文字。突厥文是古代突厥民族使用的一种拼音文字。6—9世纪的突厥汗国、回纥汗国、高昌回鹘王国等都使用过这种文字，流行地域在西伯利亚、蒙古、叶尼塞河流域、甘肃、新疆和中亚一带。突厥文遗存的文献很少，主要是一些碑铭，另在敦煌、新疆等地发现了一些写本。1889年俄国组织的蒙古考古队在鄂尔浑河流域的和硕柴达木湖畔发现了《阙特勤碑》和《毗伽可汗碑》。之后又陆续发现了《暾欲谷碑》《翁金碑》《阙利啜碑》等突厥文碑铭。其中史料价值较高的的是《毗伽可汗碑》《阙特勤碑》和《暾欲谷碑》。《阙特勤碑》是732年（唐开元二十年）突厥毗伽可汗为纪念其亡弟阙特勤的功勋而建立的。《毗伽可汗碑》立于735年（唐开元二十三年），从形制看，两碑均为汉人工匠所制，两碑汉文文字为唐玄宗御制，两碑突厥文碑文文字结构已很完整，用优美的散文体书写，词汇亦很丰富，如"今朕弟阙特勤死矣，朕甚哀之！余目光虽能视，已变如瞽；思想虽有知，已同于瞆……泪从眼出，悲从中来！"两碑还有着很高的史料价值，如"九姓乌古斯，吾之同族也"的记载，使人们对突厥族源问题有了较清晰的认识。

藏文文献是汉文文献之外中国古今各民族文字古籍中保存数量最多的一种，按时代可分为吐蕃时期的古藏文文献和13—19世纪的藏文古籍。吐蕃时期的文献主要有三类，一是写本，如敦煌经卷，二是金石铭刻，三是简牍。11世纪以后，历代藏族学者撰写和翻译了大量藏文文献典籍，明清两代在内地和藏区刻印了大量图籍，抄本图书更是难以数计。藏文文献中著名者如《甘珠尔》《丹珠尔》《法王松赞干布遗训》《五部遗教》《广史》

《布顿佛教史》《红史》《雅陇觉卧教史》《西藏王统记》《汉藏史集》《青史》《新红史》《智者喜宴》《四部医典》《土观宗派源流》《五部大论》等。有学者估计国内收藏元、明、清、民国时期的藏文典籍 300 余万件，60 余万函。

蒙古文文献是我国现存各民族文献中重要的一部分。早期的蒙古文是在回鹘字母基础上创制的，称作回鹘式蒙古文。现存用回鹘式蒙古文写成的文献中，最早的是 1225 年的《也松格碑》。1269 年元世祖忽必烈颁行国师八思巴仿藏文体式创制的"蒙古新字"（八思巴文），通行百余年，随着元朝的覆灭逐渐被废弃。现存的文献包括碑铭、官印、符碑、图书等，是研究元代历史的珍贵资料。元代后期，回鹘式蒙古文又逐渐通行，到 17 世纪时，回鹘式蒙古文发展成为两支，一支是通行于蒙古族大部分地区的现行蒙古文，一支是只在卫拉特方言区使用的托忒文。蒙古文在蒙古族的文化发展上起过重要作用，通过它保存了丰富的文化遗产。据 1979 年中国有关方面统计，用蒙古文写成的历史文献、文学作品、语文工具书以及译成蒙古文的汉文典籍、佛教经典等，近 1500 种。著名的有《蒙古秘史》《蒙古源流》《黄金史》《珍宝数答》《俺答汗传》《蒙古史》《成吉思汗传略》《青史演义》等。

女真文是金代女真人创制的文字，有大小字之分。传世的女真文主要是一种与方块汉字相似的单文。女真文文献形式有图书、碑铭、铜镜、印鉴、题记等，金朝灭亡后逐渐变成了死文字。直到清道光九年（1829 年），才有人注意女真文，19 世纪末以后，随着女真文文献更多地被发现，中外研究学者不断取得了一批重要的研究成果。

西夏文是西夏政权创制的文字，又名唐古特文。其造字方法以汉文叠加为特色，故亦称屋驮文。西夏文文献数量丰富，种类繁多，除大量佛经外，还有汉文典籍译本、法律、历史、文学、字典及碑铭、官印、钱币等，其中著名者如《天盛律令》《番汉合时掌中珠》等。

察合台文是 13 世纪至 20 世纪 30 年代操突厥语的民族使用的文字，因通行于察合台汗国而得名，是现代维吾尔文的前身。察合台文文献十分丰富，包括文史哲、政法、医药、天文、地理等多方面内容，最为著名的有《拉失德史》《突厥大词典》《福乐智慧》《真理的入门》等。这些文献对研究突厥语诸民族的历史和文化有重要价值。

清朝使用的满文分老满文、新满文两种,老满文又称"无圈点老满文",于 1599 年仿蒙古文创制,1632 年改造成为新满文,或称"有圈点满文"。老满文仅使用 30 多年,留下的文献不多,最著名的是《满文老档》等后金时期的档案,还有一些碑铭、木牌等。有清一代满文被尊为"国语",用满文写作、翻译了大量书籍,还有浩如烟海的档案碑铭等文献存世,这些文献在研究清史中有着不可替代的作用,同时在中外文化交流方面也产生了重要影响。

我国古代北方少数民族文献还有焉耆-龟兹文、于阗文、佉卢文等印欧语系文字记录的大量典籍。现存于阗文献多为佛教经典,有《金光明经》《妙法莲华经》《贤劫千佛名经》《维摩诘经》《僧伽陀经》《理趣经》《佛说无量寿经》《般若波罗蜜多心经》《首楞严三昧经》《赞巴斯塔书》《伽腻色迦传》等。非佛教文献以《于阗沙州纪行》最为著名,此外有《甘州突厥记事》《于阗王致曹元忠书》《七王子书简》《于阗伽湿弥罗纪行》《致于阗王奏报和书信》《罗摩传》等。有些文书使用同庆、天兴、中兴、天寿等年号,或采用唐代官称,或并用汉文、于阗文,或夹用汉字,足见于阗塞克族深受唐代政治、文化影响。

我国古代南方民族亦创制有文字,用以记载民族历史文化。如彝文《西南夷志》《勒俄特依》《居次勒俄》《彝族氏族部落史》《彝文金石图录》《物始记略》等文献记载着彝族的历史与文化。

这些少数民族的文献著述和上述众多民族史籍共同构成反映历史上少数民族社会历史文化的珍贵资料,这些资料不仅充实了民族历史文化的宝库,而且在相当程度上填补了汉文文献记载的空缺,对于全面认识中华民族的历史文化有着重要意义。

三 历史遗址遗迹及出土文物中关于多民族历史的记载

在我国悠久的历史文化长河中,大量的历史遗址遗迹和出土文物实证着多元民族文化的存在和各民族交流交往的历史。

万里长城是贯穿战国到明朝的中原农业文明与北方游牧文明战争与交流的见证,包含着丰富的多民族历史的信息。北京故宫、沈阳故宫、大理老城、丽江古城、拉萨布达拉宫、承德避暑山庄、北京北海白塔及全国各地许多具有多民族色彩的历史建筑，记录并承载着各民族文化、艺术与审美多元交融的历史。

遍布中国各地的佛教历史遗迹，包括寺庙、石窟、石刻造像、壁画、墓葬、塔林等，蕴藏着多民族历史文化的丰富内涵，其中敦煌莫高窟最具代表性。敦煌莫高窟始建于前秦时期（366 年），历经十六国、北朝、隋、唐、五代、西夏、元等历代兴建，形成规模巨大的佛教石窟寺群，这些石窟寺记录和反映了包括汉、氐、羌、匈奴、鲜卑、回鹘、吐蕃、党项、蒙古等民族在内的艺术、宗教、建筑文化与佛教艺术文化交融的历史。1900年发现的藏经洞，珍藏着 4 世纪到 11 世纪的历代文书、纸画、绢画、刺绣等文物 5 万多件。文书包括汉文文书以及梵文、佉卢文、粟特文、和阗文、回鹘文、龟兹文、古藏文等文字文书，内容有道经、儒家经典、小说、诗赋、史籍、地籍、账册、历本、契据、信札、状牒等。这些多民族文字文书与敦煌壁画、塑像等历史遗存极其珍贵，对研究中国各民族历史及中亚地区历史，具有重要的史料和科学价值。世界遗产委员会评价敦煌"是宗教、文化和知识的交汇处"。

中国伊斯兰教清真寺中，广州怀圣寺的唐代光塔、泉州清净寺的元代阿拉伯式墙体反映了回族先民早期采用西亚伊斯兰教建筑模式的历史，西安化觉巷清真寺精美的五进四合院式中国传统木构建筑群，则反映了回族伊斯兰教与中国文化完美结合的史实。

中国考古文化遗迹中，代表中原王朝的大型墓葬及周边多民族聚居地区的各类考古发掘，不仅反映着各民族的历史与文化，对各民族间的文化交流与交融也多有反映。

新石器时代的辽宁红山文化，甘青马家窑文化、齐家文化等都具有鲜明地方特色，同时与中原仰韶文化亦有千丝万缕的联系，马家窑文化被视为仰韶文化的地方形态。著名的殷墟妇好墓出土的玉器绝大多数是来自于昆仑山的和田玉，中亚地区卡拉苏克文化墓葬群中出土的具有中国北方文化特征的曲柄青铜刀、铜锛、铜镜及装饰品，中亚巴泽雷克墓葬中出土的中国铜镜与丝织品等史实，充分反映了上古时期各民族文化交流的广度与深度。

秦汉以降，随着中央集权政治体制的建立和疆域的不断扩大，中原文化对周边各民族的影响进一步加大加深。在对历代各民族历史遗址考古发掘中，既有鲜明的民族文化特征，亦有汉文化的强大影响。北方各地的匈奴墓葬、鲜卑墓葬；新疆地区楼兰遗址、交河故城遗址、小河墓地、辽代墓葬、西夏王陵等遗址及出土文物充分反映着各民族文化交流交融的史实。

石刻碑铭中，唐长庆三年（823 年）立于拉萨大昭寺前的"唐蕃会盟碑"（甥舅会盟碑），用藏、汉两种文字铭刻盟文及参加唐蕃会盟官员的职衔名，是汉藏两族历史交往中十分珍贵的文物及史料。

四 国外文献对中国多民族历史的记载

以大一统"天下观"为旨归的古代中华帝国，其经济、文化、制度方面的优势强烈吸引着周边各民族。大唐帝国相对开放、平等的民族政策与治理方略，宋、辽、金、夏的鼎立与交流，元、清两代的统治均促进了中华帝国的内部整合。由于古代中华帝国的持续影响力，吸引了世界上众多的关注，国外文献中留下了对中国多民族历史许多记述。

1. 欧洲文献记录。如果我们把希罗多德《历史》中关于中亚阿尔泰一带独目人的引述视作欧洲文献较早的东方记载，此后的历史演进中随着东西方交流的频繁和加深，欧洲文献有关中国多民族历史的记载逐步增多。

《希腊拉丁作家远东古文献辑录》是法国著名东方学家戈岱司辑录的希腊文和拉丁文著作中有关远东的记载，文中涉及的著作有 90 多部，时间跨度从公元前 4 世纪到公元 14 世纪间。戈岱司所搜集的文献广泛而全面，是研究中西交通及文化交流史的基本史料。[①]

《海屯行记》是 13 世纪小亚美尼亚国王海屯出使蒙古的行记；《鄂多立克东游录》是 13 世纪来华的意大利僧侣鄂多立克口述的游记；《沙哈鲁遣使中国记》的作者盖耶速丁，记述了明永乐年间波斯国王的旅途见闻。[②]

蒙古人西征打开了中国与欧洲交往的道路，导致罗马教廷向蒙古大汗

---

① ［法］戈岱司编：《希腊拉丁作家远东古文献辑录》，耿昇译，中华书局 1987 年版。
② 《海屯行纪鄂多立克东游录　沙哈鲁遣使中国记》，何高济译，中华书局 2002 年版。

的一系列遣使。伯希和编《蒙古与教廷》收录了许多相关资料，对蒙古史的研究具有重要的参考价值。[①]

柏朗嘉宾和鲁布鲁克均为 13 世纪欧洲教会组织派往蒙古的使节，他们的游记对蒙古历史有较为翔实的记载。[②]

古代欧洲人记述中国各民族历史最具影响力的是 13 世纪意大利人马可·波罗的《马可·波罗游记》。马可·波罗是威尼斯人，其父、叔经营东方贸易，1265 年在元上都受到忽必烈接见，并被派出使罗马教廷。1271 年，他们携马可·波罗一同回元廷复命，1275 年到达元上都，从此旅居中国 17 年。1295 年返国后，马可·波罗参加威尼斯与热那亚的海战被俘，在狱中讲述其东方见闻，同狱比萨人鲁思梯切诺笔录成书，1298 年完成。马可·波罗是历史上第一个向欧洲全面报道中国情况的人，《马可·波罗游记》以 100 多章的篇幅，记载了中国 40 多个城市和地方，对当时中国的自然和社会作了详细描述。

15—16 世纪记述中国各民族历史的欧洲文献有葡萄牙人托梅·皮雷斯的《东方记》、加列奥特·佩雷拉的《中国报道》、葡萄牙传教士加斯帕尔·达·克鲁斯的《中国志》等。其中西班牙人儒安·贡萨雷斯·门多萨的《中华大帝国史》是 16 世纪有关中国自然环境、历史、文化风俗、礼仪、宗教信仰以及政治、经济概况等较全面、详尽的一部著述。

利玛窦是 16 世纪末到 17 世纪初在中国传播基督教的意大利传教士，《利玛窦中国札记》[③] 是他在中国传教经历的札记，对于研究明代中西文化交流史及耶稣教入华传教史，乃至明史，均有十分珍贵的价值。相关著作还有耶稣会士曾德昭完成于 17 世纪前期的《大中国志》等。

19 世纪英国人亨利玉尔的《古代中国见闻录》收集了清朝以前西方包括阿拉伯人、波斯人关于中国的几乎所有的材料，共 14 卷。

国际著名东方学家多桑（1780—1855 年），用法文撰写的《多桑蒙古史》，参用了大量阿拉伯文和波斯文史料，对蒙古民族在中亚、西亚以及欧洲的活动史实作了详细叙述，在中外学界享有盛名。

① 伯希和编：《蒙古与教廷》，冯承钧译，中华书局 2001 年版。
② 《柏朗嘉宾蒙古行纪 鲁布鲁克东行纪》，耿昇、何高济译，中华书局 1987 年版。
③ 《利玛窦中国札记》，何高济等译，中华书局 1983 年版。

19世纪末到20世纪初，在中国少数民族地区的外国探险家、传教士，不少人在传教地区调查当地民族问题，并发表有关中国少数民族研究的著述。其中成绩显著者如法国传教士保禄·维亚尔在深入研究彝族文化的基础上，发表《云南罗罗文字研究》等文，倾注三十年心血出版的《法保字典》（1909年）在欧洲享有很高的声誉，法国文学院因此授予他文学博士学位。法国传教士利埃达尔先后在云南路南、昭通彝区传教十余年，著《阿西保保地区》《云南保保泼——华南的一个土著部族》等书，介绍了云南地区彝族的风情。

比利时神父阿莫斯太（来中国后起名田清波），在西蒙古教区鄂尔多斯城川教堂传教的20年中（1905—1925年），对鄂尔多斯蒙古历史、地理、语言、民间文学诸多方面进行深入调查，积累了大量第一手资料，此后他充分利用这批资料，先后在辅仁大学及美国潜心研究，发表了一系列以鄂尔多斯蒙古历史文化为主要内容的蒙古学研究成果，如《鄂尔多斯志》《鄂尔多斯词典》，以及关于《蒙古源流》版本的研究，成为国际知名的蒙古学家。[①]

美籍奥地利学者洛克，1921年至1949年长期留居丽江，醉心于纳西族东巴文化研究，先后出版《中国西南的古纳西王国》（上下卷）、《纳西人的"那伽"崇拜和有关仪式》（上下卷）、《纳西人的祭天仪式》《中国西南纳西人的"开路"丧仪》《中国西藏边疆纳西人的生活与文化》《德国东方手稿纳西手写本目录》等十几种著述，在东巴教领域取得了举世瞩目的成就。

2. 阿拉伯文献记录。佚名《中国印度见闻录》《世界境域志》、胡尔达兹比赫《道里邦国志》、雅库比《阿巴斯人史》（有"中国诸王"一节）、马苏第《黄金草原》、雅库特《地名辞典》、伊本·白图泰《伊本·白图泰游记》、阿克伯·契达伊《中国志》等大量著作均有关于中国各民族历史文化的记载。如成书于10世纪的《世界境域志》记述拉萨"有许多偶像寺和一个清真寺，其中住着一些穆斯林"。

3. 波斯文献记录。波斯文献记述中国多民族历史最著名的当属志费尼

---

① 参见陈育宁《鄂尔多斯史论集》，《田清波与鄂尔多斯研究》，宁夏人民出版社2003年版。

《世界征服者史》、拉施特丁《史集》和失哈不丁《瓦萨甫史》。三本著作均以记述蒙古史为主。

志费尼长期担任蒙古中西亚地区地方官员，对相关史实有着较深入细致的了解，他撰写的《世界征服者史》成书于 1260 年，该书第一部记述蒙古建国及其征服畏兀儿、西辽和花刺子模，窝阔台至贵由时期的蒙古政事和拔都西征；第二部记述花刺子模兴亡史和统治波斯的历任蒙古长官的事迹；第三部记述蒙哥登基和旭烈兀西征等。

《史集》完成于 1311 年，主纂者拉施特丁是伊利汗国的宰相。目前国际通行的《史集》版本分为三卷：第一卷第一分册为蒙古、突厥诸部族志，第二分册为成吉思汗先世和成吉思汗纪；第二卷记窝阔台汗至元成宗铁穆耳汗；第三卷述旭烈兀汗至合赞汗的历代伊利汗纪。

失哈不丁著《瓦萨甫史》意在续志费尼《世界征服者史》，全书五卷，1328 年完成，所述元朝与海都等西北诸王的关系最具价值。

第三节　中国民族史学的建立

一　中国民族史学的建立

虽然中国的传统史学著述中都有不同程度的对各民族历史的记述，但总体上看，民族历史只是作为中央王朝史的附庸。民族史作为一个专门的学科体系得以建立，是在 20 世纪初期。

清代西北边疆舆地学的发展为中国民族史学的建立创造了条件。随着清朝对西北边疆统治的稳定和乾隆二十七年（1762 年）"总统伊犁等处将军"（即伊犁将军）的设立，清政府及学界有了深入了解西北边疆社会的要求，西北边疆舆地学由此而兴，其标志是乾隆年间官修的《西域图志》。嘉庆时期祁韵士的《总统西陲事略》《西陲要略》，徐松的《新疆识略》（《伊犁总统事略》）《西域水道记》等著述使西北边疆舆地学进入了发展期。道咸以降，西北边疆危机日渐显露，引起了学人对边疆历史地理及民族社会的进一步关注，西北边疆历史地理的研究成为当时的士林风尚，进入繁荣发展期。魏源的《答人问西北边域书》（批驳"捐西守东"说）和《元史新编》，龚自珍的《西域置行省议》，沈垚的《新疆私议》，张穆的

《蒙古游牧记》，何秋涛的《朔方备乘》等是这一时期的代表作。清末新疆通志局修纂的《新疆图志》是清代西北舆地学的总结性成果。清末民国初蒙元史的研究也是西北边疆舆地学的重要组成部分。对西北史地和蒙古学素有研究的洪钧，在光绪十三年（1887 年）至光绪十六年（1890 年）担任清政府驻俄德奥荷四国大臣期间，借使馆译员的帮助，阅读到《多桑蒙古史》《史集》等西方蒙古学著作，遂利用这些域外史料与汉文史料互补互证撰成《元史译文证补》一书，开创了蒙元史研究新潮流。之后刊行的柯绍忞《新元史》、屠寄《蒙兀儿史记》亦为当时蒙元史研究的力作。清代西北边疆舆地学的发展为中国民族史学的发展提供了重要的史料和研究基础。

20 世纪初期，中国学者在西方史学理论与方法影响下，对于传统史学进行严厉的批判与反省，并要求以新的观点、新的体例，重新构建中国的历史。在梁启超的号召下，许多学者相率致力于"国民史学"的研究，"民族""种族"也是当时史学叙述的主要内容。

1905 年，宋教仁计划采集黄帝至明朝五千年间汉族对外史事，撰述《汉族侵略史》，在叙例中他说："历史者，叙民族之进化，导后来之发达者也。"①

在这样的背景之下，20 世纪的二三十年代以王国维、梁启超、吕思勉、王桐龄、林惠祥、宋文柄、李济为代表的一大批学者开始对中国民族史进行理论体系与研究方法的探索，他们先后撰写了有关中国民族史的专门论著，其中出版的较重要的论著包括：王桐龄的《中国民族史》（北平文化学社 1928 年版）、张其昀《中国民族史》（上海商务印书馆 1933 年版）、吕思勉的《中国民族史》（上海世界书局 1934 年版）、常乃惠《中华民族小史》（爱文书局 1934 年版）、吕思勉《中国民族演进史》（上海亚细亚书局 1935 年版）、宋文柄《中国民族史》（中华书局 1935 年版）、柳贻征《中国民族史》（上海世界书局 1935 年版）、廖凤林《中国民族史》（中山大学 1935 年版）、林惠祥《中国民族史》（上海商务印书馆 1936 年版），等等。这些论著虽然大多仍以汉族为中心进行撰写，但都强调中华民族构成的多源性和汉族的多源合流的特点，并注重汉族和各少数民族的融合互动。同时，受新史学的影响，在研究领域上，这些著作还把研究视野扩展

---

① 宋教仁：《汉族侵略史》，《二十世纪之支那》第 1 期。

到更多的周边民族群体，以及这些民族群体的源流、演变、经济、文化、习俗等方面。

在新史学广为流行的时候，以李大钊为代表的部分学者开始大力宣传马克思主义唯物史观。随后，郭沫若、范文澜、翦伯赞、吕振羽等历史学家纷纷用马克思主义理论指导研究中国历史上的民族问题。其中，吕振羽的《中国民族简史》（1948 年）是早期运用马克思主义理论研究中国民族史最有影响的一部。

这一时期，中国少数民族族别史的研究也在新方法的指导下取得了长足发展，出现了一批著名学者和重要成果。如研究蒙元史的翁独健、韩儒林、邵循正、姚从吾、杨志玖等；研究契丹史、辽史的傅乐焕、冯家升、陈述等；研究突厥史的岑仲勉等；研究满族史、清史的郑天庭、王钟翰等；研究回族史的白寿彝等；研究藏族史的于道泉、任乃强、李安宅等；研究百越、巴蜀等南方古代民族历史的蒙文通等；研究云南少数民族历史的江应梁、方国瑜等；研究中国民族关系史、中外交通史的向达等，他们以其开创性的研究成果为中国民族史学的发展做出了重要贡献。

另外，随着民族史学科的发展，出现了一些专门的研究机构，一些学校也开始了专门人才的培养工作。1934 年，在南京成立了中国民族学会，专门从事民族学的研究。清华大学、燕京大学、中国政法大学、中央大学、金陵大学、复旦大学、暨南大学、中山大学、云南大学等高等院校都开设了人类学或民族学课程，这些课程的开设，为一批从事民族学和民族史研究的学者的成长提供了条件。

概括说来，在 20 世纪前 50 年，中国民族史已逐渐成长为一门专门的学科，出现了一些功力深厚的专家学者，产生了一批有影响的学术成果，开辟了中国民族史研究的良好途径。不过，当时的民族史研究还处于起步阶段，研究人员不多，研究领域比较狭窄，资料发掘利用尚不充分，对史事的理论分析更是欠缺，总之，学科发展的空间还相当广阔。[①]

如果说中国民族史作为一门独立的学科建立于 20 世纪初叶，那么其真正获得发展则是在中华人民共和国成立以后。1949 年新中国成立后，党和

---

① 参见罗贤佑《中国民族史纲要》，中国社会科学出版社 2009 年版。

政府十分重视民族史研究工作，把它看作是整个民族工作不可分割的部分，民族史研究在各个领域里逐步展开，大体经历了三个发展阶段：

（1）1950—1955年。新中国成立伊始，按照马克思主义的原则和党的民族政策方针，一方面需要对边疆少数民族进行民族识别，另一方面，需要掌握清楚边疆少数民族的经济社会和历史变迁状况，以便制定和落实帮助少数民族发展经济文化的政策和民族区域自治政策，于是立即展开了对民族地区的调查，大批民族工作者深入民族地区，结合历史文献的记载，实地调查民族语言、文化、族源、迁徙及经济等状况，这对于民族史研究的开展，起了很大的推动作用。

（2）1956—1966年。这一时期一项主要的工作是随着少数民族地区民主改革的迅速开展，对处于不同发展阶段的少数民族的社会历史进行大规模的全面调查。由全国人大常委会民族委员会发起并组织了历史学、民族学、社会学、语言学的专家及从事民族工作的同志1000多人，分赴各个民族地区进行全面的社会历史、语言文化及风俗习惯的调查，并且形成了包括各种记录资料在内的3000多万字的资料宝库。这是中国共产党在新中国成立后所领导的一次世界学术史上罕见的、有上千人参加的大规模科学考察活动。通过这次大规模的调查研究，基本弄清了民主改革前各民族社会经济发展不平衡状态。这些调查研究的成果，不仅取得了丰富的第一手资料，直接为民族工作服务，而且为民族史研究提供了珍贵的活资料，大大丰富了民族史学、考古学、民族学、语言学等学科的内容，为民族史研究的全面进行打下了基础，提出了许多具有理论价值的新课题。在此基础上，民族史学工作者对许多重要的专题开始进行了深入的研究。

（3）改革开放后。这一时期民族史研究发展到一个新的阶段，无论在广度和深度上都取得了空前的进展。表现为：出版发表了大量论著；研究队伍壮大，特别是许多少数民族专业工作者成长起来；对外学术交流大大加强，开阔了视野，扩大了影响。新时期民族史学研究呈现出了一些突出的特点，史学思想和观念有了进一步发展和变化，史学理论和方法不断丰富和更新，研究视野和领域不断开阔和拓展。民族史学工作者一方面随着社会转型和时代思潮不断发展，逐渐摆脱教条化、简单化的思想和方法，力求全面、客观、科学地研究中国民族史的诸多问题；另一方面，也越来越多地学习、吸收许多新的学术思想和方法，包括西方的各种学术观点和方法，增强了民族史学的研究活力。

经过近一个世纪的发展积累，中国民族史学已成为一个具有自身独立学术体系的学科，民族史研究的重要性也越来越得到人们的认识。目前，中国的民族史学虽然还存在一些问题，如民族史学与少数民族史学在概念上的含混与纠结；学科体系的建设还有待深入与完善；民族史学理论体系的建立，还处在起步阶段，各类资料的挖掘与整理，队伍的培养等，任务依然艰巨。但必须看到的是，民族史学科正处在一个良性发展的时期，其前景极为广阔。

二 民族史学的学科属性

民族史是指民族发展的历史和对这一历史的记述与认识，是民族这一主体在客观世界的历史过程中形成、发展与变化的轨迹，也是民族发展过程这一客体在人们对全部历史认识中的反映和记述。

就民族史的研究内容看，应包括古今各民族的生产、生活、政治、文化以及民族间相互关系的形成史、变迁史、发展史，包括各民族的起源史、社会史、政治史、经济史、文化史、军事史、人口史，等等，既有纵向演变过程，又有横向发展联系。根据目前开展研究的情况，中国民族史研究的对象概括起来主要有：各民族形成与发展史；各民族文化及其对中华文化的贡献；历史上的民族关系；各民族专史研究，如经济史、文化史、军事史、宗教史等；中华民族形成研究；疆域史与边政史研究；民族语言文字和历史文献的整理与研究；民族史学史和史学理论研究等。

从民族史的学科特点来看，民族史学主要作为历史学的分支学科，是以民族为主线，研究民族发展的过程，即对民族的起源、变迁、兴衰和民族间关系变化的各种过程及其规律的研究。

作为"民族史"这门学科的归属问题，学术界一般有两种意见，一种意见认为研究每个民族的起源及发展规律，包括对民族历史的记述和论证，是民族学研究的主要内容，从而把民族历史的研究归之为民族学学科的一个分支。

另一种意见认为，民族史是属于历史学的范围，是中国史学的重要分支。

就民族史学学科的形成过程及其本质来说，中国多数学者认为，民族史学是历史学的一个重要分支，它所研究的对象是以民族为主线的历史，更注重的是民族发展的历史过程，而不同于民族学以民族生存的现状为研究重点。因此说，应该将民族史学看作是广义历史学的一部分，是历史学与民族学相结合而形成的一门新的历史学科，也是民族学研究的一个重要领域。

与此同时，民族史学又是多学科交叉的产物。在对民族的起源、变迁及民族关系的研究中，往往涉及民族学、考古学、社会学、文献学以及经济学、政治学、生态学的一些学科理论与方法，通过多学科理论方法的综合研究，能够较为全面地考察和揭示各民族的历史及其发展规律。

第二章　民族史学理论的基本内涵

第一节　民族史学理论的概念与基本内涵

民族史学是一门新兴的学科。本书所研究的"民族史学理论"，并非一般意义上的"史学理论"。关于史学理论的定义，瞿林东先生指出，史学理论"是人们在研究史家、史书、史学流派、史学思潮等史学活动和史学现象过程中积累和概括出来的理论，如史学的目的、史家的修养、史书的编著、史学发展的阶段性和规律性、史学在社会实践中的作用，等等"。[①] 史学理论除了上述内容外，还研究历史学的性质问题、历史客观性、历史研究的主观性或历史学的人文属性、历史知识论、历史与现实、求真与致用的关系、政治意识形态与学术关系、史论关系等，所有这些子项目的研究，也就是关于历史活动本身的理论总结等问题，都属于史学理论研究范畴。

民族史学理论虽然在史学理论之前冠之"民族"二字，但并非是研究史学理论中关于民族的那部分。在很大程度上，民族史学理论所要研究的是"历史理论"中关于中国民族史的部分。同时，瞿林东先生又提出了关于历史理论的定义，他指出历史理论"是人们在研究宏观历史过程中积累和概括出来的理论，如历史发展的阶段性、规律性、统一性、多样性，历史发展的趋向，以及对重大历史现象和众多历史人物的评价的原则与方法，等等"。[②] 本书所探讨的民族史学理论，属于"民族历史理论"，既有

---

① 瞿林东：《史学理论与历史理论》，《史学理论》1987 年第 1 期。
② 同上。

宏观上的理论，也有中观意义的理论，它们是通过民族史的研究经验，得出的具有规律性和一定普遍意义的观点。历史上民族、民族关系和民族问题是民族史学理论研究的基本内容，中华民族凝聚力、中华民族多元一体格局、中华民族认同、中国民族主义等是基本理论，也是我国民族史学理论的基本概念，而围绕所研究的基本内容，形成的基本理论观点，最终规定了民族史学理论学科的研究范畴，构成了民族史学理论体系。民族史学理论所研究这些宏观问题、重大问题，形成的一些理论观点又可以指导民族史具体问题的研究，为一般民族史研究提供理论方法和解释途径，并把握民族史学的研究方向。

我国的民族史学理论，是伴随着民族史的相关问题研究，逐渐总结归纳出来的。如学科发展的初始阶段对中华民族的研究，20世纪80年代关于民族关系的研究，1988年后又有费孝通关于中华民族多元一体格局的研究，进而引发对中华民族研究的高潮，一直到20世纪90年代的中华民族凝聚力的研究等。从中可以看出，民族史学理论是随着民族史研究的逐步深入，所涉及的范围越来越广阔，研究的内涵也越来越深刻。

伴随着民族史的专题研究，以及借鉴相关学科的理论方法，民族史学理论研究的具体内容逐渐清晰充实，并形成了相对完整的研究范围。就目前来看，具有理论意义的民族史学问题主要集中在六个方面：第一，基本概念问题；第二，统一多民族国家形成问题；第三，民族关系方面的问题；第四，中华民族方面的问题；第五，民族思想与近代民族主义问题；第六，民族特性方面问题。

第一，基本概念问题

任何一个学科都有它的基本概念和逻辑结构，没有关于民族、国家、疆域等概念进行的清楚界定，也就无法展开民族史学的研究，更无法深化其理论概括。所以，民族史学理论首先需要探讨这些基本的概念。

关于民族的概念和定义，在我国已经讨论了几十年，应该说到现在还没有取得完全一致的意见。但是，近几十年来对民族概念或定义的讨论意义在于，这个讨论过程，实际上就是各种民族学观点交锋、交流、交融的过程，特别是国外民族学（包括西方民族学、苏联民族学、人类学）与中国民族实际和中国民族学传统思想相结合的过程，对建构中国民族学是很有意义的。[①]

关于"民族"概念的研究归结起来目前主要有两种思路，一种是根据斯大林"四个共同"的基本特征演化而来的民族定义；另一种是西方族群理论引入中国后，被赋予了新的含义和指涉。斯大林的民族定义倾向于通过客观的认定，而族群理论更倾向于主观的认定。

斯大林的民族定义简单来说是"四个共同"加"资本主义时代的历史范畴"。杨建新认为这个定义是"最精练、最明确的"。但是，由于这个定义忽视了"民族"实体在不同历史阶段的发展和变化，"基本要素绝对化、僵化了，导致其理论的不确切性"。[②] 其实，斯大林民族定义中一个最核心的问题是客观特征论，即从外部来认定民族，主要通过民族学者的观察、界定来确认一个民族的存在。苏联于 20 世纪 30 年代对其境内的民族进行过识别，就是对这一理论的实践。这一客观特征论的不足之处是，用一种共时形态遮蔽了民族自身的发展变化，即民族产生时期的一些要素，被固定下来，作为民族概念的本质，但实际上民族本身是发展变化的。如共同地域的要素，在民族形成初期，具有决定性意义，但是当民族形成之后，民族中的一部分离开这一地区，到其他地区生活，并不一定妨碍这部分人的民族认同和他们自身的民族属性。今日遍布全球的华人，并未因为离开中国，而不认为自己是炎黄子孙。所以，客观性的认定并不能完整地表述民族这一复杂的社会群体。

"族群"（Ethnic group）这个词汇出现于 20 世纪，用于表示多族群国家内部具有不同发展历史、不同文化传统（包括语言、宗教等）甚至不同体质特征但保持内部认同的群体，这些族群在一定程度上也可被归类于这些社会中的"亚文化群体"。[③] 纳日碧力戈在《现代背景下的族群建构》[④]一书中，专门介绍了族群理论，他把族群理论划分为族群原生论、族群现

---

① 杨建新：《民族理论中一个 ABC 的问题》，伍精华等《民族理论论集》，民族出版社 2005年版。

② 同上。

③ 马戎：《理解民族关系的新思路——少数族群问题的"去政治化"》，《北京大学学报》2004 年第 4 期。

④ 纳日碧力戈：《现代背景下的族群建构》，云南教育出版社 2000 年版。

代——想象论、族群神话——符号丛论、族群边界论和马克思列宁主义的族群理论五种。徐杰舜在《论族群与民族》一文中认为从性质上看，族群强调的是文化性，而民族强调的是政治性；从社会效果上看，族群显现的是学术性，而民族显现的是法律性；从使用范围上看，族群概念的使用十分宽泛，而民族概念的使用范围比较狭小。[①]

总体来看，"族群"理论主张民族或族群的认定不应该以客观的文化特质为标准，而应以主观的自我认同为依据。换言之，族群理论的提倡者认为，客观的文化特质如语言、风俗习惯、文物制度，甚至身体特征都是易于改变的，不足以作为族群认定的标准，只有自我认同意识才是族群存在的真正准则。这和客观认定法是大相径庭的。但也有学者指出：所谓客观文化特质，不应该只限定于那些可以看得见的特质（语言、服饰、风俗、体质特征），把文化限定在"可观察"是误解文化，它应包括很多看不见、"不可观察"的思维部分，或者人类学家所说的"文化的文法"部分。如一个民族的价值观、世界观、人生观，甚至逻辑架构，这些经常是较难变化的，却是一个民族的文化核心，实在不可忽略。自然有人要说抽象思维部分，应该属于主观的文化范畴。那些内在思维的深层次文化结构难道不是文化研究者客观分析，并且认定是一个民族文化特性的部分吗？如此，主客观界限已经很难分辨。[②]

虽然族群理论同其他民族定义和理论一样，都有一定的缺陷和不足，但毋庸置疑的是，它的出现和引入，对我国学术界产生了影响，为我们从新的角度和维度，为认识我们所长期研究的课题提供了帮助。

族群理论在民族史研究中的应用，如台湾学者王明珂提出了民族史研究中的"边缘理论"，这显然受到边界理论的影响。他指出，传统的民族史研究，从二十五史中的"四夷传"到现代的少数民族史与华夏民族史研究，都建立在客观文化论的"民族"定义的基础上，其特点之一就是民族溯源研究，而根据当代的"结构性失忆"理论，从体质、语言与考古文化上重塑某一民族的历史实际上是不可能的，这种溯源研究经常会陷入古人

---

① 徐杰舜：《论族群与民族》，《民族研究》2002年第2期。
② 李亦园：《三教圆通　两岸一体》开幕词，经济管理出版社2003年版，第5—6页。

或研究者本人对"过去"的想象之中。他将研究视线转向民族边缘，以研究民族的边缘如何形成，边缘形成之后又如何扩张、如何维持以及变迁等为主要内容，旨在以"异质化"的边缘来强调在此边缘内人群的共性，取代以往从民族核心入手的研究方法。

这一理论的主要内容是，在族群边缘形成的过程中，经济和生态环境的变迁、人群可利用资源的变化所导致的竞争背景与环境，是造成族群边缘形成的重要因素。以华夏民族为例，它的形成主要表现为它与其他民族边缘的形成，而这个边缘是不断变动的，其与农牧经济对资源的竞争密切相关。所以，游牧民族进入中原，从事农耕，于是被"华化"；而华夏族进入草原，从事游牧，于是被"胡化"。在华夏的边缘总有一条拉动着的"线"。在先秦时期和汉代以后，这个华夏的边缘是不同的。在族群边缘的扩张、维持与变迁中，历史记忆与失忆的设定起到关键的作用。①

王明珂的所谓"民族史的边缘研究"是站在史学与人类学的中间，视民族为主观认同的人群，这一主观认同由界定、维持族群边界来完成，而族群边界是多重的、可变的、可被利用的。

总的来说，边缘理论是"民族核心"的对应物。它以解构民族中心为前提，其根本性目的是为了建构民族的特定"边缘"。该理论确实提出了一个观察和分析民族问题的新视角，它在规定了"民族"及其"记忆"的定义之后，以此为基础，对以往根据文献、文物（考古）对民族史的研究，特别是民族的溯源研究进行了全面的反思，在拓展民族史研究空间、研究思路上具有重要的意义。但也毋庸讳言，该理论在解释民族形成问题上也有不足之处，特别是具有忽视"民族"本体，过分依赖"关系网络"和"民族表现"的缺陷。这说明，"边缘理论"还有待进一步完善。②

"民族"是一个发展的概念，民族的所指，在历史上和现在是不同的。这在中国历史上的表现最为明显。中国民族的历史，特别是各民族交融、混杂的现象早为学者所注意，王桐龄先生在《中国民族史》中就指出："实则中国民族本为混合体，无纯粹之汉族，亦无纯粹之满人。"③ 这个观

①　王明珂：《华夏边缘：历史记忆与族群认同》，允晨文化实业股份有限公司1997年版。
②　罗贤佑：《中国民族史纲要》，中国社会科学出版社2009年版，第15—16页。
③　王桐龄：《中国民族史》序1，文化学社1934年版。

点得到林惠祥的支持，"今日之汉族所含成分尽有匈奴、肃慎、东胡、突厥……今日之汉族实为各族所共同构成，不能自诩为古华夏系之纯种，而排斥其他各系。其他各族亦皆有别系之成分，然大抵不如华夏系所含之复杂。"① 费孝通教授亦特别指出："在看到汉族在形成和发展的过程中大量吸收了其他各民族的成分时，不应忽视汉族也不断给其他民族输出新的血液。从生物基础，或所谓'血统'上讲，可以说中华民族这个一体中经常在发生混合、交杂的作用，没有哪一个民族在血统上可以说是'纯种'。②"所以，中国各民族经过了几千年的相互交流与融合，实际上都已经成为血缘混合的群体。中国各民族形成的这个重要特征，是否可以作为现代民族形成的一个典型加以表述？值得我们深思。

第二，统一多民族国家形成问题

中国自古以来是一个多民族的国家，各民族的历史都是中国历史的组成部分，这是新中国成立后，大多数史学工作者在马克思主义史学理论指导下对一些基本历史观点取得的共识之一。③ 学者们认识到，要正确、全面叙述统一多民族中国的历史，有必要对各民族的历史和各民族之间的相互关系作系统的研究和阐述。1950 年，范文澜在《中华民族的发展》一文中指出，中国及其历史是构成中华民族的各族劳动人民长期共同创造的成果。④ 翁独健则认为："为了更好地做到中国通史正确反映各族人民在共同缔造祖国的事业上的贡献，和它在中国历史上应有的地位，除了研究各民族包括汉族和少数民族的历史以外，我们还应该特别注意关于历史上各民族相互关系的研究。"⑤

---

① 林惠祥：《中国民族史》，商务印书馆 1993 年版，第 40 页。

② 马戎：《从王桐龄〈中国民族史〉谈起——我国 30 年代三本〈中国民族史〉的比较研究》，《北京大学学报》2002 年第 5 期。

③ 林甘泉：《二十世纪的中国历史学》，《历史研究》1996 年第 2 期。

④ 《学习》1950 年第 3 期。

⑤ 翁独健：《关于中国少数民族历史的情况和问题》，中央民族学院研究部编：《中国民族问题研究集刊》1956 年第 5 辑。相关研究作品还有：白寿彝《论爱国主义思想教育和少数民族史的结合》，《光明日报》1951 年 3 月 23 日；贾敦芳《关于研究祖国各民族历史的几点意见》，《民族研究》1958 年第 2 期；陶明《试论我国是一个统一的多民族国家》，《历史研究》1959 年第 9 期，等等。

新中国成立后出版的各家通史，如范文澜著《中国通史简编》①、郭沫若主编的《中国史稿》②、翦伯赞主编的《中国史纲要》等③，都以一定篇幅叙述历代民族史的内容，注意到了各民族共同缔造统一国家的历史事实。20世纪80年代末，白寿彝主编的多卷本《中国通史》陆续出版，内容上更加关注统一多民族中国的整体发展，指出统一的多民族国家是逐渐形成的，并在理论上提出了统一的四个类型，即单一民族内部的统一，区域性多民族的统一，全国性多民族的统一和社会主义的全国性多民族的统一。④20世纪90年代以后更有综合性中国民族史著作出版，如江应梁主编的《中国民族史》（民族出版社1990年版）、王锺翰主编的《中国民族史》（中国社会科学出版社1995年版）以及陈连开主编的《中国民族史纲要》（中国财政经济出版社1999年版）等，这些著作都力求在全面反映各民族历史基本面貌的同时，从总体上叙述中国古今众多的民族如何凝聚成统一的多民族国家。

新中国成立后，随着民族识别工作的深入展开，为弄清各主要少数民族的情况，搜集和积累中国民族问题研究所必需的资料，从1956年开始，又在全国范围内展开了大规模的少数民族社会历史调查工作。据不完全统计，历时近10年的这项调查工作共完成调查报告340多种，计2900多万字；整理档案资料和文献摘录100多种，计1500多万字；拍摄少数民族科学纪录片十几部，此外，还搜集了一批少数民族的历史文物。在此基础上，国家民委组织编纂了《中国民族问题五种丛书》⑤，其中特别是中国55个少数民族简史丛书，分别论述了各个民族的族源、族

① 此书最早于1942年在延安出版。新中国成立后，从1953年始由人民出版社以分编的形式出版修订本。至"文化大革命"结束，1978年再易名为《中国通史》，分10册陆续出版。
② 从1976—1987年，已由人民出版社出版了前6册，前3册郭沫若主持定稿。该书从1958年开始编写，其中第一、第二册曾于1962年作为大学文科试用教材印行过。
③ 1961年高等学校文科教材选编计划会议委托翦伯赞主编此书，作为高校文科中国通史教材之用，1962年至1966年由人民出版社先后出版了第三、第四和第二册，1979年在邓广铭主持下全书四册一并印行，1982年改为上下二册出版，1994年修订再版。2006年第二次修订，并改由北京大学出版社出版。
④ 白寿彝主编：《中国通史》第一卷，上海人民出版社1989年版，第198页。
⑤ 即《中国少数民族》、《中国少数民族简史丛书》、《中国少数民族社会历史调查资料丛刊》、《中国少数民族自治地方概况丛书》、《中国少数民族语言简志丛书》。2006年开始，国家民委组织专家学者对五种丛书进行修订，相关研究成果已陆续出版。

称、历史发展、社会经济形态、文化艺术、宗教信仰、风俗习惯以及在历史上对缔造统一的多民族国家做出的贡献等，成为族别史研究的重要成果。

更有学者专注于少数民族对中国历史与文化发展的贡献，如齐思和的《少数民族对于中国文化的伟大贡献》[①]，从农业、饮食、服装、居住、战术、音乐、美术、语言、科学、思想等方面讨论了历史上少数民族对中国文化的贡献；陈连开所著《我国少数民族对祖国历史的贡献》[②] 一书，将少数民族对祖国的历史贡献大体分为四个方面：中华各民族的祖先共同开发和巩固了祖国广大的疆域，在反帝斗争中，中华各民族共同保卫了祖国的领土基本完整；在中国共产党领导下共同缔造了统一多民族的社会主义国家；在经济领域中，自古以来在社会经济各方面，少数民族都做出了很大的贡献；在文学艺术科学等文化领域中，少数民族也为中华文化宝库增添了不少宝贵财富。少数民族的发展历史充分肯定和证实了他们在统一多民族国家形成和发展过程中所起到的作用和作出的贡献，从少数民族历史发展的角度，进一步反映和阐明了统一的多民族中国历史进程的全貌。

第三，民族关系方面的问题

民族史学理论中的一个重要研究内容，就是关于历史上民族关系的一系列问题。其中，有汉族与少数民族的关系，也有少数民族之间的关系，还包括中原王朝对待少数民族的政策问题、历史上的民族观问题、统一与分裂问题、民族流动与融合问题等。

20 世纪 50 年代末 60 年代初，很多学者关注于此，主要成果有赵华富《为正确阐明我国历史上的民族关系而斗争》[③]、翦伯赞《对处理若干历史问题的初步意见》[④]、吕振羽《论我国历史上民族关系的基本特点》[⑤]、《中

---

① 齐思和：《少数民族对于中国文化的伟大贡献》，《历史教学》1953 年第 7 期。
② 陈连开：《我国少数民族对祖国历史的贡献》，北京书目文献出版社 1983 年版。
③ 赵华富：《为正确阐明我国历史上的民族关系而斗争》，《山东大学学报》1959 年第 1 期。
④ 翦伯赞：《对处理若干历史问题的初步意见》，《光明日报》1961 年 12 月 22 日。
⑤ 吕振羽：《论我国历史上民族关系的基本特点》，《学术月刊》1961 年第 6 期。

国历史上民族关系的几个问题》①、岑家梧《在教学上如何处理祖国历史上的民族关系》② 等。这些研究对中国历史上民族关系的主流、民族之间战争的性质、民族矛盾和阶级矛盾、民族斗争和阶级斗争的关系、民族融合和民族同化、民族平等与汉民族的主导作用等问题进行了热烈讨论。

1981 年在北京香山召开的"中国民族关系史学术座谈会"将民族关系史作为民族史研究的一项主要内容提了出来,从此"民族关系史"作为一门民族史的分支学科提到研究日程。座谈会对新中国成立以来民族关系史研究的状况作了回顾,对民族关系史上一些重大学术问题,如怎样理解历史上的中国、历史上民族关系的主流、历代疆域与民族发展,民族间政治、经济、文化的联系等问题进行了深入探讨。与会者就上述问题取得了较为一致的认识:历史上的中国不仅包括中原王朝,而且包括中原王朝以外的由少数民族建立的政权;中国早在秦汉时期就形成了统一的多民族国家,少数民族的历史应该是中国历史的组成部分;各民族间相互依存、逐步接近,经过共同努力不断将历史推向前进是中国历史上民族关系的主流。③

在民族关系史研究领域中,各民族政治、经济、文化关系的渊源及其相互影响一直是大家关注的话题。如在探讨汉族与少数民族的关系中,汉族向民族地区的迁移,汉族与少数民族的政治、经济、文化交流,汉族的少数民族化及少数民族的汉化,中央政权对少数民族地区的施政等内容,都受到学者们的特别重视。翁独健先生主编的《中国民族关系史纲要》是其中的代表著作。该书在马克思主义唯物史观及民族平等原则的指导下,突破以往过分突出民族关系中的政治因素、强调阶级关系、忽视经济及文化因素的倾向,对中国历史各时期的民族关系进行了全面系统的论述,并就民族的形成、中国的概念和含义、国家的统一和分裂、民族压迫和民族平等、民族间的战争与和平、爱国主义与民族英雄、历史上民族融合与同

---

① 吕振羽:《中国历史上民族关系的几个问题》,《吕振羽史论选集》,上海人民出版社 1981 年版。

② 岑家梧:《在教学上如何处理祖国历史上的民族关系》,《历史教学》1962 年第 9 期。

③ 参见刘先照《中国民族关系史研讨会综述》,《民族研究》1981 年第 6 期;雷虹霁《中国民族史学与中华民族形成史研究的新思考:20 世纪的学术回顾与理论反思》,《黑龙江民族丛刊》2002 年第 4 期。

化、民族关系的主流等重大理论问题，提出了独到的见解。此书的出版在学术界产生了重要的影响，确定了中国民族关系史研究的基本框架，提出了一些重要的民族史学理论问题，对于民族史学理论研究的推进和深入具有重要意义。

历代民族政策研究。1988年和1990年，中国民族史学会第二次与第三次学术讨论会对中国历史上的民族政策进行了专题讨论。学者们认为，中国很早就形成了多民族的国家，如何处理治域中的民族问题，始终是统治者面临的一件执政的大事，这个问题的处理是否得当，直接关系到国家的盛衰。历代王朝的统治者都把如何解决民族问题作为治国安邦的重要问题对待。显然，民族政策的成败得失就成为关键。此后，学术界出版和发表了大量关于民族政策研究的论著，无论是从数量还是从质量来说，这一时期对中国历代民族政策的研究都取得了空前的成就。田继周等人的《中国历代民族政策研究》[1] 是较早一部系统论述中国历史上民族政策的著作。该书对从夏、商、周到中华民国各个历史时期统治阶级民族观的形成与发展，历代民族政策产生的历史条件、社会背景、主要内容、基本特点、性质和历史作用，均做了比较详细的介绍和分析，并指出历代所推行的民族政策都是客观历史所要求的产物。

民族同化与融合研究。"民族同化"和"民族融合"是探讨民族关系时经常运用的两个名词。民族同化和民族融合从概念上看，前者是一个民族丧失了自己的民族特征而融入另一个民族中去，后者是所有民族都丧失各自的特征而熔铸为统一的新族体。但实际上这种区别并不严格，二者往往交织在一起。在中国的民族发展史上，民族融合表现出不同的形式和特点。就中华民族的主体民族与周边少数民族的关系而言，民族融合可分为"夷化"和"汉化"两种情况。夷化，即汉族与少数民族杂居、通婚并融于少数民族的过程。这可以说是历史上由来已久、持续不断的现象。汉化，即少数民族与汉族杂居、通婚并融于或同化为汉族的过程。华夏族从族源来看就是由许多民族融合、汇聚而成的。今天的汉民族也是在数千年的历史发展过程中，以各种方式吸收了众多民族成分而形成壮大，以至于

---

① 田继周等：《中国历代民族政策研究》，青海民族出版社1993年版。

发展成为世界上人口最多的一个民族。在中华民族发展史上，由不同民族相互融合而形成一个全新民族的事例也不鲜见，回族的形成就属于这种情况。从某种意义上说，包括汉族在内的中华各族都是民族融合的产物。没有哪一个民族在血统上是单一的、纯而又纯的，每一个民族都是与周邻各族长期交往、融汇、吸收中逐步形成的人类共同体。民族的发展演进，民族间力量的消长嬗变，以及旧民族的消失、新民族的产生都与民族间的相互融合有着密切的关系。

对于民族同化与民族融合问题的关注开始于新中国成立之初。其中具有代表性的著述如吕振羽的《关于历史上的民族融合问题》[①]，该文认为，首先，民族同化和民族融合是民族关系发展过程中两种不同的情况。其次，民族同化和民族融合这两种情况在我国历史上都出现过，并指出民族同化是王朝巩固统治、实行愚民政策的一个强制手段。该文阐述民族同化与民族融合的区别与联系，指出民族同化虽与民族融合相对立，但它在一定程度上促进了民族融合的发生。翦伯赞在《关于处理中国史上的民族关系问题》和《怎样处理历史上的民族关系和阶级关系》[②] 两篇文章中指出：民族同化和民族融合是有区别的，但在阶级社会的历史时代，只有民族同化，没有民族融合。因为民族融合的结果是几个民族在经济基础和思想基础上相互影响形成新的民族，而在阶级社会里是根本无法实现的。范文澜《中国历史上的民族斗争与融合》[③] 一文则指出，民族融合的现象在历史上还是存在的，在中国历史的混乱时期，斗争与融合相伴而生。经济文化发展水平较低的民族融合到经济文化水平较高的民族里面具有进步的性质。这一时期学界在民族同化与民族融合问题上存在着诸多分歧，这些分歧集中在民族同化与民族融合有无区别，若有，区别在哪里；在中国历史上，民族同化与民族融合是否都曾出现过；民族同化与民族融合的类型区分，等等。

---

① 吕振羽：《关于历史上的民族融合问题》，《历史研究》1959 年第 4 期。
② 参见《翦伯赞史学论文集》第 3 辑，文章完成时间为 1962 年 6 月；《文汇报》1962 年 5 月 18 日。
③ 1962 年遗作，《历史研究》1980 年第 1 期。

20 世纪 80 年代至 90 年代初，田继周的《民族融合与民族同化》^① 一文认为："民族融合是历史发展的必然趋势，是进步的现象。民族同化，虽然采取的强制手段是应该反对的和指责的，但也是历史发展中不可避免的。"翁独健主编《中国民族关系史纲要》^② 一书也对民族融合与同化问题有专门阐释。他认为，民族同化与民族融合是历史上一个民族合于另一个民族的两种不同方式。

到了 20 世纪 90 年代中后期，学界对民族同化与民族融合问题的研究呈现出新气象。这一时期的研究思路更加开阔，跨学科讨论更加普遍。以历史上的几大民族融合时期作为探讨的重点，成为一个新的切入口。台湾学者中有关民族同化和民族融合问题的论述具有代表性的是王明珂，他的几部专著及数篇论文都曾涉及这个问题。专著有《羌在汉藏之间：一个华夏边缘的历史人类学研究》^③《华夏边缘——历史记忆与族群认同》^④。在这两部著作中，作者引入人类学的诸多概念来阐释我国历史上族群边界、族群认同、文化影响等问题。此外，他在《游牧者的抉择：面对汉帝国的北亚游牧民族》一书中，运用边界反思学理论对汉代的民族边界、民族演进、民族间的相互影响等问题进行再探讨^⑤。

第四，中华民族方面的问题

"中华民族"一词出现在 19 世纪末 20 世纪初，而"中华民族作为一个自觉的民族实体，是近百年来中国和西方列强对抗中出现的，但作为一个自在的民族实体则是几千年的历史过程所形成的"。^⑥ 近代以来，随着中西海上交流增多，中国人的观念发生了很大的改变，其中一点，就是从一种"天下"观念，退而认为"天朝"也是世界的一部分，是世界万国之一。知识分子发觉西方国家都以某一民族聚合自号为一国，

---

① 田继周：《民族融合与民族同化》，《文史哲》1981 年第 3 期。

② 翁独健主编：《中国民族关系史纲要》，中国社会科学出版社 1990 年版。

③ 王明珂：《羌在汉藏之间：一个华夏边缘的历史人类学研究》，台北联经出版事业股份有限公司 2003 年版。

④ 王明珂：《华夏边缘——历史记忆与族群认同》，社会科学文献出版社 2006 年版。

⑤ 王明珂：《游牧者的抉择：面对汉帝国的北亚游牧民族》，广西师范大学出版社 2008 年版。

⑥ 费孝通：《中华民族多元一体格局》，民族出版社 1989 年版。

故而引发了中华民族概念的诞生。最初的中华民族基本上是指汉族，后来随着认识的加深，才逐渐扩展到"中国的各民族"，成为与"国家"对应的人们的总和。

中华民族研究在 20 世纪三四十年代形成，于五十年代和九十年代出现了两次研究高潮。20 世纪三四十年代，由于日本侵华，中国人的民族和国家意识空前高涨，中华民族研究引起学者们的广泛关注，相继出版了一系列著作，以启发觉醒、激励斗志。第二次是 20 世纪五六十年代，关于汉民族形成问题的大讨论。九十年代以费孝通先生"中华民族多元一体格局"理论推出，中华民族研究出现了新的高潮，并形成了以中华民族凝聚力和中华民族多元一体格局为核心的两大理论，至今已经为中国学术界广为接受。

1999 年费孝通《中华民族多元一体格局》一书经过修订再次出版。该书责任编辑认为，《中华民族多元一体格局》一书多层面地研究了中华民族多元一体格局理论，总结了一个世纪以来关于中华民族结构的理论，拓宽了中国民族问题研究的领域，科学地阐释了民族识别中的重大理论问题，中华民族多元一体说已成为"研究中华民族结构的核心理论"。[①]

尽管学术界对于费孝通先生提出的这一理论体系存在不同的看法，但中华民族多元一体学说的学术价值和政治意义是无可置疑的。十多年来，许多学者在多元一体格局理论的影响和推动下，对中华民族的起源、形成和发展过程及其客观规律进行了深入的探讨，内容涉及中华民族的形成与发展、中华民族文化和民族精神、中华民族民族意识与国家认同、中华民族各成员之间的关系、中华民族凝聚力，等等，取得了一系列的成果。王钟翰主编的《中国民族史》、陈连开的《中华民族研究初探》、陈连开等人的《中国民族史纲要》、田晓岫的《中华民族发展史》、萧君和主编的《中华民族史》、陈育宁主编的《中华民族凝聚力的历史探索》、卢勋等人的《中华民族凝聚力的形成与发展》、蔡凤林的《中国农牧文化结合与中华民族的形成》等是其中的代表著作，发表的论文多不胜数。

---

① 方素梅：《最近十余年的中国民族史研究》，《民族研究》2005 年第 2 期。

20 世纪 90 年代出现了多部研究中华民族凝聚力的著作①，可以看作是对中华民族多元一体格局理论的阐发和深化。1994 年，陈育宁主编《中华民族凝聚力的历史探索——民族史学理论问题研究》对中华民族凝聚力这一具有历史意义和现实意义的课题作了全面系统的阐释，被称为是"国内学术界第一部从历史发展的角度，通过对民族史学若干重大问题的系统论述来论证分析中华民族凝聚力形成发展及其规律的专著"。② 书中指出中华民族凝聚力是在各民族共同创造中华文明的历史过程中，经过长期的锤炼而形成的。在它形成的过程中，始终存在着四个基本要素，即历史前提、历史基础、历史途径和历史根源。探讨了中华民族凝聚力概念的基本内涵、形成的历史过程及形成的诸因素等问题，既有翔实的史料根据，又有深刻的理论分析，颇具学术价值和现实意义，是中国少数民族史学理论研究的可喜收获。

目前，学术界比较一致的认识是，中华民族涵盖了中国各民族以及分布在世界各地保持着中华文化传统的华人和华侨整体的民族认同。它有三种含义：（1）它是中国各民族的总称，体现和表达了中国各民族之间存在着的长远的、根本的、利害相关的、不可分割的一致利益；（2）它表明中国各民族都是中国人，都是组成中华民族大家庭的一员；（3）外国殖民主义、帝国主义与中华民族的矛盾是中国近代社会的基本矛盾，中华民族在反帝反封建斗争中是一个不可分割的整体，有着共同的命运和历史使命。

中华民族和中华民族意识的形成是中国境内各民族历史演进的必然结果，在统一的多民族国家的发展过程中，中国各个民族之间的联系在不断加深，整体利益在不断巩固。

---

① 关于"民族凝聚力理论"，较重要研究成果有瞿林东《历史·现实·人生——史学的沉思》（浙江人民出版社 1994 年版）一书和陈其泰《史学传统与民族精神》（《北京师范大学学报》1996 年第 3 期）一文，对"民族史学与民族凝聚力"这一理论进行了阐释。陈育宁等《中华民族凝聚力的历史探索——民族史学理论问题研究》（云南人民出版社 1994 年版）一书，主要对中华民族凝聚力这一具有历史意义和现实意义的课题作了全面系统的阐释。此外，陈琳国《伟大的步履——中华民族的形成、发展及其凝聚力》（浙江人民出版社 1994 年版）、木芹《中华民族历史整体发展论》（民族出版社 1995 年版）、马戎和周星《中华民族凝聚力形成与发展》（北京大学出版社 1999 年版）、卢勋等《中华民族凝聚力的形成和发展》（民族出版社 2000 年版）等。

② 童敏：《一部弘扬中华民族凝聚力精神的力作——评〈中华民族凝聚力的历史探索——民族史学理论问题研究〉》，《西域研究》1996 年第 2 期。

第五，民族思想与近代民族主义问题

近年来，一些学者将民族史和思想史的研究紧密结合起来，探讨"民族思想"问题，为民族史学理论研究开拓了新的领域。

民族思想是各个时期各个民族的各类人物对中国民族及民族问题的认识，是处理民族问题、制定民族政策的思想基础；它既有政治家、思想家、军事家、史学家及普通民众对历史上民族及民族关系的反思，也有他们对当时民族和民族问题状况的理性思考和客观认识，以及对民族及民族问题未来发展趋势的预见。主要包括对民族起源、民族发展规律、民族政治结构、民族经济制度、民族社会生活、民族文化、民族关系、民族分化与民族融合、民族迁徙、民族未来走向和发展趋势、民族发展的路径等问题的思考、认识及预见。此外，作为中国民族思想还应当研究马克思主义民族思想的中国化问题。

中国民族思想大致可以划分为三个历史发展阶段。第一阶段，以华夷之辨为主线的古代民族思想，主要包括夷夏有别、夷夏对立、以夏变夷、夷夏一家、夷夏平等及因俗而治等内容。第二阶段，中国历史进入近代之后，民族思想基本呈现出从满汉对立到"民族平等"、从反清到反帝的发展脉络。孙中山民族思想的演变轨迹，基本反映了中国近代民族思想的发展脉络。第三阶段，以毛泽东、周恩来、邓小平等为代表的中国现代民族思想，是以平等、团结、互助、民族区域自治为核心内容。[①]

外国学者就中国古代民族思想中的"夷夏观"在不同的历史时期和环境中的不同表现形式，也做了深入的分析和思辨。美国学者杜赞奇主张从一种"复线"（或称"双轨"）的角度来看待中国社会复杂的历史进程。他提出的"复线"，就是"文化主义"和"民族主义"这两种意识形态可能以不同的程度与形式交替出现于中国历史上的观念与思潮（叙述结构）当中。我们可以将其看成是两种不同内容的民族思想。他承认中国传统的民族观念的实质是"中国文化主义"，"文化主义是一种明显不同于民族主义的意识形态……文化主义指的是一种自然而然的对于文化自身优越感的信

---

① 崔明德：《中国民族思想的概念及发展脉络》，《中国边疆史地研究》2006 年第 4 期。

仰，而无须在文化之外寻求合法性或辩护词。”"士大夫阶层的文化、意识形态、身份认同主要是文化主义的形式，是对于一种普遍文明的道德目标和价值观念的认同。"这种文化主义即是"把文化——帝国独特的文化和儒家正统——看作一种界定群体的标准。群体中的成员身份取决于是否接受象征着效忠于中国观念和价值的礼制"①。这就是中国历史发展中以"文化"确定认同和"有教无类"的主导思想。但杜赞奇又指出，与此同时在中国还存在另一个"民族主义"民族观。每当中原王朝衰落和濒于倾覆的时刻，如南宋和南明，"夷狄"已经不再是中原礼教可以居高临下实施"教化"的对象，而是汹汹入侵足以灭亡中华文明的严重威胁，此时汉人就会放弃"天下帝国的发散型的观念，而代之以界限分明的汉族与国家的观念，夷狄在其中已无任何地位可言"②，从而萌发出汉人防御性的"民族主义"。这时，保卫汉人国家、抵御夷狄入侵的代表人物（岳飞、文天祥、史可法）就成为民族英雄，夷狄则被描述为无信无义、凶残无比、不可同化的"异类"。明末清初的学者王夫之甚至提出："夷狄者，歼之不为不仁……何也？信义者，人与人相与之道，非以施之异类。"③

20世纪80年代以来，国内外掀起的"民族主义"浪潮以及国内学术界关于"民族思想"的研究，与重视和研究中国民族关系思想的发展趋势恰相吻合。

民族主义是19世纪初产生于欧洲的一种学说。一般认为，中国具有现代意义的民族主义是19世纪中叶以后逐渐萌发的，甲午战败是一个重大转折，到20世纪初义和团运动标志着民族主义在中国的正式诞生。表现形式上，史革新认为，中国近代民族主义的特征主要有三：一是反对目标的双重性，既包括反对国内的民族压迫，又包括反对来自国外的民族压迫；二是始终与民主主义、爱国主义相结合；三是不断克服狭隘民族情绪，理性民族主义占主流地位。④

---

① ［美］杜赞奇：《从民族国家拯救历史：民族主义话语与中国现代史研究》，王宪明译，社会科学文献出版社2003年版，第44—46页。

② 同上书，第47页。

③ 同上。

④ 贾小叶：《中国近代民族主义的再思考——"中国近代史上的民族主义学术研讨会"综述》，《教学与研究》2006年第4期。

民族主义在中国近代史上起到过重要作用。从总体来看，中国近代民族主义以实现民族独立、建立近代民族国家为主要内容，因此，就本质而言它是一种进步的社会政治思潮，其历史作用是积极的。但在一些具体问题上，近代的民族主义则较为复杂，除上述积极作用外，还包括中国传统民族主义以及其他民族主义，如大国沙文主义、狭隘民族主义等，其历史作用也有消极的一面。

目前，近代民族主义的研究主要关注汉族，或者从中华民族整体的角度来研究，论述其特性与作用，以及其局限性。而对于少数民族的"民族主义"问题关注较少，是一个相对薄弱的研究领域。究其原因，可能与认为民族主义会"损害各民族的团结和国家的统一"的观念有关。特别是近代一些少数民族出现分离主义的倾向，使研究者可能认为分离主义是"民族主义"过度发展的一个结果，阻碍了研究者正视少数民族的民族主义问题。但是，民族主义作为近代中国的一种思潮和民族思想的组成部分，是不能忽视的。更何况，民族主义同爱国主义以及民族精神有着不可分割的逻辑联系，我们既然对历史上和现代的爱国主义和民族精神一直给予很高的评价和积极的肯定，那么对民族主义就没有任何全盘否定的道理。因此，对待少数民族的"民族主义"问题应该本着实事求是的态度进行研究，而不应该回避。

第六，民族特性方面问题

随着对族别史研究的深入，少数民族的政权、人物、文化及特性，逐渐展现出来，为人们所重视和认识。民族政权的历史作用，少数民族人物的评价；少数民族文化对中华文明的贡献；民族与宗教的关系，以及宗教对民族形成的作用等这些重大理论问题也被清楚地提了出来。

民族政权的历史作用。我国统一的多民族国家政权的最后确立，是经历了由小到大，由分裂到统一，再分裂再统一的过程。少数民族在各个历史时期建立的民族政权对于局部地区的统一起到过积极作用。首先，少数民族政权的形成和发展往往成为边疆地区各民族的汇聚点，成为社会经济开发的组织者，使边疆地区逐步形成初级的统一体，为全国的大一统提供了历史条件。其次，少数民族建立的政权，对我国传统政权的建设及传统政治制度的发展完善，也起到了积极的推动作用。最后，少数民族政权的建立，也成为汉族与少数民族联系的纽带和沟通经济文化的桥梁。

少数民族历史贡献问题。中国的历史是各民族及其先民们，包括曾在这块土地上活动过而现在已经消失的古代民族共同创造的。在几千年的历史发展进程中，不断出现的各个少数民族与汉族一起，以坚韧的精神共同开拓和捍卫了祖国的广阔疆域，在这一片地理上自成单元的土地上，以辛勤的劳动利用自然、改造自然，在生产力的开发上做出了许多重要的发现和发明；以聪明的才智创造了各具特色、不同类型的民族文化，共同奠定了伟大的中华古代文明。少数民族对祖国历史的贡献，充分表现在中华民族的经济生活、政治生活和社会生活的各个方面，也表现在中华民族的文化艺术和思想宗教传统之中。各少数民族不仅为本民族的发展进步，也为中华民族的繁荣昌盛和灿烂的中华文明的形成与发展做出了不可磨灭的历史贡献。一部中国通史，是历史上各个民族共同创造的历史，没有对少数民族历史贡献的充分阐述，就不是一部完整的中国通史。

此外，少数民族人物，尤其是少数民族政治、军事人物的历史影响因素也是非常突出的，有的甚至影响了世界。少数民族著名的政治、军事人物众多，据谢启晃等编著的《中国少数民族人物志》[①] 统计就有 200 多位。他们在中华民族的形成以及疆域版图的奠定过程中都产生过重要的影响。近代以来，少数民族中的一些政治、军事人物在保卫国家统一、抵御外族侵略的过程中更是起到过积极作用。

少数民族文化与中华文明的关系。在我国这样一个民族众多、地域辽阔、历史悠久的文明古国，古代文化的发展具有鲜明的民族性、地域性、时代性及多元结构的特点。随着文化传播的增强，在各民族各自的地域边缘就会发生不同文化的碰撞与冲击，结果使不同文化在交叉流动中因相互吸收对方的异质文化而不断丰富发展。在研究我国古代各种民族文化的形成与交流中，特别应当引起重视的是，要充分估价少数民族文化的发展在中国历史上的地位和作用。我国悠久灿烂的文化，既具有

---

① 谢启晃等编著：《中国少数民族人物志》，民族出版社 1987 年版。

各民族交汇形成的共同性，又具有不同民族的差异和各自特点。各民族虽因大小、先进与后进之不同，在祖国文化发展中的地位和贡献也有所不同，但都占有一定的位置和做出了应有的贡献，是别的民族不可替代的。研究不同民族文化之间的差异、碰撞、交流和融合，是我们从整体上认识中国古代文化及其发展轨迹的重要途径，也是探讨民族关系史的一个重要组成部分。

民族与宗教的关系问题。民族与宗教是两个不同的概念。民族属于历史范畴，宗教是一种社会意识形态，是社会现实生活在人们头脑中的反映，它属于思想范畴。因此，不能把民族与宗教等同起来。但是，两者又有联系。自民族、宗教产生以来，没有哪个民族不与宗教相联系，只是联系的程度不同罢了。有些民族基本上是全民族信仰一种宗教；有的民族是一部分人信仰这种宗教，一部分人信仰那种宗教；有的民族是多数人不信宗教，少数人信宗教。宗教虽然不是构成民族的基本要素，但宗教作为一种社会意识形态，对一些民族的形成发展及政治、经济、文化产生了重要的影响。有些原来属于宗教的内容和形式，经过长期历史的演进，变成了某些少数民族的风俗习惯，甚至在有些民族的形成发展中起过纽带作用。回族在形成和发展过程中，伊斯兰教将散布于全国各地来源不同的人们聚合在一起，统一了民族信仰，维系了民族感情，成为回族形成的核心思想。

目前，有的学者指出，宗教生活只是民族生活的一个组成部分，宗教的特点也只是民族特点的一个组成部分，不能把宗教的特点和民族的特点混同起来，不能把民族特点说成是全部由宗教特点所决定的。许多民族在历史上曾经信仰过多种宗教，或者在不同的时期信仰过不同的宗教，这说明宗教信仰是可以改变的。

宗教对我国许多民族的影响广泛而深远。有的宗教由于在我国某些民族中信仰时间很长，许多民族的某些重大的历史演变，大多与宗教的影响有关。有的宗教由于长期被统治阶级把持利用，一些宗教制度被移植到社会制度中来，成为社会制度的组成部分，反过来，许多世俗的社会压迫制度则披上宗教的外衣而带有"神圣"的色彩。

第二节　民族史学理论建设的任务

一　需要进一步研究的内容

目前，民族史学理论在民族及中华民族、民族关系、民族特性、民族思想、统一多民族国家的形成、中华民族多元一体格局、中华民族凝聚力以及少数民族的历史贡献、中华多元文化等一系列问题的探讨上，形成了一些共识，对于指导民族史研究起到了积极的促进作用。任何学科只有在不断探索和创新中才能前进、发展。民族史学描述的对象非常丰富，因此，民族史学理论研究的问题也是多种多样。综观目前民族史学理论研究所涉及的范围，在对以上问题继续深入的基础上，我们认为对下列问题的关注也是非常必要的。

（1）中国古代的"民族"内涵和定义。如前所述，"民族"这一概念虽然在我国几经讨论，但认识并不很一致，其中一个重要原因，可能就在于，作为外来的概念无法准确描述中国民族的历史和现状。跳出这一窠臼，从中国的历史实际出发去寻求答案，对具有中国特色的"民族"予以界定和定义，依然是我们面临的课题。既不能照搬西方的 nation 概念，也不能照搬"族群"（ethic group）理论，甚至斯大林的民族定义，而要沿着中国历史的轨迹，描绘出中国境内民族的形成特点、要素，破解定义上的难题。如果这一问题得到有效解决，可能是我国学术界对世界民族研究的一个重要贡献。

（2）研究中国民族发展、演变的历史规律。从地域环境、生产方式、文化特征及民族关系等角度，考察历史上中国民族如何产生和发展，并逐渐交汇融合，最终形成中华民族多元一体格局。

（3）研究历史上中国民族的自我认同及其表现形式。"认同"是从主观角度对民族定义的重要补充，从民族史的角度，研究历史上各民族的认同观念以及表现形式，丰富"民族认同"的内涵，对于建立民族自信心，促进民族间相互尊重，进而形成中华民族认同和国家认同具有重要意义。

（4）研究民族政权的特色、政治体系以及中央王朝民族治理体系。在古代，虽然中原王朝有着高度发达的政治文明，但是，少数民族围绕中原王朝建立的政权，甚至入主中原后，将民族特色带入中原政治体系中，充实和完善了中原王朝的政治文明，这是很值得研究的一个内容。

（5）研究民族的法律特色。由于生产和生活方式迥异，社会习俗和文化传统的巨大差距，少数民族的法律体系与中原地区有着很大不同，特别是其习惯法等方面的内容和实施应该引起我们很大的重视。

（6）少数民族的传统教育。少数民族也有很丰富的传统教育形式和内容，如伊斯兰教的经堂教育、藏传佛教的寺院教育等，都有鲜明的特色及自身的规律，需要深入探讨。

（7）少数民族文化。文化是标识不同民族的重要因素之一，研究少数民族文化的特色和共性，揭示少数民族与汉族文化的关系，是拓展中华文化研究的一个重要途径。

（8）少数民族经济。传统社会主要存在两种经济类型，即农业和畜牧业。对畜牧业经济发展演进及其与少数民族发展的关系、游牧经济与生态环境保护、海洋渔业与民族经济等问题的研究是中国经济史研究中需要加强的环节。

（9）少数民族军事实战理论。战争和掠夺是一些民族在一定阶段赖以生存的主要方式，战争又是民族关系中的一种表现形式。游牧民族擅长弓马骑射及其大规模的运动战，战略战术都具有突出的特色，对其军事实战理论及实践的研究，是全面认识该民族的重要方面。

（10）少数民族宗教。中国历史上各种宗教并存是一大特色，但没有像西方一些国家经常发生宗教战争。信仰不同宗教的少数民族在与汉族及其他民族宗教信仰不同的情况下，共存共生，相互包容，较少因宗教不同而发生重大冲突，其中的宗教内涵、哲学思想以及民族关系的本质等问题都需要做出进一步的理论回答。

（11）汉族研究。通过对中华民族多元一体格局理论观点的研究，近些年来，对汉族的历史地位及作用的研究有了新的深化，但从民族史研究的总体上看，对汉族的形成发展及其与各民族关系的研究，还是比较薄弱的。

二　途径、方法与学术环境

1. 以平等原则研究民族史的问题

在民族历史研究中，坚持和体现民族平等的原则，就是指在考察与分析历史上的民族发展及民族间相互关系时，要坚持对各民族一视同仁，不论其社会发展阶段、经济文化及人口状况如何，作为一个民族，均应视为中国多民族历史的组成部分，视为中国民族史中一个不可缺少的篇章。这里，只有民族间社会经济发展先进与落后的差异，而不应有优劣之分；只有民族人口多少的不同，而不应有贵贱之别；只有不同民族在不同时期或不同地区范围内所起作用的大小，而没有民族"正统"与"非正统"的界限。要坚持用同等的标准来衡量民族发展上的迟缓进退与民族关系中的是非功过，坚持用统一的历史唯物主义原则来分析和判断各民族发展过程中的成败得失，避免对不同民族的一切偏颇之见和不平等态度。要做到这一点，克服与清除封建正统民族观，特别是长期以来形成的大汉族主义影响至关重要。用民族平等的原则处理历史上的民族关系，并不是用一种简单的方法把不平等的民族关系从历史上删去，或是从那些不平等的民族关系中挑选一些貌似平等而事实上不平等的史实，来证实这个原则在古代中国已经实现，更不是把历史上的不平等民族关系说成是平等的，而是揭露历史上不平等的民族关系，剖析那些不平等民族关系的历史根源和阶级实质。只有在民族史研究中始终贯彻民族平等的原则，才能正确阐明历史上的民族关系，稍一偏离这个原则，就会得出有悖于科学的结论，并可能产生不良的社会影响。

2. 做好民族史学理论研究的基础工作

第一，扩大文献的整理与研究。一方面要继续整理出版汉文文献；另一方面，要整理出版少数民族文献，并加大对其研究力度。流传于世的最早的一批中国少数民族文献，是在汉代用佉卢文、焉耆—龟兹文、于阗文、粟特文等文字书写的文献，它们在 19 世纪 20 世纪之交的中亚探险考古大发现中被人们所发现。隋唐时期又有突厥文、回鹘文民族文献。宋辽金时期，有契丹文、女真文、西夏文文献传世。蒙元时期，有回鹘式蒙古文和托忒文历史文献。大约同期及此后，随着外来宗教在西域的传播，产生了大量用阿拉伯字母文字书写的维吾尔族历史文献。清代有满文文献。少数民族文献中蕴藏量最大的当属藏文文献。此外，其他少数民族中，亦有自己的文字和民族文献留存，如彝族的彝文文献、纳西族的东巴文文献、白族的白文文献、傣族的傣文文献，等等，种类繁多，存量很大。① 这些少数民族文献反映了各民族形成的历史进程和文化构建，并且在一定程度上记述了民族之间的交往。这对于我们研究民族史、民族史学理论提供了丰富的资料，是我们研究中国民族问题的宝贵财富。另外，包括民族地区在内的大量考古发现、民间遗存的实物资料、口碑资料，以及家谱、近代以来的各种档案、报刊资料和域外人士对少数民族地区的游记、研究等著作，等等，都是很有价值的资料，都应认真加以收集整理和研究。

第二，编写能反映民族史学理论全貌的教材。教材是学科建设的一个基础，是学科规范化的轨道。民族史学理论教材的编写要站在学科前沿，综合本学科的学术研究成果，注重知识的系统性和完整性，既坚持理论体系的相对稳定，又反映学术研究的最新成果。

3. 加强研究队伍和人才培养工作

这是民族史学理论学科存在和发展的一个前提条件。建立民族史学理论研究的专门机构，搭建学术平台，集中本学科的专家学者从事研究工作，在相关的高校院系开设"民族史学理论"课程，培养高学历层次的年轻学者，为这一学科的发展打下坚实基础；建立全国性的学术团体，把各个相关学科中从事民族史学理论研究的专家学者联系在一起，逐渐形成一支包括汉族和少数民族专家学者在内的比较稳定的研究队伍，举行学术研讨和交流，组织协调重大学术课题，以推动民族史学理论学科的形成与发展；在相关学术刊物上开辟"民族史学理论"专栏，不断推出新的研究成果，积极推进民族史学理论著作的出版，加强学术成果的交流。

4. 加强与相关学科的交流和借鉴

民族史学理论是一门综合性、交叉性的学科，与民族学、历史学、政治学、人类学、社会学、宗教学及边疆史、经济史、思想文化史、军事史、中外关系史等学科领域和研究专题密切相关，建设和发展民族史学理论学科既需要吸收上述学科和领域中的研究力量和理论与方法，又需要借助上述学科的研究成果。只有依靠多学科的配合与协调，才能较

---

① 王继光：《"大国学"视野下的中国少数民族文献》，《北方民族大学学报》2010 年第 5 期。

快地建立并建设好民族史学理论学科。换言之，学科整合是民族史学理论学科建立和建设的捷径。当然，学科整合并非简单切割拼凑，而是在消化、吸收多学科的有关理论、研究方法及研究成果的基础上，形成独立的学科体系。

第三章　中国民族的形成及民族认同

在中国这片地域辽阔的土地上，各族先民或农耕、游牧、采集、渔猎……都以自己独有的方式书写着自己民族的历史。经过漫长的历史发展，各族群逐渐拥有了自己群体的固定地域，固定生产方式、文化、习俗等，民族开始产生。由于各民族生存环境、历史轨迹等诸因素的不同，使得各民族形成的类型和特点也不尽相同。从其类型上来看，土生型、融生型、复合型、外来型是其主要类型；从其形成特点上来看，多源多流、源流交错；历史久远、血脉相连；本土为主、外来为辅；迁徙流动、汇聚交融是其主要特点。

在人类发展史上，民族和国家、疆域的形成有着密切的关系。我国自古就是一个多民族国家，是各民族共同开发了祖国的疆域，创造了国家的历史。中国在先秦时期，就形成了"天下观""五方格局"等观念，这是多民族共创中华的最好例证。此后，在中国历史的发展进程中，以华夏族汉族和各个时期出现的各民族都以自己不同的方式为国家的形成和疆域的奠定，做出了自己的贡献。

第一节　中国民族形成的类型

民族不是人为地形成的人们共同体，而是人类社会发展到一定阶段所必然出现的客观存在。这种客观存在，也不是中国历史所具有的特殊现象，而是世界历史在大体相当的阶段都存在的普遍现象。民族是一个历史范畴，是人类社会发展过程中一定历史阶段和历史条件下所形成的一种特殊形态的人们共同体。民族是能动的，它有一个形成、发展、壮大强盛、衰落直至消亡的过程，这期间，伴随着民族的迁徙流转、民族通婚和民族融合、同化。总之，民族不是按照人们的意愿而变化，而是在历史过程中产生的一种具有很大稳定性的人们共同体。

　　民族形成问题是民族学、民族史学、社会学等领域研究的重要课题。长期以来，学术界对民族形成问题展开了广泛深入的研究。恩格斯曾在《家庭、私有制和国家的起源》一书中指出了民族形成具有典型意义的三种途径，即民族形成具体过程中的希腊人、罗马人、德意志人式的途径。新中国成立后，对中国民族形成的研究，较有代表性的始于 1953 年苏联史学家格·叶菲莫夫在苏联《历史问题》杂志发表的论文《论中国民族的形成》。1954 年我国史学家范文澜在《历史研究》杂志第四期发表了《自秦汉起中国成为统一国家的原因》一文，这一著名论文深刻分析了汉民族的发展过程。学者牙含章著有《民族形成问题研究》等。这些研究对于民族形成的时间、原因、过程、规律等作了许多有益的探讨。中国作为一个多民族国家，民族众多，成分复杂，各民族在形成过程中，都具有自己的独特之处。有共性，更有个性。因此，在以往研究的基础上，对中国民族形成的类型及特点的探究也很有必要。

　　民族形成的类型与民族的族源密切相关。通过对中国各民族的族源进行分析，我们认为中国民族的形成主要有土生型、融生型、外来型、复合型四种类型。

一　土生型（原生型）

　　土生型是指其先民自古以来就在中国土地上繁衍生息的民族。一般经过氏族—胞族—部落—部落联盟（部族）—民族的发展顺序，这是民族形成的一般规律。其中，由部落发展成民族是民族形成的基本途径，世界上大多数民族都是由部落发展而来的。从部落发展成为民族，是人类社会发展和人们共同体发展到一定程度的必然产物和基本形式，也是一个逐渐由量变到质变的发展过程。在这个过程中，部落内部的血缘联系逐步削弱，地域、财产因素逐渐加强，血缘融合、语言交融、地域联片扩大、经济交换加强、心理融通过程加速进行，从而最终导致了以地域关系为基础，具有语言、地域、经济、心理等方面共同特征的民族产生。这种民族形成方式一般表现为原生形态，因此，又可称为原生型。

中国古代的吐蕃、契丹等就是从部族发展成为民族的典型。

吐蕃即现今的藏族，是公元 7 世纪初兴起于青藏高原的一个民族。关于吐蕃的族源，根据近几十年来在青藏高原发现的古人类文化遗址和出土文物，藏族民间传说以及藏、汉文献记载充分说明：藏族先民自古以来就活动于青藏高原之上，以后又融合了西部各族，特别是西羌诸部，逐步发展而成。在吐蕃王朝建立之前，青藏高原分布着许多氏族和部落组织，最初有小王 44 个，随后是"十二小邦"，大约公元前 4 世纪—公元前 3 世纪，雅隆琼结地区（今西藏山南琼结县）又兴起了一个新的部族——悉补野部。5 世纪至 6 世纪间，小邦之间互不统属，争斗不已。其中，影响较大的有羊同、苏毗、白兰、附国、党项、吐谷浑等。公元 7 世纪初，悉补野部首领传至松赞干布时，建立了盛极一时的吐蕃政权，吐蕃政权的建立标志着吐蕃真正形成了一个民族共同体。

在我国历史上除吐蕃族外，像汉族的前身华夏族、契丹族、女真族、党项族、蒙古族、回纥族以及南方的许多民族大都经历了由部落或部族形成正式的民族共同体的过程。这些族群支系、族称繁多，且在发展过程中出现过族体分化或组合现象，但她们的分化和组合大多是国内族群族体的分化或重组，因此，我们称这类族群的形成土生型或原生型。

二　融生型（融合型、次生型）

融生型是指在民族形成后的发展过程中，通过民族之间的分化、同化、组合，以致消失了民族间的界限，相互融合成一个新的民族，也可称为次生形态民族。这类民族的形成过程表现为"同源异流""异源同流"等具体形式。在中国漫长的历史长河中，民族分化、同化、组合的现象不胜枚举。如苗、瑶、畲等民族的形成是"同源异流"的结果，回族、保安族等则表现为"异源同流"的具体形式。

回族的起源可以追溯至公元 7 世纪。大约从 651 年（唐永徽二年）起，大批阿拉伯、波斯商人航海东来中国经商，侨居于东南沿海一带的广州、泉州、杭州、扬州及京师长安等地。历经五代直至南宋末年，其中不少人侨居中国，与中国的一些民族（主要是汉族）成员组成家庭，生儿育女，繁衍后代，人数最多时可能达到 10 万以上。他们是中国回族中来源最早的一部分。公元 13 世纪初和中叶蒙古西征时，一是大批被征召东迁我国的中亚西亚各族人、波斯人和阿拉伯人，二是由于蒙古西征致使中西交通大开而东来中国的商贾等人士成为回族的主要来源。东来的回回人以俘虏、军士和工匠为大多数，少数是官吏、学者、商人和宗教职业者。他们迁居中国后，广泛散布在全国各地，与汉、畏兀儿（维吾尔）、蒙古等族人在长期相处的过程中，相互吸收、相互融合，以伊斯兰教为共同的宗教信仰，以汉语为共同语言，形成回族。

三 外来型

外来型是指在国外已形成民族共同体，于某一时期迁入我国境内，进入我国后并未与其他民族发生同化或融合即成为我国的少数民族的一种类型。我国的乌孜别克族、俄罗斯族、柯尔克孜族等即此种形成类型。

乌孜别克是其本民族的自称，起源于 14 世纪前半叶蒙古金帐汗国（钦察汗国）的乌兹别克汗，[①] 公元 15 世纪初，金帐汗国瓦解后，原属其组成部分的白帐汗国强大起来，其国中居民主要是突厥——蒙古各部的游牧民，统称乌兹别克人。15 世纪末 16 世纪初，一部分乌兹别克人在昔班尼汗率领下，从西伯利亚西部和哈萨克斯坦南迁进入中亚农业区，推翻了帖木儿王朝，与河中地区操突厥语、定居务农的当地居民相互融合，逐渐形成中亚的乌兹别克人。

中国境内的乌孜别克族的祖先是从 18 世纪 50 年代起，陆续从中亚地区迁入新疆的。当时清朝统一新疆，积极同乌孜别克人在中亚建立的希瓦、浩罕及布哈拉三个汗国开展贸易，友好往来。乌孜别克商人纷纷来到新疆南部的喀什噶尔、叶尔羌、阿克苏等城市经商，其中许多人渐渐在当地定居下来。同治年间，浩罕汗国的阿古柏入侵新疆时，又有一部分乌孜别克人随之入疆。19 世纪至 20 世纪 30 年代，仍有相当数量的乌孜别克人从中亚前来新疆，逐渐成为中国西北边疆的乌孜别克族。

---

① （明）宋濂：《元史》卷 117《术赤传》，中华书局 1976 年版。

四 复合型

复合型是指该民族形成跨越了两种或两种以上的形成类型，或以一种形成类型为主，另一种类型为辅，但为辅的类型在该民族形成过程中又起到重大的作用。如汉民族的形成，其本身主要由炎、黄部落发展而来，但无论是汉族的前身夏族或华夏族还是汉族本身，在其形成过程中融入了大量的异民族成分，所以其类型为复合型。

据古人类学资料，中华大地上蕴藏着极丰富的古人类遗骸化石，人类起源的直立人（又称猿人）、早期智人（又称古人）、晚期智人（又称新人），与这一时期相对应的是旧石器文化，旧石器文化各阶段的遗存，在中华大地上都有众多的发现。新石器时代居民的体质特征是对晚期智人的继承和发展，同时又有所分化。众多的人类学资料考察，中国是蒙古人种的起源之地。中华民族，包括其主体——华夏（汉）民族，"从总体上来说，其远古祖先是那些起源于中华大地，并留居本土继续创造历史的人们。"因此，我们有理由说，华夏族的起源，具有鲜明的本土性，是土生土长的民族。[1]

新石器时代中华大地上已出现三大文化发展带，从南往北分别是：水田农耕文化带，分布在秦岭—淮河一线以南；旱田农耕文化带，分布在秦岭—淮河一线以北至长城（包括今辽东、辽西）；狩猎、渔猎（后来发展为游牧或狩猎、渔猎兼营不发达农耕）地带分布于秦长城以北。同时，在这一时期，湿润的中国东部和干旱的西部其文化特点也已明显不同。考古发现表明，在距今4000—5000年这个千年中，在燕山南北、黄河流域、长江流域几乎同时出现了礼制、城堡、文字等的雏形。后经传说时代炎帝、黄帝、苗蛮、东夷等部落之间的征战融合，各部落联盟打破部落与地方的局限，开始由地区性部落联盟向国家与民族过渡。夏、商、周三代时，夏族、商族、周族渐渐融合，成为华夏族雏形，西周末叶至春秋时期，边疆各族纷纷内迁，长期与诸夏交往、斗争、融合，华夏族又一次吸收诸多异民族文化和成员进一步发展壮大。秦朝的统一使得中国的华夷统一迈出重

---

[1] 参见陈连开《中国民族史纲要》，中国财政经济出版社1999年版，第18—20页。

要一步，后经两汉达 4 个世纪大一统局面的延续，汉族的族称渐渐确立下来。魏晋南北朝时期是中国历史上的大分裂时期，在这一时期汉人再一次以惊人的吸收能力使得内迁诸族纷纷汉化，成为汉人一部分来源。以后的历朝历代都有不同的民族融入汉民族中，为汉民族注入了新鲜血液。

总之，在中国历史上的历朝历代，无论汉族是统治民族还是被统治民族，都以其强大的韧性和涵化能力吸收过历史上几乎所有存在的民族文化和成员，使得汉族发展成为世界上人口最多、历史悠久、文化丰富的民族。

从对中国民族形成类型的分析可以看出，无论是哪一种形成类型，都反映出了一些共有的基本特点，中华民族凝聚力的形成与发展，就是中国民族形成的最大特点。比如，从民族源流上讲，从古至今各个民族的形成几乎都是多源多流的，有同源异流，有异源合流，有源流交叉。汉族及其前身夏族与蛮夷戎狄之间便存在着源流交错的关系。《史记·六国年表》说："禹兴起于西羌。"商以玄鸟为图腾，说明在族源上，该族与东夷之间可能有同源关系。① 关于"蛮夷戎狄"的来源，《史记·五帝本纪》载："流共工于幽陵，以变北狄；放讙兜于崇山，以变南蛮；迁三苗于三危，以变西戎；殛鲧于羽山，以变东夷。"② 维吾尔族的形成也能说明这个问题。维吾尔族的族源可以上溯至公元前 3 世纪至公元 3 世纪的丁零和呼揭（又作乌揭）。③ 4 世纪至 7 世纪初期的高车、敕勒、铁勒同维吾尔族的起源也有密切的关系。④ 唐朝的回纥（回鹘）则是维吾尔族的主要来源之一。"回鹘西迁今新疆以后，和当地操东伊朗语的土著各族、先期西迁的铁勒和突厥诸部、后来西徙的蒙古等逐渐融合，形成维吾尔民族。"⑤ 而维吾尔族又与

---

① 《诗经·商颂》载："天命玄鸟，降而生商。""玄鸟"即燕子。东夷族大都以鸟为图腾，据此，商可能最早属于东夷集团。参见罗贤佑《中国民族史纲要》，中国社会科学出版社 2009 年版，第 40 页。

② （汉）司马迁：《史记》，中华书局 1959 年版，第 28—30 页。

③ 穆广文：《维吾尔族的起源和居地考》，《中央民族学院学术论文选集》（历史学），1980 年 10 月。参见《民族史学术论文集》（1982 年）中央民族学院民族史研究会、科技处编 1982 年版。

④ 穆广文：《维吾尔族的起源和居地续考—从公元 4 世纪至 7 世纪初的高车、敕勒和铁勒》，参见《民族史学术论文集》（1982 年）中央民族学院民族史研究会、科技处编 1982 年版，第 81 页。

⑤ 王钟翰主编：《中国民族史概要》，山西教育出版社 2004 年版，第 244 页。

裕固族有同源异流的关系。① 以上史实说明维吾尔族的族源是多元交错的。在中国几千年的各民族形成及其发展过程中，这种源流交错、分合的现象是普遍存在的。

另外，在中国各民族形成过程中，不断发生着民族的迁徙和流动，构成了民族间的交往，这也是民族间内聚、融合和同化的一条重要途径。这种迁徙和流动，不仅促使了中华民族文化的融合和形成，也促使了中华民族在血缘上的融合和形成。今天的中华民族文化，正是融合了历史上各民族文化的多元文化，今天中华民族的各民族，已经是你中有我，我中有你，密不可分的一个整体。

第二节　民族认同

一　民族认同的定义

"认同"最初来自于哲学概念。弗洛伊德、埃里克森将其引入心理学领域，认为认同是个人与他人、群体或被模仿人物在感情上、心理上趋同的过程。后来心理学家埃里克森和政治哲学家哈贝马斯将其进一步发展，使得"认同"概念在 20 世纪 60 年代后，进入广泛的社会文化研究领域。"认同"既指认同行为，又指认同意识；既是一种行动过程，又是一种情感体验；既有内在的心理活动，又有外在的行为表现。正是在对事物或现象的承认与赞同的心理与行为的互动过程中，"外化"的体现与"内化"的理念的相互作用，赋予了类似或相似事物的"同一性"或"相等性"，而促使人们产生了一种"类聚"与"归属"意识，同时对于"他者"与"异类"的排拒心理。

20 世纪 90 年代，"认同"研究开始在中国流行开来。目前民族学、民俗学、人类学、社会学、政治学、心理学、教育学、历史学等都出现以认同视角对研究的拓展与深化。

当今社会生活中，认同现象可谓无时无处不在，在多民族共存的中

---

① 翁独健主编：《中国民族关系史纲要》，《附录：中国现有民族历史发展演变表》，中国社会科学出版社 2001 年版。

国，民族认同即是众多认同现象中一个普遍存在的部分。

关于什么是民族认同，目前还没有一个被广大研究者普遍接受的定义，有的学者认为，民族认同是指民族成员在民族互动和民族交往的过程中，基于对自己民族身份的反观和思考而形成的对自民族和他民族的态度、信念、归属感和行为卷入，以及其对民族文化、民族语言和民族历史等的认同①。有的学者认为："民族认同意识是民族心理特质的核心内容，它意味着某一民族共同体的所有成员，都感觉或意识到他们属于同一个民族。"② "所谓民族认同，是指一个民族的成员相互之间包含着情感和态度的一种特殊认知，是将他人和自我认知为同一民族的成员的认识。"③ "民族认同即是社会成员对自己民族归属的认知感和感情依附。"④ 史密斯对"民族认同"定义为："对构成民族与众不同遗产的价值观、象征物、记忆、神话和传统模式持续复制和重新解释，以及对带有那种模式和遗产及其文化成分的个人身份的持续复制和重新解释。"⑤ 就中国的民族认同而言，根据场景的不同，民族认同可以有以下几种不同层面的表现：其一，海内外所有华人对中国历史文化的认同，此为广义的中华民族认同；其二，国内各民族对于中国作为主权国家的认同，这种认同也可定义为"国民认同"或狭义的"国家认同"；其三，国内不同民族对本民族历史文化的认同。这三种认同方式都属于民族认同范围，在中国则属于不同层次的民族认同。

二 民族认同的产生

民族认同意识不可能在完全与外界隔绝的群体中发生，无论各个民族对于自我认同的内容有何不同，认同的类型有何差别，其自我认同产生的条件都需要通过民族的接触和交往。只有在与其他民族进行接触和交往的过程中，民族间的差别才可能在民族群体中得到心理的感知，有了"他

---

① 万明钢：《多元文化视野：价值观与民族认同研究》，民族出版社 2006 年版。
② 周星：《民族学新论》，陕西人民出版社 1992 年版。
③ 王建民：《民族认同浅论》，《中央民族大学学报》1992 年第 2 期。
④ 王希恩：《民族过程与国家》，甘肃人民出版社 1998 年版。
⑤ ［英］安东尼·史密斯：《民族主义》，叶江译，上海人民出版社 2006 年版，第 18 页。

者"与"我者"的区分，才会深化对本民族群体的认知与情感，以及在行动中自觉维护本民族文化、利益动力。"当人们未与外族社会直接或间接接触时，不可能形成他们所在族体与外族不同的判断，也不会有归属哪一族和随之产生的感情依附方面的感受；而一旦与外族接触，'非我族类'的语言、习俗和价值观念等印象会立刻映入他们的脑际。同时，他们对自己族体的归属感和感情依附也便油然而生，民族认同由此发生。"①

从民族认同产生的类型来看，一些民族的民族认同由内部自然生成，一般随着民族共同体的产生，民族成员在与外族接触中自然产生对本民族与他民族差异的认知，以及对本民族的依恋感和归属感。中国历史上一些主要的民族如藏族、蒙古族、满族等大多属于此一类型。蒙古民族兴起并活跃于蒙古草原，牧业经济的单一性和脆弱性，使之需要不断地与农耕地区交换必需的茶叶、药材、布帛、粮食等生活物资。在长期的和平或征战的交往中，蒙古民族与中原汉族等民族之间的"他者"形象被不断强化，是蒙古民族认同意识产生的重要原因。

还有一些民族认同意识的产生是源于外部认知的影响。他们自身内部构成复杂，并没有形成统一民族认同的条件，但由于长期受到外部对其作为同一民族看待的影响，逐渐接受并转化为内部的认同。如我国古代的"羌"，其活动地域极其广泛，族系亦十分繁杂，本不是同一民族。但由于在与中原地区的长期交往过程中，逐渐接受了华夏（汉）族对自己的称谓，终于在秦汉时期以甘青地区为核心，以"羌"为族称形成一个民族共同体，并产生对以"羌"为族称的民族认同。

三　民族认同的内涵

从民族认同的表现来看，不同类型的民族会有不同的认同方式，一些古老的民族会以类似共同祖先崇拜的血缘认同发展为后来的民族认同，如汉族原本是由众多民族融合构成的一个民族群体，但这些民族群体都共同奉炎、黄二帝为其共同始祖，共同祖先的追溯是汉族成员产生民族认同的根基所在。

---

① 王希恩：《民族认同发生论》，《内蒙古社会科学》（汉文版）1995年第5期。

共同的宗教信仰也会凝聚民族群体的认同意识，中国境内的回族就是一个非常典型的例子。回族的先民来自中亚、西亚等不同地区、不同国家，分属于不同的民族，来到中国后，这一群体又散布在汉族的汪洋大海中，这样的群体既没有血缘认同的基础，又没有地域认同的条件，按照一般的民族认同产生路径是很难形成共同的民族认同的，然而回族群体不仅没有消失在强大的汉文化当中，反而逐渐凝聚为一个新的民族群体，究其原因，共同的伊斯兰教信仰是将回族群体的民族认同凝聚在一起的重要纽带。

总的说来，民族认同的内容主要表现在文化范畴，涉及思维方式、价值观念、人际关系方式以及家庭、礼仪、风俗习惯等方面。民族认同在本质上是一种文化认同，即表现为在心理上对所属民族的文化产生归属感，在行为上对于所属民族的价值体系、社会规范等不断地内化、保持与传承。一些跨境民族，可能分布在不同的国家，在政治上认同为不同国家的国民，但由于语言、文化、祖源等方面的共同性而有着亲近的感情，有民族认同感，他们在文化上会认同为同一民族。海外华人的情况就是如此，尽管许多中国人通过在海外的多年耕耘，在居住国获得了较好的经济和社会地位，甚至更改了国籍，但他们在文化上依然对中国传统文化有着强烈的认同，通过在共同的语言文字、风俗习惯找到一种"叶落归根"的归属感。

第三节　中华民族认同

一　中国的民族认同与中华民族认同

中国自古以来就是一个多民族的国家和地区，目前中国境内经国家认定的民族共56个，这些民族大多经历了漫长的发展历史，形成了自己特有的民族历史、文化及属于本民族的认同感。同时，中国又是一个统一的多民族国家，从秦汉到明清，在统一的多民族国家内部，各民族间一直存在着政治、经济、文化上的密切联系和交流，从而产生了互相依存、互相促进、共同发展的关系，并围绕着以儒家为核心的文化体系和以中原王朝为核心的政治体系，逐渐发展出高于各个民族认同之上的更高层次的认同。甚至历史上一些强大的北方民族，在走上"逐鹿中原"的舞台后，也表现出对中原地区既有的政治、文化秩序的认同：他们都以"中国"自居，并力图与南方汉人建立的王朝争夺"中华正统"；他们均以中国的统一为常态，以中国的分裂为变态，以统一中国为己任；他们所建立的王朝制度，以继承秦汉制度为基础，以汉人农业经济为立国之基，以汉文化为主导的农牧文化相结合；认同自身是"炎黄裔胄"。① 这种建立在共同的认同基础上的各民族的交流、融合为近代中华民族认同奠定了历史基础。

费孝通曾说："民族是一个具有共同生活方式的人们共同体，必须和'非我族类'的外人接触才发生民族的认同，也就是所谓的民族意识"②。近代以来，西方列强凭借坚船利炮以鲜明的"他者"形象闯进中国人的视野，唤起中国人强烈的民族意识。与此同时，民族主义思潮的传播强化了由外来入侵唤起的中国各民族的救亡图存的民族意识。而且，随着西方列强侵略的加剧和民族危机的加深，"中国的各民族都自觉认识到，中国的各民族只有成为一个稳定的不断发展的多民族的统一共同体，共同发展民族经济和文化，增强民族凝聚力，才能抵御外侮和保护自己的生存。"③

在这样的背景下，各民族在基于各自民族认同的基础上，实现了具有更高层次和更广泛代表性的中华民族认同意识的觉醒。

中华民族认同是中国近现代的民族国家认同得以建立的基础。就近现代民族国家的本质而言，它是由获得政治独立的民族所建立的国家政权，"所谓民族国家，就是民族获得了国家的形态，就是拥有主权的民族"④。在现代民族国家中，"族"与"国"已很难截然分开，当一个人或团体认同"某国人"的身份时，实际上也同时表达了对所属国家的认同。

现代中国民族国家的形成，是以中华民族的形成为前提。中国的国家认同，在相当大程度上是以中华民族对国家的认同的形式表现出来的，并且与中华民族的发展紧密联系。中国作为民族国家，就是中华民族的民族认同与国家认同相统一的国家。从这个意义上说，辛亥革命后，中国作为一个主权国家，是以汉、满、蒙、回、藏等族为代表组成的民族共同体——中华

---

① 费孝通主编：《中华民族多元一体格局》，中央民族大学出版社 1999 年版，第 105 页。
② 同上书，第 10 页。
③ 林家有：《孙中山与中国近代化道路研究》，广东教育出版社 1999 年版。
④ 宁骚：《论民族国家》，《北京大学学报》1991 年第 6 期。

民族在获得民族独立的条件下所创建的民族国家，而对于这一民族国家认同的实现，不可或缺的是对构成这一民族国家的民族——中华民族的认同。戊戌维新期间，维新派所倡导的"保国、保种、保教"正表明国家、民族、文化在近代是难以割裂的一个整体。

二　中华民族自觉意识的产生与发展

民族认同在人类社会的不断发展中也会发生转变，尤其是近代民族国家诞生后，比起最初单纯的族群认同更为广阔和内涵更为丰富的"国族"认同随之产生。"国族"认同是各民族在本民族认同的基础上更高层次的认同，也是不同民族的整体认同，中国的中华民族认同便属于此类认同。中华民族认同是在长期的历史过程中，尤其是在近代以来中国各民族遭受到共同的外来侵略的基础上发展起来的中国各民族的共同认同，也是中国各民族建立起来的民族国家的"国族认同"。

费孝通先生曾说："中华民族作为一个自觉的民族实体，是近百年来中国和西方列强对抗中出现的，但作为一个自在的民族实体则是几千年的历史过程所形成的。"[①] 与之相应，我们也可以认为：中华民族的自觉认同意识，是近百年来在与西方列强的对抗中产生的，而中华民族自在的认同则是在几千年的历史过程中形成的。

从历史上看，中华民族认同由来已久，只是其表现形式因时代的不同而各具特色。概括起来，有以下几个方面：

（1）对共同始祖的追溯。征诸中国古代文献以及各民族神话传说，我们不难发现包括汉族在内的中国各民族共同把盘古、伏羲、女娲、黄帝、炎帝等认同为自己的祖先。

（2）各民族出于同源的历史记忆。中国古代文献对中国各民族起源的描述大多是一元论的，认为中华民族起源于黄河中下游，由于远古的部落集团的斗争与演化，其中始终在中原地区发展的一支成为华夏族，并发展为汉族；而流徙于边疆地区的部分成为四裔各民族，如黄河中上游以黄、炎帝为代表的部落集团，向陇山以西及黄河上游甘青草原发展，结果形成

---

① 费孝通主编：《中华民族多元一体格局》（修订本），中央民族大学出版社 1999 年版，第 3 页。

了夏、商、周及后世的氏、羌各族。其中有些又从西北出发向西南迁移，形成了藏缅语族属氏羌苗裔各族。以泰山为中心的两大集团中，在泰山以东至海以南至淮的各部落，形成了夏、商、周时期的东夷各族。在司马迁的《史记》中，我们常常可以看到这样的描述，如《史记·秦本纪》："蜀王，黄帝后世也，至今在汉西南五千里。常来朝降，输献于汉。"《史记·楚世家》："楚之先祖出自帝颛顼高阳。高阳者，黄帝之孙，昌意之子也。"《史记·越王勾践世家》："越王勾践，其先禹之苗裔，而夏后帝少康之庶子也。封于会稽，以奉守禹之祀……后二十余世，至于允常……允常卒，子勾践立，是为越王。"《史记·匈奴列传》："匈奴，其先祖夏后氏之苗裔也，曰淳维。唐虞以上有山戎、猃狁、荤粥，居于北蛮，随畜牧而转移。"

现代考古学已经证明，旧石器时代和新石器时代中国境内的文化分布是多元起源、多区域不平衡发展又互相影响、不断汇聚的。所以上述古代文献对于中国各民族起源记述并不真实可靠，但是这种并不反映历史真实情况的文献却向我们显示出另外的重要信息：其一，中华民族包括汉族是多元融合的产物；其二，中国各民族有着出于同源的历史记忆。

（3）对中国大一统的认同与追求。中华一统的观念产生于中原王朝，却逐渐深入人心，成为包括少数民族政权在内普遍认同的原则。历史上少数民族领袖及其政权对大一统的认同与追求屡见于史书，如十六国时期，匈奴人赫连勃勃建立的大夏国，自认为是夏禹的后代，要恢复夏禹的统一大业。匈奴人刘渊建立的汉国，自认为是汉刘邦的后代，要恢复汉朝的正统。氏人所建后秦，不以割据一方为满足，而是要统一全国。符坚在出兵进攻东晋前，遇到其臣下的谏阻，而符坚态度坚定，称"非为地不广，但思混一六合，以济苍生"。特别是蒙古人建立的元朝和满族人建立的清朝，不仅是全国性的统一王朝，而且保持了中国历史、文化的延续性。清康熙皇帝在祭祖诗中写道："卜世周垂历，开基汉启疆。"表达了对周朝和汉朝正统地位的认同与继承。明朝史臣称赞元世祖忽必烈说："世祖度量弘广，知人善任使，信用儒术，用能以夏变夷，立经陈纪，所以为一代之制者，规模宏远矣。"①

---

① 参见古苞《中华民族的起源与形成》，载费孝通主编《中华民族多元一体格局》，中央民族大学出版社 1999 年版。

上述内容可谓中华民族认同在古代的表现形式，也是中华民族认同处在自在状态下的各种表现。到了近代，中华民族认同则从自在状态逐渐转入自觉状态。

近代中国民族意识觉醒的一个重要成果是出现了涵盖中国境内所有民族群体的共同称谓——中华民族。"中华民族"一词产生于 20 世纪初，当时主要是指中国的主体民族——汉族。1902 年，梁启超在《中国学术思想变迁之大势》一文中写道："上古时代，我中华民族之有海思想者厥惟齐。故于其间产出两种观念焉：一曰国家观，二曰世界观。"虽然梁启超等人在最初使用"中华民族"概念时主要指的是汉族，但其根本目的则是为了说明"中国民族"的混合性和一体性。梁启超在 1905 年初发表的《历史上中国民族之观察》明确放弃了一直沿用的汉人名称，数次使用"中华民族"来指称生活在中华文明体中的各族人民，并且"悍然下一断案曰：中华民族自始本非一族，实由多数民族混合而成"。

辛亥革命后，革命派很快改变了以前的排满做法，倡言"满汉一家，五族共和"。"中华民族"这一名词在当时学者的文章、政治家的演讲乃至政府的文告中，越来越多地被使用，其含义也不断充实，由原来主要指汉族，扩展为包含中国境内各个民族的民族共同体。如在 1913 年初的西蒙古王公会议上，蒙古王公们为反对外蒙"独立"等事宜一致决议"联合东盟，反对库伦"，并通电声明："蒙古疆域与中国腹地唇齿相依，数百年来，汉蒙久为一家。我蒙同系中华民族，自宜一体出力，维持民国。"袁世凯也在处理此次蒙古分裂活动的过程中，使用了"中华民族"一词，他致书库伦活佛哲布尊丹巴时写道："外蒙同为中华民族，数百年来，俨如一家。现在时局阽危，边事日棘，万无可分之理。"[①]

"中华民族"的自觉意识在抗日战争中进一步加强，"中华民族"称谓得到全国各民族的认同。自我称谓通常是一个人群自我界定最为有效的符号指标。"中华民族"称谓的出现意味着中国人在自我认同时拥有了空前的一体性和整合性。

---

① 袁世凯：《致库伦活佛书》（一），转引自黄兴涛《现代"中华民族"观念形成的历史考察》，《浙江社会科学》2002 年第 1 期。

　　概括起来，近代"中华民族"观念的建立，关键因素主要有：1. 近代以来由西方列强的侵略带来的强烈的民族危机感和各民族对共同命运的感知；2. 西方民族主义思潮的传入和对中国知识界的广泛影响；3. 辛亥革命的成功以及"中华民国"国号的正式确立，增强了国人对于"中华"一词及其历史文化内涵的认同感。"从根本上说，现代中华民族意识的萌生和发展是中国各民族人民在帝国主义列强的侵略和冲击下，在近代西方民族主义思潮传入的影响下，对于其共同命运、前途、利益的感知和体验过程，更是其对彼此之间长期形成的内在联系与一体性的不断自觉过程"①。

---

① 黄兴涛：《现代"中华民族"观念形成的历史考察》，《浙江社会科学》2002 年第 1 期。

第四章　中国疆域的形成与国家认同

第一节　中国疆域的形成

一　秦汉时期

秦汉时期，是我国多民族国家的形成时期，共历时 400 年（公元前 221 年至公元 220 年）。这一时期，华夏族开始向汉族发展、转化，以汉族为中心的中原王朝疆域规模基本奠定，他们为我国多民族国家的形成起了决定性的作用。这一时期的疆域在中国历史上有着开创性的意义。

秦原是周朝的一个诸侯国，在春秋战国时期逐步强大起来，为战国"七雄"之一。至秦王政，秦国国力已处于顶峰，秦统一诸夏的形势也明显地呈现出来。秦王嬴政亲政之后，他倚仗祖辈积累的强大国力，于其十七年至二十六年（公元前 230—前 221 年）灭六国，实现了"诸夏"的统一。秦灭六国之后，秦王政改称"始皇帝"，废除分封制，实行郡县制的中央集权制，分"天下以为三十六郡"，实现了夏族的统一，并推行了一些加强夏族内部统一的政策和措施，如"一法度衡石丈尺，车同轨，书同文字"①。

秦统一诸夏之后，继续向四方扩展。公元前 215 年，秦派大将蒙恬北击匈奴至阴山以北，取河南地置九原郡，正式将河套地区纳入版图。公元前 214 年，秦征百越，后置桂林、南海、象郡 3 郡，将广东、广西正式纳入版图。同时，秦还北修长城，南开灵渠，将势力深入到云贵地区。至

---

① （汉）司马迁：《史记》，中华书局 1975 年版，第 240 页。

此，一个"东至海暨朝鲜，西至临洮、羌中，南逾五岭到琼岛，北据河为塞，并阴山至辽东"，面积达 500 万平方公里的第一个地理上大一统的秦帝国形成了。秦的统一，不仅是我国历史上空前的大统一，也是我国多民族国家最初形成的标志。

秦王朝虽然只存在了 15 年，但是开创的统一局面和建立的多民族国家并未因秦亡而消失。汉朝继承了秦朝的一切成果，国家发展到一个新的阶段。在汉朝初年，虽然也封了一些"异姓王"和"同姓王"，但这些王与先秦的分封制已有很大的质的区别。他们属于汉朝的统辖，不能像先秦诸侯国那样独行其政。后经过高祖削除异姓王和景帝、武帝对同姓王的"削藩""推恩"政策的实施，更加强了汉朝的中央集权制，同姓王的权力更小了。汉朝建立起了空前强大的多民族大帝国的疆域，这个大帝国，除了部分地区几乎相当于我国今日的版图，有些地方还超出了今日的版图。

汉时期，疆域向外拓展最多的当属西汉武帝时期，主要表现在以下几个方面：

1. 北方疆域的开拓。公元前 127 年，汉将卫青出击匈奴，不仅收复了陇西、北地、上郡北，还收复了河南地，置朔方、五原二郡。云中、雁门二郡的北界也在此时恢复。北疆又推至河套、阴山以北。公元前 119 年，汉将卫青、霍去病率重兵出击匈奴，追击至狼居胥山，匈奴远遁，从此"漠南无王庭"。

2. 西北河西四郡的设置。公元前 121 年，汉将霍去病出陇西攻击居于河西走廊的匈奴浑邪王、休屠王，前者杀后者降汉，以其地置酒泉郡。以后几十年里陆续分置张掖、敦煌、武威 3 郡，合称"河西四郡"。这是历史上第一次将河西走廊地区纳入中原王朝的疆土之内。

3. 南方疆土的扩展。公元前 110 年，汉灭闽越。此前一年平南越置南海 9 郡，又在今海南岛设二郡。范围包括了今广东、广西、海南 3 省和越南北部。

4. 西南 7 郡的设置。公元前 135 年至公元前 110 年间，汉军进入西南，先后又设置了犍为、牂牁、益州等 7 郡。西南边陲已达云南哀牢山一线。

5. 东北乐浪 4 郡的设置。公元前 108 年，汉军灭卫氏朝鲜，置乐浪 4 郡，将东北疆界推至日本海，南抵今韩国首尔一带。

6. 西域都护府的设置。中国典籍中西域指今中国新疆地区。经过武帝以来的汉匈战争，匈奴力量受到很大削弱，对西域各国的控制逐渐丧失。张骞通西域后，西汉中央政府的势力渐入西域。公元前 60 年，西汉始设西域都护府，正式将新疆纳入中原王朝的版图，其管辖范围大致包括了今新疆大部分地区和巴尔喀什湖以南的乌孙、费尔干纳盆地的大宛等地。

至此，西汉武帝时代中国的疆域版图已空前辽阔：东抵日本海、黄海，东暨朝鲜半岛中部，北逾阴山，西至中亚，西南至今滇西，南至越南北部和南海。

西汉末年，疆域有所收缩，至东汉时，又有所恢复。

在秦汉时代中原地区实现统一的同时，北方游牧地区也为匈奴所统一，在汉初已形成"南有大汉，北有强胡"的局面。匈奴之名，最早见于《逸周书》《战国策》等先秦文献，但异名繁多，至司马迁《史记》始定称匈奴。匈奴政权于公元前 209 年由冒顿单于所建，是中国北方草原上第一强大的游牧政权。冒顿单于建国之后极力扩张，征服四邻，其统治地域极其广大，南起阴山（今大青山），北抵北海（今贝加尔湖），东达辽河，西逾葱岭，成为中国北方强盛一时的"草原帝国"。匈奴政权的建立，也标志匈奴民族的形成。东汉初年，匈奴统治集团内部为争夺单于之位分裂为南北二部。公元 49 年，南部匈奴称臣于东汉。北匈奴在和东汉的几次大交锋后，为东汉所破，辗转西去。匈奴政权的建立为中国北方的统一和巩固做出了重要的贡献，为中国多民族国家的形成奠定了基础。

秦汉时期，除北部的匈奴外，还有北方的乌桓、鲜卑；东北的夫余、高句丽、挹娄；西北的氐族、羌族、西域诸族；西南地区的滇、夜郎、哀牢、昆明；江汉地区的武陵蛮、长沙蛮、廪君蛮、板楯蛮；以及南部、东南部的瓯越、闽越、西瓯、骆越、南越等民族。这些民族在自己居住的土地上开垦耕种，发展经济，为祖国边疆的开发贡献了自己的力量。

总之，从公元前 2 世纪至公元 2 世纪这 400 年间，也就是历史上的秦汉时期，是中国疆域基本形成的关键时期。在西汉鼎盛时期，中国疆域总面积约 700 万平方千米。

二 隋唐时期

我国多民族国家在秦汉形成之后，经历了分裂统一、再分裂再统一的长期过程。后汉末年，政治的统一分裂了，初为三国鼎立，又演变为东晋、十六国和南北朝。三国、魏晋南北朝时期经历了 300 多年的分裂割据，出现了几个政权并存的复杂现象。即使在这一分裂时期，无论是哪一个政权领域内都包含了众多的民族，各民族致力于发展自己的政治、经济、文化，有些民族积极吸收其他民族的文化，加速了民族融合的进程，如拓跋鲜卑就是一个典型的例子。

隋唐时期，中国的疆域在秦汉基础上进一步巩固和发展。在北方，唐王朝于 630 年、646 年分别攻灭东突厥、薛延陀，在漠北设安北都护府，在漠南设单于都护府，至此，唐王朝北疆达到极盛期。在西北，唐朝军队于 640 年平高昌，设置西州和安西都护府，于 659 年灭西突厥，整个西域被纳入唐王朝版图。661 年又在阿姆河设置都督府州，势力达到波斯一带。东北方向，唐军于 660 年、668 年分别灭百济、高丽，在此地设立安东都护府，东北疆域达到极盛。在西部和西南方，公元 635 年平定吐谷浑和党项羌，西羌之地归入版图，唐王朝边界线到达黄河河曲。公元 621 年唐王朝又在南越一带设置州县，势力深入云南，界线到达澜沧江、元江。在南方，唐王朝于 679 年设安南都护府，治今越南河内，疆域到达今天的越南横山一线。唐鼎盛时疆域"东至今萨哈林岛，南达南海，西跨葱岭，北接突厥（一度攻灭突厥推至贝加尔湖），面积超过 900 万平方公里。"[①] 唐后期，由于安史之乱等原因，唐王朝疆域有所收缩，周边民族政权趁机扩展其疆域。

辽宋夏金时期，由契丹族建立的辽和女真族建立的金，在牧区推行部族节度使制度，把王朝直接管辖的州县扩大到整个中国东北部，大大发展了中国东北和北方平原的地方行政制度，使中国的疆域得到了巩固和发展。此外，像渤海、西辽、西夏、南诏、大理等地域性王朝或边疆王朝，

---

① 参见魏威《地图上的大中华——中国历史上主要王朝的疆域和版图变迁》，《中国民族报》2009 年 2 月 13 日。

民族特点鲜明，但其政治、文化深受汉文化影响，这一时期，民族同一性得到了进一步的发展。

三　元明清时期

统一多民族国家的确立是在元明清时期，这一时期，蒙古族建立的元、满族建立的清对中国统一多民族国家的确立做出了巨大的贡献。

元朝是中国第一个由少数民族蒙古族所建立的全国范围的统一政权，它的建立，结束了各民族政权长期并立的局面，使中国这个多民族国家达到了规模空前的统一。元朝时期是中国历史上疆域又一次扩展期，元世祖忽必烈时疆域最为广阔。《元史·地理志》序云："其地北逾阴山，西极流沙，东尽辽左，南越海表……元东南所至不下汉唐，而西北则过之，有难以里数限者矣。"四周边区以岭北行省为最大，包有今蒙古国、俄西伯利亚和中国内蒙古以北及黑龙江以西，辽阳行省则辖有今中国东北全部至俄东西伯利亚一部和萨哈林岛；云南行省则包括了今中国西南滇黔和缅甸一部，在西北方向止于吐鲁番一带。另外在东南方向对台湾海峡有了一定开发。元朝对全国的统治虽然只有不到百年，但其疆域超过了以往任何盛世所具有的规模，广大少数民族地区，都归入了统一的国家版图。蒙古高原和吐蕃第一次正式纳入中央王朝的直接统辖范围，进入元朝版图，从此西藏成为中国领土不可分割的一部分。为了加强对西域的管理，元政府设置了北庭都护府，又置阿里麻里元帅府和别失八里元帅府等机构，并实行设置驿站、统一货币等措施，加强了西域与内地的联系。元朝为了有效治理西南和南方民族地区，创造性实施土司制度，对后世民族政策的制定产生了深刻影响。元朝的疆域面积达 1300 多万平方千米。元朝对中国现代疆域的形成奠定了重要基础。

明朝时期，中国的疆域除部分地区有所扩展外，整体上是收缩的。北方，明朝与北元相接，在沿边设置了辽东、大同等 9 个军事重镇，又重修了长城。东北，明初设置的辽东都司很快控制了辽东，最终占有了元时在东北的全部疆土，势力伸至库页岛。永乐年间在东北先后设置了 115 个卫，以后又在东北辽河筑辽东边墙。西南，明置都指挥使司和元帅府管辖西藏，其疆界基本同于元代。云贵高原上明朝政府设数个宣慰司管辖今滇黔，极盛时期势力曾达到今缅甸中部、老挝中部和泰国北部。南方，明承继了元在南方的大部分疆土，并对安南发动战争，1406 年收安南入直属版图，次年又置安南布政使司，势力伸至越南中部，随即又撤出。东南海疆上，明政府置澎湖巡检司开始对台湾施行管辖，正式将台湾纳入中华版图，此为有明一代最大功绩。明末西方殖民者东来，先后侵占了澳门、台湾等地。此外明的海疆一直延伸到今南海诸岛。明朝历时 276 年，疆域面积达 800 多万平方千米。①

清王朝由满族所建，历经近三百年。清王朝实行了较为成功的民族政策，对边疆的治理卓有成效，为祖国疆域的最终确立做出了历史性贡献。诸如统一大漠南北蒙古诸部，平定三藩，统一台湾，平定天山南北的准噶尔和大小和卓叛乱，通过对西藏进行社会改革加强统治，通过改土归流统一西南地区的行政管理体制、击退殖民势力对边疆的侵扰等。至乾隆时期，清朝的疆域已最后形成，奠定了我国今天版图的基本格局。清朝疆域"东达日本海、库页岛，西跨葱岭、南包南海诸岛，北接沙俄"，面积达 1200 多万平方千米，成为当时世界上几个主要大国之一和东亚最大的国家。近代以来，由于外国势力的入侵和清政府的腐败，中国丧失了300 多万平方千米的领土，但清前期对中国疆域的缔造功绩和贡献是不可埋没的。

在我国多民族国家和国家疆域形成的过程中，隋唐以前是占人口绝大多数和经济文化比较先进的汉族起到了主体性的重要作用，而隋唐以后则是蒙古、满等少数民族起到了重要作用。作为多民族国家形成和发展的经济文化基础，是我国各族人民共同创造的。我国全国性的政治统一和国家疆域的确立，是在各地区、各民族政治统一的基础上完成的。

四　中国海疆的形成

中国地处亚洲东部、太平洋西岸，国土陆地面积 960 万平方公里，海岸线 18000 公里，岛岸线 14000 公里。我国自北向南有渤海、黄海、东海、

---

① 参见魏威《地图上的大中华——中国历史上主要王朝的疆域和版图变迁》，《中国民族报》2009 年 2 月 13 日。

南海四大海。

中国当前的海疆是中国古代海疆的延续和发展，是中国各族人民共同开辟、建设、保卫的结果。根据在渤海东西沿海发现的渔捞人群的遗址可以证明，传说中的五帝时期，华夏的疆域已到达东部沿海。《史记》载："东至于海，登丸山（今山东琅琊境内），及岱宗（今泰山）。"[1] 这些传说说明，至少黄帝时期已东至于海。依靠海洋的生产方式也产生了。《淮南子·齐俗训》载，尧之治天下，"其导万民也，水处者渔，山处者木，谷物者牧，陆者农。地宜其事，事宜其械，械宜其用，用宜其人。泽皋织网，陵阪耕田。"可以看出氏族社会时期，先民们以不同生产方式为基础组成了不同的氏族社会。翦伯赞说："我们可以想到在当时渤海沿岸及东海沿海的诸氏族的人们，他们拿着枪铦、弓矢，组织了集体的渔捞。他们乘着小舟，便用共同编制共同使用之大网，以进行渔捞。"[2] 殷商时代的沿海疆域在夏代冀、兖、青、徐、扬五州的濒海地区的基础上又有进一步的拓展。甲骨文记载，殷商时代的交通工具中有舟、车、牛、马等，其中舟是沿海主要交通工具，此外，甲骨文中还载有使船旋转、推进的工具"般"以及"帆"等字。另据安阳殷墟发掘报告，在殷墟遗物中有很多来自渤海沿岸的咸水贝、鲸鱼骨等物。史家考证殷商时代的商业范围，东北可达到渤海沿岸和朝鲜半岛，东南到达江浙甚至南洋一带。[3]

西周盛世时期，其疆域已东达大海。《逸周书》所说良夷、扬州、发人、青丘、白民、于越、东越、会稽等，都是周朝的东土。周分封之时，将开国功臣姜尚分封于齐，姜尚对齐进行了大力开发，使齐国日益繁盛。姜尚在沿海地区的成功，使得齐国成为西周比较巩固的海疆之地。

春秋战国（公元前770—前221）时期，周王室衰微，地方诸侯逐渐强大，在诸侯国中对海疆的开发贡献较大的是临海的燕、齐、吴和越、楚等国。

沿海诸侯国大都以鱼盐为利，发展经济，对这些诸侯国的兴盛起到重

① 司马迁：《史记》卷一《五帝本纪》，中华书局 1959 年版。
② 参见翦伯赞《先秦史》，北京大学出版社 1990 年版，第 87—94 页。
③ 张炜、方堃主编：《中国海疆通史》，中州古籍出版社 2003 年版，第 18 页。

要作用。《史记·管晏列传》载，齐桓公时，"区区之齐，在海滨，通货积财，富国强兵，与俗同好恶"。《史记·货殖列传》载："夫吴自阖庐、春申、王濞三人招致天下之喜游子弟，东有海盐之饶，章山之铜，三江五湖之利，亦江东一都会也。"随着社会经济的发展，沿海区域及通海江河各水段的航路已十分通达。重要的航路有：渤海与渤海海峡横渡的航路，环绕山东半岛的航路，由浙江沿海至山东半岛的航路，江浙闽粤之间的沿海航路，以及长江、黄河、淮河及其支流水系、人工运河的各大航路，太湖、射阳湖等内河航路，都成为当时舟船频出的交通干道。尤其值得说明的是，这一时期北方已经形成了两条比较固定的远航日本的航线，即经朝鲜半岛至日本山阴、北陆的航线以及经对马岛直航日本北九州的航线。这一时期，中国沿海已经出现了碣石、黄、腄、琅琊、番禺等港口。[1]

秦汉以来，巩固的中央集权国家开始对沿海地区进行军事征服活动，沿海经济的发展成为国家经济发展的重要组成部分，对海疆地区的开拓成为国家巩固统治的常态化问题。西汉全盛时期，汉代的沿海地带（包括鲜卑、肃慎等部族所占地域）包括了今俄罗斯远东海岸一部，韩、日东海岸的一部，以及今越南和朝鲜的大部分沿海地区。东汉时期沿海疆域基本未有大的变化。两汉时期的海上经略已远及南海。当时还没有来自海上的安全威胁，海防意识比较淡漠，还没有完整的海防意识。[2]

3—6世纪的魏晋南北朝时期，中原人士大规模南移，北方"五胡"南迁入主中原，中国的经济中心开始南移，大量的民族迁徙使得中国南部海疆的开发进入了一个加速时期。

三国时期孙吴的沿海疆域主要包括扬州的吴郡、无锡以西至毗陵典农校尉、会稽、临海、建安，广州之南海、高凉，交州之珠崖、合浦、交趾，以及九真、日南等地，[3] 这也是当时中国南部沿海疆域。西晋时期沿海统治区域没有大的拓展，但比三国时的孙吴，所置郡属明显增多。东晋对海疆的治理与开发基本沿用西晋的旧制。南朝四代的海疆疆界无大的变化，但州郡的设置数量一直呈上升的趋势，主要是受南迁人口数量增加的影响。

---

① 张炜、方堃主编：《中国海疆通史》，中州古籍出版社2003年版，第30—34页。

② 同上书，第79—80页。

③ 参见谭其骧主编《中国历史地图集》第3册，三国西晋时期，中国地图出版社1996年版。

隋朝的统一结束了中国自东汉末年以来近 400 年的分裂局面，这一次大统一，对中国海疆的开发起到了恢复和巩固的作用。开皇三年（583年），隋政府将州、郡、县三级地方政府体制，改为州（郡）、县两级，以加强中央对地方的控制，同时也直接影响了隋王朝对沿海疆域的管辖与开发，开发力度进一步加大。但从范围上来看，隋朝北方沿海疆域的范围较晋时有所收缩。原来的乐浪、带方等郡县这一时期为高丽所占据，另有部分沿海地区为靺鞨等部族所占据。

唐朝是中国历史上强盛的王朝之一，其统治下海疆也是空前巨大的。盛唐时期，唐朝的海疆北段包括鄂霍次克海，经日本海西部水域至朝鲜湾到渤海；中段包括有黄海、东海沿海及其海域；南段则直抵南海达北部湾。其沿海及海上管辖区域已覆盖几乎全部东亚大陆的沿海区域，从北纬50°一直南伸至北纬 15°左右。① 唐中后期，由于受安史之乱及藩镇割据的影响，政府对沿海疆域的控制有所弱化。

宋朝时中国的海疆尤其是南部沿海的开拓和发展速度进一步加快。北宋的海疆与辽的海疆沿保定至泥姑海口一线对峙。北宋的海疆包括从分界线至广西一带的辽阔海疆，辽朝的海疆则包括今辽东及俄罗斯远东的滨海地区。宋朝对沿海地区的行政管辖以设置州、郡为主。辽沿海有东京道、中京道、南京道下辖的一些府、州、城。此外，辽还设置濒海女真大王府以管辖今日本海与俄罗斯滨海地区，设置的五国部节度，管辖着今黑龙江口附近的鄂霍次克海海域。南宋与金以淮河一线为界，南宋拥有此线一南海疆，金则拥有淮河以北至鄂霍次克海、鞑靼海峡的辽阔海疆。

元灭金及南宋后，拥有金及南宋的全部海疆，并有所拓展。其海岸线东起鄂霍次克海，西南至北部湾而不间断，濒临鄂霍次克海、日本海、渤海、黄海、东海、南海诸海域。其征东行省（高丽行省）及所领海疆也在其管辖之内，只是管辖方式有别于其他行省。②

明代的海疆区划同元代相比无太大改变，在东北地区设置都指挥使司，在华北、华东和华南沿海地区设置府、州、县等行政机构。明最北海

---

① 张炜、方堃主编：《中国海疆通史》，中州古籍出版社 2003 年版，第 137 页。
② 同上书，第 230 页。

疆归属奴儿干都司管辖，其辖境"东濒海，西接兀良哈，南邻朝鲜，北至奴儿干北海"，[①] 也就是北至外兴安岭，南达阿也苦河（图们江上游），东至日本海，西至兀良哈的区域。明朝时期台湾岛曾被荷兰殖民者所占领，后被郑成功收复。明朝初期，为了防止沿海地区民众与国外势力联合以及倭寇对沿海地区的劫掠，实行了海禁政策。

清前期对海疆的攻占可追溯至明万历四十三年（1615 年），占领了今俄罗斯伯力东方海滨的额赫库伦城。清崇德年间（1636—1643 年），清朝对明朝宣布："自东北海滨，迄西北海滨，其间使犬、使鹿之邦及产黑狐、黑貂之地，不事耕种，渔猎为生之俗，厄鲁特部落以至斡难河源，远迩诸国，在在臣服。"[②] 这里的东北海指鄂霍次克海，西北海指贝加尔湖。康熙二十二年（1683 年）闰六月，台湾郑克塽与清军谈判成功，台湾归入清朝版图，至此中国海疆又一次实现了统一。清政府在实现海疆统一后，在很大程度上继承了明朝的禁海政策。

在漫长的中国古代社会，中国的海疆基本处于一种平稳发展的状态。明清以来，面对海外势力的扩张以及自身海禁政策的影响，整体有所收缩。进入 19 世纪以后，这种局面被打破，西方殖民主义者以其坚船利炮打开了中国闭关锁国的大门，中国海疆成为其首当其冲的对象。第一次鸦片战争后，中国传统的海防体系全面崩溃。中国士大夫的海防意识开始从"夷夏之防"向"中外之防"转变。19 世纪 70 年代中叶，中国近代海防意识在艰难中开始萌生，同期开始了一次有关海防的筹议，对于海防具体事宜进行了广泛讨论。清廷于 1875 年 5 月 30 日发布上谕，决定分南北洋督办海防，这一上谕的颁发标志着晚清海防战略的初步形成。晚清以来，随着中国沿海地区军民反侵略斗争的深入，左宗棠、丁日昌、李鸿章、郑观应等人纷纷提出自己的海防理论，中国近代海防理论渐趋成熟。

第二节 民族与疆域

中国疆域的形成有诸多方面的原因，如地理的原因，我国地形的内聚

---

① （明）陈循等撰：《寰宇通志》卷一一六，《女真》，台北广文书局 1960 年版。
② 《清太宗实录》卷六一，崇德七年六月辛丑，华文书局出版。

性，四周是高山、海洋、大漠等形成的天然屏障；经济的原因，我国疆域内是一个经济上可以互补的地理单元；文化的原因，历史上大一统的思想观念等。这些因素对中国疆域的形成都起到一定的作用。除此之外，中国古代形成的以夷夏观为基础的民族观念、藩属体系以及边疆少数民族政权参与"国家正统"的争夺等民族范畴的因素所起到的作用也是巨大的。

一 传统夷夏观与疆域的形成

在中国历史上，依据人口多寡、文化迥异以及居住地域不同，一般分为夏与夷两大类民族。夏指汉族或汉族的前身华夏族；夷指汉族或华夏族之外的民族。在中国疆域形成的过程中，夏和夷两大民族集团都做出了重要的贡献，但在不同时期夷和夏发挥的作用又有所不同。大体上说，从远古到唐，起主导作用的是华夏族或汉族；从五代到清，起主导作用的则是被称作夷的少数民族。形成这种结果的原因，传统的夷夏观是不可忽视的因素。

夷夏观最早诞生于华夏族，其主要内容包括"夷夏之辨"和"以夏变夷"等。"夷夏之辨"即夷夏有别，"内诸夏而外夷狄"。"用夏变夷"主要指用华夏族的礼仪制度去改变夷狄。这种民族观对历朝历代经营边疆都产生了重要的影响，只是因各朝各代统治民族不同，对夷夏观的继承和发展也不同。以汉族为主体建立的王朝，如汉、唐、宋、明等，其民族观主要是对先秦时期夷夏观的继承和发展；以边疆民族为主体建立的王朝，如元、清，其民族观主要是对先秦时期夷夏观的批判和改造。由于民族观的不同，夷和夏在中国疆域形成过程中所起的作用也不同。

秦是我国历史上第一个以汉族的前身华夏族为主体建立起的全国性统一政权，之后以汉族为主体较大规模的局部统一或全国性统一政权中还有两汉、三国、两晋、南朝、隋、唐、两宋、明等王朝。这些王朝的民族观主要是对先秦民族观的继承和发展，"夷夏之辨"和"以夏变夷"的观念一直影响着这些王朝对边疆地区的经营。

汉元帝初元元年（公元前48），珠崖郡（今海南岛）辖众反叛，元帝欲发兵，大臣贾捐之以珠崖郡"非冠带之国"为理由主张放弃，由此汉王朝不仅放弃了对珠崖郡的经营，而且调整了积极经营边疆的政策。

晋时江统的《徙戎论》继承了"内诸夏而外夷狄"的思想，他的主张虽然没有被晋王朝统治者所接受，但这种主张放弃或不直接管理边疆民族的建议则深深地影响了该王朝对边疆的经营。

历史上类似贾捐之、江统这种放弃或不直接经营边疆民族地区的主张还有很多，如秦、明等王朝长城的修筑，便是典型的消极防御的政策。

不可否认，以汉族为主体建立的王朝，一直致力于对边疆的经略，无论是对边疆民族的武力征服或怀柔德化，都是为了保持自己在中原统治地位的稳固，思想基础还是源于先秦时期"以夏变夷"的观念。这种观念深深制约着这些王朝对边疆地区的积极经营，也阻碍了中原地区和边疆民族融为一体的进程。

以边疆民族为主体所建王朝并被纳入中国古代王朝序列的有北魏、东魏、西魏、北齐、北周、辽、金、元、清等王朝，其中元、清两朝实现了全国范围的统一，其他王朝多数实现了对我国北部地区的统一。这些王朝的民族观虽然也继承了先秦时期夷夏观的某些内容，但这种继承是批判性地继承，其中包含着否定先秦夷夏观的某些内容，包括否定汉族为主体所建王朝"华夏正统"的地位。边疆民族所建王朝对先秦夷夏观的否定，直接影响着这些王朝对民族关系的处理和对边疆地区的经略。首先，为北疆地区融入中国提供了理论的支持。北魏、辽、金、元、清各王朝都以"华夏正统"自居，这种观念既是对"内诸夏而外夷狄"的否定，同时也是这些政权接受"中国"观念的过程。这种观念的转变打破了中原地区和北方边疆地区的人为界限，加速了北部边疆地区融入中国疆域的历史进程，而这是以汉族为主体所建王朝所迟迟未能解决的。其次，为边疆其他地区的内地化提供了理论依据。边疆民族建立的王朝对传统夷夏观的否定，使中原王朝对边疆的经略方针发生了变化，主要体现在对边疆地区的统治不再是拱卫中原地区安定的附属品，而是促使边疆统治制度的不断内地化，以及对边疆地区开发和发展日益重视。清王朝对西南边疆的政策改"羁縻而治"为"改土归流"，从而加速了边疆地区统治方式的内地化趋势；传统的只求"夷汉粗安"转变为追求"长治久安"，注重从根本上解决边疆问题；在边疆防御上则彻底放弃了修筑长城进行防御的思想，等等。① 清王

---

① 参见李世愉《清前期治边思想的新变化》，《中国边疆史地研究》2002 年第 1 期。

朝这些方针和措施的变化，对边疆地区和内地融为一体起到了凝固作用，从而促成了中国疆域的最终形成。

总之，中国传统的夷夏观深深地影响着中国疆域的形成，以汉族为主体建立的王朝难以突破传统夷夏观的限制，使得他们未能完成最终确定中国疆域的任务，这一任务自然而然由边疆民族来完成。

二 不同藩属体系的重组与中国疆域的形成

"藩属"作为一个完整的概念在清代出现，但作为一种处理中央与地方尤其是与边疆民族政权关系的方式却古已有之。藩属体系萌芽于夏、商、周三朝的"五服制"体系，成于西汉时期。在中国疆域的形成过程中，不同藩属体系的碰撞和重组起到了重要的作用。

在中国历史上，西汉王朝是将藩属观念由理论付诸实践较早的王朝。西汉初期，在中国大地上主要分布着以西汉王朝为核心和以匈奴为核心的两大藩属体系，在这两大藩属体系内部和外部也存在着一些亚藩属体系，如闽越、东瓯、卫氏朝鲜、南越、乌孙、楼兰等，此外还有一些更弱的藩属体系如夜郎、滇、白马等。西汉初年由于两大藩属体系实力处于一种相对平衡状态，因此他们之间的关系基本是对等的。随着时间的推移，汉武帝时国力强盛起来，力量的变化使得两大藩属体系的碰撞、重组成为可能。在两大藩属体系碰撞、重组的过程中，他们把重点放在了对众多藩属政权的争夺和对藩属控制能力的强化方面。经过多次的较量，西汉王朝藩属体系得以重构，继之，西汉王朝的疆域在此过程中最终奠定。

首先，西汉王朝藩属体系的重构结果表现在，通过不断强化对藩属的控制，实现了初期藩属地区的"内地化"。建元三年（公元前138年），"闽粤发兵围东瓯，东瓯使人告急天子。天子问太尉田分，分对曰：'粤人相攻击，固其常，不足以烦中国往救也。'中大夫严助诘分，言当救。天子遣助发会稽郡兵浮海救之，语具在《助传》。汉兵未至，闽粤引兵去。东粤（瓯）请举国徙中国，乃悉与众处江、淮之间。"[①] 元封三年（公元前108年），西汉和卫氏朝鲜的"外臣"关系也得到了改变，"元封三年夏，

---

① （汉）班固：《汉书》，中华书局1973年版，第3860页。

尼溪相参乃使人杀朝鲜王右渠来降。王险城未下，故右渠之大臣成已又反，复攻吏。左将军使右渠子长、降相路人子最，告谕其民，诛成已。故遂定朝鲜为真番、临屯、乐浪、玄菟四郡。"[①] 由以上材料可以看出，百越、卫氏朝鲜等在内的西汉前期的"藩属"或"外臣"成为西汉王朝直接统治的臣民，其所在疆域自然也成为西汉王朝疆域的组成部分。在此期间，虽也有郡县"藩属化"倾向，如高句丽政权，但这只是在藩属体系框架内进行的，从发展趋势上看只是一种暂时现象。

其次，西汉通过和匈奴争夺藩属，构筑起了由特设机构进行间接管理的藩属体系。一是在大量匈奴人降汉的基础上设立特设机构——属国，如西河属国、天水属国、张掖属国、上郡属国等。二是将原属于匈奴藩属的乌桓纳入管辖之下，设护乌桓校尉进行管理。三是将部分羌众纳入管辖之下。四是将原属于匈奴藩属的西域诸国纳入西域都护的管辖之下。

最后，西汉王朝藩属体系的重构使得匈奴被纳入藩属体系之中，匈奴活动的区域也成为西汉王朝疆域的组成部分。

唐王朝时期，以中原王朝为核心的藩属体系和以突厥、回纥等边疆民族为核心的藩属体系也经历了碰撞、重组的过程。

总之，在中国历史上不同藩属体系的碰撞和重组促成了中国疆域的形成，在没有外力影响的情况下，其总的发展趋势是由分裂走向统一，并在统一之后出现分裂的状态下走向更高层次的统一。在此过程中，藩属区域和中原关系日益密切，藩属区域（或边疆地区）不断"内地化"，使得藩属和中原地区成为一个稳固的整体。中国古代的疆域也就是在这一过程中逐渐形成的。

三 边疆民族自居"华夏正统"与中国疆域的形成

秦汉以来，周边少数民族纷纷建立政权，通过各种方式与中原王朝发生密切联系。其中有很多民族政权入主中原，与中原王朝参与"华夏正统"地位的争夺，从而使中国传统的治边思想发生了巨大变化，同时也促进了民族融合的进程，对中国疆域、中华民族的形成产

---

① （汉）班固：《汉书》，中华书局 1973 年版，第 3867 页。

生了深远影响。

五胡十六国时，匈奴人刘渊建立汉政权，自称"汉王"，认汉高祖、汉文帝、汉武帝为自己祖宗，"立汉高祖以下三祖五宗神主而祭之"。[①] 刘渊认为自己是继承汉法统的中国皇帝，在他的即位"诏书"中明确昭示，汉高祖、汉文帝、汉武帝"是我祖宗道迈三王，功高五帝，故卜年倍于夏商，卜世过于姬氏……自社稷沦丧，宗庙之不血食四十年于兹矣……黎庶涂炭，靡所控告。孤今猥为群公所推，绍修三祖之业"。[②] 建立夏政权的匈奴人赫连勃勃，"自以匈奴为夏后氏之苗裔也，国称大夏"，并自称"朕大禹之后"，要"复大禹之业"。[③] 辽朝自耶律阿保机至耶律德光，也将"中国帝王名数"尽袭用之，以显示自己是中国之君。清雍正皇帝公开声明："夷狄之名，本朝所不讳"，"本朝之为满洲，犹中国之有籍贯"，"本朝以满洲之君入为中国之主"实现"天下一统，华夷一家"，并无什么可以非议。[④] 此外，前秦、鲜卑、金、西辽等政权也以正统自居。

中原王朝统治者和汉族士大夫面对边疆民族政权对"华夏正统"的冲击，最初，抵触情绪十分强烈，江统的《徙戎论》就是代表。南北朝以来，不少汉族士大夫对边疆少数民族的抵触情绪有很大的转变，并出现了士大夫的赞美之辞。中大通元年（529年），南梁重臣陈庆之出使北魏，"自魏还，特重北人。朱异怪而问之，庆之曰：'吾始以为大江以北皆戎狄之乡，比至洛阳，乃知衣冠人物尽在中原，非江东所及也，奈何轻之？'"[⑤] 可以看出，以"华夏正统"自居的南朝统治者对北魏政权的态度发生着改变。此外，其他朝代的统治者对少数民族的态度也在发生改变。朱元璋曾说过："朕既为天下主，华夷无间，姓氏虽异，抚字如一。"[⑥] 宋太祖时薛居正监修《旧五代史》，将契丹、党项误入《外国传》，宋仁宗时欧阳修编《新五代史》即予纠正，改为《四夷附录》。自唐代起，叙述少数民族王朝史的《魏书》《北齐书》《周书》《北史》等已列为正史，后来宋代所说的

---

① （唐）房玄龄：《晋书》，中华书局1974年版，第2650页。
② 同上。
③ 同上书，第3205页。
④ 《大义觉迷录》卷1。
⑤ （宋）司马光：《资治通鉴》卷153，后梁中大通元年闰月条，中华书局2012年版。
⑥ 《明太祖实录》卷53。

"十七史",明代的"二十一史",清代的"二十二史""二十三史"和"二十四史",都包括了少数民族王朝史。① 这种变化不仅使得边疆少数民族和汉族之间的文化差异逐渐缩小,加速了边疆少数民族融入中华民族的进程,而且也在改变着统治者的治边思想。唐太宗在总结经验时说:"自古帝王虽平定中夏,不能服夷狄……朕所以能及此者,止由五事耳……自古皆贵中华,贱夷狄,朕独爱之如一,故其种落皆依朕如父母。此五者,朕所以成今日之功也。"②

边疆少数民族入主中原与汉族建立的王朝争夺正统地位,加速了民族融合的进程。各少数民族政权为了谋求发展巩固自己的统治,采取了许多汉化的政策和措施。如北魏开国之初即以儒学思想为政治指导,推行汉族封建统治方式,促进鲜卑族的汉化。北魏统治者广泛地任用汉族士人。太武帝拓跋焘任用汉人崔浩为主要谋士。孝文帝继位后,更是全面推行汉化,让鲜卑人穿汉服、说汉话,与汉族人通婚等。孝文帝的这些改革措施大大加快了北魏的汉化过程,在短时间内就收到了非常显著的成效,基本上完成了南迁鲜卑人与汉人的融合。

边疆少数民族,特别是入驻中原的各个民族,通过与文化水平较高的汉族的接触、交流乃至融合,促进了各民族间政治、经济、文化等各个方面的联系和发展,进一步加强了中华各民族间的内在联系与密不可分的整体性,由此也奠定了边疆和中原地区融为一体的稳固基础。

第三节 疆域与国家认同

国家认同一般指某一国家的国民对所属国家及其政权的认同感与归属感,对于国家具有深厚的情感,并在国家遇到危险时愿意为其献身的态度。与民族认同一样,国家认同也属于人们主观意识活动范畴。

疆域是现代主权国家的构成要件,也是现代国家认同的基础。中国是一个有着悠久历史的国家,其国家形态经历了从王朝帝国向现代民族国家

① 参见陈梧桐《古代民族关系论稿》,中央民族大学出版社 2006 年版,第 44 页。
② （宋）司马光:《资治通鉴》卷 198,中华书局 2012 年版。

的转变，与之相适应，中国的国家认同也经历了从文化认同到民族国家认同的转变，这个转变过程与清中后期以来中国所遭遇的边疆危机有着密切的关系。

一　边疆危机与国家意识的强化

边疆危机指的是近代以来，西方列强依仗坚船利炮对中国边疆地区的觊觎和侵蚀，使中国遭遇历史上未曾经历过的领土和主权危机。远离内地、清朝统治相对薄弱的蒙古、新疆和西藏等边疆地区日益成为俄、日、英等列强的主要侵略目标，边疆地区出现了普遍危机。

危机的出现，极大地激发了中国人的民族意识。同时，为了应对这些可能导致国家分裂与被瓜分的边疆危机，中国内部，从清中央到一些有着忧国之思的知识分子，均相应地采取了一些旨在挽救中国于危难之中的行动和策略，包括边疆历史地理的研究、边疆治理政策的调整等等，这些行动和措施巩固了中国大一统的国家形态，使中国进一步向近代民族国家形态靠近，同时，对于边疆地区的内地化治理政策，也促进了中华民族整体意识的产生和强化，为近代新型的民族国家认同打下坚实基础。

16世纪40年代至80年代，沙俄先于其他西方列强入侵中国东北地区，开清代边疆危机之先例。1846年，沙俄入侵中国巴尔喀什湖东南的库乌苏河地区，不断地对这一地区进行蚕食。1858年，借第二次鸦片战争之机，沙俄逼迫清政府签订中俄《瑷珲条约》，割占了黑龙江以北、外兴安岭以南60多万平方千米的中国领土。1860年，又逼迫清政府签订中俄《北京条约》，割占了乌苏里江以东约40万平方公里的中国领土。此后沙俄运用武力不断地侵略和割占中国西部和北部边疆领土，成为中国边疆最大的隐患。

1874年，日本以琉球水手被台湾原住民杀害的事件为由出兵台湾，此后借机占领琉球，预示着日本开始侵蚀中国领土。

1884—1885年，因为法国对中国的传统朝贡国和邻国安南的野心，导致中法战争的爆发，战争的结果是中国丧失了安南及缅甸这些传统的朝贡国，而英法等国则得以通过对这些国家的控制进一步向中国渗透势力。

1894—1895年，因为日本对另一个中国传统朝贡国朝鲜越来越明确的野心，导致中日甲午战争爆发，中国战败后与日本签署《马关条约》，将已成为中国行省之一的台湾省割让给日本。

甲午战争结束后,1896年,俄国借口在三国干涉还辽中有功于中国,诱使清政府与其签订《中俄密约》,通过此一密约,俄国得以通过修建穿越中国东北境内的西伯利亚大铁路,堂而皇之地将其势力深入中国东北地区。

德国亦效法俄国向清廷寻求一处海军基地作为干涉还辽的酬劳,1897年,德国借传教士在山东被杀害事件占领胶州湾,迫使清政府将胶州湾租给德国,租期99年,同时获得山东境内两条铁路的建设和使用权。

随后,英、法、日、美各列强不甘人后,纷纷在中国租借土地,建立自己的势力范围,形成一股强劲的瓜分狂潮。

在西方列强通过各种方式威胁到中国边疆安全的时候,中国内部也做出了回应,除了军事外交的应对以外,在思想观念和治边政策方面也出现了一些新的变化。

首先是边疆地理学的复兴。大约从嘉庆中期开始,由于西北边疆动荡不宁,边事屡兴,引起知识界的忧虑和担心,关注边疆、研究边疆,西北边疆史地学开始兴起,首创者是祁韵士和徐松,追随此一学风的还有张穆、沈垚、程同文、魏源、龚自珍、程恩泽、何秋涛、李光廷,以及李兆洛、姚莹、王鎏等。舆地学本是中国传统显学,它与君主对"天下"的治理息息相关,但是在"内诸夏而外夷狄"的传统夷夏观影响下,历代学者对边疆史地的研究不甚重视,而近代中国的边疆史地学的兴起,有着新的内涵和意义。近代边疆史地学是西方列强对中国边疆领土的不断侵蚀,带给中国知识分子强烈的民族国家意识的反映。"边疆问题,就是中国的存亡问题。"[①] 边疆史地的研究者们将他们对"边患"的自觉认识倾注于撰述之中,目的为唤醒国人的忧患意识和危机感,以调动和集中全民族的力量和智慧去抵御外侮,救亡图存。同时,近代边疆史地研究,与中国民族国家认同意识的建构密切相关,希望国人"努力于目前救亡之途,俾得促醒醉生梦死的国魂,发扬沟通民族的精神,使之整个团结在同一目标下,御侮图存,群策群力,挽此浩劫"[②]。这种加强边疆研究以巩固国家疆域的言

---

① 边事研究会:《边事研究》(创刊号)1934年。
② 边疆半月刊社:《边疆半月刊》(创刊号)1936年。

论，成为当时研究边疆的学者们的基本共识。民族国家的构成要求稳固的疆域或领土，而边疆正是国家疆域完整的前沿。边疆地理研究的新意义，在于唤醒人们对边疆问题的认识，意在有利于巩固边陲，对民族国家的构建具有文化上的支撑作用。

其次是对国家疆域的观念逐步明确，随之对治边政策做出调整。中国古代关于疆域的观念，有所谓"普天之下，莫非王土"，并没有很明确的边疆边界概念，"中国的国界遂远及蛮荒不毛之地。兵力所及的地方，视为中国现在的领土，兵力所不及的地方，视为中国将来的领土。总而言之，当时中国有似于罗马帝国，皇帝所统治的国家，非指特定的区域，乃指中国人所已发现的全世界。所以当时采用'天下'二字，以称皇帝的统治领域。"① 清雍正年间，云南与安南发生边地争执，在安南已经同意退还原明朝属土的情况下，雍正竟然斥责云南地方官："朕统御宇内寰宇，凡臣服之邦，皆隶版籍。安南既列藩封，尺地莫非吾土，况此四十里之地，在云南为朕之内地，在安南为朕之外藩，一毫无所分别。"②

自古帝王"守在四夷"，因历代边疆地区多为少数民族聚居地区，"四夷"即指少数民族聚居的边疆地区。"守在四夷"意为四夷稳定，国家就安定，可见历史上各王朝对于边疆的治理理念是以边疆少数民族地区与内地的关系作为出发点的，并没有充分考虑边疆地区对于拱卫国家边界、防御外敌的作用。

历代王朝的边疆治理办法大多采取"因俗而治"的羁縻政策，对边疆少数民族地区采取与中原地区不同的治理手段。与内地由中央政府派官设置的郡县制不同，边疆少数民族地区一般沿用当地原有的官僚制度，任用当地民族领袖和上层人士管理地方。

清朝建立后基本沿用历代的做法，对边疆地区采取羁縻管理办法。在统一边疆的过程中，清朝对新疆、蒙古和西藏等边疆民族地区实行"因俗而治""分而治之"政策，建立了以伯克制度、盟旗制度和政教合一制度为主的多元化管理体制。如在清政府平定大小和卓叛乱后，根据新疆民族

---

① 萨孟武：《政治学新论》，台湾大东书局1955年版，第2页。
② 《国朝柔远记》卷四，雍正六年，参见陈尚胜《闭关与开放——中国封建晚期对外关系研究》，山东人民出版社1993年版，第85页。

宗教、风俗习惯等特殊情况，沿用新疆维吾尔等民族长期通行的世袭伯克制，由清中央对各地伯克予以任命，并赠予品级，将伯克制度纳入清朝官僚体系。此外，清朝根据各个聚居区的民族分布情况实行了多种制度安排：汉族聚居区实行郡县制，维吾尔族聚居区实行伯克制，游牧的哈萨克、布鲁特蒙古诸部及哈密、吐鲁番维吾尔人实行札萨克制。

清中期，随着边疆危机的不断加深，清廷上下已经认识到，清代前期形成的"因俗而治""分而治之"的治边政策已经不能抵御帝国主义的入侵，不能确保边疆的安定和国家领土完整。在这种形势下，清政府对边疆地区采取了内地化的策略。所谓内地化，是边疆地区各个民族区域在政治、经济和文化诸方面出现的与内地汉族地区逐渐趋同和接近的趋势。清朝一改历代王朝的传统做法，把郡县制深入推进到一些边疆地区，直接纳入国家管理，国家直接派官治理。如左宗棠收复伊犁后，经过多年酝酿准备，1884 年，清廷宣布新疆建省，任命刘锦棠为新疆巡抚，次年，刘锦棠建署于迪化府（乌鲁木齐）。到 1902 年，全疆"设道四、府六、厅十一、直隶州二、州一、县二十一，分县二"。①

1887 年台湾由府治改为行省制，正式建省，刘铭传为第一任巡抚。全省共设 3 府、1 直隶州、11 县、5 厅；初以台湾府城为省会，后移置于台北。

1907 年，清廷下诏改盛京将军为东三省总督，裁吉林、黑龙江将军，改置奉天、吉林、黑龙江三巡抚，东北三省正式建立。

除西藏、内外蒙古地区外，全国已完成了建省。可以认为，这是自秦始皇创建郡县制以来，实行 2000 多年后，到清代才最后完成了国内郡县制的建置。清王朝集历代治边政策之大成，在边疆地区设行省，建州县，实现了内地与边疆行政管辖的"一体化"。清政府重构了对边疆地区的统治，加强了中央政府对边疆地区的统辖，中央权威得以直接贯彻到地方，使主权得到明确无误的昭示，以达到抵御外国势力，巩固国家边防，维护国家统一的目的。同时，边疆与内地管辖的一体化，也有利于强化内地与边疆地区民众对于国家主权的认识。

---

① 《新疆图志》卷 1，建置一，第一历史档案馆藏。

二 从文化认同到国家认同

列文森指出:"近代中国思想史的大部分时期,是一个使'天下'成为'国家'的过程。"[1]。与之相应,中国人的认同也有一个从"天下认同"到"国家认同"的过程。

中国传统意义上的国家和"天下"一样,均是宽泛难以界定的概念。"天下观"是中国古人对世界的认识和解释,是一个以中原为中心的没有边界的世界想象,它是一个按照与王畿的距离远近来判断亲疏程度的标准。按照这样的标准确立的"天下"是以帝王所在的区域为圆心,不断向外扩散的没有边界的同心圆。

国家也是一个不确定的概念。在古代的中国,往往君主和王朝就代表着国家,而王朝的更迭又是很普遍的现象,因此,对由君主和王朝所象征的国家的认同和效忠并不十分绝对,而对"天下"的认同和效忠则是第一位的,最有代表性的言论是顾炎武的"亡国亡天下"之说:"易姓改号,谓之亡国。仁义充塞,而至于率兽食人,人将相食,谓之亡天下。"[2] 在这里,我们很容易看出,顾炎武所说的"天下"实际是指"仁义充塞"的所谓华夏文化。所以,从根本上来说,中国传统的天下认同是一种文化认同。

虽然从现实政治的角度出发,每个王朝都有自己的统治范围,根本做不到真正意义上的"普天之下,莫非王土"。然而在观念层面,古代中国并不十分重视划清"我者"与"他者"的界限,作为"我者"的华夏和作为"他者"的夷狄,彼此的界线是模糊的、可变动和可转换的,夷入华则华之,华入夷则夷之,其区分和转变的标志就是是否服膺中华文化,是否接受了中原的礼教秩序。

因此,古代中国有两个层面的国家认同,一个是政治层面的认同,由君主和王朝为象征,这种认同是时常变换的,因而是非绝对的;另一个层面是文化上的,以华夏文化为中心的认同,文化的认同是绝对的,至高无

---

① 列文森:《儒教中国及其现代命运》,郑大华等译,中国社会科学出版社 2000 年版,第 87 页。

② 顾炎武:《日知录》卷一三。

上的。总之，古代中国的认同是一种文化至上主义的认同观。

近代以来，主权国家的观念随着西方列强的入侵而被中国人所接受。民族国家认同逐渐取代文化认同，成为国家认同的主要方向。现代主权国家的构成要素主要有人口、领土、政权、主权等；而主权国家的主要形态就是民族国家，构建现代民族国家的首要任务，是明确作为国家基本要素的领土、国境以及对境内领土的绝对主权。从疆域的角度，需要实现从传统"夷夏观"框架内的边疆向民族国家边界的转化。

列强的入侵，让中国人了解到世界的竞争主要是由主权国家参与，历次不平等条约中关于土地割让的条款，使中国人认识到领土主权对于一个国家的重要意义。1895 年中国在中日甲午战争中失败后，梁启超所说："中国二千年大梦之觉醒，实自甲午一役割台湾，偿二百兆始。"① 正是国人对于国家领土丧失的痛彻感悟。戊戌维新期间，康有为等人率先提出"保国、保种、保教"的口号，所谓保国，就是要改变国家领土主权遭人践踏的悲惨局面。

可以说，正是近代中国面临的领土被割占的事实，唤起了中国人强烈的民族意识和民族国家的认同感，如同康有为在保国会成立时所说："吾中国四万万人，无贵无贱，当今日在覆屋之下，漏舟之中，薪火之上，如笼中之鸟，釜底之鱼，牢中之囚，为奴隶，为牛马，为犬羊，听人驱使，听人宰割，此四千年中二十朝未有之奇变。加以圣教式微，种族沦亡，奇惨大痛，真有不能言者也。"②

辛亥革命时期，是中国的国家认同由传统向现代转变的关键时期。以民族革命相号召的革命党人，曾以恢复建立属于汉族的民族国家为目标，当时流布最广、影响最大的邹容《革命军》称："昔之禹贡九州，今之十八省，是非我皇汉民族，嫡亲同胞，生于斯，长于斯，聚国族于斯之地乎？"③ 武昌起义后，军政府也以象征十八省的"十八星旗"为国旗，以十八省为中国，意味着对中国境内众多少数民族地区的放弃。同时，日俄趁机在满蒙地区积极策划和活动，意图分裂中国。而另一方面，清帝在退位

---

① 梁启超：《戊戌政变记》，《饮冰室合集》第 6 册，中华书局 1989 年版，第 1 页。
② 汤志钧：《康有为政论集》上册，中华书局 1981 年版，第 237 页。
③ 邹容：《革命军》，华夏出版社 2002 年版，第 44 页。

诏书中表明："总期人民安堵，海宇义安，仍合满、汉、蒙、回、藏五族完全领土为一大中华民国。"① 在 1912 年《临时大总统就职宣言书》中也特别强调："国家之本，在于人民。合汉、满、蒙、回、藏诸地为一国，即合汉、满、蒙、回、藏诸族为一人。是曰民族之统一。武汉首义，十数行省先后独立。所谓独立，对于清廷为脱离，对于各省为联合，蒙古、西藏意亦同此。行动既一，决无歧趋，枢机成于中央，斯经纬周于四至。是曰领土之统一。"②

　　辛亥革命最终确定的以五族共和为建立民国的根本原则，明确表达了国家对民族地区领土的主权，国内各民族对于国家认同的内涵与目标有了政治的基础。

① 《宣统政纪》卷七十，宣统三年十二月戊午，中华书局 1987 年版。
② 《中华民国史档案资料汇编》第二辑，江苏古籍出版社 1991 年版。

第五章　历史上的民族观与民族关系

　　民族观是人们在长期的社会实践过程中形成的对民族和民族问题的根本看法，是民族思想的集中体现，是制定民族政策的根本依据，也是民族文化的一种深层次反映。崔明德认为："民族思想是各个时期各个民族的各类人物对中国民族及民族问题的认识，是处理民族问题、制定民族政策的理论基础；它既有政治家、思想家、军事家、史学家及普通民众对历史上民族及民族关系的反思，也有他们对当时民族和民族问题状况的理性思考和客观认识，以及对民族及民族问题未来发展趋势的预见。"① 周庆智认为，中国古代民族观"指汉族在历史上形成的关于民族共同体的群体政治心态，即被内化了的政治观念"。② 这些认识从不同侧面对民族观（民族思想）作了阐释。民族观作为一种思想观念不是凭空产生的，它的形成和发展与中国古老的文化传统密不可分，具有鲜明的文化特质。

第一节　民族观的形成与文化特征

一　民族观形成的背景

　　五帝时代，我国境内就有了两大民族集团的雏形，即黄河流域的华夏族集团（主要由黄帝、炎帝部落构成）和居于四方的"四夷"集团（夷蛮戎狄）。后经夏、商、周三代各民族之间经济、文化、政治、战争等多种形式的交往，民族之间的界限更加明朗，夷夏之别的观念显著增强。华夏

---

① 崔明德：《中国民族思想的概念及发展脉络》，《中国边疆史地研究》2006 年第 4 期。
② 周庆智：《中国古代民族观念的起源演化》，《云南社会科学》1993 年第 6 期。

族的形成是各民族融合、兼并的结果。"华夏民族，非一族所成。太古以来，诸族错居，接触交通，各去小异而大同，渐化合以成一族之形，后世所谓诸夏是也。"① 夏、商、周时期，东夷、北狄、西戎、南蛮四方民族族群，都有不同民族组成。这一时期两大民族集团都已形成且具有一定规模，这两大民族集团的形成成为中国古代民族观形成的基础。

任何地域文化的形成和发展都同具体的生态环境和历史变迁直接相关，不同的生态环境决定着特定的文化系统，载体不同文化亦不同。中华大地四周是天然的障碍。北方是辽阔的蒙古高原，横亘于中间的大漠、戈壁、阴山把蒙古高原分为漠南和漠北两部分；西北是一系列的崇山峻岭和难以逾越的荒漠戈壁，形成天然的屏障；西南是著名的世界屋脊——青藏高原，高原上有海拔 5000 米以上的喜马拉雅山脉和水急涧深的横断山脉相连，更是难以跨越；中国的东南方向是滔滔大海，有绵延一万余公里的海岸线，被先民视为"天涯海角"。这种半封闭的自然地理环境，内部构成特点迥异，各地社会经济发展差异性明显，造就了不同的文化类型。同时，古代先民大都相信中国四周环海，内部由中原和四夷共同构成"天下"，故有"四海之内"的说法。

先秦时期炎黄族团、东夷族团和苗蛮族团主要在黄河中下游和长江流域的农业文明区活动。夏王朝的政治活动中心地区在晋南和豫西，即今山西南部汾水下游和河南西部伊洛河地区，四边居住着众多的氏族部落（古称为"国"），夏朝是一个奉夏后氏王族为宗主国的"万国"松散联盟。② 商朝前期疆域与夏基本相同，武丁以后有较大发展。东方疆土在今山东和江淮一带，北方疆土在今河北东北与辽宁接壤地带，西方疆土至少包括今陕西大部及甘肃南部地方，南方疆土已到达江、汉、湘、赣流域。③ 西周的西部疆土远及今甘青与四川、重庆；东部疆土大致为今山东南部、安徽北部、江苏及与东部连接的沿海地区；南部疆域在江汉流域；北部疆域无明确记载。④ 从夏、商、周形成的"华夏"居中、"四夷"围拱的居住格局

---

① 梁启超：《饮冰室合集》第 8 册，《中国历史上民族之研究》，中华书局 1989 年版。
② 参见龚荫《中国民族政策史》，四川出版集团、四川人民出版社 2006 年版，第 40—42 页。
③ 同上书，第 50—51 页。
④ 同上书，第 60—62 页。

为夷夏观的形成提供了先决条件。

先秦时期，华夏族大都居住于气候温和、地势平坦、雨量充沛的黄河、长江流域的农耕区，湿润的土地、适宜的气候宜于农作物大面积种植。他们生活在固定的土地上，培育了大量易于种植的农作物，同时发展了养殖业、制造业、手工业，等等。据考古发现，新石器时代，在农业文明发达的地区就出现了文字刻画符号，如仰韶文化和良渚文化。西周时期，代表着当时生产力发展水平的青铜技术已经由成熟走向繁荣。西周晚期，铁器开始推广使用。春秋时期，随着铁器的推广使用，推动了牛耕和农业生产技术的发展。《禹贡》《管子》《荀子》《吕氏春秋》等著作中对土壤辨别、深耕、施肥、节令、种植疏密等生产技术已有记载。这一时期，随着社会经济的发展，手工业逐渐从农业中分离出来成为一个专门行业。当时的手工业技术中，有许多部门已处于世界领先水平甚至是最高水平，如冶铁、铸铜、丝织、煮盐、制陶、漆器、车船制造等。[①] 这一时期，在农业、手工业、商业的推动下，城市也发展起来，规模越来越大。如齐国都城临淄，已有较先进的排水系统和布局合理的交通干线。这一时期的人口增长较快，估计战国末期华夏人口已达 2000 万以上。[②] 春秋时期，秦、楚、齐、晋、鲁等诸侯国开始对社会与政治制度进行改革，通过改革，原始氏族部落的痕迹大大消失，按地缘关系组织的族群的意识得到进一步强化。这一时期华夏民族的科学、技术、思想、文化等取得了巨大的成就，涌现出了像孔子、老子、孙子等著名的思想家、军事家，并产生了《论语》《道德经》等一大批不朽的思想著作和一些科技著作。

社会的发展，经济、文化的发展使得华夏民族的同一性得到空前发展，民族意识进一步增强。而这一时期的四夷集团，诸如百越、北狄、西戎等仍然处在落后的原始部落时期。华夏和四夷经济、文化的差异直接导致了不同民族观的形成。

二　中国古代民族观的文化特征

民族观实际上是民族历史文化的产物，具有鲜明的文化特征。

---

① 参见陈连开主编《中国民族史纲要》，中国财政经济出版社 1999 年版，第 119—122 页。

② 葛剑雄：《中国人口发展史》，福建人民出版社 1991 年版，第 107 页。

（一）儒家民族观构成了中国古代民族观的主要内容

儒家学说形成之后，经汉董仲舒的倡导成为指导中国两千多年专制统治的理论基础，儒家民族观作为儒家学说的重要组成部分则成为历代王朝统治者处理民族关系、制定民族政策的重要依据。

儒家民族观的一个核心思想是以华夏为正统的"大一统"观念。孔子的出身及其地位，使其倾向于对三代传统礼乐文化的继承，尤其是对周礼的推崇。孔子曰："周监于二代，郁郁乎文哉！吾从周。"[①] 在潜意识中形成以华夏为正统的观念。《春秋》倡导"大一统"。《诗·北山》曰："普天之下莫非王土；率土之滨，莫非王臣。"《礼记·明堂》规定"九夷""八蛮""六戎""五狄"之国，在明堂中均有自己的位置，具有明确的"王臣"身份。自此，太史公《史记》以下，历代正史均为四夷立传，明确肯定四夷与"中国"均属"天子"治下之民。"大一统"观念还体现于儒家"王者爱及四夷"的观念。董仲舒《春秋繁露》之《仁义法第二十九》中说："质于爱民，以下至于鸟兽昆虫莫不爱，不爱奚足谓仁……故王者爱及四夷，霸者爱及诸侯，安者爱及封内，亡者爱及独身……"董仲舒这种仁者不仅要爱人，而且要爱及自然一切生灵的思想，显然是对孔子思想的发展，爱及四夷是着重论述的对象之一。

儒家民族观的主要内容是"华夷之辨"与"以夏变夷"。《左传》记载定公十年（公元前500年），孔子与齐侯"夹谷之会"时说："裔不谋夏，夷不乱华。"[②] 从中能明显看出孔子以华夏为中心，而对夷狄之民的轻视之意。这也是春秋时期华夏诸国对夷狄之民的普遍看法。《论语·八佾》曰："夷狄之有君，不如诸夏之亡也。"也可看出这一观念。

然而，民族观也同历史上形成的观念一样，随着民族关系的变化而发生相应的变化。在夷、夏处于战争状态或民族矛盾比较尖锐时，"华夷之辨""夷夏之防"等民族观念比较突出；在夷、夏之间和平交往的多数情况下，民族观念也会发生相应的变化。"以夏变夷"的观念认为，圣人教化不仅可以使诸夏之人有礼，同样夷狄之人也可以通过教化而有礼。

---

① 《论语·八佾》，北京出版社2006年版，第22页。
② 《左传》，十三经注疏本，中华书局1980年版，第2147页。

《论语·卫灵公》曰："言忠信，行笃敬，虽蛮貊之邦，行矣！"孔子主张的"有教无类"，不仅包括不同社会等级的人，也包括蛮夷华夏之民。《论语·季氏》中载孔子反对季氏伐颛臾，曰："远人不服，则修文德以来之，既来之，则安之。"这里的远人也包括蛮夷之民。可见，孔子认为蛮夷戎狄之民是能够接受圣人创制的礼乐教化而变得有礼。战国时期，儒家代表人物孟子对这种民族观念加以发展，明确提出了"以夏变夷"。后来，这一观念成为儒家和以儒家为指导的历代统治者处理民族关系的重要原则，并衍化出"以夏变夷"的文化模式。

（二）"礼别"是夷夏界限的重要标准

春秋时期，随着以华夏族为核心的五方格局局面的形成，华夷辨别的标准问题也就被提出。先秦时期，儒士们认为，是否循"礼"是辨别华夷的基本表识。《礼记·檀弓》中孔子弟子子游说："有直情而径行者，戎狄之道也，礼道则不然。"意思是：戎狄率性而为，不讲"礼"。孔子也是以"礼"来划分民族间的界限。《论语·八佾》曰："周监于二代，郁郁乎文哉！吾从周。"认为周朝的礼仪制度是借鉴了夏、商二代的礼仪制度而建立起来的，要遵从周朝的制度。孔子认为诸夷同诸夏的最大区别在于，诸夏有周礼这样完美的制度而诸夷则没有。"尊王攘夷"的尊王有两层含义，在政治上礼尊周天子，在文化上尊周礼。由于西周后期王室衰微的现状，政治上礼尊周天子只是一种徒具其表的形式，而文化上的尊周礼才是最具实质意义的内容。

民族之为民族，最核心的问题是文化。只有在一定物质文化基础上建立起升华到一定理性高度的制度文化和精神文化的人们共同体，才具稳定性，才堪称"民族"。"周礼"是华夏民族制度文化和精神文化之集大成者，具有相当的理性高度，是华夏民族认同的标志。所谓"华夷之辨"即以"周礼"为标准，用"周礼"者为华夏，用夷"礼"者为夷狄，即"礼别华夷"。华夷冲突越激烈，区分"我者"和"他者"的意识就越强烈，自然对决定"我之为我"的标志强调得越加有力。[1]

周分封诸侯时，按公、侯、伯、子、男五等级分封，《礼记·典礼下》

---

[1]　参见陈玉屏文稿《马克思主义民族理论及其中国化问题的认识与思考》。

曰："其在东夷、北狄、西戎、南蛮，虽大曰子。"也就是说，"四夷"之国再强大也只能为子爵。《春秋》诸侯被称为"子"（子爵），即被诸夏视为夷狄之君，含有歧视义。《春秋·襄公二十九年》记载"杞子来盟"，孔颖达疏曰："杞人春秋书爵，称侯又称伯。僖（公）二十三年、二十七年称'子'。传曰'用夷礼故曰子'。自尔以来，常称为伯，今复称'子'，传云：书曰'子'，贱之也，明为用夷礼故贱之。知杞复称'子'，用夷礼也。"可见，夷狄亦有自己的"礼"，只是夷"礼"与夏"礼"有别而已。

"礼"的差别是文化差异的集中体现，而文化的差别则是被认为区别民族的根本。公元前 626 年，秦穆公对戎王使者由余说："中国以诗书礼乐法度为政，然尚时乱，今戎夷无此，何以为治，不亦难乎？"① 显然以华夏文化为优，流露出对夷狄鄙视的口气。战国时，赵武灵王胡服骑射，其叔父公子成劝告他说："中国者，盖聪明徇智之所居也，万物财用之所聚也，圣贤之所教也，仁义之所施也，诗书礼乐之所用也，异敏技能之所试也，远方之所观赴也，蛮夷之所义行也。"② 对于华夷的礼仪之别也可见一斑。

三 民族观是统治阶级处理民族问题、制定民族政策的理论基础

民族观属于心理活动范畴，有其特定的文化内涵，也是系统化了的理论形态。周庆智从两方面加以阐释：其一，是汉族对其作为民族或文化共同体本身的认知、情感和评价。这种观念涉及民族意识、民族感情、民族性格、民族精神等；其二，是汉族对异民族或异文化共同体的认知、情感和评价。它涉及对民族地位、民族差别、民族权利、民族矛盾和民族冲突等问题的理解和看法以及处理方式。③ 民族观从人们对民族和民族问题的具体看法中抽象出来，反过来又指导人们对民族和民族问题的处理方法和态度，主要是通过民族政策原则的确立来影响民族政策的实施。唐王朝是中国历史上的繁荣时期，其国力的强盛、文化的发达是诸多朝代所无法比

---

① （汉）司马迁：《史记》，中华书局 1959 年版，第 192 页。
② 同上书，第 1808 页。
③ 周庆智：《中国古代民族观念的起源演化》，《云南社会科学》1993 年第 6 期。

拟的，探其缘由，唐太宗李世民所推行的较为开明、进步的民族政策是重要的原因之一，其民族政策的制定又源之于其开明、进步的民族观。唐太宗在总结四夷归附的成功经验时，重要的一条就是："自古皆贵中华，贱夷狄，朕独爱之如一，故其种落皆依朕若父母。"① 唐太宗还指出："夷狄亦人耳，其情与中夏不殊。人主盖德泽不加，不必猜忌异类。盖德泽洽，则四夷皆可使如一家；猜忌多，则骨肉不免为仇敌。"② 从中可看出唐太宗李世民对汉族和少数民族"一视同仁"、"爱之如一"的民族观。在此民族观指导下，唐太宗所实行的诸多民族政策有利于民族关系的改善，为唐文化的繁荣发展提供了和平安定的环境。唐王朝的和亲政策大大减少了边境少数民族的侵扰，并尽力协助唐王朝安定边疆、平息内乱。贞观二十二年（648 年），吐蕃君主松赞干布发兵助王玄打败天竺军便是一例。唐太宗时期的民族政策，以恩怀、德惠为主，武力为辅，"绥之以德，爱之如一"是其主要原则，注重让各族首领甘愿归服。各少数民族首领对唐太宗十分拥戴，称唐太宗为"天可汗"，甘愿为其尽力。太宗死后，诸多民族首领失声痛哭，如丧考妣，"四夷之人入仕于朝及来朝贡者数百人，闻丧皆恸哭，剪发、劓面、割耳，流血洒地"，"阿史那社尔、契苾何力请杀身殉葬"。③ 对比之下，王莽对少数民族严重歧视，他认为："天无二日，土无二王，百王不易之道也。汉氏诸侯或称王，至于四夷亦如之，违于古典，谬于一统，其定诸侯之号皆称公，及四夷僭号称王者皆更为侯。"④ 由此，王莽所制定和实行的诸多政策都带有严重的歧视性。王莽把"匈奴单于"更名为"降奴服于"以示侮辱；王莽用发给乌珠留单于"新匈奴单于章"代替汉宣帝时发给呼韩邪单于的金质"匈奴单于玺"，使原本位于诸侯王之上的匈奴单于降格为"新"朝的诸侯王。王莽的民族观及其对少数民族歧视性政策的实施，严重影响了民族关系，各少数民族纷起叛离，成为王莽政权迅速垮台的主要原因之一。

　　民族观在历代统治阶级制定民族政策时确实起到重要的作用，但并不

---

① （宋）司马光：《资治通鉴》第 4 卷，当代中国出版社 2001 年版，第 1493 页。

② 同上书，第 1485 页。

③ 同上书，第 1498 页。

④ （汉）班固：《汉书》，中华书局 1962 年版，第 4105 页。

是制约民族政策原则的唯一因素，民族政策的制定还有历史的、现实的、自然的、社会的及个人的等多种因素的影响。

第二节　民族关系的主要类型

中国是一个多民族组成的国家，古代以来民族关系的发展与演变，和不同民族建立的政权是密不可分的。从这个意义上考虑，历史上的民族关系从表现形态上看，基本上可以分为两种类型：一是中国古代不同政权之间的民族关系，二是中国古代同一政权内部的民族关系。

一　古代不同政权之间的民族关系

中国古代两千多年的发展史，大多是两个或两个以上多民族政权并存的局面，不仅在魏晋南北朝、辽宋夏金等分裂时期是几个多民族政权并立，就是在秦、汉、隋、唐、明这样的统一时期也不是只存在一个统一的多民族政权。秦汉时期，北有匈奴政权、西有羌族政权与之对峙；隋唐时期，北有突厥、西北有回纥、西南有吐蕃、南方有南诏、东有高句丽、渤海等政权与之对峙；明朝时期则北有北元，西有鞑靼和瓦剌与之对峙。这种不同民族统治的政权之间的关系是中国历史上民族关系的主要类型之一。在这种情况下，民族关系往往和政权之间的关系交织在一起。历史上不同民族统治的政权之间的关系表现为多种形式：

（一）宗主国与附属国的关系

匈奴后期由于战争、天灾等原因国力日渐衰退，匈奴统治阶级内部争权夺利的斗争也此起彼伏。公元前 58 年，匈奴由于内讧分为两部。公元前 53 年，呼韩邪单于败于郅支，南向称臣于汉，居于汉边。公元前 51 年，他亲自到长安，与汉宣帝会晤于甘泉宫。南匈奴附汉实是借助于汉强大的军事力量和雄厚的经济基础与北匈奴抗衡。呼韩邪单于曾言："今事汉则安存，不事汉则危亡。"[1] 匈奴附汉后，关于单于地位和礼仪

---

[1]　（汉）司马迁：《史记》卷 110，《匈奴列传》，中华书局 1959 年版。

问题，汉朝廷曾专门讨论过。宣帝诏曰："今匈奴单于称北藩臣，朝正月……其以客礼待之，位在诸侯王上。"[①] 汉宣帝虽表面上称"客礼待之"，与单于同掌金玺之尊，实则仍以君臣之称。匈奴呼韩邪单于的部众一面在政治、经济、军事上得到汉的支持获取大量粮食等物资供应，同时也成为汉的雇佣军，为汉戍守北疆，以防北匈奴对汉的侵扰。北匈奴西迁后，南匈奴单于回到北庭，与汉朝仍然保持着"忠顺""臣属"的关系。

6世纪中叶到8世纪中叶，在我国北方草原上活跃着一支游牧民族——突厥族，西魏废帝元年（552年），突厥首领阿史那土门自称伊利可汗（又作步民可汗），以漠北为中心建立突厥汗国。隋开皇三年（583年），突厥汗国分裂为东、西两部。开皇四年（584年），东突厥沙钵略可汗遣其第七子窟合真入隋，接受隋朝统辖，上表曰："窃以天无二日，土无二王，伏惟大隋皇帝，真皇帝也。岂敢阻兵恃险，偷窃名号。今便感慕淳风，归心有道，屈膝稽颡，永为藩附。"[②] 隋文帝下诏："沙钵略称雄漠北，多历世年，百蛮之大，莫过于此。往虽与和，犹是二国，今作君臣，便成一体。"[③] 可见，突厥与隋是两个并立的政权，却是确立了君臣关系的宗主国与藩属国的关系。此后的二十多年间，突厥几乎岁岁遣使朝贡，隋朝廷给予丰厚的赏赐。隋朝与突厥也进行贸易往来，隋朝的缯帛通过突厥销往东罗马帝国等地。

（二）独立主权的民族政权之间的关系

各并立的民族政权长期对峙，争夺中央王朝的统治权。明与北元——蒙古的关系，即表现为这种权力的争夺关系。元至正二十八年（1368年）春，朱元璋在应天（今南京）称帝，建立明朝。同年秋，明攻下元大都（今北京），元顺帝（惠宗）妥欢帖睦尔退到上都（今内蒙古正蓝旗），原来蒙古族统治的统一的元王朝分裂为两个政权——汉族统治的明和蒙古族统治的北元。元顺帝为首的蒙古贵族退出中原后，不甘心失败，希望能重新回到中原，恢复元朝的统治。元顺帝离开大都时，将作为皇权标志的传

---

① （汉）班固：《汉书》卷8，《宣帝纪》，中华书局1973年版。
② （唐）魏徵：《隋书》卷84，《北狄传》，中华书局1973年版。
③ 同上。

国玉玺带走，自认为是正统，旨在复辟。史载："顺帝北出渔阳，旋舆大漠，整复故都，不失旧物，元亡而实未亡也。"① 明太祖朱元璋上台后则打算乘胜消灭北元势力，统一全国。朱元璋北征的原因之一也是为了取得正统的标志——传国玉玺。国子生山东周敬心上书曰："陛下连年远征，北出沙漠，臣民万口一词，为耻不得传国玺，欲取之耳。"②

明洪武年间，明朝与北元战争不断，双方各有胜负，总体上明朝占有优势。洪武元年（1368 年）和洪武二年（1369 年），北元主动出击，力图夺回元大都，结果未能实现。洪武三年（1370 年）发生了应昌战役和沈儿峪等重大战役，洪武二十一年（1388 年）又发生了捕鱼儿海（今贝加尔湖）战役。经过以上战役，北元未能恢复对中原的统治，明王朝也没有力量消灭蒙古势力，双方处于长期对峙的局面。这种对峙的局面直到后金崛起，蒙古降清。

这种民族政权之间为争夺全国统治权的对峙和斗争，在历史上曾多次出现，如北宋和辽的对峙，南宋和金的对峙，南朝诸政权与北朝诸政权的对峙等。各民族政权之间在政治、经济、军事、文化等方面全面较量，主要目的是争夺在地理环境优越的中原立国的权力。如十六国时期匈奴、鲜卑、羯、氐、羌、卢水胡等族先后在中原建立以本民族为统治民族的政权。各民族政权在地域上犬牙交错，他们之间争夺地盘的矛盾常常演变为互相的兼并战争，加之各国内部宗室诸王的混战，给各族人民带来灾难，甚至被迫流亡，造成民族的大迁徙。因战争带来的各民族间的频繁接触和民族迁徙的结果，又加速了各民族政权封建化和各民族之间的融合。

各民族政权之间的关系，又表现为对经济利益的争夺，如以获取物资为目的的"掠边""盗边""寇边"等，其接触的范围多发生于边塞地区。《史记》所载最初匈奴人对汉的掳掠，就是在与汉地接壤的边塞一带。"当是时，冒顿为单于，兵强，控弦三十万，数苦北边。""故，冒顿常往来擒盗伐地，于是汉患之。"③ 匈奴掳掠的主要目的是获取物质利益。"其战人人自为趣利……尽得死者之家财。""利则进，不利则退。"④

---

① 《明英宗实录》卷 234，景泰四年十月戊戌。
② 谈迁：《国榷》卷 9，洪武二十五年十月己巳，古籍出版社 1958 年版。
③ （汉）司马迁：《史记·刘敬传》，中华书局 1959 年版。
④ （汉）司马迁：《史记·匈奴列传》，中华书局 1959 年版。

二　同一政权内部的民族关系

中国历史上出现过多个政权，这些政权无论是华夏——汉族建立的政权，还是其他少数民族建立的政权，无论其大小，在这些政权统辖范围内，大都是由多民族组成。汉族是中华民族的主体民族，大约公元前21世纪开始，汉族前身夏族便以黄河流域为中心建立起奴隶制政权，历经夏、商、周三代与周边的蛮、夷、戎、狄等族相互吸收，相互融合，公元前221年，秦灭六国，建立起以华夏族为主体的多民族国家。此后，无论是大统一时期的汉、唐，还是分裂时期的南北朝、五代十国时期，各政权几乎都是以一个主体民族为主的多民族国家。

蜀汉政权是三国时期刘备所建，与北方的曹魏政权和江东的孙吴政权并立。其境内除汉人外，还有南中诸族，氐、羌、武陵蛮等族。刘备死后，南中诸族纷纷反蜀，诸葛亮为了巩固蜀汉政权进而为北定中原解除后顾之忧，对南中诸族进行征服，同时对这些民族大都采取"因俗而治"的政策，尽量任用像孟获、孟琰等南中大姓和少数民族首领管理当地。"诸葛亮平定南中和对南中执行的某些政策，虽然对祖国的统一、南中的发展及加强南中少数民族与汉族的关系，都起到了一定的作用，但他毕竟是封建地主阶级的政治家，终究摆脱不了当时阶级关系和民族关系本质的局限。其'和抚'政策的实质是为了加强控制南中，稳定巴蜀的后方，攫取财富和兵源，巩固蜀汉政权。"[①] 历史上多民族国家的内部分为统治民族和被统治民族。统治民族和被统治民族之间的基本关系是统治与被统治、压迫与被压迫的关系。在我国历史上，由汉族作为统治民族建立的王朝是这种关系，同样由少数民族作为统治民族建立的王朝也是如此。

在我国历史上，自秦汉以来，由汉族作为统治民族建立的政权，对其内部的被统治民族大都实行大汉族主义民族歧视和民族压迫的政策，他们曾发动过无数次对周边少数民族的征战，在征服之后建立臣属关系或实行羁縻统治，迫使少数民族进贡或进行不平等的交换。在文化上对少数民族

---

① 翁独健：《中国民族关系史纲要》，中国社会科学出版社2001年版，第192—193页。

予以歧视，加以侮辱。同样，由少数民族作为统治民族建立的政权内部，统治民族与被统治民族之间的基本关系也是统治与被统治、压迫与被压迫的关系。

元朝是我国历史上第一个由少数民族完成全国规模统治的王朝。蒙古族是统治民族，汉族和其他民族成了被统治民族。蒙古族为了巩固自己的统治，采取了诸多措施。在政治上由蒙古人执掌军政大权，不仅丞相必用蒙古勋臣，就连次于丞相的平章政事，也必由蒙古、色目人担任。史载："平章之职，亚宰相也……虽德望汉人，抑而不与。"① 此外，各道廉访司也首先为蒙古人充任，如有阙，则用世臣子孙担任，其次是色目人，最后才可能是汉人。② 在军事上，汉人不得参与军机事务，在籍汉军也不得执兵器。元朝规定："以兵籍系军机重务，汉人不阅其数。"③ 经济上，蒙古人可免税，色目人交一部分，汉人交全额税款。文化上尤其是入仕方面不平等，民族等级差别鲜明。录取国子学生员以蒙古人优先，乡试与会试蒙古人考两场，汉人、南人考三场。"国子生员十有八人，蒙古人六名，从六品出身；色目人六名，正七品出身；汉、南人共六名，从七品出身。"④ 在法律上，元律的民族歧视非常明显。汉人、南人盗窃初犯、再犯刺两臂，三犯判项，而蒙古人却免判。蒙古人与汉人争斗，殴汉人，汉人"勿还报"。如果蒙古人因为争斗或因酒醉殴死汉人者，只断罚出征，并全征烧埋银而无须抵命。如果汉人、南人殴死或击伤蒙古人，则不管原因如何一律处死。

历史上多民族国家内统治民族与被统治民族之间的关系是建立在封建剥削制度上的不平等的关系，无论哪个民族当权执政，这种民族关系都不可能得到根本改变，即使是在多民族国家的各个被统治民族之间，也必然受这种不平等关系的制约，或者被统治民族"以夷制夷"的政策所利用，互相征战，或者为共同利益联合起来，与统治民族进行斗争。⑤

---

① （明）宋濂：《元史》卷186，《成遵传》，中华书局1976年版。
② （明）宋濂：《元史》卷19，《成宗本纪》，中华书局1976年版。
③ （明）宋濂：《元史》卷98，《兵志》，中华书局1976年版。
④ （明）宋濂：《元史》卷92，《百官志一》，中华书局1976年版。
⑤ 陈育宁：《民族史学概论》（增订本），宁夏人民出版社2006年版，第67页。

第三节 民族关系的主流与趋势

上一节主要讨论了历史上民族关系的表现形态，这种表现形态主要是人们民族观的存在所决定的一种主观认识和行为。民族关系作为历史上的一种客观存在，又有其形成发展的客观规律，这就是本节要讨论的民族关系的主流与发展趋势问题。所谓"主流"是指反映事物本质的发展趋势。民族关系的主流也就是指民族关系的发展趋势。我国历史上各民族之间有和平交往，也有兵戎相见，但从总的发展趋势看，各民族间在政治、经济、文化等各个方面相互依存，相互吸收，你中有我，我中有你，联系越来越密切，逐渐汇聚成一股强大的内聚流，由内聚归于统一，构成了中华民族多元一体的格局。[①]

早在新石器时期，我国黄河流域和长江流域就表现出多元文化的交融和汇集的特点。黄河中游新石器文化的序列是前仰韶文化（前6000—前5400年）—仰韶文化（前5000—前3000年）—河南龙山文化（前2900—前2000年），继河南龙山文化的可能是夏文化。黄河下游是另一序列的文化，即青莲岗文化（前5400—前4000年）—大汶口文化（前4300—前2500年）—山东龙山文化（前2500—前2000年）—岳石文化（前1900—前1500年），继岳石文化的可能是商文化。

长江中游新石器文化序列大体是大溪文化（前4400—前3300年）—屈家岭文化（前3000—前2000年）—青龙泉文化（前2400年，也称湖北龙山文化）。长江下游文化序列大体是河姆渡文化（前5000—前4400年）—马家浜·崧泽文化（前4300—前3000年）—良渚文化（前3300—前2200年）。良渚文化大体和河南龙山文化年代相当，其文化特征与山东龙山文化有密切联系。长江中游和下游新石器后期原有文化都因受黄河下游龙山文化的渗入而处于劣势地位。新石器时代中华大地上还有北方燕辽文化区，黄河上游文化区及华南文化区等。

以上史实可以作为中华民族格局中多元的起点。在这个多元格局中，

---

① 陈育宁：《民族史学概论》（增订本），宁夏人民出版社2006年版，第75页。

各种文化频繁接触，相互竞争，相互吸收。黄河中游兴起的仰韶文化，曾一度向西渗入黄河上游的文化区，但当其接触到了比它优秀的黄河下游山东龙山文化，就出现取代仰韶文化的河南龙山文化，说明当时在各种文化交流的过程，多元之上增加了越来越强的一体趋势。①

这种文化的交错与叠加现象，不仅反映了文化的交融与汇集，也反映了当时各民族或者他们的祖先相互交往的过程。多元文化交融和汇集的发展趋势，为以后各民族的交融和汇集开了历史先河。在以后的历史过程，民族关系的变化虽曲折复杂、形式各异，但发展的趋势仍然是逐步的交融和汇集，并且规模越来越大，速度也逐渐加快。纵观这一变化过程，大致经过民族汇集和内聚两个步骤：

第一步骤：弱小分散的民族依生态地理环境和生产方式的汇集而统一，形成初级的统一体。自然地理条件的差异基本形成了截然不同的民族所依托的生态环境区。我国四周有地理上的天然限隔，内部构成体系完整的地理单元。自古就有中原华夏民族和周边四夷共同构成"天下"的说法。地理环境自西向东由三个落差显著的阶梯构成。平均海拔 4000 米以上横亘于我国西南方的青藏高原是第一阶梯；青藏高原以北以东及东南分别由海拔 2000 米—1000 米的塔里木盆地、内蒙古高原、黄土高原、四川盆地、云贵高原等构成地势的第二阶梯；第三阶梯是由海拔低于 500 米的丘陵、平原和少数海拔 2000 米以上山峰等构成，主要是自大兴安岭—太行山—巫山一线及云贵高原东缘以东地区。我国东西跨 60 多个经度，南北跨 30 多个纬度，南北和东西的气候有明显的差异。这种地理和气候环境的差异使得我国人口和经济明显分为东西两个不同的区域。以黑河—大兴安岭—陇山—邛崃山—云南腾冲一线为界，以东为中国的东部地区，气候湿润，雨量充沛，农业发达，人口集中，是传统的农业区；上述一线以西为中国西部，植被稀疏，干旱缺雨，宜于游牧，是我国传统的草原游牧区，其间穿插分布着小块河谷和绿洲农业区。

从事游牧的民族逐渐在草原地区汇集统一，建立游牧民族国家，如匈

① 费孝通主编：《中华民族多元一体格局》（修订本），中央民族大学出版社 1999 年版，第6—8页。

奴单于国、柔然汗国、突厥汗国、蒙古汗国、吐蕃王国等。从事农耕的民族逐渐在中原地区汇集统一，建立农业民族的国家，如夏、商、周、秦、汉等。这种以生态地理环境和生产方式的区分和汇集，大体上以上述一线为界，游牧民族居北、居西为庭，农业民族居南、居东为朝，逐渐形成游牧和农耕两个民族统一体。正是这两个民族统一体的不断汇聚和交融构成了中华民族。

第二步骤：周边民族向中原内聚，形成更大规模或全国性的统一体——中华民族。周边游牧民族向中原内聚的主要原因是游牧经济对农业经济的依赖。在中国古代生产力条件下，农业经济比游牧经济相对稳定和富庶，单一的游牧经济需要从农业经济中得到必要的补充，因而中原地区对北方游牧民族具有强烈的吸引力，刺激北方游牧民族不断通过战争与和平的方式向南迁徙。历史上北方游牧民族向中原地区的几次大规模迁徙正反映了这种要求。

拓跋鲜卑是鲜卑族的一支，其先民原居于额尔古纳河和大兴安岭北麓，史载："统幽都之北，广漠之野，畜牧迁徙，射猎为业。"[①] 东汉年间，趁北匈奴西迁之际，拓跋鲜卑不断南迁，占有匈奴故地，南抵今河套北部阴山一带，开始与中原文化有所接触。三国时期，魏甘露三年（258年），拓跋鲜卑在其首领拓跋力微的带领下从河套北部迁居至定襄郡的盛乐（今内蒙古和林格尔县）。拓跋力微开始与曹魏有所往来，并使其子沙漠汗质于洛阳，学习汉文化，晋代魏后，其子仍留质于晋。永嘉四年（310年），拓跋猗卢受晋封为大单于、代公，后传至拓跋郁律。东晋咸康四年（338年），拓跋什翼键时期，在繁畤（今山西浑源县西）北即代王位，咸康六年（340年）定都于云中盛乐宫。晋太元十一年（386年）正月，拓跋什翼键孙拓跋珪大会各部于牛川（今内蒙古乌兰察布市塔布河），即代王位，年号登国，后复居定襄之盛乐，同年四月，改代王为魏王，从此拓跋氏以"魏"为国号。398年七月，拓跋珪把都城迁往平城（今山西大同）。494年，孝文帝拓跋宏又迁都洛阳，入主中原。

西部高原的党项羌迁移到靠近中原的河套地区，内附唐朝，半农半

---

① （北齐）魏收：《魏书》卷1，《序纪》，中华书局1974年版，第1页。

牧，势力壮大后，进而建立西夏国，大规模地发展农业和畜牧业。蒙古族崛起于北方草原，扩张活动的主要方向一直是中原。忽必烈在中原建立元朝后，首先制定鼓励和发展农业的政策。游牧民族向中原的内聚还有政治、军事、文化等复杂因素，但游牧社会对农业社会在经济上的依存关系是导致游牧民族向中原内聚的主要原因。

决定这种从周边汇集发展进而向中原内聚的另一个原因，是存在着一个内聚的核心——在多元基础上形成的汉族。费孝通指出："在相当早的时期，距今 3000 年前，在黄河中游出现了一个由若干民族集团汇集和逐步融合的核心，被称为华夏，像滚雪球一般地越滚越大，把周围的异族吸收进入了这个核心。它在拥有黄河和长江中下游的东亚平原之后，被其他民族称为汉族。汉族继续不断吸收其他民族的成分而日益壮大，而且渗入其他民族的聚居区，构成起着凝聚和联系作用的网络，奠定了以这个疆域内许多民族联合成的不可分割的统一体的基础，成为一个自在的民族实体，经过民族自觉而称为中华民族。"①

以上汇集和内聚的过程，在时空上表现为交叉或同步进行，即一些民族在向中原内聚的同时，另一些边远民族又在北方汇集崛起、发展壮大并陆续挺进中原。他们进入中原之后，就会扎根于农业社会，相当大的一部分逐步融合于汉族之中。

我国学术界从 20 世纪 50 年代开始即注意到对历史上民族关系的研究和讨论。1981 年 5 月在北京召开的"中国民族关系史研究学术座谈会"把这一问题的研究进一步引向深入。针对以往学术界在讨论"民族关系的主流是什么"问题中，形成了"友好合作说"和"战争压迫说"两种观点，与会的许多专家认为，历史上各民族间的关系，从本质上看，是在漫长的历史过程中，经过政治、经济、文化诸方面愈来愈密切的接触，形成了一股强大的内聚力。尽管历史上各民族间有友好交往，也有兵戎相见，历史上也曾不断出现过统一和分裂的局面，但各民族间还是相互吸收、互相依存、逐步接近，共同缔造和发展了统一多民族的伟大祖国，促进了中国历

① 费孝通：《中华民族多元一体格局》（修订本），中央民族大学出版社 1999 年版，第 4 页。

史的发展，这才是历史上各民族关系的主流。① 这一观点和分析，透过历史上民族关系发展进程中的种种现象和表现形式，揭示了民族关系发展中内在的运动趋势，从而也就正确地回答了"主流"是什么的问题。

中国历史上民族关系的发展趋势已经证明，各民族间的内聚力量是创造中华民族物质文明与精神文明的动力。尤其在近代反抗西方资本帝国主义的斗争中，各族人民同呼吸、共命运，捍卫国家主权和民族尊严，推动了中国历史的前进。各民族有过分裂，也有统一，但分裂是短期的，而统一是长期的。经过分裂，总是走向统一，打打和和，和和打打，最终是打不散、离不开，都在历史的长河中汇流在一起，形成了凝聚的长流。凝聚，是中华民族五千年文明的结晶；统一，是中华民族历史发展不可阻挡的潮流。

---

① 参见翁独健《在中国民族关系史研究学术座谈会闭幕会上的讲话》，《中央民族学院》1981 年第 4 期。

第六章　历史上的民族迁徙流动

民族迁徙流动、融合是中国历史上普遍的、经常的现象，是一种历史潮流，曾几度出现高潮。汉族在与其他民族的交往、冲突乃至战争的过程中，不断拓展自己的活动空间，周边的各个民族为了自己的生存和发展也在不断地进行着或大或小的迁徙流动。这种民族的迁徙流动，有着深刻的社会经济与文化背景，在每一次民族大迁徙大分裂之后，往往是新一轮民族大融合的实现和新的统一政权的建立。各民族在这一过程中不断聚合、分化，时有消长，走向成熟。

第一节　民族迁徙流动及其特点

中国是世界上人类古文明最早、最重要的早期分布地之一。迄今为止，在中华大地上发现的原始人类遗迹的地理分布非常广泛，范文澜曾指出："按地区及文化遗物来推测，新石器时代的人，就是后来构成中华民族各族的祖先。"① 这些文化遗址的分布，反映了原始社会后期人类活动的范围，也是探寻中国早期民族分布格局的源头。

一　民族迁徙流动的原因

我国古代各个不同历史时期导致民族迁徙流动、融合的因素是多方面的，但起主导作用的是政治的原因、社会经济的原因和自然环境的原因。

政治原因：在中国古代，居于统治地位的民族往往出于政治、经济和

---

① 范文澜：《中国通史简编》（一），人民出版社 1964 年版，第 42 页。

军事等目的需要，把本民族的部分或其他民族迁离原来的居住地，安置在另外一个地理区域内居住。这种出于政治统治的需要而进行的民族迁徙流动，有强制性的和非强制性的两种。所谓强制性的民族迁徙流动，主要是以强大的政治和军事实力为后盾，强迫某一个民族的成员迁居他地。如汉魏时期，中央王朝为了加强对北部边疆的控制，解除来自北方匈奴的威胁，不仅把乌桓迁于辽东、上谷、渔阳、右北平等郡，以便"为汉侦查匈奴动静"①，同时还多次把匈奴迁居内地；非强制性的民族迁徙流动，一般是在中原王朝的政治招抚、怀柔政策的影响下，处于边地的少数民族主动归附，而中原王朝对其内徙进行了妥善安置。

值得注意的是，因战乱而引发的民族迁徙流动，是一种非常普遍的现象。战乱主要有外族的入侵和内乱两类，尤以外族的入侵而引起的民族流动、融合为多。古代民族之间常因争夺牧场、财产、人口、牲畜而发生战争，如果战败的民族没有消亡或被胜利者兼并，那么这个民族就必然要流动、融合。

社会经济原因：在民族迁徙流动、融合的诸多原因中，社会经济因素是最为根本的原因。中国古代的农耕民族和游牧民族，出于社会生产力发展需要而进行的迁徙活动，具有各自不同的特点。一般而言，农耕民族由于其生存要求已经由从自然生态系统中直接攫取能量转变为依靠有序的人工植被（水稻、玉米、块茎等植物）取代自然植被阶段，人们可以通过强化劳动和改进技术，来放大或增加生态系统的输出功率，以期最大限度地增加自然界流向人类一方的能量。也就是说，农耕经济单位面积的产量大，在一个环境条件优越的区域内，可以养活足够多的人。所以，农耕民族可以较长时间稳定地居住在某地，迫于生存压力而进行的迁徙活动并不是太频繁。

相对而言，游牧民族由于其经济生产需要不断变更牧场，以便恢复牧场的肥力，保证牲畜足够的饲料。所以，他们游牧的方式只能是"逐水草而居"，其有规律按季节变化循环迁徙放牧，本身就是一种特殊形式的民族流动、融合。同时，由于对其经济发展起决定作用的草场面积基本是固

---

① 范晔：《后汉书》卷 90，《乌桓鲜卑传》，中华书局 1965 年版。

定的，载畜量也是相对固定的，草原上的政权和民族可以不断更替，但人口数量只能保持相对稳定。当草场有限的数量不能满足人口增长的需求时，草原上的部落和民族大都会联合起来向外扩张，夺取新的草场，这自然会引起草原上频繁不断的民族流动、融合。另一方面，由于游牧经济的极端脆弱性和单一性，受到自然条件的约束和限制非常大，当气候变化或遇到风雪严寒灾害时，牧畜便会大量死亡，生产便会破坏，社会经济便趋萎缩，为求生存的资源，他们不得不向自然条件相对好的地域大规模迁徙。历史上游牧民族由于经济原因而进行民族流动是一个非常普遍的现象。

自然原因：外在的自然环境的变迁尤其是气候的变化，同样是影响古代民族迁徙流动的一个不可忽视的因素。中国历史上北方游牧民族几次大规模的南迁高潮，对应着历史上寒冷期的到来。西周时期北方游牧民族南迁对应着公元前 1000 年左右的寒冷期，东汉两晋南北朝时期游牧民族南迁对应着公元 100 年至 500 年左右的寒冷期，南宋时期游牧民族南迁对应着公元 1100 年至 1200 年左右的寒冷期，明末清初满族南下，对应着"明清宇宙期"。这种对应不是一种简单的次序一事件对应，在其背后有着很深的历史因果关系。如果从气候—生态—经济—社会的连锁反应来看，气候变冷引起草场生态的危机，草场生态的恶化，直接导致游牧民族可以放牧的草场资源的萎缩或牲畜的大量死亡。这种连锁反应，一方面是不可逆转的气候变化，另一方面，对自然环境依赖性很强的游牧经济，其本身的脆弱性、单一性、流动性和不稳定性，很难形成一套自身应对自然灾害的能力和社会调节机制。为了摆脱此种危机，最为简便而有效的办法，就是迁徙流动。这种背景下的民族迁徙流动从偶然逐渐过渡为必然。

在中国北方的草原边缘即在长城线以北的亚洲内陆，地理的变化比气候的变化还要迅速，那里没有足够的水源和灌溉的河流。虽然在一部分地区可以农耕，但也是粗耕为主，倾向混合农业，即在相当程度上依赖牲畜。从古代直到 19 世纪末，内地农民曾经屡次越过长城，却是时行时止地犹豫不决，大体只能停留在长城一线相对有一些灌溉条件的地方继续经营农业。同样，草原民族也屡次进入中原，然而他们也不能在长城以南永久地建立草原经济和游牧社会。因为古代的汉族已经在这里从事农耕，"他们不可能一面向日趋复杂的精耕农业前进，而又同时接受粗放农业及混合经济制度。"① 由此产生了一个永恒的矛盾，使在历史上掌握长城边疆的民族和国家——无论是汉族或是其他民族——不得不做出一个决定，是选择精耕的农业经济，还是选择粗放的游牧经济。在很大程度上，成为民族流动、融合的潜在的客观动力。

虽然任何一个历史时期民族的迁徙流动、融合与其相应的社会动荡与文化演变，是各种社会政治、经济、军事等多种原因综合作用的结果，但如果忽视自然地理环境的因素，其结论也是不全面或不客观的。所以，我们在探讨民族的迁徙流动与融合的原因时，应该充分考虑自然环境因素的潜在影响。

二　民族迁徙流动的路径及特点

历史上民族迁徙流动的重要路径是长期形成的"民族走廊"。"民族走廊"最先是由费孝通提出的一个概念，它是指众多的民族长期沿着一定的自然环境进行迁徙和流动的通道或狭长地带。历史上，持续不断地展开包括移民、难民、蚕食、渗透和征服等在内族际人员流动和大规模的多民族大迁徙，主要是在民族走廊内实现的。民族走廊作为民族交往的大动脉和族际人员交流的主要通道，对于在其中活动的历史民族或族群而言，既有山水交通之便，又有山水屏障之用，既可为迁徙、流动的交通要道，又可为退避、封锁的庇护地，以求民族及其社会文化的自我保存。

其一，藏彝走廊，它是中国历史上民族流动非常频繁、多民族成分积淀最为深厚的巨大走廊地带。北起甘肃或河湟一带，南部由岷江、雅砻江、大渡河、金沙江、澜沧江、怒江等六江流域所展开的多条走廊通道构成。南北走向的藏彝走廊，是古代北方民族与南方民族之间进行沟通和交流的最重要的通道，历史上北方氐羌系诸族的南下和濮越系诸族的北上，构成了这个走廊内民族流动的主旋律。其中又以自北向南的民族迁徙为主导。

---

① ［美］拉铁摩尔：《中国亚洲内陆边疆》，唐晓峰译，江苏人民出版社 2010 年版，第 29 页。

其二，河西走廊，为西北——东南走向的狭长地带，因主要在甘肃境内，又称之为甘肃走廊。这条走廊东与黄土高原临境，南与青藏高原相接，北接蒙古高原，西界塔里木盆地。河西走廊是中原与大西北相连接的咽喉纽带和中西交通孔道，也是许多民族迁徙、交往、融合非常频繁的地区。

其三，阿尔泰走廊，位于长城以北，呈东西走向，以平阔的蒙古高原及草原、沙漠为其自然地理基础的阿尔泰走廊，又叫草原民族走廊。这条走廊，东起东北大兴安岭及辽河上游一线，西迄西北阿尔泰山及天山西端一线。阿尔泰走廊历史上主要为阿尔泰语系突厥语族、蒙古语族、通古斯语族各族群东西运动的地域。

其四，辽西走廊，通往辽河以西地区的一条走廊，主要是指由中原出山海关，沿海而行，过绥中，越兴城，走葫芦岛，穿锦州，抵达辽河之畔，进而通向辽东地区的一条走廊，这条路历史上称作"辽西故道"①。辽西走廊与河西走廊一样，是一个狭长的地理空间，其地势西北高、东南低，大致依次呈三级阶梯分布，从草原到山地、丘陵再到海岸平原，呈逐级过渡。

除了上述的几大走廊外，像位于长江、黄河流域分野的秦岭地区，呈西北——东南走向，作为古氐羌族群东进和南下迁徙的重要走廊——古氐羌走廊等等，也是古代民族迁徙流动的重要路径。

历史上民族迁徙流动的不同阶段呈现出一些不同的特点。

先秦时期的民族迁徙流动，是我国历史上第一次民族大融合的时期。在这个时期民族迁徙的特点是，周边民族不断向内迁徙，不断融合形成一个新的民族共同体——华夏族。从少数民族的迁徙来看，三苗迁往西北、西戎的内迁和西北卢戎向东南迁徙，是这个时期最具代表性的民族迁徙。

秦汉时期的民族迁徙，呈现出新的特点和趋势，即汉族和少数民族双向的大规模的迁徙移动，而且民族迁徙与秦汉中央王朝的政治、经济和军事目的紧密相连。一方面，正式形成于秦汉的汉民族，在秦汉王朝对边疆的开拓与经略过程中，有不少的族众向北部和南部边疆地区迁徙移动。向

---

① 邹本涛：《辽西走廊文化特质探察》，《辽宁师范大学学报》2005 年第 5 期。

北部迁移的汉族人口，一部分是秦汉王朝为了巩固北部边疆，以移民实边的形式迁往边疆的；一部分是在与匈奴连绵不断的战争中，中原汉民被掳掠北迁；第三部分则是因生活所迫而流亡，或为"盗贼"所逼，因战争而流散在大漠南北的汉军的亲人、子孙等；第四部分是在频繁的战争和冲突中大量被俘、投降或流亡在匈奴的汉族士兵。另一方面，秦汉时期少数民族的内迁，以匈奴、乌桓、诸羌的迁徙为主。

魏晋南北朝时期是我国历史上民族大迁徙、大移动、大融合、大汇聚的一个非常重要的时期。这个时期的民族迁徙，涉及的范围广，在北起大漠以北、贝加尔湖畔，南至福建、广东、海南岛，东起长白山、松花江流域，西到新疆塔里木盆地的广阔地域内，汉族、羌族、氐族、匈奴、越族等古老民族和乌桓、鲜卑、柔然、敕勒、吐谷浑、俚、爨等后来兴起的民族，都被卷入了大迁徙的历史潮流之中，其总的趋势是以周边向内地迁徙为主。

隋唐时期由于统一的多民族国家的建立，社会相对稳定，这个时期民族的迁徙，无论在规模、频率还是在时间、人数上，都远不如魏晋南北朝时期。隋唐时期民族迁徙最为突出的地区，是在北部和西部边疆地区，伴随着对边疆地区的开发与经略，以及边疆各民族势力的此消彼长，像突厥、回鹘、吐谷浑、党项、吐蕃等民族都被卷入了程度不同的迁徙之中。

宋辽金时期民族迁徙总的趋势呈现为汉族人口北上，迁往契丹族或女真族聚居区，契丹族、女真族南下和向北方广大地区迁徙，构成了这个时期民族迁徙的主要特点。

元明清时期的民族迁徙，一是中原地区的汉族由于各种不同的原因，继续呈辐射状向边疆地区迁徙。如缓解中原人地矛盾的"走西口"、"闯关东"、"下南洋"三大移民潮，在清代至清末形成高潮。二是形成于元明时期的回族，因戍边、经商等原因，广泛迁居各地。回族其族源可以上溯到唐朝初期，阿拉伯人、波斯人、中亚及南亚、东南亚、东非、北非等信仰伊斯兰教国家和地区的商人、使者，来中国朝贡、贸易，留居广州、杭州、泉州、扬州、西安、开封、洛阳等地安居落户者，当时被称为"蕃客"。13世纪初叶，由于蒙古军的西征被签发或自愿东迁的信仰伊斯兰教的波斯人、阿拉伯人和中亚、西亚各族人民，以及一部分唐时被迁往葱岭东西的回鹘人，成为回族先民的主要来源。伴随着蒙古军西征而被迁往中国境内的大量信仰伊斯兰教的"回回人"，在元初主要分布在今甘肃、宁夏、新疆、青海等省区，后来有大量的回回人被编入探马赤军，随蒙古军攻城掠地，散居各地。与此同时，善于经商的回回，随着商业活动的开展，也纷纷散居到全国的许多城镇，形成了大分散、小聚居和普遍散居的分布格局。清代回族的迁徙主要以西北地区和云南最为典型。"清乾隆至同治年间，西北回民爆发了三次大规模的反清起义，起义失败后，宁夏境内的部分回民被清政府从沿黄河两岸富庶的冲积平原地带，强行迁至南部干旱、贫瘠的山区。"① 青海西宁地区，有 3 万多回回人被迁徙到今甘肃东南部的秦安、清水县地区。河州（今临夏市西南）的 3 万多回民，被强迫迁徙到平凉、静宁、会宁和定西一带。在云南地区，南明王朱由榔退居昆明后，随其转战湖广一带的回族士兵进入云南，有不少落籍在滇西的宝山、腾冲一带。三是随着蒙古族、满族入主中原，大量的蒙古人和满人在长年的征战过程中，分散迁徙到全国各地。流亡俄罗斯一百多年的土尔扈特蒙古部落，在清朝乾隆年间饱受沿途艰苦，迁徙东归回到祖国，是有清一代蒙古民族迁徙中最为重要的事件。在清军入关前，满族主要集中居住在东北三省，而尤以吉林和辽宁为多。有学者统计，在清前期大约有十数万八旗官兵驻防在全国 70 多处重要城镇、水陆要冲和边防要地，而每一个新的八旗点的设置，都可以说是满族一次新的迁徙。

从总体上来看，古代的民族迁徙流动，可以分为两个大的类型。一类是统治者出于政治、经济和军事的需要，采取强制手段而组织的迁徙，或者迫于战争、自然灾害等社会和自然压力而引发的民族迁徙。这类迁徙，一般规模比较大，涉及的人口多，迁徙的地点集中，而且在迁徙过程中，往往有大量的工匠、手工艺人、商人、军士、官员等加入其中，对迁入地的社会、经济和文化产生的影响也较大；第二类迁徙是民间自发的、无组织的、零散而缓慢的迁徙，迁移的对象主要是基层的各族民众，他们文化程度低，对迁入地的社会影响较小。但由于这类迁徙是不间断的，涉及的范围较广，所以从迁徙人的总量上看也是非常可观的。

① 丁国勇：《宁夏回族》，宁夏人民出版社 1993 年版，第 19—20 页。

　　长期不间断的民族迁徙流动，对我国民族分布格局的形成影响非常大。

　　按地区分族而居是古代社会的共同现象。从先秦时期的民族分布情形来看，中国早期的民族分布格局即呈现出显著的"聚族而居"的特点。秦汉时期胡、汉民族的双向迁徙和流动在一定程度上改变了先秦时期的民族分布情形。这一时期向中原地区迁徙的民族主要有匈奴、鲜卑、氐、羌等族。规模较大者如公元 48 年匈奴分裂为南北两部后，南匈奴内附东汉，主要在今甘肃东部、山西与陕西北部以及内蒙古呼和浩特至包头一带，与汉族渐成杂居状态。另外，中原汉族也随中原王朝开疆拓土而向边疆地区四处移民。如秦筑长城徙民北上实边；开"五尺道"打通了中原地区与云贵高原之间的通道；开发江南，一次戍岭南者就达 50 万人；汉代开河西四郡，置西域都护，设西南七郡等，都为汉族人口迁入这些地区创造了条件。

　　魏晋南北朝时期是我国民族分布格局发生变化的重要时期，经历了这个时期的民族大迁徙、大流动和大融合高潮以后，全国范围内各民族"大杂居、小聚居"的分布格局初步成型。

　　隋唐至元朝期间，中国封建社会经历了统一、分裂、再统一的发展历程，这一发展历程，在很大程度上影响着我国民族分布格局的变化和走向。总体来讲，唐末安史之乱是这一时期人口迁移的一个转折点，主要表现为中原汉人再度大批南迁，史称"天下衣冠士庶，避地东吴，永嘉南迁，未盛于此"。[①] 此时期，南迁汉族主要自华北平原和关中一带迁至淮南、江南、湖北、湖南、四川、福建等地，最远的进入岭南一带。这次长达一个半世纪遍及南方各地区的北人南迁，规模十分可观，其分布地域远比永嘉后的南迁为广。这次汉族人口大迁移直接导致北方与南方的人口比率发生转变，长江流域从此取代黄河流域成为中国的人口分布重心。汉族人口的大量迁入进一步打破了当地少数民族的聚居格局，我国南方地区各民族杂居的态势日渐明显。

　　五代十国及至两宋时期，随着东北地区的契丹、女真和西北地区的党项族纷纷建国并大举进入中原腹心地带，中原地区继魏晋之后再度出现各

---

① （唐）李白：《为宋中丞请都金陵表》，《李太白文集》，上海古籍出版社 2003 年版。

民族普遍的大杂居现象，民族分布格局再次发生较大改变。此外，北宋末年靖康之难后，北方地区大批衣冠士族再次渡河南逃，迁至淮河流域、两浙、两湖、闽赣、四川、两广等地，进一步改变了南方地区的民族构成和分布格局①。

元朝是我国第一个实现了全国大一统的少数民族政权，由于疆域辽阔，民族成分众多，各民族族际交往非常频繁，非常有利于境内各民族大杂居格局的形成。元初时中国北方就出现了"诸民相杂"的局面，也里可温、答失蛮、畏兀儿、回回、女真、契丹、河西、蛮子、高丽等"诸色人户"杂居于黄河以南、潼关以东至蕲县一带。当时各民族杂居的范围很广，从大城市到边疆地区，杂居态势都非常明显。元世祖时，大都已有相当数量的蒙古人与汉人杂居，"呈犬牙相制之状"；"回回人户在大都有近3000户"②，来自新疆的畏兀儿等族也为数不少。元朝时汉族也以各种形式向四周迁移。如因战争需要奔赴边疆之地，早在成吉思汗南下攻金时，一次就将河北10余万户强迁至漠北土拉河上。元世祖非常重视边疆屯田，他不仅将大量汉军、新附军发往边区实行军事屯田，而且还注重民屯，"发湖湘富民万家屯田广西，以图交趾"③。在南方如湖广、云南及四川行省中，元朝则根据当地民族的聚居情况开始实行土司制度。这些举措都使元代边疆地区增加了很多汉人，从而有利于汉族和少数民族形成"大杂居、小聚居"的分布格局。总之，从隋唐至元代，我国的民族分布格局在变化中不断加以整固，"大杂居、小聚居"的特征和趋势更加凸显了。

清代也是我国民族分布格局变化和发展的重要时期，这一时期的民族迁徙主要表现为：一方面是满族大规模进入中原地区，广泛地和汉族及其他民族杂居；另一方面是汉族人口以更大的规模向地广人稀的边疆地区大扩散，以致新疆、甘肃、四川、青海、云南、贵州、台湾等地区都迁入了各种类型的汉族移民，这对全国民族分布格局的影响也很大。众所周知，自战国到清初，长城不仅是北方游牧民族和中原汉民族之间的屏障，而且

① [苏] 卡赞宁：《中国经济地理》，焦敏之译，上海光明书局1935年版，第98页。

② 李克建：《中国民族分布格局的形成及历史演变》，《西南民族大学学报》（人文社会科学版）2007年第9期。

③ 云中天：《中国历史上的大融合》，中国三峡出版社2007年版，第201页。

也是一道严格的"夷夏之防"的界限。而至清康熙时，提倡"大一统"思想，决策废弃长城，拆除了2000多年来横亘于胡汉民族之间的隔离墙，为北方地区各民族的自由往来打通了一条重要通道，也为汉民族向塞外迁徙创造了更为便利的条件。此后，清代大规模的汉族移民浪潮此起彼伏，进一步改变了我国的民族分布格局。"大杂居、小聚居"的分布态势同我国当代的民族分布格局基本一致了①。

第二节　民族迁徙流动的历史作用

从中华民族历史发展的进程来看，民族迁徙流动作为一种普遍的历史现象，它对各个历史时期的发展进程，民族间的交流、融合以及现今多民族分布的格局都产生了重大的影响。我国的民族分布格局经历了从"聚族而居"到"大杂居、小聚居"的演变过程。这样的分布格局并非像有的外国学者所说的那样，是汉族把少数民族"从土地肥沃、地势平坦的中心地带，驱逐到土地荒芜、高山旷野或湿瘴蚊虐的地区，从通商要道之地，排挤到山岭峡谷之中"② 的结果，而是我国各民族长期以来自然分布状态的历史延续，是2000多年来民族迁徙和人口流动的历史结果，更是我国古代各民族互动和民族融合的自然产物。

历史上民族共同体的兴衰嬗变，在一定程度上打破了民族原有的分布格局，一些族体的消亡和一些新族体的出现，一个很重要的途径就是通过民族的迁徙流动实现的。在我国民族分布格局的演变过程中，充满了无数的变量，政治、经济、军事、民族、人口、自然、地理等因素都会引起民族分布格局发生变化，但民族迁徙是其中最重要的变量。因此有学者称："历史上我国各民族的迁徙，不仅是认识和解读我国各民族自身发展的重要因素，也是认识和解读我国多民族格局形成、发展以及我国民族关系发展的重要因素。"③ 古代的人口迁移还呈现出这样的规律："当社会比较安

---

① 翁独健：《中国民族关系史纲要》，中国社会科学出版社2001年版，第585页。
② ［苏］卡赞宁：《中国经济地理》，焦敏之译，上海光明书局1935年版，第98页。
③ 杨建新：《民族迁徙是解读我国民族关系格局的重要因素》，《烟台大学学报》2006年第1期。

定时，人口迁徙规模就小，也比较平稳，当社会因天灾人祸出现动乱时，其规模就会陡然增大，增大的程度几乎同动乱的大小完全成正比。"① 我国民族分布格局的演变历程恰好印证了这一点。

汉民族自秦汉形成以来，由于周边少数民族不断内迁，与汉族杂居相处，使中原汉族能广泛吸收其他民族的文化精华，不断丰富和发展了汉文化的内容。民族之间文化的吸收与交流是双向的。随着大量少数民族内迁，促使各民族之间产生更多接触，从而使一些民族的文化逐渐发生区域性涵化。由于少数民族内迁的多，在为汉文化注入新鲜血液的同时，少数民族文化在汉文化的影响下，也发生着文化变迁，而且涉及的面比较广，包括衣食住行、风俗习惯、宗教信仰、语言文字等多方面。民族迁徙对于文化的影响，最普遍的意义是文化的传播，民族迁移就是文化的迁徙。当民族发生迁徙后，他们的文化也会随之移动到新的地方，文化也就成为民族间交流融合的纽带。

基于特定的生态环境和自然条件，历史上我国北方的少数民族主要从事游牧经济，社会经济结构单一而脆弱，社会发展较为迟缓，对中原的农耕经济有着较强的依赖性。而中原地区的农耕民族，由于社会发展的文明程度较高，经济结构多样而产品丰富，对游牧民族有着很强的吸引力。一般而言，出于经济发展的动因或者因自然灾害所迫，在各个历史时期，都有不少的游牧民族向内地汉区迁徙，迁往内地的少数民族，在汉地经济文化的影响下，自愿或不自愿所进行的最大的经济转型，那就是放弃原来的游牧经济生产方式，转而从事农耕经济。随之，他们原先的社会结构也会相应地发生变化。历史上羌族和匈奴的内迁及其以部落联盟为基础的社会组织结构的解体，就是非常典型的例子。羌族自先秦时期开始不断南迁，到东汉时期，羌族已经频繁活动于今陕、甘、青、宁、川等地区。羌族内迁后，在与汉族和其他民族杂居相处的过程中，其原有的氏族部落组织逐渐解体，很多民族固有的特征消失，羌族社会的封建化进程加快，逐渐成为国家的编户齐民。在内地生产方式的影响下，羌族逐渐地由游牧转向定

---

① 李克建：《中国民族分布格局的形成及历史演变》，《西南民族大学学报》（人文社会科学版）2007 年第 9 期。

居，其原先的畜牧经济方式也逐渐向农耕经济方式转变。匈奴作为北方地区一个强大的族体，主要活动在阴山地区。在匈奴南迁之前，其社会结构以部落组织为主，匈奴族众平时从事游牧生产，战时上马出征，实行生产与军事相结合的社会组织形式。南迁后，他们逐渐放弃原来的游牧生产方式，向半农半牧方式或定居农耕生产方式转变，与此相伴，原来兵民相结合的社会组织形式已经不适应农业生产发展的要求，于是就出现了脱离生产、只担任作战的常备军，匈奴的社会结构发生了根本的变化。到了曹魏时期，南迁的匈奴被分为五部，匈奴首领单于失去了对其部众的直接统治，匈奴部众被纳入曹魏地方郡县的管理之中，编入户籍，经济形式上也大都转为定居农业。

在中国古代，居于统治地位的民族往往出于政治、经济和军事的目的需要，把本民族的部分或其他民族迁离原来的居住地，安置在另外一个区域内居住。这种民族迁徙，是以强大的政治和军事实力为后盾，具有很大的强制性，是强迫进行的迁徙。对于这种强制性迁徙应当正视其历史局限性，如18世纪中叶，锡伯族被清政府迁往新疆即是典型的强制性迁移。锡伯族的祖先是东胡系的拓跋鲜卑。早在东汉以前就活动在大兴安岭的嫩江、松花江流域，以"畜牧迁徙，射猎为业"。公元48年以后，从大兴安岭迁移到呼伦贝尔地区，此后又往南迁徙。1636—1648年期间，锡伯族军民同科尔沁蒙古一起被清政府编入旗兵，成为蒙古八旗的一部分。1692年科尔沁蒙古统治者将所属锡伯族军民进献给清政府，从此锡伯族摆脱了蒙古统治阶级的统治，开始被满族统治阶级控制，并被编入满洲八旗，移防黑龙江、吉林各地。1764年，清政府为了加强伊犁地区的驻防力量，抽调3000多名锡伯族军民迁徙到伊犁。

无论是自发性的迁徙，或者是强制性的迁徙，总体上看，各民族的迁徙流动，不仅打破了民族隔离的状态，改变了特定地域民族的单一性，而且为不同民族的重新组合创造了条件，推动和加速了民族融合和同化的过程。民族融合和同化的过程，须以不同民族长期共处为基本条件，民族迁徙的结果，使得原来相互隔绝的不同民族共处一地，相互影响、相互吸收，有的相互融合，有的发生了同化。各民族的不断迁徙和流动，是汉族形成和壮大的一个重要途径。汉族迁往少数民族地区而被融合和同化的情况在历史上也是普遍存在的。这种情况从华夏族形成时期就已开始，秦汉以后更多。由于民族的迁徙，也促使了少数民族之间的融合和同化，有的从而形成了新的民族共同体。

历史上的民族迁徙和流动，构成了民族间交往以至于融合、同化的一条重要途径，不仅促使了中华民族文化的融合和形成，也促使了中华民族在血缘上的融合和形成。今天中华民族的各民族，已经是你中有我、我中有你、谁也离不开谁的一个整体。民族的迁徙和流动，作为一种历史形成的传统，一直延续到今天。尽管民族移动的原因、表现形式已经大不相同，但仍然是新的历史条件下民族间互相联系、交流和融合的重要途径。

第七章　历史上的民族政策与边疆治理

历朝历代统治阶级为调整错综复杂的民族关系，解决民族问题，维护多民族国家的统一而颁布、下达了各种各样的法律、命令、条例、诏书等，这些法律、条例等内容涉及政治、经济、军事、文化、宗教、习俗等社会生产、生活的方方面面，包括和亲、会盟、屯垦、互市、招抚、武力征服、镇压、羁縻等多种形式。这些就是历史上的民族政策。概括说来，"历史上的民族政策就是指统治民族为维护其统治和本民族的利益而处理民族矛盾、实行民族统治、调整民族关系的措施和办法。它是统治阶级利益和意志的体现，在一定程度上也是整个统治民族利益的体现。"①

第一节　民族政策的主要类型与内容

民族政策的形成经历了一个漫长的产生、发展、演变的过程，它的形成与我国自古就是一个多民族国家的基本国情密不可分。周秦以来，我国逐步形成的中央集权制，需要有统一管理统治的措施和办法。民族政策经历朝历代经验积累而逐渐完善，到清代更为完备，中央有了专门处理民族事务的机构。历代统治阶级依据民族互动关系的不同态势，所制定和实施的具体的民族政策有所不同，从大的方面来看，可分为三种基本类型。

一　怀德以柔、和平交往的政策

中国历史上的民族政策总体上说是以怀德以柔、和平交往为主。"历

---

① 陈育宁：《民族史学概论》，宁夏人民出版社 2006 年版，第 78 页。

史上各民族建立的国家间以实行和善怀柔、和平交往的政策为主，因而他们之间的和平相处要比战争时间为长。"① 这种类型的民族政策，一般来说有两种情况：

一是一个民族的统治者在处理民族关系时，采取比较开明的民族政策或者实行一些调整民族关系的改革措施。如北魏孝文帝的改革，使民族矛盾得到了缓和，促进了统治民族的封建化过程，加速了北方民族的融合，有利于多民族国家的形成；契丹族辽政权采取的北面官、南面官制，有利于缓和民族矛盾，调节民族之间的关系；元世祖忽必烈对漠北采取蒙古旧制、对汉地采取汉制等不同的统治制度；唐王朝在所辖民族区域内实行"羁縻府州"制；明朝的土司制度等。这些政策的实施有利于削除民族隔阂，改善民族关系，推动社会进步，取得了良好的效果。

二是统治阶级在处理同其他民族政权的关系时所采取的和平交往的政策，如和亲、会盟、通贡、互市等。② 和亲也叫作"和戎""和蕃"，通常是指中原朝廷的皇帝以尚公主、降宗女、赐嫁妆的形式与周边少数民族的君主联姻，也指少数民族之间出于各种各样的目的而达成的一种政治联姻。它作为历朝历代民族总政策的一个重要组成部分和一种民族关系的表现形态，自汉代提出并实行后，便形成一种绵延不断的历史现象，几乎贯穿于中国古代历史的发展过程中，产生了不可忽视的作用和影响。这种和亲，作为各民族统治阶级的一项政策或策略，不同于各民族劳动人民之间的民间通婚，它具有鲜明的政治色彩，包含着各民族之间的政治、经济、军事、文化等关系的综合因素。和亲作为处理和调解民族关系的一种形式，对于国家的统一、民族的交往和社会的进步，起到了一定的积极作用，就其客观效果讲，是值得肯定的。当然，在强调和亲效果时，同时不可忽视对和亲者主观动机的分析，从而认识其历史的局限性；还有一些和亲并没有起到什么积极作用，或者只是政治和战争的一种策略而已。

在这类民族政策中，特别要提到的是羁縻府州制、土司制。"羁""縻"的本义是马络头和牵牛绳。《汉宫仪》云："马之羁，牛之纼，言制

---

① 陈育宁：《民族史学概论》，宁夏人民出版社 2006 年版，第 84 页。
② 同上书，第 83—84 页。

四夷如牛马之受羁縻也。"羁縻之说虽原有歧视之意，但其实行的本质则为"怀柔"，即大一统的中央王朝在维护国家统一的前提下，保留或基本保留少数民族区域内原有的社会组织形式和统治机构，承认其所辖范围内在政治上有一定的"自治"权，承认少数民族酋长、首领在本民族内部和本地区的政治地位和统治权力，并封授一定的官职，中央王朝不直接干涉各族内政，由少数民族酋长、首领自己管理本民族内部的事务，一般情况下该少数民族对中央王朝政府只有朝贡义务，或交纳轻微的赋税，以表明政治上的臣服隶属和经济上的赋税关系。羁縻府州制，较早可以追溯到先秦时期的"五服制度"。秦时在少数民族地区设置的"道"，两汉时期推行的"属国制""初郡""边郡"和南北朝时设置的"左郡""左县""僚郡""俚郡"，都是带有羁縻性质的政治制度。羁縻府州即在臣属、内附的边疆少数民族地区或对臣服的民族绥纳内迁，在安置地设羁縻府州县。最早出现这种带有某种"自治"性质的地方民族政权，是隋朝在岭南设立的。唐初也是在西南已归附的诸族地区建立羁縻州县。太宗以后，边疆少数民族不断归附，羁縻府州设置数量增多。唐代在周边地区设置的羁縻府州县最多时达 800 多个。羁縻府州由边州都督府或都护府管辖。唐朝政府在所辖少数民族地区实行羁縻府州制，任命少数民族首领为羁縻府州的各级官吏，并准其世袭，户口也不必呈送户部，只是向朝廷进贡，并可获得大量回赠，可保留兵卒。

　　元朝建立后，元朝统治者在总结历代民族政策尤其是唐、宋所推行的羁縻政策经验的基础上，采取"蒙、夷参治"的办法，根据各民族首领的大小及具体情况，分别授予他们宣慰使、宣抚使、安抚使、招讨使及蛮夷长官等各种不同的名号，同时还在各民族聚居的府、州、县设置土府、土州、土县等世袭土官，并对土官土司的任命品级、承袭、升迁、赏罚等进行了初步的规定，于是逐渐形成一种特殊的统治边疆民族的制度——土司制度。到了明代，随着王朝统治的深入，土司制度得到进一步的完善和发展，并达到鼎盛阶段。这一制度普遍推行于南疆的云南、贵州、四川、广西和广东等少数民族地区，一直沿袭至清代。这种制度的实施在一定程度上维护了国家的统一和地方的稳定，在特定的历史时期，有利于各民族社会经济的发展。明中期以后，随着中央集权的加强，土司制度的消极影响越来越多地表现出来，后来土司逐渐被流官所代替。

这类政策的最大特点是承认差异、因俗而治，客观上有利于调整民族关系，有利于解决民族问题，有利于维护国家的稳定，有利于民族地区经济的发展和社会的安定。

经济方面的政策有通贡、互市等。通贡，是一种由官方控制的民族间的经济贸易。居于周边的少数民族政权定期或不定期派使节、商团等来中原王朝进贡，所带来物资称为"贡品"，一般有马、牛、橐驼、裘皮、玉石等地方特产。汉文帝前元元年（公元前 179 年），南粤王遣使者"献白璧一双，翠鸟千，犀角十，紫贝五百，桂蠹一器，生翠四十双，孔雀两双"①。汉武帝元朔五年（公元前 124 年），大宛王"蝉封与汉约，岁献天马二匹"②。中原王朝对各少数民族使节所带来的物资一般都给予相应的交换，称为"赏赐"，且价值一般要大于使节所带来的物资。中原王朝所"赏赐"的物资有粮食、丝绸、茶叶、瓷器、漆器等。

除了通贡以外，更大量的经济往来是民间的互市。经济生活的本质所决定，任何一个民族，出于生计和民族的发展，都需要和其他民族进行物资交换，扩大经济往来。在正常情况下，中原朝廷或在长城沿线，或在与少数民族地区交界处开设互市场所，开展贸易，达到双方经济互惠之目的。这种经济上互相联系和交往的形式，历时久远，难以中断，且逐步完善。《宋史·食货志》："自汉初与南越通关市，而互市之制行焉。后汉通交易于乌桓、北单于、鲜卑。北魏立互市与南陲。隋、唐通贸易于西北。开元定令，载其条目。后唐亦然，而高丽、回鹘、黑水诸国，又各以风土所产，与中国交易。"隋时互市更加制度化，唐代不仅互市范围扩大，地点增多，而且专设官吏加以管理。宋朝与契丹、西夏关系紧张时，边境地区的"榷场"仍在进行互市贸易，且有民贸、有官贸。明代与北方蒙古关系紧张，但开放马市后则关系缓和，边境安定。

文化方面的民族政策促进了汉族与少数民族的文化交流。如唐王朝在少数民族地区推行教之礼义的文化政策，允许少数民族首领子弟入"国子

---

① （汉）班固：《汉书》，中华书局 1962 年版，第 3852 页。
② 同上书，第 3895 页。

学"就读。贞观十四年（640年），国子学"增筑学舍千二百间，增学生三千二百六十员……于是四方学者云集京师，乃至高丽、百济、新罗、高昌、吐蕃诸酋长亦遣子弟请入国学，升讲筵者至八千余人。"① 地方郡学招收少数民族子弟入学，由官府提供"禀给"。在这方面，以韦皋最为突出，其领剑南（今成都一带）时，"选群蛮子弟聚之成都，教以书数，欲以慰悦羁縻之，业成则去，复以他子弟继之。如是五十年，群蛮子弟学于成都者殆以千数。"② 此外，唐王朝在和亲时，和番公主往往携带经史、佛经、历法、医药以及工匠等，无保留地向少数民族地区传播汉族先进的科学文化技术，使得酿酒、纸墨、碾硙以及纺织等技术传播到少数民族地区。文化政策的推行，有利于少数民族文化的发展和人才的成长，如渤海国因学习了汉族的"古今制度，至是遂为海东盛国"。③ 溪洞黄生举考取进士，人们感叹："峒家未尝无俊才也。"④

二 武力政策

统治民族为解决同其他民族和民族政权间的矛盾所采取的武力征服政策。这种民族政策从内容上看有征伐、戍边、开疆、防御等，从性质上看有侵略和反侵略、正义和非正义之分。先秦时期的民族政策，多是征伐融合政策。夏王朝建立前，其周边分布着众多部落联盟和氏族部落，夏是其中最大的一个部落联盟，夏王朝是在征伐融合中建立，并在征伐融合中得到了巩固。后经"太康失国"、"少康中兴"、征伐东夷和周边诸夷，夏王朝不断地发展壮大。殷、周王朝的建立，也都充斥着征伐和融合。征伐和融合成为先秦时期民族政策的一个重要特点，同时也是夏族发展至华夏族的一个重要因素。

秦始皇统一中原后，为进一步扩大其统治范围，先后对南方百越和北方匈奴等周边民族发动征服战争。始皇二十六年（前221年），秦始皇派尉屠睢统帅50万大军，兵分五路，向百越地区发起了大规模的军事行动。始

① （宋）司马光：《资治通鉴》第4卷，当代出版社2001年版，第1468页。
② （宋）司马光：《资治通鉴》第6卷，当代出版社2001年版，第1920页。
③ （宋）欧阳修：《新唐书》，中华书局1975年版，第6182页。
④ 《太平广记》卷一八《尚书故事》，转引自徐杰舜、韦日科主编《中国民族政策史鉴》，广西人民出版社1992年版，第195页。

皇二十九年（前218），攻取了东瓯和闽越，设置闽中郡。后有平定岭南、西呕等地，并设置了南海、桂林、象郡，使百越民族归于秦王朝直接管辖之下。始皇三十二年（前215年），又命大将蒙恬率领30万大军北击匈奴，攻取了"河南地"（今内蒙古河套鄂尔多斯一带）。始皇三十三年（前214年），"西北斥逐匈奴，自榆中并河以东属之阴山以为四十四县，城河上为塞"，"渡河取高阙、阳山、北假中，筑亭障以逐戎人"。① 秦始皇北逐匈奴、南平百越的武力政策，大大开拓了疆域，但其侵略征服行为，也为后人所指责。汉文帝时，晁错曰："其（秦）起兵而攻胡、粤者，非以为边地而救民死也，贪戾而欲广大也。"② 《天官书》云："并中国，外攘四夷，死人乱如麻。"③ 这种武力征服政策显然是非正义的。但秦始皇北击匈奴、南平百越在促进多民族国家形成过程中起到了重大的作用。从汉武帝时期对匈奴由防御战争到开拓战争的变化也可看出，武力政策的性质有时会随着不同阶段形势的变化而发生变化。

武力政策还表现为统治民族为维护本民族的统治对被统治民族的"不听命""反叛者"所采取的武力镇压。西晋泰始六年（270年）六月，秃发鲜卑树机能因不堪忍受秦州刺史胡烈的高压而在凉州（今甘肃武威）起兵，历时10余年。西晋朝廷先后于咸宁三年（277年）派扶风王司马骏，五年（279年）遣武威太守马隆率军征讨，"转战千里，杀伤以千数"，"前后诛杀及降附者以万计"。最后，马隆利用降附的"没骨能等与树机能大战，斩之"。④ 康熙五十九年（1720年），罗卜藏丹津随清军护送六世达赖罗卜藏噶勒藏嘉穆错入藏时，暗中勾结准噶尔部策妄阿拉布坦，图谋西藏之长。雍正元年（1723年），罗卜藏丹津又胁迫诸台吉在察罕托罗海会盟，自号达赖珲台吉，在上层喇嘛支持下，煽动蒙古各部反清，企图割据青海，并出兵征讨拒绝反清的青海蒙古贵族。清廷命川陕总督年羹尧为抚远大将军筹办平叛军务。⑤ 雍正二年（1724年）二月八日，年羹尧兵分三路

---

① （汉）司马迁：《史记》，中华书局1959年版，第253页。
② （汉）班固：《汉书》，中华书局1962年版，第2283—2284页。
③ （汉）司马迁：《史记》，中华书局1959年版，第1348页。
④ （唐）房玄龄：《晋书》，中华书局1974年版，第1555页。
⑤ 赵尔巽：《清史稿》，中华书局1976年版，第310页。

进剿罗卜藏丹津。罗卜藏丹津在以后清军平定准噶尔时被俘。这种武力镇压的民族政策在历朝历代都有。

三　民族歧视政策

在中国古代社会，不管是汉民族作为统治民族还是少数民族作为统治民族，统治民族对被统治民族是歧视的、不平等的。自夏迄清历代王朝都以统治民族为尊贵、优越，被统治民族为卑贱、低下，直接表现为统治民族的统治阶级对被统治民族的民族同化、民族等级压迫等。各民族之间也互相歧视。汉族作为一个统治民族时间较长的大民族，其民族歧视意识表现得更为突出，自夏族形成以来，就形成了强烈的民族优越感。夏族视本民族为"中国"，而称其他民族为"四夷"，认为"夷夏有别"、"先华夏后夷狄"，夏族以己为"大"，以己为"国"。《尔雅》释诂云："夏，大也。"①《史记·主父偃传》云："夫匈奴……行盗侵驱，所以为业也，天性固然。上及虞、夏、殷、周，固弗程督，禽兽畜之，不属为人。"② 即使是对少数民族比较开明的唐太宗也表现出强烈的民族优越感，认为自己超出所有民族之上，是少数民族的"父母"。明太祖朱元璋既有"华夷无间""华夏一家"的说法，又有把少数民族比作"豺狼"、"禽兽"等语词，民族歧视之意仍难以掩饰。

少数民族在取得统治地位时对其他民族也采用歧视政策。金朝在封建化之前，对其他民族实行掠民为奴、强迫同化以及经济掠夺的政策。金太宗天会八年（1130年），左副元帅宗惟命诸路县官吏，强行拘捕两河人民，在其耳上刺字，用铁索连锁，押至云中立价出卖，或驱赶到回鹘诸国换马，也有被卖去室韦、高丽做奴隶的。③金朝统治者占领汉族地区后，强迫汉人剃发易服，从女真人习俗，遭到多数汉人的反对。金统治者便对反抗者采取更加残酷的政策，"下令禁民敝（汉）服及口称大宋者，死。"④

---

① 《尔雅》卷一，《释诂第一》，《十三经注疏》影印本，下册，第2568页。
② （汉）司马迁：《史记》，中华书局1959年版，第2955页。
③ 参见龚荫《中国民族政策史》，四川出版集团、四川人民出版社2006年版，第450页。
④ （宋）徐梦莘撰：《三朝北盟会编》卷一百三十二，建炎三年八月，《金虏节要》第351册，第226页上。

金统治者对被征服的蒙古、突厥、契丹等族的人民，采用军事控制、迁徙分治的强行同化政策。"以少临众"的元朝蒙古统治者为稳固其统治地位，突出其统治特权，把其统治下的各族民众划分为四等：蒙古人是一等，色目人是二等，汉人是三等，南人是四等。其中，蒙古人享受特权，地位最高，重用色目人，歧视和压迫汉人和南人，不授汉人、南人高官，军事上严禁汉人、南人参与，在科举上，对汉人、南人歧视压制。[①]

第二节　民族政策与边疆治理

边疆是一个地理概念，又是一个历史概念，是随着统一的多民族国家的形成和发展而逐渐形成和巩固下来的，同时它还含有政治、经济、军事、文化等方面的含义。周平认为："'边疆'是用以标志国家与边界相连区域的概念，既有地理的意义，也有政治的意义，还有文化的意义。""在中国的语境中，边疆之'边'，既有边缘之意，也有边远之意；边疆之'疆'则既有边界之意，也有国家管辖的土地之意。因此，从字面上解释，边疆乃一个国家的边界性的疆域，包括陆疆和海疆，不过更多的时候指的是陆地边疆。"他还指出："边疆这个概念在不同的民族——历史——文化环境中，其含义并不完全一致，我国的边疆概念是在特定的社会历史条件下形成的，蕴含着丰富的民族文化内涵……从中国的实际情况来看，不同时代的人们对边疆的看法和理解有很大差异，从而形成了边疆观。"[②] 成崇德认为，"边疆"最初只是泛指相对于中原地区的"四夷"，其地域并不确定，随着中国疆域的逐步拓展，边疆的概念才逐渐明确，至清代，一个清晰完整的中国边疆才形成并逐渐被认可。[③]

一　统一时期的民族政策与边疆治理

我国历史上大的统一时期主要指秦、汉、隋、唐、元、明、清时期，这些时期的民族政策有其诸多共同的特点，深深影响着边疆的治理。

---

① 参见龚荫《中国民族政策史》，四川出版集团、四川人民出版社 2006 年版，第 468—469 页。
② 周平：《我国的边疆与边疆治理》，《政治学研究》2008 年第 2 期。
③ 成崇德：《清代前期边疆通论》（上）（下），《清史研究》1996 年第 3 期，1998 年第 1 期。

　　针对不同的边疆形势，设置不同的管理机构对边疆进行治理是每个统一时期所共有的特征之一。

　　两汉时期，边疆地区众多的少数民族由于与汉族的渊源不尽相同，关系也有亲疏之别。汉王朝采取了不同的边疆管理机构对其进行管理：首先是郡县制的设立。秦始皇统一全国后"分天下以为三十六郡，郡置守、尉、监"。① 汉承秦制，郡县制不仅在中原地区推行，在边疆少数民族地区也推行开来，在东北、北部、西南、南部等边疆地区设立了诸多郡县，如在东北边疆设立玄菟郡、辽东郡、辽西郡等。这些郡县监管边疆地区的民政与防务。其次，设立属邦、属国，管理内迁的少数民族或部落。属邦是秦朝的一种管理形式，汉朝为了避汉高祖刘邦讳，改为属国，主要是用来管理脱离了边疆主体民族内迁的少数民族。西汉元狩年间，匈奴浑邪等部族降汉者 10 余万，迁至长安，"居顷之，乃分徙降者（于）边五郡（指陇西、北地、西河、上郡、九原）故塞外，而皆在河南，因其故俗，为属国。"② 自武帝开始，历经昭、宣二帝，西汉共设置 7 个属国，即安定属国（又称北地属国、三水属国）、天水属国、西河属国、上郡属国、五原属国、张掖属国、金城属国。东汉在承袭西汉属国和属国制度的基础上又有新的发展，如权力扩大，分布范围更广。三是设置都护、中郎将、校尉等专门机构对更大范围的少数民族地区进行管理。西汉时期，有些边疆地区不具备设置郡县的条件，于是设置了一些专门的机构对少数民族的政治、经济、军事等事务进行管理。如西域都护府管理和经营着"东西六千余里，南北千余里，东极玉门、阳关，西至葱岭"③ 包括西域三十六国以及乌孙在内的汉西部边疆。再如，西汉时期经常派中郎将到匈奴传达诏令、进行联系，所以"使匈奴中郎将"就成为一种正式官职。东汉时期，使匈奴中郎将在协助南单于巩固北部边疆事务中起到重要作用。"使匈奴中郎将一人，比二千石。本注曰：主护南单于。置从事二人，有事随事增之，掾随事为员。"④ 西汉时期，还设有管理东北乌桓、鲜卑等民族的护乌桓校

---

① （汉）司马迁：《史记》卷六，《秦始皇本纪》，中华书局 1959 年版。
② （汉）司马迁：《史记》卷 111，《骠骑列传》，中华书局 1959 年版。
③ （南朝宋）范晔：《后汉书》卷 88，《西域传》，中华书局 1973 年版。
④ （南朝宋）范晔：《后汉书》志 28，《百官志五》，中华书局 1973 年版。

尉以及管理河湟地区、最西达青海湖的护羌校尉等。

元朝对吐蕃地区的统治不仅与中原的行省制度不同，与其他边疆地区的管理方式也不尽相同，而是依据其宗教盛行的特点，采取了政教合一的政策，即中央设置了帝师和宣政院来管理吐蕃地区的军政事务。"世祖（忽必烈）以其地广而险远，民犷而好斗，思有以因其俗而柔其人，乃郡县土番之地，设官分职，而领之于帝师。"① 至于元朝为什么要设立宣政院，元人朱德润认为："国家混一区宇，而西域之地尤广，其土风悍劲，民俗尚武，法制有不能禁者，惟事佛为谨，且依其教焉。以故自河西之西直抵吐蕃……其军旅、选格、刑赏、金谷之司隶宣政院属，所以控制边陲，屏翰畿甸也。"② 帝师主要掌管全国的宗教事务，一般不直接参与对吐蕃事务的管理，而是通过宣政院或向朝廷举荐吐蕃地方官的形式来实现。宣政院下辖三个机构：一是吐蕃等路宣慰使司都元帅府（又称朵甘思宣慰使司都元帅府），治所在参卜郎，管辖吐蕃东部地区，相当于今西藏东部、四川、云南境内藏族地区。二是吐蕃等处宣慰司都元帅府（又称朵思麻宣慰使司都元帅府），治所在河州，管辖吐蕃东北部，相当于今青海、甘肃及四川西北部的藏族地区。三是乌斯藏纳里速古鲁孙等三路宣慰使司都元帅府，治所在萨迦，辖地包括前、后藏及阿里三部。

在统一时期，由于国力相对强盛，大都有相对完善的边疆防御体系。两汉时期，边疆防御体系大致由障塞亭燧、候望和屯田制组成。障塞亭燧主要是为了防御外来之敌，组成了望、预警、防御为一体的边防体系。候望制度是由郡太守—郡都尉—候—候长—亭、燧长—戍卒等组成的边疆防御的指挥系统。③ 屯田是两汉时期边疆开发的主要内容之一，也是汉代有关边疆地区的另一项重要政策。两汉时期的屯田，主要分布在东北、北方、西北地区。屯田的形式有军屯、民屯等多种，规模也不尽相同。初期主要是为解决驻军的粮食供应问题，并供应过往的行人，后来逐渐发展成为农村和城镇，成为新兴的农业区。这些屯田的力量不但为边疆开发做出

① （明）宋濂：《元史》卷202，《释老志》，中华书局1976年版。
② 《存复斋文集》，卷四，《行宣政院副使送行诗序》，转引自马大正主编《中国古代边疆政策研究》，中国社会科学出版社1990年版，第261页。
③ 马大正：《中国古代的边疆政策与边疆治理》，《西域研究》2002年第4期。

了贡献，同时又是维护边疆安定的重要力量。

元朝的行政管理机构主要有中书省和行中书省组成，中书省是中央最高管理机构，行中书省则是地方上最高行政机构，行中书省简称"行省"。史载："（行省）掌国庶务，统郡县，镇边鄙，与都省为表里……凡钱粮、兵甲、屯种、漕运、军国重事，无不领之。"① 在元朝的 10 个行省中，岭北、辽阳、云南、湖广、甘肃等行省都设置于边疆地区。这些行省具体负责边疆管理，包括许多极为边远地区的边疆民族的诸多事务。如岭北行省所辖乞儿吉思等五部，即在今唐努乌梁海地区。澎湖巡检司，主要负责对今台湾、澎湖地区等地的管辖。元朝政府为了加强对边远地区的统治，在距省治较远的路、府、州、县所辖区域内，分设宣慰司都元帅府。此外，元朝政府为了迅速传递诏命和情报，从首都枢要、中原腹地直到遥远边疆地区建立了驿站（站赤）制度，"元制站赤者……盖以通达边情，布宣号令，古人所谓置邮而传命，未有重于此者焉"②。这样，元政府在边疆民族地区，如在内地汉区一样，建立起一套比较完备的行政组织机构，使之上下层层节制，保证了元朝封建中央集权统治权力的贯彻执行。

一般来讲，历史上的统一王朝在用武力征服边疆民族之后，即依据各边疆民族的风俗及地域等特点转换为以怀柔、招抚为主的民族政策，从而达到对边疆进行治理的目的。西汉时期的怀柔政策主要体现在封侯拜爵、封册笼络等方面。西汉王朝为了争取匈奴贵族对汉政权的支持，对于降汉的匈奴贵族封侯拜将。史载：汉武帝一朝所封异性诸侯 89 人，其中匈奴人封侯者多达 23 人。③ 同样，西汉王朝对西南夷各部酋长也施以册封政策。与此同时，积极启动和亲政策。这些政策的实行，对于缓和民族矛盾，稳定刚刚取得的统一局势，进而为边疆的治理打下了基础。另外，在对待边疆民族地区的管理权力方面，也实行了较开明的政策，如实行属国制。这些政策内容大都为后世所继承。唐朝在周边民族地区实行的羁縻府州制、元朝在西南实行的土司制、清朝在蒙古地区实行的盟旗制和在新疆维吾尔族地区实行的伯克制等，这种带有某种"自治"色彩的地方民族管理机构，对于稳定巩

---

① （明）宋濂：《元史》卷 91，《百官志七》，中华书局 1976 年版。

② 同上。

③ （汉）班固：《汉书》卷 17，《景武昭宣元成功臣表》，中华书局 1973 年版。

固和开发建设边疆、维护民族关系和国家统一，都起到了重要作用。

二　分裂时期的民族政策与边疆治理

分裂时期各政权大体上仍然沿袭了"内中华，外夷狄""夷不乱华"的传统思想，作为民族政策和治边政策的基础。一般来讲，分裂时期的各政权，为了稳定局势，巩固统辖区域内的统治，对周边民族和民族政权实行的政策和策略中，汲取统一时期的经验，也多以怀柔安抚为主。

三国曹魏时期，在处理与周边少数民族关系时，怀柔安抚是主要政策之一。如魏明帝曹叡对鲜卑步度根、轲比能二部采取怀柔羁縻政策，封沙末汗为亲汉王，素利、弥加为归义王，轲比能为附义王等。建安十一年（206年），曹操为了拉拢匈奴贵族，以梁习为并州刺史，史载："礼召其豪右，稍稍荐举，使诣幕府。"①

北朝时期的政权，是由拓跋鲜卑建立的，他们入主中原后，继承秦汉以来传统的怀柔政策。北朝的诸多统治者本是昔日的受封者，入主中原后，以华夏正统自居，视周边少数民族为夷狄，把册封政策作为处理民族关系的主要手段之一，对四周的少数民族大行册封之礼。受北朝政府册封的民族主要有契胡、氐、吐谷浑、柔然、伊吾胡、蛮、羌、高丽、敕勒、高昌、新罗、百济、党项、突厥，涉及的民族遍布于西北、西南、中南、东北、北方草原等地，地域之广是南朝各政权所不能比拟的。②

分裂时期对边疆的行政管理，既有对统一时期制度的继承，也有一些新的发展。南朝继续沿用传统的郡县制度，在少数民族集中的地区，在两汉属国制和设置边郡、边县的基础上，设置左郡、左县来管理少数民族地区的事务。左郡、左县的设置始于刘宋。左郡、左县的"左"，来自"蛮左"之"左"。史载："臧严历监义阳、武宁郡，累任皆蛮左。"③ 也就是说，左郡、左县是在"蛮左"地区设置的郡、县。南朝也有把在少数民族地区设立的郡县称为"僚郡"或"俚郡"的。如甘松僚郡、始平僚郡、吴郡俚郡等。南朝的左郡左县和僚郡、俚郡的设立，其实质也是给少数民族

① （晋）陈寿：《三国志》卷15，《魏书·梁习传》，中华书局1973年版，第469页。
② 参见徐杰舜《中国民族政策史鉴》，广西人民出版社1992年版，第151页。
③ （唐）姚思廉：《梁书·臧严传》，中华书局1973年版。

以一定的自治权力，让少数民族按照自己的传统方式管理自己的事务。这种政策上承秦汉时边郡边县及道和属国制，下启唐宋时期的羁縻府州制，是中国历代民族政策及治边策略中的重要一环。[①]

第三节　民族政策的历史作用

历史上的民族政策是封建社会民族关系的产物。封建社会不平等的阶级关系从本质上决定了民族间的关系也不可能平等，民族政策当然是不平等的。制定民族政策的目的是从统治阶级的利益出发，为了维护其统治。

一　调整民族关系，维护中央集权统治

历史上统治阶级制定的民族政策，有些在客观上促进了社会的发展和民族的融合，但主要目的是为了维护其"天子"的统治地位和中央集权的制度。自先秦时期，为了抵御北方游牧民族的入侵，赵、燕、韩等诸侯国便开始修筑长城，秦朝在各诸侯国修筑长城的基础上重新修筑并将原有的长城连接起来，形成了西起临洮东至辽东的万里长城。自此以后，历朝历代大都修筑长城御边。但是，雄伟坚固的万里长城并没有抵住北方游牧民族南下的铁骑。十六国时期的五胡，契丹建立的辽，女真建立的金，尤其是蒙古族建立的元和满族建立的清都先后踏破长城入主中原。长城并没有起到最初所预想的那种抵御北方民族入侵的作用。清朝统治者认识到，"守国之道，惟在修德安民""众志成城"，这比砖石的长城更坚固。康熙时，古北口长城有一段坍塌，地方总兵要求朝廷修复，遭到康熙帝的拒绝。康熙上谕写道："秦筑长城以来，汉、唐、宋亦常修理，其时岂无边患？明末我太祖统大兵长驱直入，诸路瓦解，皆莫能当。可见守国之道，惟在修德安民。民心悦则邦本得，而边境自固，所谓'众志成城'者是也……"[②] "本朝不设边防，以蒙古部落为屏藩""我朝施恩于喀尔喀，使之防备朔方，较长城更为坚固"。乾隆对这一政策进一步发展。他说："自秦人北筑长城，畏

---

① 参见徐杰舜《中国民族政策史鉴》，广西人民出版社 1992 年版，第 136—137 页。

② 转引自姚华、胡希英《康乾盛世民族政策的成功实践——纪念承德避暑山庄肇建 300 周年》，《中国民族报》2003 年 9 月 2 日。

其南下，防之愈严，则隔绝愈盛，不如来之乃所以安之。"① 乾隆认为，与其隔绝冷战，不如与北方边疆各族建立起常来常往的友好关系。清朝的这种民族政策也成为"尊崇黄教""满蒙联姻"等政策的基础。清朝统治者出于对蒙、藏等民族信仰黄教的尊重，进而达到争取人心、理顺情绪、笼络蒙王公贵族的目的，他们根据形势，大力倡导黄教。采取"顺应民心、远交近攻"的手段，对不同的少数民族实行军事镇压或优待相结合政策。"因其教不易其俗，以习俗为治。"在其统治的两百多年间，始终尊奉黄教为国教。这些民族政策客观上有利于调整民族关系，促进民族融合。

二　开明的民族政策有利于各民族的经济利益和社会发展

历史上的民族政策的制定大都有着深厚的经济根源和经济利益的背景。从事农耕业和游牧业两大不同生产类型民族之间的差异，从经济发展角度来看，又表现出带有地区分工性质的供求关系。中原汉族和周边少数民族都需要对方的资源和物产，用以满足自己日益扩大的经济需求，而且随着经济活动的扩大和社会的发展，这种相互需求日益强烈，有增无减，不能中断。民族间的和亲这种绵延不绝的政策既是一种政治工具，又含有一定经济目的，特别是对于周边少数民族，满足一定的经济需求，是他们同中原王朝和亲的一个主要目的。西汉初期，匈奴侵扰中原，抢劫、勒索中原的人畜、粮食等财物。由于国家实力不强，西汉王朝采取了被迫与匈奴和亲的政策。随着西汉赠送给匈奴的锦、绣、粮食及匈奴赠送西汉的驼、马等逐年增加，互相补充了经济需要，扩大了各自的经济领域，逐步形成了互通有无的共同市场。汉武帝时期，实力渐强，匈奴对中原经济的依赖和需求越来越强烈。经济利益促使民族政策进一步宽松友好，这对于双方社会的发展都是十分有利的。唐与回纥贵族和亲，促进了官方和民间进行的绢马等物的互市空前发展。回纥贵族从这些巨量绢帛中部分留用外，多数又通过丝绸之路与中亚、西域广大地区进行了中间贸易，获得了

---

① 转引自姚华、胡希英《康乾盛世民族政策的成功实践——纪念承德避暑山庄肇建300周年》，《中国民族报》2003年9月2日。

巨额财富。经济利益是制定民族政策的主要依据之一。15 世纪中叶以后，明朝在蒙古鄂尔多斯部进入河套地区后，无力用武力收复河套，被迫改变政策，只好"弃套"，并答应鄂尔多斯部互通贸易的请求，开放与鄂尔多斯的马市。当与河套交界一线的蒙汉民众满足了经济贸易互补需求时，赢来了较长时间边界的安定和民族关系的改善。

三　促进民族之间的交往、交融，有利于统一格局的形成

历史上各个时期不同政权都制定了自己的民族政策，从整体上看，是以羁縻怀柔、和平交往为主，武力征服为辅，恩威并施为其主要特点。夏商周各朝都实行"五服"制度，其中"要服"和"荒服"主要是针对"四夷"制定的制度和政策。西周时"蛮夷要服，戎狄荒服……要服者贡，荒服者王"。[①]"蛮夷要服"主要指边疆的蛮夷酋长每年纳贡一次，六年朝王一次；"戎狄荒服"主要指边外荒凉地域的戎狄酋长要尊周天子为君主，酋长嗣位要晋见周天子。隋文帝时期，俚人冼氏望族世为南越首领，自恃地险兵众，时服时叛，中央王朝多次出兵征讨，都无功而返。隋文帝采取"以慰其心"的怀柔政策使其归隋。后在冼夫人的带动下，南越诸首领纷纷归附于隋，岭南迅速统一。肇始于西周，发展于秦汉，完善于隋唐的羁縻制度是中国历史上民族政策的光辉杰作，对维护国家的统一和民族间友好关系起到重要作用。唐王朝在边疆完全降服的民族或部落中设置羁縻府、州、县实行管理。"虽贡赋版籍，多不上户部，然声教所暨，皆边州都督、都护所领，著于令式。"[②]

在中国历史上，"大一统"思想既是中华民族几千年来的传统观念，也是历朝历代制定和实施民族政策所遵循的基本原则。"历代王朝所制定和实行的'以夷治夷'，'以其故俗治'，藩邦、属国、羁縻府州制、土司制等一脉相承、不断完善、不断发展的管理少数民族区域的制度和政策，无论主观意图和动机如何，在客观上则表现为对民族地区的风俗习惯和民族领袖的尊重，从而增强了少数民族对中央政府的信任，增强了他们的内

---

① 《国语》卷 1，《周语》，《四库全书》影印本，第 406 册，第 5—6 页。
② （宋）欧阳修：《新唐书》，中华书局 1975 年版，第 1119 页。

聚力。随着这些民族地区同中原汉族文化长期不断的双向交流，相互影响，共同国家的意识得以发展和增强。"①

历史上中央王朝对其册封、管辖下的少数民族政权，一般在经济上都施之以惠。隋文帝开皇八年（588 年），突厥"雍虞闾遣使诣阙，赐物三千段。每岁遣使朝贡"。② 大业四年（608 年）高昌国"遣使贡献，帝待其使甚厚"。③ 真腊，在林邑西南，"大业十二年，遣使贡献，帝礼之甚厚"。④ 类似的通贡事例，在各个朝代不胜枚举。少数民族政权定期向中央政府进贡，中央王朝则给予丰厚的回赐。少数民族政权从中获得大量的生产、生活必需品，深受实惠。诸多中原王朝的统治者还十分注重对民族地区的赋税给予较优惠的政策。西晋统一后，规定："夷人输賨布一匹，远者或一丈……远夷不课田者输义米，户三斛，远者五斗，极远者输算钱，人二十八文。"⑤ 当时的汉族农民每户每年调绢 3 匹、绵 3 斤、每亩纳粮 8 升，这样的户调和租税政策与汉族农民相比，确实是一种较轻的赋税。

在儒家价值观的评判体系中，"重义轻利"原则是其重要组成部分。一般来讲，中央王朝对蛮夷戎狄来归附的"归义"之举加以褒扬，在经济上则采取多予少取的"厚往薄来""轻徭薄赋"政策。《汉书·食货志》载西汉武帝"灭两粤、番禺（今广州）以西至蜀南者初郡十七，且以其故俗治，无赋税"。唐王朝时，"夷獠之户，皆从半赋"。⑥ 明王朝时，要求少数民族"纳贡"即贡献地方土特产，以示臣服，但同时要求不要"过侈"，不要进贡非本地产物，而朝廷回赐给少数民族的物资，其价值往往数倍于贡品。少数民族从中获得了实惠，这种政策的实施受到各民族的认同和欢迎，有利于少数民族地区社会经济的发展，对改善各少数民族政权和中央王朝的关系也起到重要的作用。

在文化上推进民族间交流的政策，不仅使中原文化对少数民族文化产生很大影响，同时少数民族文化也为中原文化输入了新鲜血液，从而使中

---

① 陈育宁：《民族史学概论》（增订本），宁夏人民出版社 2006 年版。
② （唐）魏征：《隋书》，中华书局 1973 年版，第 1871 页。
③ 同上书，第 1847 页。
④ 同上书，第 1837 页。
⑤ （唐）房玄龄：《晋书》，中华书局 1974 年版，第 790 页。
⑥ （唐）杜佑：《通典》食货六，中华书局 1988 年版。

华文化迅速扩大，呈现出多姿多彩的特点。早在夏商周时期的"文教"政策，实际上就是把中原文化的思想、观念、道德、规范等内容灌输给周边民族。华夏族同时向周边民族学习。《论语》卷九："子欲居九夷。"①郯国（在今山东郯城县北）是东方九夷族建立的一个小国（西周封为子国），早已从事农耕且保留了丰富的周代礼乐文化，因此孔子"欲居九夷"学习九夷族之长。战国时赵武灵王为了加强赵国的军事力量，深入北方少数民族地区，脱下华夏服装，穿上胡人短衣皮靴，学习骑马射箭之术，提高了军队的战斗力。

总之，从主观上来看，历史上的民族政策是统治阶级用来维护统治、巩固地位的一种手段，但客观上，在历史传统及思想观念的影响下，崇尚统一一直是贯穿中国历朝历代民族政策的一条主线，这种崇尚统一的民族政策促进了民族之间的交往、交融，有利于统一格局的形成。

四 历史上民族政策的复杂性局限性

以上指出的历史上民族政策的积极作用，主要是从历史发展的趋势和民族关系的主流角度来分析的。在中国历史发展进程中，无论是处在政治上统一时期，还是处在分裂时期，都始终保持着多元一体的基本格局。这种基本格局决定了中国历史上民族关系的主流，也决定了各民族大多发展成比较稳定的族体的基本趋势。这种发展态势，与历史上各个时期、各个政权所实行的民族政策有着密切的关系。但同时必须看到，历史上各类民族政策的制定和实施，都具有多种因素影响的复杂性，都具有不同程度的局限性。显然，无论是华夏族或汉族作为国家的统治民族，还是少数民族作为国家的统治民族，或是某个民族作为统治民族的民族政权，他们的民族思想观念不可能做到平等，总是在传统"夷夏之辨"观念的影响和控制之下，大多统治民族都视本民族为尊，视其他民族为卑，视本民族优越，视其他民族低下。在这种民族观指导下所制定的民族政策，必然有其复杂性和局限性。正因为如此，才有历史上同样延绵不断的民族征服战争、民族歧视和民族压迫。民族政策的复杂性还受到阶级关系同民族关系相互交

---

① 《论语》卷九，《子罕》，《十三经注疏》影印本，下册，第2491页。

织的历史背景的深刻影响。在阶级社会中，各民族统治阶级之间的关系往往决定着各民族之间的关系，民族政策所反映的主要是统治阶级的利益，这些民族政策有时与本民族整体利益一致，有时与本民族的整体利益相违背。这种民族关系与阶级关系相互交织的状态，必然使得民族政策变得复杂。即便是同一统治民族内部，统治阶级和被统治阶级之间的利益要求也存在着不同，既存在着阶级对立的矛盾，又有着同一民族相同的利益要求。有些武力征服的政策从其性质上看，是非正义的，是对其他民族的侵略，但从另一角度考虑，从其客观的历史效果来看，这种民族政策又促进了统一格局的形成，促进了被征服少数民族地区经济、文化的发展，促进了民族的交往和融合。如1205年至1227年，刚刚建立起来的蒙古汗国，即由成吉思汗亲自统兵，连续六次征战西夏，最终灭了西夏。残酷的征服战争对西夏各族民众及西夏文化造成严重的伤害和破坏，非正义的侵略性质昭然若揭。但征服了西夏之后，为成吉思汗及其后继者的统一抱负开启了道路。按照成吉思汗的遗嘱，忽必烈建元最终完成了全国空前的大统一，实现了历史性的进步。从这个意义上看，历史本身的复杂性，要求我们必须用辨证的方法进行实事求是的客观分析，才能得出正确的结论。

民族政策的复杂性还体现在，同样内容的民族政策，在不同朝代不同时期实行的动机和效果会有所不同；同一时期内对待不同民族的政策也不尽相同。如元朝对蒙古人、色目人、汉人和南人等不同民族实行不同的等级对待；清王朝对蒙古族、汉族、回族等也采用不同的民族政策。随着民族关系的发展变化，民族政策也会随之进行必要的调整。总之，中国历史上的民族政策，既是统治阶级利益和意志的体现，在一定程度上也反映了整个统治民族的利益；它既有以阶级压迫为基础的民族压迫的性质，同时又有在一定历史条件下符合历史发展趋势的一面。

第八章 统一与分裂

　　国家的统一是一个政治概念，是随着国家的产生而产生的。国家的统一，是指一个国家受一个政权控制或统治而言。我国古代的分合过程基本上是围绕着统治权在进行，分裂是统治权力的分散与行政区域的分割，统一是统治权力的一元化与行政区域的统合。传统的对分裂和统一的判断，经常是以汉族的统治政权来认定的，将中国等同于由汉族人建立的国家。历史上的中国是由多民族组成的，国家的统一，是多民族的统一，不能简单地以汉族或汉族政权的统一为标准。分裂也是如此，不能仅以汉族政权的分裂为分裂，多个少数民族政权并存、互不统属的时期也是中国历史上的分裂时期。

　　看待历史上的国家统一，要从客观实际出发，按照相对的统一观，汉族或少数民族建立的全国性政权，控制了百分之七八十的地域，大多数民族政权被征服，或者建立封贡关系，就应视为是统一局面。不能完全用对疆域的绝对控制、国界线清晰能辨、内部实行一元化的行政权力等现代民族国家的标准来衡量历史上的统一。秦汉时北方虽有匈奴，且与之征战不休；明朝也有北元对峙，但是从总体局势上，还是可以视这些朝代为统一时期。我国自秦汉以来是一个统一的多民族国家，也是从总体局势和发展趋势上而言。虽然统一与分裂交替出现，然而统一是主流。统一的主要趋势是，统一的地域越来越广阔，统一的时间越来越长。历史一再证明，统一是我国多民族国家的最大优势。

第一节 民族与国家的统一和分裂

中国古代的统一和分裂，多数情况下是围绕着汉族和少数民族的民族关系展开的，或者说，分裂和统一主要指的是汉族和少数民族的统一，或者汉族和少数民族的分裂。汉族在中国历史发展过程中扮演着核心的角色。汉族的前身华夏族率先组建了政权，先后建立了夏、商、周三朝；少数民族在各自的栖居地通过发展也逐步形成自己的政权。汉族政权和少数民族政权相互竞争、较量，通过战争、臣属、会盟、和亲等军事、政治、经济手段实现政权的统一，进而实现国家的统一。一般来说，民族关系好的时期，多是统一时期；民族关系紧张的时期，多是分裂时期。各个民族政权的政策好坏，会影响到民族关系，决定着统一和分裂的走向。全国的统一与各民族内部的统一是分不开的，没有各民族内部的统一，全国的统一也就不可能。少数民族政权在某一地区的局部统一，为新的大统一酝酿着必要的条件。

一 先秦时期：中原华夏族的统一与中国民族主体的形成

先秦时期，是中华民族的孕育时代，也是第一次民族大迁徙、大融合的时代。传说中的炎、黄二帝，是远古两大部落集团首领，在炎黄集团相互融合的基础上，吸收了众多"蛮夷"成分，在黄河中下游地区形成华夏民族的雏形。夏、商、周三代族别不同，发祥地各异，但都尊奉黄帝为共同祖先。中原地区是夏、商、周三代的政治、经济、文化中心。这一时期，除一部分少数民族在中原与夏人、殷人、周人错杂而居外，大部分蛮、夷、戎、狄居住于周边地区，大致形成"五方之民"的民族分布格局。经过春秋、战国时期的民族大迁徙、大融合，中原地区的大部分少数民族消失，与华夏族相融合。先秦时期的华夏族，是以炎黄集团及以后的夏、殷、周三族为主体，又融合了大量少数民族成分而形成的民族共同体，成了汉族的前身。

夏、商、周三代，诸侯国并立，部族政权普遍存在，无统一可言。但是各族团经过长时间的融合与发展，形成华夏族，为秦汉统一多民族王朝国家的建立奠定了基础，并成为中国历史发展的主导因素。

二　秦、汉大统一时代：多民族国家格局的奠定

公元前 221 年，秦始皇平定六国，结束了春秋战国以来诸侯并立的局面，建立了一个以咸阳为国都的统一的中央集权制的国家。秦朝颁行若干新的政治、经济法令，为中央集权王朝体制的确立奠定了基础。秦朝积极开拓，大力经略边疆，为多民族国家的形成和疆域的奠定，也打下了基础。

秦汉大一统王朝的建立，从此统一格局成了历史发展的主流。汉王朝直接统治的领域和所包括的民族成分，比秦时更大更多。经过汉武帝的积极开拓，建立了空前庞大的多民族大帝国。汉族的族称，得名于汉朝。"汉"代替"华夏"，显示这一民族共同体发展到一个新阶段，不仅表现在居住区域的扩大和人口的增加，也表现在经济文化的发展，还表现在它内在联系的加强和汉民族基本特征的形成。

在秦汉时代中原地区实现统一的同时，北方游牧地区也为匈奴所统一，在汉初形成"南有大汉，北有强胡"的局面。经过七十年的恢复和发展，汉朝到汉武帝时国力强盛。汉朝的疆域超过秦朝。在西边，开河西四郡（今甘肃河西等地），今新疆等地设立"西域都护"，以后又统一了今巴尔喀什湖东南的乌孙、大宛等地。在南边设立了交趾郡（交州）。在汉与周边诸族的关系中，汉、匈关系最为重要。汉王朝与北方匈奴保持密切联系的同时，还与乌桓、鲜卑等北方游牧民族，夫余、挹娄、高句丽等东北各族，乌孙等西域各族，以及氐羌族、南方百越族、武陵诸蛮族及夜郎等西南夷发生日益紧密的联系，民族间的融合有了很大的发展。

东汉光武帝刘秀在建武十二年（36 年）平定了割据蜀地的公孙述后，实现了统一。建武二十四年（48 年），匈奴日逐王比被部属拥立为南单于，请求内附，得到东汉的允许，汉朝疆域达到漠南。从此以后，匈奴分为南北二部。公元 91 年，匈奴西迁后，漠北草原逐渐为东胡、鲜卑所据。东北有乌桓，西部有羌。东汉时期，西南地区除了夜郎、滇、巂、昆明、徒、邛都、筰都、冉等族以外，还有哀牢及其他许多部落或民族。

秦汉约 440 多年的长期统一，使我国统一的多民族国家格局形成和初

步巩固起来。政治上的统一促进了共同地域内各民族的相互融合，加强了各民族经济和文化的联系，成为相互依存的共同体。以后，虽然历史上中国有过大分裂，但是作为统一的多民族国家的基本形态已经初步固定下来，为后世所继承。

三　魏、晋、南北朝时期：大分裂中的民族大融合

公元 220 年，东汉天下大乱，从此我国进入了第一次大分裂时期，形成了魏、蜀、吴三国鼎立的局面，大体从公元 220 年至 280 年，共 61 年。此时，漠北是檀石槐、轲比能先后建立的鲜卑军事大联盟，西域地区又处于各城郭国分裂自立的局面。匈奴、羯、鲜卑、氐、羌、巴等少数民族乘中原内乱之际，从周边进入中原。三国时魏、蜀、吴为扩充地盘与势力，均对其境内少数民族采取了积极经营的策略。

司马氏建立晋朝结束了三国的分立时代，有过较为短暂的统一时期（53 年），但很快由于国内矛盾和民族矛盾的尖锐，再次处于分裂状态。晋室南渡，是为东晋，存世 104 年。魏晋以来北方各族远离自己原来的住地而进入中原，经过一段时间的发展和融合，北方由汉族和 5 个少数民族（匈奴、羯、胡、氐、鲜卑）先后或并存建立了 16 个政权（史称五胡十六国）。蒙古草原和西域地区也处于分裂割据之中。420 年，属东胡鲜卑一支的拓跋逐渐统一了北方，建立了北魏（后魏），至 534 年，北魏又分裂为东魏、西魏，后又形成北齐、北周两个政权；在南方，东晋亡后，先后经历宋、齐、梁、陈等政权；在蒙古草原，源于东胡鲜卑的柔然于 5 世纪初建立了一个庞大的政权。除此之外，还有高车（大漠南北）、高句丽、库莫奚、契丹、吐谷浑、西域诸国、突厥等政权和部族。而在中原汉人控制地区中，还存在有蛮、僚、俚、越、爨等民族。

三国、两晋、南北朝时期，除了西晋时的短暂统一外，经常处于群雄割据、汉族和少数民族所建政权鼎立并存的状态，时间长达 360 多年，是我国历史上长期分裂混战时期，也是各民族大迁徙、大融合、大交流、大发展的时代。在这个民族混杂的数百年时间里，中原地区实际上是一个以汉族为核心的民族熔炉，许多非汉族的族类被当地汉人所融合，最终成为汉族的一员。这个融合的过程是曲折复杂的，但又是必然的趋势。这一民

族大融合的进程，既给中原汉族注入了新鲜血液，也促进了以"五胡"为代表的少数民族自身的发展与演变。民族大融合的结果，许多历史有记载的族名如匈奴、鲜卑、羯、氐、乌桓等逐渐消失。随着中原汉人大量南迁，在南方也与一部分蛮、俚、僚、傒相融合，到了隋朝这些民族"皆列为郡县，同之齐人"。①隋朝统一全国后，在南北两个方向上同时发展的汉民族也统一了。这时的汉族，已不再是两汉时的汉民族，而是吸收了北方和南方众多民族成分的新的汉民族。随之出现的光辉灿烂的盛唐文化，正是魏、晋、南北朝以来民族大融合的产物，也是各民族文化大融汇的结晶。

四 隋、唐时期：多民族国家发展与巩固

589 年，隋朝灭陈重新统一了中国，结束了南北长期分裂的局面，建立正式行政区域实施有效管辖的范围都超过了以往。隋朝是中国中古历史上由大分裂到全国统一的转变时期，虽然只存在了 38 年，却为唐朝更大范围的统一奠定了基础，唐朝则是延续近 3 个世纪的疆域辽阔的大帝国。隋、唐时期，是继秦、汉王朝之后，中国历史上又一个较大地域的统一时期。唐朝统一的地域和民族与秦汉相比，有了很大发展。唐太宗即位后不断开拓疆域，随着军事行动的胜利和当地少数民族的依附，唐朝在边疆地区先后设立了单于（云中）、安北（瀚海）、安西、北庭、安东、安南六个都护府和大量羁縻府州，以行使对这些地区的管辖权。唐朝拥有的疆域最西抵咸海之滨，最北到达西伯利亚，最东至库页岛，最南在北纬十八度，在中国历史上是空前的。与此同时，蒙古草原的突厥、回纥（回鹘）、薛延陀，叶尼赛河上游的黠戛斯、都播，西域地区包括巴尔喀什湖至里海的各民族，东北的契丹、奚、室韦、靺鞨等渤海国，南边南诏等民族及其政权，或与唐朝并立，或与唐建立关系。7 世纪初，吐蕃强大起来。唐太宗把文成公主嫁给吐蕃松赞干布，与吐蕃建立了亲密的关系。唐蕃之间政治、经济和文化联系的加强，为以后元代西藏正式统一于中国打下了牢固的基础。

隋唐统一约 320 年，是中国历史上第二次大统一时代，是我国统一的

---

① （唐）魏征：《隋书》卷 82，《南蛮传序》，中华书局 1973 年版。

多民族国家发展和巩固的一个重要阶段。隋朝所实行的民族政策,许多为唐朝所继承并更有发展。唐代各民族之间的关系从总的趋势看,比以往更密切了。特别是唐太宗时期所制定的开明、务实的民族政策,使各边疆民族对唐朝增强了向心力,有利于多民族统一国家的巩固与发展。唐朝树立富足、强大的王朝形象,凝聚了周边的少数民族,对少数民族充满了吸引力。在这一背景下,少数民族为开发边疆地区作出了重要贡献。

五 五代十国宋辽金西夏时期:整体分裂和局部统一中的多民族国家认同

907 年,朱温废唐自立后,中原地区先后或同时出现了后梁、后唐、后晋、后汉、后周;吴、南唐、吴越、楚、闽、南汉、前蜀、后蜀、荆南(南平)、北汉等政权。边疆地区,北有辽、甘州回纥、西州回纥、黠戛斯、九姓乌护、葛逻禄等部、于阗、吐蕃、大理等政权或部族。

960 年,赵匡胤陈桥兵变取代后周,建立宋朝,但并未结束中国地域内的分裂状态。在长达 319 年里,中国历史出现了北宋与辽朝、南宋与金朝南北对峙的局面。与此同时,西北地区有党项族建立的西夏,部分契丹族西迁后建立的西辽,回鹘建立的黑汗、高昌及河西等政权,西南、南方有吐蕃建立的唃厮啰等政权,白蛮、乌蛮建立的大理国,僮族建立的大南国等。在北方塞外地区,则活跃着众多的游牧部落。

1127 年,北方女真族所建金朝灭辽,瓦解了北宋,进而统一了北方。西北是党项族为主的西夏政权,南方为偏安的南宋政权,三者相持了约 100 年。同时,周边还存在西辽、于阗、黑汗(喀喇汗)、吐蕃、大理和以后崛起的蒙古。

五代、宋、辽、金、西夏时期,是中国历史上又一个多民族政权并立时期,是历史上第二次大分裂时代,持续约 360 年。其中,除宋朝实现了对中原汉族地区的统一外,少数民族政权西夏实现了西北的统一,辽、金先后实现了北方的统一。这些少数民族政权纷纷以"中国"自居,以"正统"自居。这表明,对多民族国家的认同是大势所趋,也表明,此后元、明、清大统一是历史发展的必然。这一时期是中国历史上由政治的分裂逐步走向更大规模统一的过程。在这一过程中,无论是战争冲突,或是和平交往，都进一步增强了各个民族之间的联系。北方少数民族建立的政权，通过自身的发展，取得了自己的历史地位，并且在实现局部统一的同时，为全国更大规模的统一打下了基础。毫无疑问，他们的历史是我国悠久历史的重要组成部分，他们为统一多民族国家的发展壮大，同样做出了自己的贡献。

六 元明清：大一统多民族国家的确立

11、12世纪时，北方的蒙古族兴起，成吉思汗于1206年统一了蒙古各部；蒙古大军第一次西征时（1218—1223年），攻灭了西辽。1227年灭西夏，1234年灭金，1254年灭大理。1247年，蒙古皇子阔端约请吐蕃宗教领袖萨迦班智达到达凉州（今武威）会晤，确定吐蕃归附蒙古，为其后元代中央在西藏地方建立行政管辖体制奠定了基础。元世祖忽必烈建立元朝之后，在至元十三年（1276年）攻占临安，至元十六年（1279年）灭南宋，统一了全国，结束了各民族政权长期并立的局面，建立起规模空前的统一多民族国家。元朝的疆域，"北逾阴山，西极流沙，东尽辽左，南越海表"，"唐所谓羁縻之州，往往在是，今皆赋役之，比于内地"①，较之汉唐盛世，领土更加广阔。

元朝是中国第一个由少数民族所建立的全国范围的统一政权，其国势强盛，波及影响到整个欧亚大陆，促进了东西方的沟通与交流。元朝对全国的统治只有近百年，但其疆域超过了以往任何盛世所具有的规模，使广大少数民族地区都归入了统一的国家版图。在元朝统治下，疆域的辽阔，民族的众多，都使这一时期的统一达到前所未有的程度。在元代，西藏地区第一次纳入中央王朝的直接统辖范围。元朝为了有效治理西南和南方民族地区，在以往各朝代羁縻制度基础上，创造性地实施土司制度，对后世产生了深远的影响。

洪武元年（1368年）朱元璋建立明朝，同年率军攻入大都，元顺帝北走蒙古高原，是为北元。明朝取代了以蒙古为统治民族的元朝，中国历史又出现了一个以汉族为统治民族的传统王朝。明朝虽然统一了中国的大部

---

① （明）宋濂：《元史·地理志一》，中华书局1976年版。

分地区，但北部和西北部相当多地方始终为蒙古诸部所控制。明朝为防御蒙古，设立严密的边防，并时有战争发生，再一次形成了南北朝对峙的局面。直到俺答封贡之后，双方关系趋于缓和。对其他边疆少数民族地区，主要实行"以夷制夷"的政策，在西北与东北地区设立羁縻卫所，在西南和南方少数民族地区推行土司制度，对藏区则"多封众建"，册封众多的藏族僧俗官员。明朝同边疆诸族建立了固定的"贡赐"关系，并在许多地方开展"茶马互市"，进行民族间的贸易往来。明朝的版图，远不及先前的元朝和后来的清朝。但在中华民族形成与发展史上，明代是一个重要的历史时期，在这一时期内，汉族在元代及明初与蒙古、色目等族融合的基础上进一步发展壮大；广泛分布的回回最终形成一个民族共同体；周边诸民族在其族体及分布上均趋于稳定，为近现代民族格局的形成奠定了基础。

1644 年，明朝灭亡，随后，清军入关，经过 18 年的征战最终统一中原。在清入关之前已经臣服漠南蒙古。康熙时代统一台湾，设一府三县；绥服漠北蒙古喀尔喀三部。雍正年间收青海（1724 年），派驻藏大臣。乾隆年间（1750 年）平定准格尔部及回疆，设伊犁将军总制新疆；1791 年，在西藏驱逐廓尔喀，制定《钦定西藏章程》，巩固加强了对西藏统治；从雍正开始在西南进行改土归流，等等。至乾隆时期，清朝的疆域已最后形成，基本上奠定了今天中国疆域的规模。

满族入主中原后，在与汉族文化交流与民族融合的基础上，得到迅速发展。清政府积极加强同边疆民族的政治、经济联系，增进各民族之间的交往。国家的高度统一，大大增进了国内数十个民族之间历史形成的依存关系。在清朝时期，见于记载的数十个民族，虽然族称仍然繁多，也不完全统一，但作为民族共同体都已定型，每个民族的聚居区也趋于稳定。这数十个民族社会发展极不平衡，汉族在其中仍居于核心地位，起着主导作用。清王朝实行了较为成功的民族政策，对边疆的治理卓有成效。清代的边疆民族政策集中国封建社会边疆民族政策之大成，包括了极为丰富的内涵。

元、明、清是中国历史上的第三次大统一时代，统一时间达 640 多年。这六百多年里，民族关系是历史上的最好时期，也是民族大发展、经济大繁荣、文化大昌盛的时期。它为现代中国留下了丰厚的疆域遗产、政治遗产、文化遗产。更为重要的是，大一统多民族国家形态最终确立，成为后来现代民族国家建立的重要基础。

七　辛亥革命以后：统一多民族国家的自强与中华民族的自觉

1840 年鸦片战争之后，西方列强携坚船利炮疯狂扩张，中国面临着被侵略、瓜分的危机。辛亥革命推翻了清朝统治，结束了中国延续几千年的封建专制制度。但帝国主义对中国的侵略态势丝毫没有改变，反而变本加厉，使中国处于亡国灭种的悲惨境地。

近代心存救亡之念的知识分子，为中华民族的觉醒和统一多民族国家的自强而奔走呼号，不怕牺牲。孙中山先生在其所从事的民主革命过程中，大力倡导民族主义，提倡汉、满、蒙、回、藏“五族共和”，对民族主义有许多论述。虽然其认识在不断发展变化，但不变的是唤醒中华民族觉悟的意志。从北洋政府到南京国民政府，都面临复杂多变的边疆民族问题，尤其是内外蒙古、西藏和新疆的问题更为突出。为此，设立了民族事务管理机构，采取了一些积极的对策和措施。民国政府在“中华民族最危险的时刻”基本完整保有了清代以来的国家疆域。从第一次鸦片战争开始，到抗日战争结束，所有的反击帝国主义侵略的战争中，满、蒙、藏、羌、土家、壮、彝、回等少数民族奔赴前线，保家卫国。近代统一多民族国家的继续发展和中华民族的觉醒，没有少数民族共同参与，是无法实现的。

第二节　统一分裂的交替与发展趋势

我国历史上的统一与分裂经常反复出现，古人对此历史现象描述为：“天下大势，分久必合，合久必分。”其中寓意着统一与分裂的某些发展规律。

中国统一多民族国家的形成，是历史长期发展和不断统一的结果，即由局部地区的统一发展到全国的统一，由若干个民族的统一，发展到几十个民族的统一。其间虽然经历过分裂时期，但总的趋向是朝着越来越大的地域、越来越多的民族统一的方向发展，最后形成清代的大一统，奠定了今天祖国多民族大家庭的基础。历史上的统一时期，酝酿着割据和分裂，而分裂割据时期，是统一时期各集团之间政治斗争的继续。分裂割据形势的发展，又为新的大统一创造了条件，促成新的、更多民族统一局面。

一 统一与分裂的交替及其特点

从中国历史的发展过程看，经历了三次大统一，三次大统一之间有两次大分裂，构成了统一——分裂—统一的两个历史大循环。第一个大循环是从秦汉的统一到魏晋南北朝的分裂，再到隋唐的统一。第二个大循环是从隋唐的统一到五代宋辽金西夏的分裂，再到元明清的统一。这两次大循环中，每次统一又夹杂着小规模的分裂。秦汉大统一时代，中间有秦末的天下大乱，楚汉纷争；又有西汉末年王莽篡位导致的各地反抗。隋唐大统一时代，有隋末的农民起义，又有唐朝中叶的安史之乱。元明清的空前统一中，有元末的农民大起义，也有明初的明朝与北元对抗，还有明末农民起义和清军入关。魏晋南北朝时期的大分裂，也并非完全一盘散沙，尚有魏、蜀、吴三国鼎立，局部统一；还有东西晋、北魏等实现中原地区或部分地区的稳定统一。五代宋辽金西夏的分裂时期，有十国各自的小统一时期，也有宋、辽、金、西夏等存在时间长、统治地域广阔的政权，都表现为大分裂期的局部统一。在这两个大循环中，虽然在统一之后，总有一次大分裂。但每一次大分裂之后，又有一次更大范围、更大规模的大统一。

中国历史上的每一次大统一或大分裂都伴随着民族的大迁徙，一个基本特征是，统一时期汉族向边疆少数民族地区迁徙，构成费孝通所说的中华民族多元一体的网络；分裂时期中原王朝力量衰弱，少数民族大量内迁，又不断融入和壮大了汉族。秦统一后，征百越，在百越地区建立桂林、南海等郡后，中原大量居民迁到百越地区。汉代统一，控制河西后，"初置张掖、酒泉郡，而上郡、朔方、西河、河西开官田，斥塞卒六十万人戍田之"①，河套到河西一带的屯田士卒就成了最先把农业带到游牧地区的移民。接着，汉王朝又把驻兵屯田推向居延地区和西域地区。汉朝在经

---

① （汉）司马迁：《史记·平淮书》，中华书局1959年版。

营西南时，有许多汉人迁到洱海地区进行垦殖。明朝在北疆推行屯田和建立卫所以后，鼓励内地汉族迁往边区落籍屯田、定居屯垦，或自成村落，或与少数民族杂处。戍守的士兵设屯安家，世为军籍。明朝政府曾规定新屯垦者三年之内不征收田赋，招募垦荒有功者按招募人数授官。史载，明代仅驻屯云南的军户就达 13 万余户①。随同军户从中原迁入云南的民户、匠户也为数可观。清政府的"改土归流"政策，取消了一些少数民族地区的土司割据，废除了限制各族往来的例规，在苗族地区就取消了"蛮不入境，汉不入峒"的禁令，为汉族的迁入创造了条件。清代后期的"走西口"、"闯关东"移民潮，使大量内地汉族农民迁至今内蒙古、东北地区，加速了这些地区的开发，同时，经济文化的密切交流打破了民族隔绝状态，推动和加速了民族间的融合和同化。

魏晋南北朝大分裂时期，大量少数民族内迁，有的建立政权。曹魏末期，执政者司马昭晋封为晋公，功勋之一便是四夷怀德内附。曹魏统治下的北部中国少数民族内迁人口，估计应在全部人口的 1/5 以上。② 西晋初，长城外的匈奴人不断以部落集体移居的方式进入长城以南今山西、宁夏、甘肃、陕西各地，并州六郡"靡不有焉"，"北地、西河、太原、冯翊、安定、上郡尽为狄庭矣"。③ 魏晋南北朝大分裂时期，在黄河流域及巴蜀盆地出现的"十六国"，实际上有 20 多个地方政权，大多是由迁徙到中原地区的少数民族建立的。在这些政权中，匈奴人建立的有 3 个，氐人建立的有 4 个，羯人建立的有 1 个，鲜卑人建立的有 7 个，羌人建立的有 1 个。宋辽金大分裂时期，契丹南下，女真人南下到达淮河流域，内迁的契丹人和女真人最后都融入到了汉族。

汉族外迁与少数民族内迁的融合趋势，伴随着统一与分裂的交替及越来越大规模的统一。经历了多次民族大混杂、大融合，中原地区的汉族深入少数民族居住的边疆，而边疆民族也内徙到中原地区与汉族融为一体，最终形成了中国统一的疆域和中华民族的共同体。

在这一发展过程中，少数民族大多生活在周边地区，他们最早开发、

① （清）张廷玉等：《明史·兵制·卫所》，中华书局 1974 年版。

② 王育民：《中国历史地理概论》下册，人民教育出版社 1989 年版。

③ （宋）司马光：《资治通鉴》第 81 卷《晋纪三》，中华书局 2009 年版。

拓展边疆地区，率先统一了中国边疆的部分地区，从而为实现全国的统一奠定了基础。汉代之所以能形成中华民族前所未有的大一统局面，北方草原的匈奴民族做出了重要的贡献。正是有了匈奴对北方草原诸国的统一，汉朝接手了这一成果，才迎来了对北方和西北的大统一。元朝的大统一，也是在接收了西夏、金、大理等少数民族先期经营的疆域，而后形成了全国的统一。在统一的国家政权中少数民族也起到了重要作用。唐朝统一全国时，汉化鲜卑贵族的支持起了举足轻重的作用，他们在统治集团中一直处于重要地位。有统计，唐朝宰相 369 人中，胡人出身的有 36 人，占1/10。《唐书》还特辟专章为番将立传。实际上不少民族都参与了唐王朝的政权。回族在明朝的政治舞台上颇为活跃，明初即有"十大回将"之称。在特定的历史条件下，少数民族还担当统一全国的组织者和领导者。元、清两朝是由两个不同民族建立的王朝，蒙古族和满族先后完成了统一中国的大业，并实行了有效的管辖。清朝是中国历史上最后一个封建王朝，它集中国封建统一之大成，在倡导大一统观念的同时，恢复和最终确立了中华民族大一统的历史疆域，并采取了有效的措施，对全国实现了超越既往的有效控制，还通过御制舆图将其历史成就载入史册。中华多民族国家格局的形成，是包括汉族及历史上存在的各个民族共同完成的。

在考察统一与分裂问题时，有一个现象值得关注。历史上，中原地区统一，边疆地区就安宁；中原地区分裂，边疆地区就纷争，政权林立。中原建立了强大的王朝，边疆也随之发展，反之就在纷争中衰败。中原建立了强大的隋唐王朝，西藏吐蕃王朝采取开放政策，也与隋唐相表里共同兴起。唐朝分裂了，吐蕃也分裂。五代、辽、金、宋、夏分裂对峙，西藏也是政权、教派林立。元朝实现了大一统，西藏也出现了萨迦派政教合一的统一地方政权。明朝相对衰落一些，西藏帕竹噶举、噶玛噶举政教合一的地方政权也不强大。清朝兴起，全国统一，西藏出现了格鲁派统一的政教合一地方政权。这种内地与边疆兴衰与共的现象不是偶然的，因为整个中华民族有一种不可分割的内在的一体性联系，客观地起着对各民族命运与共的规律性作用。[1]

----

① 费孝通主编：《中华民族研究新探索》，中国社会科学出版社 1991 年版，第 420 页。

二 统一与分裂的发展趋势

自古形成的"大一统"观念是中国历史发展中一个持续发挥巨大影响力的理念。"大一统"一词，出于《春秋公羊传》。《春秋》首书"元年春王正月。"《公羊传》解释道："何言乎王正月？大一统也。"西汉董仲舒在其"天人三策"中把"大一统"思想提到了空前的高度："《春秋》大一统者，天地之常经，古今之通谊也。"[1] "大一统"思想形成以后，成为历代帝王的追求目标，成为他们统一天下的动力。无论哪个王朝，只有通过实现大一统，才能证明自己统治的合法性。"大一统"成为帝制时代统治天下的合法性源泉之一。蜀汉丞相诸葛亮六出祁山北伐曹魏，孜孜以求者，"兴复汉室，还于旧都"，一统中原。南唐国主李煜对宋恭顺称臣，可宋仍发兵渡江攻伐。南唐使者对宋太祖赵匡胤说："李煜何罪，而陛下伐之？且煜事陛下如子事父！"太祖回答："尔谓父子为两家可乎？""天下一家，卧榻之侧岂容他人酣睡！"[2] "天下一家"是赵匡胤对国家的认识，天下统一是他的最终目标。北魏郦道元虽然一生从未见到过国家的大一统，但他的巨著《水经注》却是以统一王朝的疆域为考察写作的范围，他的愿望就是实现南北统一，恢复一个版图广大的中华帝国。南宋诗人陆游面对南北分裂，渴望统一，留下千古绝句："死去元知万事空，但悲不见九州同。王师北定中原日，家祭无忘告乃翁。""大一统"的思想深深融入了中国的历史和文化，只要认同中国的历史和文化，就会认同"大一统"。中国历史合久必分，分久必合，最终趋于合，形成大一统的国家，传统的儒家"大一统"思想观念起了非常重要的作用。

另外，中国地理环境的特殊性，也成为大一统格局形成的重要客观条件。中国所处的东亚大陆这个区域，东临大海，北有沙漠，西、南有崇山峻岭，天然的地理障碍阻隔了人们向外围发展之路，虽然这个区域和外界有陆路和海路的几条交通孔道，但整体来看，中国疆域封闭性强。在疆域内部，各地区之间也有较大的地理上的差异和区隔。除此之外，

---

[1] 《春秋公羊传注疏》卷一，十三经注疏标点本，北京大学出版社 1999 年版。
[2] 《东都事略》卷 23，《李煜传》。

南北之间和东西之间气候差异很大，土壤条件也不一样，形成了地理环境局部的独立性。在这个自然区域内，各个社会集团的活动受到了整体地理环境的影响和约束。中原王朝建立后，经略边疆，以求生存和发展，其扩张范围受到大海阻于东、南，沙漠阻于北方，高山阻于西和西南的天然地理限制。同样，周边地区各民族建立政权后，面临着中原王朝同样的困境，使得其向中原发展比向外发展要容易得多，因而产生了一种自然的内向性，这种自然的内向性是形成统一国家和保持完整疆域的重要因素。

除了上述因素外，各地各民族间的经济需求互补，是统一格局形成的内在动力。在很早时期，全国范围已有较大的商品流动，唐宋以后，中原和各地区经济的互补性更加突出，区域间的经济依赖成为统一的强烈要求。南宋与金对峙时期，虽政治上分立，但经济上从唐以降的深刻依赖关系却无法切断。绍兴十二年（1142 年），双方开始设置榷场地点，南宋设盱眙军榷场等 10 余处，金人亦在边境设置泗州等 11 处。边疆地区对中原地区经济贸易的需求，在某种程度上要超过中原内部。特别是中原茶叶、布匹、铁器、丝棉等产品是边疆少数民族地区人民生活必需品。而北方的畜产品，特别是马匹，更是中原地区的战略物资。商业的发展一靠交通，二靠政治稳定。

早在唐贞观二十一年（647 年），在西北，回纥以南，突厥以北，开有参天可汗道，线路在今新疆及中亚细亚境内。还有唐蕃古道等中原地区与边疆地区的交通线，都建立了中原与边疆的联系。明朝建立后，蒙古地区与内地的商业关系并没有完全中断，到了明代后期，商业往来更加频繁。汉族商人常常携带铁锅、茶叶、绸缎、布帛等日用品，偷越关防，换取蒙古人的马匹、牛羊、皮毛和马尾。由于蒙古草原在经济上与内地有着紧密的依赖关系，明嘉靖年间，俺答汗向明朝提出了数十次通贡互市的要求，遭明世宗拒绝后，结果酿成了嘉靖二十九年（1550 年）的"庚戌之变"。俺答汗率兵攻至北京附近，以武力迫使明朝答应通商。隆庆五年（1571 年），明朝与俺达汗言和，封其为顺义王，在沿边各地开马市与蒙古贸易。其实，中原地区同样离不开边疆地区。当明朝实行经济封锁后，"父子夫妻不能相保，膏腴之地弃而不耕，屯田荒芜，盐法阻坏，不止边防之臣重若莫支，而帑储

竭于供亿，士马疲于调遣。"① 为此，双方都急于改变这种局面。但是，中央
王朝常常通过关闭贸易口岸遏制少数民族地区，少数民族政权则通过战争寻
求贸易正常化。一互市，就和平，一闭关，就打仗，这在中国历史上并不少
见。可见，中原与边疆地区都有深刻的相互经济依赖关系，这种经济往来的
要求超越了统治的界线。经济依赖的纽带，促使中国必须走向统一。

在上述观念影响、地理制约、经济联系的背景下，统一逐渐成为中国
历史的主流。从国家形成开始，中国经历了三次大统一，两次大分裂。第
一次大统一的秦汉时代持续了约 440 年，第二次大统一的隋唐时代持续约
360 年，第三次大统一的元明清时代持续约 640 年。第一次大分裂三国两
晋南北朝时期存在了约 360 年，第二次大分裂五代十国宋辽西夏金时期存
在了约 360 年。总体来看，统一的时间大约占 2/3，分裂的时间约占 1/3。
特别是元明清大统一维持长达 640 多年，在世界各国历史上无与伦比，清
楚地证明了统一是中国历史的主流。中国统一的历史，前半期汉族起到了
主导作用，而后半期则以蒙古、满族两个民族为主导。中国的统一是中华
民族共同维系的成果。

随着统一的推进，中国的疆域不断处于扩大之中。第一次大统一时，
汉代的疆域超过秦代，置河西四郡，招抚南匈奴，疆域扩大到今天汉族主
要生活的区域。第二次大统一的隋唐时代，除了稳固汉族地区外，大力经
营边疆，加强了对西域和北方的控制，在西域等地设立 6 个都护府。第三
次大统一的元明清时期，几乎将前一千多年中华民族在东亚大陆的活动范
围全部囊括了进来。清朝疆界，东北至库页岛、外兴安岭、额尔古纳河，
北至恰克图、萨彦岭，西起巴尔喀什湖、帕米尔高原，西南至喜马拉雅山
脉，南至南海诸岛，东南至台湾澎湖，拥有一千多万平方公里的疆域。这
一疆域的形成，是中华民族共同开拓的结果。

统一局面的形成，与政治制度的保障密不可分。秦汉统一后，确立了
中央集权政治体制，其核心是以皇帝为中心的"三公九卿"制，在地方设
立郡县制度。自此为中国帝制时代奠定了最基本的政治体制。魏晋南北朝
补充了以九品中正制为核心的选官制度；隋唐设立三省六部制，创建科举

---

① 《明穆宗实录》卷 59。

选拔人才的文官制度；元代设行省制度；明代废除宰相，设立内阁；清代在内阁基础上创立了军机处。中国政治制度两千年的发展总趋势是：中央集权的逐步完善与强化，长期有力、有效地控制了庞大的国家，促进了大一统局面的形成、巩固与发展。

另外，历代中央王朝对边疆的管理力度也在不断加强，管理形式趋于多元化，管理思想趋于灵活。两汉在西域设立都护府，唐朝除了设立都护府外，还在边疆地区设立了都督府和羁縻府州。元朝开始对边疆地区进行直接统治，在北部和东北边疆地区设立如中原一样的行省，并在中央专门设立处理吐蕃事务的宣政院。到了明清两代，对边疆少数民族地区的治理形成了一套指导思想明确、适应民族地区特点、行之有效的体系，也进行了前所未有的严密、有效的统治。特别是在清代，在东北及新疆设立军府制，在蒙古地区设立盟旗制，在西藏设驻藏大臣，在西南建立土司制度。在中央则设立理藩院，专门管理蒙、藏、回等少数民族事务。"因俗而治"策略得到了最大程度的实现。

中国历史上虽然有分有合，但大一统的思想却在一次次从分裂走向统一的过程中，深刻地烙印在中华民族的思想中，成为一种传统的历史观和民族意识。历代帝王中有为之君无不以一统天下为奋斗目标，直到清末帝制时代即将终结之时，康有为、孙中山等先贤在建立民族国家的政治体制设想中虽各有不同，但在继承帝国遗产维持"大一统"局面上却无甚差别。少数民族同样认同这一观念。十六国时期虽处于分裂状态，各民族统治者却普遍具有"大一统"思想，他们并不满足于建立割据政权，而是凭借自己的力量完成北方的统一，乃至全国的统一。苻坚在决意伐东晋时就宣称："吾统乘大业垂二十载，芟夷甫秽，四方略定，惟东南一隅未宾王化。吾每思天下不一，未尝不临食辍餔……岂敢优游卒岁，不建大同之业。"[①] 匈奴人赫连勃勃建立夏国，他在修建都城时宣称："朕方统一天下，君临万邦，可以统万为名。"[②] 其时，夏国刚兴起不久，赫连勃勃竟立意统一天下。势力刚刚伸入中原地区的北魏建国者鲜卑拓跋珪在诏书中，极力

---

① （唐）房玄龄：《晋书》卷114，《苻坚载记下》，中华书局1974年版。
② （唐）房玄龄：《晋书》卷130，《赫连勃勃载记》，中华书局1974年版。

反对当时群雄逐鹿中原而形成的四分五裂状态，高度赞誉《春秋》的"大一统"思想。汉族士人刘整建议元世祖以"大一统"思想为指导，兼并南宋，实现统一。"至元四年十一月，（整）入朝，劝伐宋，曰'自古帝王非四海一家不为正统。圣朝有天下十七八，何置一隅不问，而自弃正统耶'。世祖曰'朕意决矣！'"① 元亡明兴，蒙古并没有完全放弃一统天下的念头。正统十四年（1449 年），瓦剌太师淮王也先借口明朝限制其贡使人数、回赏不足、明廷失信、拒绝与其子结婚等，率领蒙古诸部分道大举攻明，欲"求大元一统天下"②。直到清初，瓦剌苗裔、准格尔汗王噶尔丹仍有问鼎天下之志。面对近代西方殖民者的入侵，中国虽然处境岌岌可危，但依然基本保持完整，其中少数民族维护国家统一的意识和斗争，起到了至关重要的作用。

第三节　统一是中国多民族国家的最大优势

中国历史的发展证明，国家形成以后，统一的价值远远大于分裂。统一是中国多民族国家的最大优势。

一　统一时期战乱较少，社会安定，经济发展

一个强大的国家，必然是一个统一的国家；一个强大的民族，必然是一个统一的民族。中国历史上，凡是国力强盛、经济发达、文化繁荣的时期，无一不是国家统一的时期。传统史家所称颂的四大盛世，即西汉"文景之治"至武帝极盛，唐"贞观之治"至"开元盛世"，明"永宣之治"，清"康乾盛世"。这四大盛世，是中国历史上最繁荣的时期，它们无一例外地都出现在统一时代。特别是康乾盛世，持续一百多年，社会长治久安，百姓乐业。自康熙平定三藩、统一台湾后，中原地区几乎再没有发生过大的战事。人口持续增长，从乾隆六年（1741 年）的 1.4 亿多，到乾隆五十五年（1790 年）突破 3 亿，达到了历史最高峰值。人口数量历来被视

---

① （明）宋濂：《元史·刘整传》，中华书局 1976 年版。
② 杨铭：《正统临戎录》，《纪录汇编》卷 19；谷应泰：《明史纪事本末》卷 32 "土木之变"。

为国家兴旺富庶的重要标志，如果没有统一安定的社会环境，人口不可能如此飞速地增长。此时，经济发展，城镇繁荣，在世界经济格局中中国经济总量长期处于领先地位。中国的制造业在世界经济中具有特殊重要的地位，茶叶、瓷器、绸缎、生丝等独步世界的商品不仅销往南洋、日本、中亚等地，而且远销俄国和欧美。有统计，这一时期中国 GDP 在世界总份额中占到将近 1/3。① 清政府国库充盈，盛世巅峰期白银储备常年保持在六七千万两之间；财力雄厚，政府就会大规模蠲免钱粮，康熙朝普免全国钱粮 3200 多万两，如将地区性蠲免计在内，总计达 1.4 亿两白银；乾隆朝先后四次普免天下钱粮，约达 1.2 亿两。② 这些辉煌成就的取得与大一统时代是密不可分的。

统一时期，各民族关系和睦，少数民族也共享国家繁荣昌盛带来的好处。盛唐时期的贞观之治，唐蕃关系友好，贞观八年（634 年），吐蕃领袖松赞干布遣使向唐太宗请求和亲。贞观十年（640 年），再次请婚时，唐太宗决定以文成公主许嫁。入藏时，文成公主携带了经史、佛经、佛像以及工艺、医药、历法等典籍，随行的队伍中还有为数不少的工匠，他们成为传播中原先进农业、手工业技术的使者。至今藏族人民还传说文成公主在山南教会了藏族人民平整田地、除杂草、挖畦沟、刺绣等技术。国家的统一，民族的和谐，促进了藏族社会的进步。③

统一时期，中央王朝可以有组织、有计划、有目的地实施移民政策。通过大规模征调百姓迁徙，或者到边疆屯田，实现"移民实边"的策略。移民实边原初目的是为了巩固边防，但事实上，移民实边一方面促进了边疆地区的开发和经济建设，另一方面又加强了中原与边疆民族地区经济往来和文化交流，为最终的大一统格局打下基础。

大一统格局为历史上救荒济民创造了条件。中国地域辽阔，地理条件和气候条件十分复杂，自古以来就是一个多灾的国家。根据邓拓的统计，我国历史上水、旱、蝗、雹、风、疫、地震、霜、雪等灾害，自有确切历

---

① 安古斯·麦迪森：《从长远观点看中国经济》，转引自李伯重《江南的早期工业化》，生活·读书·新知三联书店 2003 年版，第 15 页。

② 李治亭：《清康乾盛世》自序，第 3 页。

③ 翁独健：《中国民族关系史纲要》，中国社会科学出版社 2001 年版，第 327—328 页。

史记载的公元前 206 年算起，到 1936 年止，共计 2142 年间达到 5150 次，平均约每四个月便有一次。如此频发的灾害，无疑是对天下苍生最直接的生存威胁。在生产力低、社会剩余财富剩余少的传统时代，政府在抵御自然灾害、社会保障方面无疑具有重要的作用。在统一时代，可大范围调集钱粮、人力等救灾力量，所以，救荒较有成效，抗灾能力强。有学者赞赏清政府称："救荒措施集历代之大成，最为全面完备。凡古代赈济济贫之术，靡不毕举。"[1] 据统计，清代平均每州县的赈济用银约 4 万两，年平均支出 223 万两。这一数额，在嘉庆《大清会典》所列十二项常支出中仅次于饷乾、公廉之款居第三。乾隆朝灾赈支出最大，若以乾隆三十一年固定支出额 3451 万两为准，乾隆时期每年平均救荒款项约占全部支出的 12％。清代从 1644 年到 1840 年的 196 年中救荒用银约为 4.5 亿两[2]。而 18 世纪 100 年间，清政府救灾用银约达 3 亿两，蠲免达 6000 万两（年均蠲免 60 万）。清代人口大幅增长达到历史最高峰值，赈灾机制的有效实施、赈灾成效显著，是其重要因素之一。正如孙中山先生所说："统一是中国全体国民的希望。能够统一，全国人民便享福；不能统一，便要受害。"[3]

二 统一时期，实施大型工程

从西汉开始，黄河水灾日益严重，威胁着黄河下游人们的生存。历代统一王朝面对河患，无不集天下财富以治黄河，而这样巨大的工程，只有在统一时代才能整体规划，有效实施。

汉武帝时黄河在瓠子决口，元封二年（前 109 年），武帝令堵口。汲仁和郭昌率数万士兵投入工程，武帝亲临现场，令随行官员参加施工，终于堵住决口，黄河恢复了故道。武帝建宣房宫并赋诗二首，以资纪念。[4] 西汉末年，黄河多次决口，由于王莽代汉后，战乱不已，无力修复，至东汉永平十二年（公元 69 年）汉明帝会见水利专家王景后，才决定治河。当年

① 李向军：《清代荒政研究》，中国农业出版社 1995 年版，第 28 页。
② 同上书，第 63 页。
③ 孙中山：《孙中山全集》第 6 卷，中华书局 1985 年版，第 530 页。
④ 葛剑雄：《滔滔黄河》，广东教育出版社 1995 年版，第 146 页。

夏，明帝就征发数十万士兵修渠筑堤，第二年夏工程完成，明帝亲自巡视河工。[1] 元至正四年（1344 年），黄河决口，洪水泛滥达 7 年之久。此时，元朝的统治已处在风雨飘摇的境地，仍然耗费巨大的人力物力治理黄河。至正十一年（1351 年），元顺帝任命贾鲁总治河防，征发 15 万民工、2 万士兵开始治河，当年底彻底堵塞决口，故道复通。清顺治朝至康熙朝初年，黄河几乎年年决溢为灾，并且影响到淮河、运河。据不完全统计，这一阶段黄河先后决口达 82 次之多，河南苏北大受其害。[2] 康熙十六年（1677 年），康熙帝任命靳辅为河道总督，靳辅识拔和重用水利专家陈潢，动用大量人力物力，历经十多年艰难的努力，黄河、淮河、运河得以治理。[3] 历史的结论是，就治理河患来看，"若非有强有力的中央集权政府去从事，是不足有所作为的。"[4] 从水利史来看，每每在分裂时代黄河泛滥成灾，或者留下重大隐患，直到统一时代，才有财力、精力，进行全面、系统的治理。

三国两晋南北朝时期，全国经济重心开始南移，位于西北的政治军事重心与位于东南的经济发达地区的交往成了历史的需要。隋朝结束汉末以来四百年动乱分割局面后，有条件实现连接南北水系交通的宏伟工程。一条南起余杭，北达涿郡，连接海河、黄河、淮河、长江、钱塘江五大水系、纵贯南北，长约 2000 公里的大运河，在隋炀帝时贯通了。这是中国历史上第一次修筑运河，后人往往谴责隋炀帝的残民与奢侈，直至晚唐的皮日休才说："夫垂后以德者，当时逸而后时美；垂后以功者，当时劳而后时利……则隋之疏淇、汴，凿太行，在隋之民，不胜其害也，在唐之民，不胜其利也。今自九河外，复有淇、汴，北通涿郡之渔商，南运江都之转输，其为利也博哉……得非天假暴隋，成我大利哉！"[5] 沟通南北的大运河在中国经济社会发展中起到过不可低估的作用。

金沙江为长江上游，沿岸矿产丰富，水力资源可观。在清初以前，

---

① 葛剑雄：《滔滔黄河》，广东教育出版社 1995 年版，第 151 页。

② 戴逸：《简明清史》，中国人民大学出版社 2006 年版，第 171 页。

③ 葛剑雄：《滔滔黄河》，广东教育出版社 1995 年版，第 166 页。

④ 黄耀能：《中国古代农业水利史研究》，六国出版社 1978 年版，第 387 页。

⑤ 《皮子文薮·汴河铭》，转引自《宁可史学论集》，中国社会科学出版社 1999 年版，第 555—556 页。

未对金沙江进行开浚，以致滩险浪大，覆舟之事颇为常见。直至清乾隆年间，随着对昭通的开发，金沙江运输显得越来越重要。乾隆六年（1741年），金沙江整治工程动工，历时两年半，耗银11万两，最后全功告成。金沙江整治工程的竣工，对发展边疆经济，促进边疆繁荣，起到了重要作用。

江苏、浙江两省濒临大海，沿海一带经常受到潮汐海水倒灌，威胁农耕。历代修筑海塘，以抵御咸潮。清代对修筑海塘投入了巨大的关注，特别是乾隆朝，前后花费白银567万余两。① 经过多年努力，以鱼鳞石塘为主体的海塘工程体系终于屹立于钱塘江两岸，乾隆朝也成为我国古代钱塘江海塘修筑的巅峰时期。② 时至今日，清代所筑海塘仍在发挥功效，泽被后人。

除了巨大型的水利工程和治理河患外，统一时代兴修农田水利贡献颇多。宁夏银川平原自古富庶，多赖引黄灌溉，境内河渠，皆为人工开凿。"综计历代所开河渠，有正渠十，支渠大小一千五百余"③，其中又以唐徕渠、秦渠、汉渠、汉延渠、惠农渠最为著名，时至今日，宁夏人民仍然享受其利。秦渠，成于秦汉；汉渠，其前身是始建于汉代的光禄渠；汉延渠，西汉郭璜所开；唐徕渠，成建于唐；惠农渠，俗称"皇渠"，于清雍正七年（1729年）建成。河渠命名几乎都冠以朝代之名，它们无一例外是在中国历史上的大一统时代修建的。

统一时代政府财力有余，时有大兴土木之举，虽有劳民伤财之嫌，但也为后世留下令人炫目的文化建筑遗产。清代乾隆时，财政充裕，府藏丰足。现在北京内外的许多名胜古迹、园林景观，如闻名于世的圆明园等很多是在这时始建，或是在这时扩充修缮，为后世留下了弥足珍贵的文化财富和令人自豪的建筑遗产。清朝手工业中的雇佣制普遍推行，工匠计日给酬，物料也由官府采购。尽管大兴土木会骚扰民间，加重负担，但毕竟不是无偿的劳役与征调。乾隆曾说："方今帑藏充盈，户部核计已至七千三

---

① 《钱塘江志》，方志出版社1998年版。

② 和卫国：《乾隆朝钱塘江海塘工程经费问题研究——兼论十八世纪清朝政府职能的全面加强》，《清史研究》2009年第3期。

③ 郑肇经：《中国水利史》，上海书店1984年版，第273页。

百余万。每念天地生财，只有此数。自当宏敷渥泽，俾之流通，而国用原有常经，无用更言樽节。"[1] 如果没有这些巧夺天工的园林景观，没有这些旷世闻名的宫殿古建，那么，北京的文化古都形象，乃至中国的文明古国形象，都将会大打折扣。

三　统一时期，文化上建树颇多

我国历史上每一个民族不论大小，都对中华文化的形成和发展做出了自己的贡献，每一个民族的文化，都是中华民族的共有精神财富。中华各民族共同促进了中华文化的形成和发展。多元性的统一，既是多民族国家的构成方式，也是中华文化的内在特征。在漫长的历史进程中，少数民族文化与汉文化相互交流，相互影响，形成"你中有我，我中有你"的关系，不断增强了中华文化的活力和影响力。各民族文化的相互交流，贯穿中华文化形成和发展的全过程。在长期的民族文化交往中，少数民族不仅给汉族带来了胡琴、胡瓜、大宛马等看得见的物质成果，更主要的是他们为长期生活在农耕文化状态下的汉族人民增加了一种锐意进取的开拓意识和兼容博纳的文化胸襟，使汉民族的民族性格不断得到丰富与升华。正是周边少数民族文化的新鲜注入，中华文化才不断焕发出新的生机活力。每一次民族大融合之后，便会迎来中华文化的空前发展，从而造就了宏阔豪迈的"秦汉雄风"、雍容大度的"盛唐气象"、强健有为的"康乾盛世"，成为中华文明发展的辉煌时期。少数民族文化与汉族文化交相辉映，共同向世界展示了中华文化的无穷魅力。不同的民族有不同的文化，各民族文化各有优点和特色。比如，汉族书面文学很发达，文献典籍很丰富，而一些少数民族口头文学在某些方面超过汉族。蒙古族的《江格尔》、藏族的《格萨尔王传》和柯尔克孜族的《玛纳斯》并称我国少数民族的三大"英雄史诗"，其长度超过世界上任何史诗，这是中国文学对世界文学的重要贡献。笛子、大胡、二胡、琵琶等最早源于少数民族地区的乐器，至今仍然是我国民族乐器不可或缺的常见乐器。雄伟的布达拉宫、美丽神奇的丽江古城成为中华建筑的杰出代表。纳西族创制的东巴文，是世界上最完

---

① 乾隆：《御制诗三集》卷八五。

整、沿用时间最长的象形文字，与甲骨文并称为我国两大古文字珍品。这些少数民族文化既是中华文化的有机组成部分，也是中华各族人民为世界文明作出的独特贡献。历史告诉我们，中华文化多样性的统一是中华文化的根本特性，也是中华文化生生不息的生命力所在。多样性统一的中华文化是各民族对统一的多民族国家认同的强大思想基础，也是各民族文化的依托和根基。

历代只有在大一统的盛世，才有条件启动带有总结性、开创性的修书修史大型文化工程。官修正史都在新的王朝建立之后，统一局面基本形成之时。明清大统一时代，朝廷曾经组织大批学者，编辑了多部卷帙浩繁的类书和丛书，举世闻名的《永乐大典》《古今图书集成》和《四库全书》，就是在这一时期编成的。永乐时，明成祖朱棣命解缙等儒臣文士共两千人编辑《永乐大典》。《永乐大典》共二万二千九百三十七卷（包括目录凡例），装成一万一千零九十五册，辑入经、史、子、集、释藏、道经、戏剧、平话、工艺、农艺等图书达七八千种，是我国规模最为宏大的一部类书。康熙、雍正时，清朝政府编辑了《古今图书集成》一万卷。《古今图书集成》共分为历象、方舆、明伦、博物、理学、经济六编，每编又分门别类，搜罗宏富，是《永乐大典》之后的一部大类书。乾隆时，清政府又选派纪昀等著名学者一百六十余人编辑《四库全书》。《四库全书》分为经、史、子、集四类，所收书共有三千四百五十七种（存目6700种），七万九千零七十卷，装订成三万六千余册，是我国最大的一部丛书。全书修成后，由于卷帙浩繁，不能雕版印刷，只能誊写缮录。共缮录七部书，共计60亿字，这是历史上从未有过的巨大文化工程。它几乎囊括了清乾隆以前中国古代最主要的文献典籍。在这部书中保存了许多珍贵的文献。《四库全书》并不是简单地把许多书籍凑集誊写，而是作了大量的研究和编选，对中国古代文化作了大规模的清理和总结。①

除了组织大型文化工程外，文化的大发展、大繁荣也经常出现在统一时代。中国文学的华美篇章往往出现在统一王朝，形成了一个个独具特色的文学艺术高峰，如汉赋、唐诗、宋词、元曲、明清小说等。

---

① 戴逸：《乾隆帝及其时代》，中国人民大学出版社1997年版，第395页。

统一时期有条件大规模向外输出文化。唐朝时期，中国和亚洲各国经济文化的交流进一步频繁。亚洲各国的商人、僧侣和学者不断来到中国，聚集在长安、洛阳、广州、扬州等大城市。当时中国成了亚洲各国经济文化交流的枢纽。新罗统一朝鲜后派遣大批留学生来唐留学。唐朝时期中国的天文、历法和医书传入朝鲜，朝鲜的绘画、雕塑和音乐也受到中国的影响。日本留学生大力介绍中国文化，对于中日文化交流起了很大的促进作用。日本的养老令源出唐令，日本的平城京也是仿照长安城的设计修建的。在唐代，日本共派遣了十九次遣唐使，均挑选博通经史、娴习文艺和熟悉唐朝情况的人担任。遣唐使的随行人员中还有一些医师、阴阳师、乐师等，是为了进一步深造和求解疑难而被派来中国。遣唐使、留学生、学问僧带来彩帛、香药、珍宝等，带回乐器、书籍、经卷、佛像等。日本正仓院现存的文具、衣饰、屏风、乐器等唐代文物，是唐代中国文化输入日本的最好见证。唐代高僧鉴真受请东渡日本传法，他曾六次东渡，历时十年，虽双目失明而矢志不渝，到达日本后，于奈良东大寺设坛传戒，又创建唐招提寺，成为日本律宗初祖。在日十年鉴真不仅辛勤传法，而且把唐代绘画、书法、雕塑、医药、工艺、印刷、建筑等成就的文化带至日本，致使"唐风洋溢奈良城"。

在 18 世纪，西方人通过在华的传教士，以及来华商人、旅行者的观察、描述等渠道了解中国，儒家经典经他们之手开始翻译到了西方。他们对来自中国的精美绝伦的丝绸、瓷器、漆器、服装、家具，以及轿子、壁纸、折扇等爱不释手，钦佩之至。在欧洲，主要是法国出现了"18 世纪的中国热"，公众的兴趣和上流社会的时尚一时钟情于古老中国的文化和艺术，德国的莱布尼茨，法国的伏尔泰、魁奈等著名思想家都对中国的政治、社会、文化、学术及民众道德，以至帝王官员的品行给予高度评价。[①]这些启蒙思想家从中国文化中找到了同欧洲中世纪神学做斗争的思想武器，用中国文化中的重人伦、讲究世俗理性的精神，来对抗中世纪的宗教蒙昧主义等方面。[②]"中国热"发生的原因，其中之一是"中国此时国力较

[①] 郭成康：《康乾盛世历史报告》，中国言实出版社 2002 年版，第 9 页。
[②] 同上书，第 311 页。

为强盛，是屹立在东方的一个神秘、不可侵犯的大国，西方人对于中国、对于中国文化多少有些景仰、向往之感。"① 显然，国家统一强大，才能在世界上占据一席之地，才能向世界输出自身优良的文化，向世界展示自己的美好国际形象。正如史学家白寿彝所言："纵观世界历史，古国文明源远者未必流长；中国文明渊远而流长，这是极为难得的。文明恰似江河，如果渊源深远，那么只有在前进的流程中得到足够的川流的汇注，才有可能越来越宽阔、丰富，形成不竭的长流。中国文明所以没有中断，与国家统一的发展和巩固是有密切关系的。"②

①　郭成康：《康乾盛世历史报告》，中国言实出版社 2002 年版，第 307 页。
②　白寿彝：《中国通史》第 1 卷，上海人民出版社 1989 年版，第 360 页。

第九章 少数民族政权

各国早先文明的孕育，得益于肥沃的大河流域和平原。中国的文明中心是黄河流域和长江流域，尤其是在黄河流域，依靠农业文明，华夏族很早就建立起了国家政权。欧亚大陆中部草原辽阔，从东方的中国东北部一直延伸到西方的匈牙利。尤其是亚洲中部从事游牧的少数民族，从公元前至近代一直活跃在这一宽阔的地域上，并形成了多个少数民族政权。在这一辽阔草原的南部沿线，约有一半以上都与古代中国疆域相连接。在过去的数十个世纪中，由于地缘上连通的方便，少数民族前赴后继，向亚洲中南部的农耕地区靠近，形成了中国历史上波澜壮阔的民族互动。在这一互动中，汉族政权同少数民族政权是互动的主体，并相互交流、对抗、融合，使汉族汲取各少数民族的新鲜血液，各少数民族得到了发展提升，从而共同推动了国家一体化进程，最终形成了中华民族共同体。

第一节 少数民族政权的产生

从人类掌握了一定的生产技术后，就成了食物的创造者，将命运很大程度上掌握在人类自己的手中。技术是指在处理和使用原材料的过程中涉及的物质活动、被使用的劳动力的组织，以及将这二者相结合时所利用的知识，因此，技术并不仅指一组物质客体。"原材料""劳动组织""知识"是技术产生的相互关联、密不可分的关键因素。从人类的传统生业发展来看，具有创造食物的技术主要是指农业、畜牧技术①。农业技术诸因素中

---

① 工业技术及信息技术是近、现代社会的产物，并不在本研究的范围之内。

的"原材料"，是指富含水分的土地及其上所生长的可驯化的动、植物。同样，畜牧技术诸因素中的"原材料"是指草原上的牧草。农、牧技术中的"知识"因素，会因自然条件的不同，有相同的部分和不同的部分。技术中的"劳动组织"是技术的创造、实践主体，不但具有物质特征，也具有精神能动特征，换句话说，劳动组织具有社会特征。如果这样的推断逻辑不谬的话，那么可以推定：农业技术和牧业技术都会形成将命运掌握在自己手中的更高一级的社会组织。我国的文献资料记载，东周时期就有山戎、戎狄、林胡、东胡等诸多游牧人群对中原的侵夺，正是农业技术和牧业技术产生农业社会和牧业社会的明证。因此，生活在亚洲中部草原地带的人群和生活在黄河、长江流域的人群是分别利用不同自然资源而发展起来的不同文明。

从整个东亚的地理环境来看，最北部是高寒地带，中部是草原地带，南部是平原、高山、丘陵相间地带。从古代人类历史发展来看，东亚中部草原和东亚南部地带因地缘上的相连、相通性，其互动也最为密切。从局部地理环境来看，这两个联系密切的地域的西北、西南部横亘着一系列高山峻岭，东部和南部是广阔的大海，形成一个相对封闭和独立的地理单元。东亚的南部，从北至南，因为气候、地形、地貌、土质、河流等自然因素，尤其是黄河流域，因河流的冲击作用，形成了大小不等的诸多平原，大多覆盖着土质疏松的黄土，水分充裕，农业技术也就首先被这一区域内的人群掌握和使用，形成了汉族（前身为华夏族）为主导的定居农业文明。东亚中部草原地区，其西北是高山草原，北部是高原草原，东北部是森林草原，畜牧技术也就首先被这一区域内的人群掌握和使用，形成了游牧民族为主导的牧业文明。两种文明在发展的过程中，都是在利用、控制各自地域的自然资源的基础上，逐渐发展壮大起来的。随着两种社会对自然资源的大规模利用和控制，也就能生产出更多的生存物质，并在此基础上，繁衍了更多的人口，超部落的联盟、政权形态也就逐渐形成。因此，牧业技术和农业技术的发明和使用，都可以产生物质积聚、组织聚合效应，最终形成共同体最高形态——游牧政权和农业王朝。

少数民族政权的形成，除畜牧业是其产生的决定因素之外，狩猎、采集、农作、贸易、掠夺等生存手段都对政权的形成起到一定的影响作用，其中尤其以农作、贸易、掠夺等辅助生业最为突出。亚洲中部草原的农业主要分布在以河套和岱海地区为中心的内蒙古中南部,以西拉木伦河、老哈河流域为中心的内蒙古东南部,以色楞格、鄂尔浑、土拉、克鲁伦河等河流的河谷地带为中心的漠北地区。在生产技术相对落后的古代,农业的经营必须是劳动密集型产业,同时又由于单位面积的农田供养力较强,所以两者的相互促进,使人口大量繁衍集聚。因此,牧业社会中的农业,必然会引起劳动的协作,社会由简单家庭组织向更高一级的组织发展成为可能。

贸易是北方民族获取资源的另一辅助性产业。游牧民族占据适宜耕种的河流流域并不能完全实现资源需求的所有满足。由于亚洲中部的河流地带受温度、水资源的有限性、土质等条件的限制,农业所获非常有限,只能部分满足游牧社会的需求,大量不能自产的生活、生产物资必然要通过游牧社会以外的资源来进行补充。因此,保持与游牧社会以外的贸易畅通至关重要。草原丝绸之路的畅通与安全,必须依赖游牧社会的强力保护。从长期的贸易中,商人从中获利,游牧社会又得到了资源的补充,形成了良性的贸易互动。游牧社会从武力保护贸易路线及贸易畅通中得到了大量的利益,又促使他们发展自己的武力组织。同时,争夺贸易控制权,又促使游牧社会向更高的组织规模发展。

掠夺是游牧民族获取外部资源的直接形式。在古代人类社会中,无论是农业社会还是牧业社会,食物都处于相对短缺状态,从事农业的民族会建造村堡和建立武装力量保护农业收获。北方游牧民族,要想直接获得农耕社会的资源,自然会遇到农业保卫者的激烈抵抗。在双方的争战、博弈中,形成更大的组织联盟便成为可能。因此可以说,民族政权的产生同有组织的农业社会存在有着很大的关系,这种历史记录不绝于史。为了解决牧业社会的需求,掠夺农业社会资源成为其辅助性产业之一。由于地理条件的影响,亚洲中部游牧民只能向南进入黄河流域实施掠夺。但掠夺农业生产规模巨大的黄河流域,并不是一件容易的事情。黄河流域的农耕社会很早就有强大的政权存在。汉族政权强大的保卫能力以及修筑的各种防御工事并不容易突破。因此,北方游牧民族形成以武力支持的强有力的政权组织成为对外掠夺的现实需要。如美国人类学家巴菲尔德所指出那样,匈奴游牧国家因应秦汉帝国之统一而形成。[①] 纵观我国历史上北方游牧民族建立的民族政权的成因之一，同匈奴国家有着惊人的相似性。

德裔学者魏复古（又译作魏特夫）在其作品《中国社会史：辽》一书中认为，中国古代诸少数民族在中国边疆或进入中原所建立的政权，可划分为两类，第一类为"渗透王朝"，以十六国、北魏为代表，包括五代十国的后唐、后晋与后汉等；第二类为"征服王朝"，以辽朝、西夏、金朝、元朝与清朝等为代表。魏复古的研究只是从历史的表象来归类从亚洲中部草原崛起的少数民族政权与中原的互动形式。从历史的本相来看，民族政权的建立，同其控制地域的资源有着极强的因果关系。少数民族在向亚洲中南部黄河流域靠近时，得到汉族王朝的允许，或者是武力攻入，或者是两者交替进行。对于北方少数民族来说，水和食物是最为急需的资源，但因地理环境、游牧生产的特点，常常成为匮乏性资源。因此，解决这些生存所需要的核心资源就成为最为迫切的任务。加之气候的变化，使这一任务更为迫在眉睫。寻找水源、食物及能承载日益增长人口的地方就成为部族、部落、部落联盟、超部落组织的民族政权不得不面临的问题。因此，中国古代北方少数民族南下，获取黄河流域甚或是长江流域丰富的资源是其最根本的动力。从一定意义上说，黄河、长江流域丰富的资源孕育了最早的农业文明和华夏—汉民族，北方游牧民族也依赖这些资源，经过包括战争在内的各种形式，逐渐与华夏—汉等民族融合，走向更大的统一。在这一过程中，中华民族逐渐形成，最终整体上实现了共容利益和资源的共享。

第二节　少数民族政权的类型

少数民族政权的产生，从其内部因素来看，是由其牧业经济基础所决定，逃不出唯物史观所提到的"经济决定论"。在少数民族政权形成的过程中，又由于占有生存资源的类型不同，也会有不同形态的政权存在。从

[①] 转引自王明珂《游牧者的抉择：面对汉帝国的北亚游牧部族》，广西师范大学出版社 2008年版，第148页。

外部因素来看，中原王朝是少数民族政权存在的主要影响因素。因此，从少数民族政权与中原王朝之间的政治关系不同，又决定了少数民族政权不同形态。从中国历史发展来看，少数民族所建立的政权从其内部经济形态上，可划分为游牧政权、农牧兼营政权；从其与中原王朝之间的关系来看，又分为若干类型。

一　民族政权的经济类型

（一）游牧政权

游牧政权是在游牧经济基础之上建立的民族政权。中国历史上第一个建立游牧政权的民族是匈奴。匈奴政权的建立，是北方游牧民族聚合的结果。商周之际，北方游牧人群统称为"戎夷"，到西周、东周时期，北方游牧人群称谓呈现增多趋势。在分布地域上则由商周之际的"泾、洛之北"向整个北方扩展。到秦代，又出现三个大的民族集团：东胡、月氏、匈奴，分别居于中国东北、西北和北方。显然，北方游牧人群经过了一个聚合过程，从而形成了三大民族集团。西汉初期，匈奴冒顿东破东胡，西击月氏；南并楼烦、白羊河南王，侵燕、代，北服浑庾、屈射、丁零、鬲昆、薪犁诸国，形成控制大漠南北、"控弦之士三十余万"的游牧帝国。匈奴是典型的通过游牧技术，利用和控制草原牧草资源而形成的游牧政权。在同汉王朝南北互动长达一个半世纪之久的过程中，匈奴通过掠边、和亲、称臣等不同方式，从汉朝获得农业资源，以补充游牧帝国生存资源的不足。最终，汉王朝以其强大的势力维持了汉北方的资源边界，匈奴也在与汉朝武力对抗中败落。

月氏是我国古代西北地区最古老的民族之一。从古代文献记载来看，"随畜移徙，与匈奴同俗"[①]，居于河西走廊，以游牧为生。《史记·匈奴列传》说秦时"东胡强而月氏盛"[②]，此时的月氏超部落组织已经发展到相当高的水平，史载，匈奴首领头曼曾送其子冒顿质于月氏。匈奴强大后，月氏被匈奴击破而西迁至伊犁河流域立国。此后受匈奴、乌孙联合打击，再

---

① （汉）司马迁：《史记·大宛列传》卷123，中华书局1975年版。
② （汉）司马迁：《史记·匈奴列传》卷110，中华书局1975年版。

度西迁。

鲜卑是继匈奴之后又一在北方崛起的游牧政权。据考证，鲜卑是源于居住在大兴安岭的游牧人群。后世的慕容鲜卑，也称东部鲜卑，居住在大兴安岭南麓；后世的拓跋鲜卑，也称西部鲜卑，居住在大兴安岭北麓。大约在西汉末年，由于人口压力和气候变迁，鲜卑人从大兴安岭向南、向西迁徙，寻找新的生存资源。《魏书》记载，生活在大兴安岭北麓的鲜卑人"畜牧迁徙，射猎为业"[1]，同样，生活在大兴安岭南麓的鲜卑人也会因从事畜牧业而发展起游牧组织。因地理之便，大兴安岭南麓的鲜卑人迁至辽东至渔阳一带，而大兴安岭北麓的鲜卑人先迁至呼伦池，后迁至阴山一带。东部鲜卑在檀石槐时达到最盛，形成"南抄缘边，北拒丁零，东却夫余，西击乌孙，尽据匈奴故地，东西万四千余里，南北七千余里，网罗山川水泽盐池"[2] 的游牧帝国，统有东、中、西三部，其中包括拓跋鲜卑。同匈奴一样，鲜卑也是在大规模利用牧草资源而建立起的游牧政权，因此，也因生存资源难以自足而南下掠取农业资源。东汉桓帝曾封檀石槐为王，和亲未果。檀石槐大肆劫掠汉边境，一度打败汉军。檀石槐死后，鲜卑联盟政权瓦解。此后，西部拓跋鲜卑在拓跋力微时统一了诸部，公元258年，都于盛乐（今内蒙古和林格尔北），并于公元261年派沙漠汗出使曹魏。拓跋鲜卑几经分合，在拓跋猗卢时统一三部，公元310年被晋怀帝晋封为代王，公元338年，拓跋什翼犍时建立代国。公元376年，"畜牧迁徙"，利用、控制草原资源所形成的超部落组织——拓跋代国被前秦灭亡。

南北朝时期，拓跋魏入主中原后，在漠北的游牧人群柔然同北魏展开竞争和争夺。起初柔然只是北方"冬则徙度漠南，夏则还居漠北"的游牧人群，在拓跋猗卢时称柔然。同北方先后兴盛的游牧部族一样，柔然也经过了一个统一诸部的过程。起先柔然依附于拓跋部族，代国被后秦灭后，依附于刘卫辰。拓跋珪复代建魏后，在登国年间曾多次讨伐柔然。登国九年后，柔然首领社仑北侵高车之地，西并匈奴余种，形成了"随水草畜

① （北齐）魏收：《魏书》卷一，中华书局1974年版，第1页。
② （宋）范晔：《后汉书》卷八十九，中华书局1965年版，第2989页。

牧，其西则焉耆之地，东则朝鲜之地，北则渡沙漠，穷瀚海，南则临大碛"①的草原帝国。柔然兴起后，曾多次南下犯北魏边界抢掠，一度使北魏西讨、南征受到极大的牵制。柔然与北魏的战争，总体上呈弱势地位，但也给北魏造成了"魏主坠马，几为所禽"、"平城大骇"等危机。柔然在拓跋焘神䴥二年被魏军大败，可汗大檀疾发而死，部众衰落，大檀之子了吴提继立。神䴥四年，柔然遣使朝献，延和三年二月"以吴提尚西海公主，又遣使人纳吴提妹为夫人，又进为左昭仪。吴提遣其兄秃鹿傀及左右数百人来朝，献马二千匹，世祖大悦，班赐甚厚"。② 好景不长，"至太延二年，乃绝和犯塞"③，战争又起。公元 525 年，柔然阿那瑰大掠北魏，"驱掠良口二千，公私驿马牛羊数十万北遁"④，引发了北魏六镇暴乱。北魏覆亡后，柔然在内乱和西部崛起的突厥的打击下衰落。

突厥是 6 世纪前迁徙至金山（令阿尔泰山）一带，在击破铁勒部后强盛起来的游牧人群。公元 522 年，突厥首领土门率众击败柔然，自称"伊利可汗"，建立突厥汗国。其疆域最盛时，东自辽海以西，西至西海（咸海），南自沙漠，北至北海，东西万余里，南北五六千里。史载："突厥兴亡，唯以羊马为准"⑤，突厥汗国是利用、控制草原资源而崛起的游牧政权。公元 582 年，突厥分裂为东西两部分。西突厥接受隋唐王朝册封，同中原王朝建立臣属关系。西突厥分裂后，被唐朝灭亡。东突厥"东自契丹、室韦，西尽吐谷浑、高昌诸国"。⑥ 东突厥起初与隋唐关系较友善，隋文帝曾援助东突厥，击败西突厥，东突厥上表"永为藩附"，臣服于隋。唐建立后，东突厥连年掠边，与唐战和交替，互有胜负。公元 627 年，在西部铁勒、东部奚、契丹等以及唐王朝的共同打击下，东突厥汗国灭亡。此后，东突厥余部再次反唐，开始了"后突厥"时期。后突厥立国，仍然基于大漠南北的草原资源从事畜牧业。后突厥大汗默啜曾向唐朝求丰、胜、灵、夏、朔、代六州突厥降户及单于都护府之地，并要求唐供给谷

---

① （北齐）魏收：《魏书》卷一百三，中华书局 1974 年版，第 2290—2291 页。

② 同上书，第 2294 页。

③ 同上。

④ 同上书，第 2302 页。

⑤ （后晋）刘昫：《旧唐书·郑善果传》卷 62，中华书局 1974 年版。

⑥ （后晋）刘昫：《旧唐书·突厥传》卷 194 上，中华书局 1974 年版。

种、缯帛、农器、铁物等。唐武则天将汉地物资谷种4万斛、杂彩5万段、农器三千事、铁四万斤援助给后突厥。此后，后突厥与唐战和交替，内乱不断，后被崛起的回纥攻灭。

公元7世纪初，回纥人主要活动在色楞格河流域。这里的自然生态环境给畜牧业的发展提供了优良的条件。回纥人善于冶铁、锻造，曾经是突厥的部属。回纥依靠畜牧业和简单的手工业逐渐成为一支漠北强大的游牧部族。当东突厥衰落时，回纥部族首领时健俟斤逐渐统一了诸部，并逐渐强盛。唐武德九年至贞观元年，崛起的回纥联合薛延陀攻灭东突厥，成为漠北与薛延陀并立的游牧汗国。薛延陀内乱后，回纥将其攻灭，统一了漠北草原。公元647年，唐于铁勒诸部之地设羁縻州府，回纥为瀚海都督，属唐之燕然都护府管辖，此后，回纥皆接受唐册封。回纥曾助唐西攻西突厥、东征高丽等战事。回纥汗国虽然强盛，仍然摆脱不了生存资源相对匮乏的局面，常与唐朝进行贸易，又多次与唐通婚，唐崇徽公主出嫁时，唐王朝一次就陪送缯彩2万匹。唐安史之乱，回纥曾出兵助唐平叛。9世纪20年代后，回纥汗国逐渐衰落，内乱后国灭西迁。

匈奴、鲜卑、柔然、突厥、回纥是公元10世纪以前典型的利用、控制草原资源而建立的民族政权。从亚洲中部草原的整体来看，其间错落有河流、谷地，有适合农业的地方。从考古资料来看，在一些河谷地带，确实存在过农业，也有一些简单的手工业。但从这些游牧帝国的产生、发展、壮大来看，畜牧业无疑是其政权组织产生的决定产业和决定力量。正是大规模利用草原资源，也才会有相应的社会组织结构的出现，才会有大量的生存资源的生产，最终形成游牧帝国。游牧帝国的形成，固化了内部边界，对内部资源的整体控制、分配起到了支配作用；同时，帝国的形成，使得游牧社会对外获取资源的能力变强。因此，匈奴与汉、鲜卑与东汉魏晋、柔然与北魏、突厥、回纥与隋唐，诸少数民族政权都要依赖中原王朝农耕社会资源的补给。当中原王朝强大时，也只能通过战争或资源输出的方式维持北方的资源边界。

唐以后少数民族，如契丹、党项、女真、蒙古、满等民族的兴起，同样要依靠游牧生产方式，但从这些民族建立的政权来看，已经同匈奴等在草原地带以游牧经济占主导地位的景况大不相同了，因此把他们列入"农牧兼营型政权"更为合适。

（二）农牧兼营型政权

汉族在东亚南部兴起、壮大，其主要依靠黄河、长江流域的农耕资源，因此，汉族建立的王朝都是农业型政权。同汉族王朝不同，北方游牧人群，由于受到地理环境或受到游牧人群的移动特性影响，其政权形态呈现复杂、多样性。从事态发展来看，这类政权是依赖农业、牧业两种生业而发展起来，我们把这类共同体形式称为农牧兼营型政权。

在亚洲中部草原地带，有两个地域相对特殊，其一是西南部河西走廊、西域地区，另一是东南的松辽平原。这两个地区在历史上是宜农宜牧，天然的农牧交错之地。西汉初，西域共有三十六国，绝大多数分布在天山以南塔里木盆地南北边缘的绿洲上。楼兰（鄯善）以西，在塔里木盆地的南缘，有且末、于阗、莎车等国（南道诸国）；在盆地的北缘，有焉耆、尉犁、龟兹、姑墨、疏勒等国（北道诸国）。这些国家多以城郭为中心，兼营农牧，有的还能自铸兵器，只有少数国家逐水草而居，粮食仰赖邻国供给。① 天山北部的准噶尔盆地，是一个游牧区域。最迟至汉代开始，乌孙就居于准噶尔盆地西部的天山北麓伊犁河上游、伊塞克湖畔及纳林河流域。《史记》载，乌孙原游牧于敦煌、祁连间，与月氏为邻。乌孙强大后，击破西迁西域的月氏，居有"东与匈奴，西北与康居，西与大宛，南与城郭诸国相接"② 的广大地域。《汉书》载乌孙"不田作种树，随畜逐水草"③，因此，畜牧业在其社会生产中占有重要位置。乌孙迁居西域后，开始兼营农业。在新疆昭苏县一座乌孙墓葬出土一件铁铧④，苏联学者的乌孙考古报告《1954 年伊犁考古工作报告》提到，出土了青铜镰刀、石磨盘、石碾等⑤。铁铧是农耕的直接证据，而青铜镰刀、石磨盘和石碾则是辅证。文献记载"汉复遣长罗侯惠将三校屯赤谷"⑥，那么乌孙从事较大规模的农业也是可能的。乌孙最盛时，"户十二万，口六十三万，胜兵十八

① 翦伯赞主编：《中国史纲要》上册，人民出版社 1995 年版，第 134 页。
② （汉）班固：《汉书·西域传》卷 96 下，中华书局 1973 年版。
③ 同上。
④ 《新疆考古三十年》，新疆人民出版社 1963 年版。
⑤ 载《历史考古和民族研究著作集》第 1 卷，阿拉木图 1956 年版，第 29 页。
⑥ （汉）班固：《汉书·西域传》卷 96 下，中华书局 1973 年版。

万八千八百人"①。据王明哲、王炳华考证，乌孙从河西走廊西迁时，大约
10万人左右。② 乌孙到达西域后，人口达63万之众。如同匈奴最盛时人口
超过百万相比，乌孙的人口规模还是相当大。匈奴所控之地要比乌孙所控
地界大得多，因此，没有农业生产，乌孙在西域不可能快速发展至如此众
多的人口。所以，农牧兼营的生产方式是乌孙在西域所建立政权的基础。
乌孙曾多次与汉、匈奴和亲，并助汉攻伐匈奴。汉宣帝时，匈奴分裂，汉
朝在西域设立都护，都护治乌垒城，并护南道和北道，西域诸国与汉朝确
立臣属关系。西域诸国建立及同汉的臣属关系，使天山南北地区第一次与
内地联为一体，中原同西域乃至更远的地区之间经济、文化交流往来，
形成古代有名的"丝绸之路"，将中原同沿途的西域诸国紧密地联系在了
一起。

秦汉时期，在东北松辽平原建立的民族政权有夫余、高句丽等。史
载："夫余国，在玄菟北千里。南与高句骊，东与挹娄，西与鲜卑接，北
有弱水。地方二千里，本濊地也。"③ 其地"多山陵、广泽，於东夷之域最
平敞。土地宜五谷，不生五果"④。"（夫余）国有君王，皆以六畜名官，有
马加、牛加、猪加、狗加、大使、大使者、使者。邑落有豪民，名下户皆
为奴仆。诸加别主四出，道大者主数千家，小者数百家。"⑤ 夫余国盛时有
"户八万，其民土著，有宫室、仓库、牢狱"。⑥ 从夫余邑落下"户"、"家"
数量、分布情况、宫室、仓库等来看，只有农业生产才会出现这种情况。
考古发现了两汉时夫余国的镰、镢、锸、锄等农具。综合以上诸因素，可
以肯定，农业是夫余的主要产业。《三国志》载"其国善养牲，出名马"⑦，
可见畜牧业也是夫余国的重要生业。从夫余"皆有六畜名官"，可以推测
其先祖主要从事牧业。因此，夫余国应该是以牧业起家，居有松辽平原
后，逐渐兼有农业，逐步发展为农、牧并举的东北民族。在农业和畜牧业

---

① （汉）班固：《汉书·西域传》卷96下，中华书局1973年版。
② 王明哲、王炳华：《乌孙研究》，新疆人民出版社1983年版。
③ （宋）范晔：《后汉书》卷八十五，中华书局1965年版。
④ （晋）陈寿：《三国志》卷三十，中华书局1982年版。
⑤ 同上。
⑥ 同上。
⑦ 同上。

兼营的业态下，形成了其政权组织。夫余与东汉曾有小的冲突，总体上保持了良好的藩属关系，夫余多次向东汉朝贡，东汉诸帝厚往之。曹魏时，夫余王请属辽东。高句丽"在辽东之东千里，南与朝鲜、濊貊，东与沃沮，北与夫馀接。地方二千里，多大山深谷，人随而为居。少田业，力作不足以自资，故其俗节于饮食，而好修宫室。"[①] 高句丽以农业为主，善涉猎、畜养，作为对农业不足的补充，其国人口规模相对较小，有户三万。高句丽建国后，臣夫余，又与中原确立了臣属关系。东汉末年、魏晋、十六国，高句丽有几次发展期，同时也受到各王朝的打击和遏制，南北朝时期，既朝南朝，又贡北魏，接受各王朝封号。唐总章元年，高句丽被唐灭。渤海国是唐时粟末靺鞨人建立的政权，曾管辖约为今东临海，西界南起辽宁省丹东市，北至开原、法库、双辽、乾安一线，南至朝鲜北部龙兴江，北抵松花江的广大地区。[②] 根据考古发现，渤海国已经普遍使用铁制农具和牛耕，农作物有粟、麦、穄和葵菜，还有水稻、豆、荞麦等[③]，畜牧渔猎等都是其传统生业。渤海政治制度多仿唐制，存国二百多年，利用其同周边民族通达的交通，成为主要贸易通道，促进了自身和周边地区的贸易发展。渤海同唐进行朝贡贸易，使中原同渤海在物产上互通有无，经济关系密切，后被辽灭。

西域诸国和东北诸国，利用当地的农、牧资源，不但形成了较为自给的生存资源供给，且由此生产方式而建立部落、邑落组织，并发展为更高级的共同体，最终建立了民族政权。这些民族政权，同中原王朝的交往除保持贸易、互通有无的经济因素外，主要是出于政权生存的战略需要而臣属汉、唐。

历史上，曾产生较为深远影响的此类型民族政权还有西晋末以后的十六国、北朝和五代十国之后同宋鼎立的辽、夏、金政权。

十六国是匈奴、羯、氐、羌、鲜卑五个民族先后在中原建立的民族政权。"五胡"中，匈奴、鲜卑曾在蒙古草原建立过游牧帝国，帝国解体后，同羯、氐、羌一样，从草原地带向中原内迁。内迁前的"五胡"以游牧为

---

① （宋）范晔：《后汉书》卷八十五，中华书局 1965 年版。
② 陈连开：《中国民族史纲要》，中国财政经济出版社 1999 年版，第 173 页。
③ 陈昌：《渤海国经济试探》，《北方论丛》1982 年第 3 期。

主业，在一定的范围内迁徙主要是为寻找更多的牧草资源。同农耕生产相比，游牧生产的原材料——牧草总是处于自然生存状态，并不需要人工、物质的投入，因此，牧草生产是一种低成本或无成本的天然过程。游牧生产的成本只在于非密集劳动力的投入和初级畜群培育。成本低廉的游牧生产虽然是其优势，但其缺点也是显而易见的。其一，由于单位面积的草地生产的牧草量较少，生产必须有较为广阔的草地才能维持；其二，人口增长使一定区域内生存资源量变得相对匮乏；其三，受自然因素，如低温、霜、旱影响显著。显然，游牧社会寻找新的牧草资源和对外资源依赖是其生产内在矛盾决定的，不断的移动也就成为游牧社会的外在特征。受以上三者不利因素的影响，从事游牧的"五胡"向中原内迁就成为必然趋势。西晋末年以前，周、秦、汉、魏、晋诸王朝，依靠农耕社会，都拥有强大的实力维持北方同游牧人群的边界（是政权边界，也是资源边界）。边界的维持需要耗费中原帝国的大量的资源财富。采取武力御边，大量的资源被执行战争的士兵消耗掉，同时，耗减劳动力，并不见得有胜算的把握。西汉初年汉高祖刘邦在白登被匈奴围困便是一例。汉武帝及其后继者讨伐匈奴，虽然取得了胜利，但却几乎耗尽国力。另一种是以和平的形式，通过和亲、封赐、提供牧地，以体面的形式向游牧社会进行资源输出，满足游牧社会的资源需求，以软实力阻止游牧民的南下。不论中原王朝采取何种措施，游牧民对农耕边民的掠夺仍然时有发生。中原王朝的倒塌，游牧社会通过间接获得农耕资源的补充方式也就不复存在，游牧人群在生存压力的驱使下，如潮水一般涌进中原，形成了西晋末年以后的北方乱象。内迁中原的游牧人群依然受到生存资源的困扰。于是，游牧人群依靠原有的游牧部族组织，深入农耕社会进行抢掠，消灭抵抗势力。当游牧部族控制了局部或者整个北方地区后，维持军队和核心统治部族的资源生产便成为急需解决的问题，农耕生产的恢复也就顺理成章，同时，游牧者的传统生业——游牧生产依然保存。因此，在农、牧生产因素的决定下，新的不同于汉族王朝的民族政权先后建立。从匈奴建立的刘汉政权开始，"五胡"建立了前赵、后赵、前燕、前秦、后秦、后燕、西燕、后凉、西秦、北凉、南凉、南燕、西凉、夏、北燕诸多民族政权。这些政权相互攻伐，曾形成过后赵、前秦两次短暂的北方统一。前秦瓦解后，形成更多的民族政权，最终北方统一于在代北崛起的拓跋魏。北魏末年内乱后，北方形成了东魏北齐、西魏北周的东西对峙局势，终统一于隋。从北魏开始，采取了一系列措施，北方诸民族政权由农牧兼备向着以农业为主的社会转型。

辽、夏、金是隋唐五代之后在中原建立的三个民族政权。契丹是以宇文鲜卑的一支为主体，在松漠间发展起来的一个民族，形成于北魏时期。《魏书》载："契丹在库莫奚东，异种同类，俱窜于松漠之间。"①"松漠之间"在今内蒙古赤峰及翁牛特旗一带，《辽史》说此地"地沃宜耕植，水草便畜牧"②。史书最早记载契丹农业的是在辽始祖时期："自涅里教耕织，而后盐铁诸利日以滋殖。"③ 在涅里之前，契丹主要从事畜牧业，其部落组织的能力主要体现在控制和利用水草资源。到辽太祖时，称："始兴板筑，教民种桑麻，习组织，已有广土众民之志。而太祖受可汗之禅，遂建国。"④ 因此，契丹的超部落的政权组织是在农、牧兼营的生产方式之下而产生。至唐末，阿保机为契丹首领时，伐女真、破室韦、劝降奚族，征服渤海国，统一了东北地区和东北各族，仿照汉王朝体制建辽。在东北地区统治200余年（907年—1125年）。契丹曾臣属于北魏，"岁常朝贡"，献名马，同中原经济交往密切。到8世纪中叶，以大贺氏部落联盟为首的契丹各部，是唐朝统治下的一个民族，唐置松漠都督府，并于各部置州，以其首领为都督刺史。

西夏是我国中古时期以党项羌为核心部族建立的民族政权。党项本为西羌诸部之一，6世纪后期，活动于今青海省东南部黄河河曲，古称析支之地。早期党项羌按其姓氏结成大小不等的部落，各自分离，互不统帅。史载："畜牦牛、马、驴、羊，以供其食。不知稼穑，土无五谷。"⑤ 隋唐时，党项内属，臣属于隋唐王朝。7世纪中叶，受吐蕃东扩挤压，散居于今甘肃南部及青海境内的党项各部陆续内迁至唐陇右道的洮、秦、临等州及关内道庆、灵、夏、银、胜等州。党项的这次内迁，使他们到达了可以

① （北齐）魏收：《魏书》卷一百，中华书局 1974 年版。
② （元）脱脱撰：《辽史》卷三十七，中华书局 1974 年版，第 440 页。
③ （元）脱脱撰：《辽史》卷四十八，中华书局 1974 年版。
④ （元）脱脱撰：《辽史》卷二，中华书局 1974 年版。
⑤ （后晋）刘昫：《旧唐书·突厥传》卷 198，中华书局 1974 年版。

更大规模从事农业的地区。"安史之乱"后，党项再一次大规模内迁。公元881年，拓跋思恭助唐平黄巢受封为夏国公，统辖银、夏、绥、宥、静五州。党项所统之地，如灵州等都是"其地饶五谷，尤宜稻麦。甘、凉之间，则以诸河为溉，兴、灵则有古渠曰唐来，曰汉源，皆支引黄河。故灌溉之利，岁无旱涝之虞"。① 因此，党项羌是由游牧而逐渐发展、依靠农业而壮大起来。唐亡后，党项先后臣服宋、辽。公元1038年，李元昊称帝建夏，史称西夏，拥有东据黄河、西至玉门、南临萧关、北抵大漠的广大地区，长期与宋、辽鼎立，至1227年被蒙古灭亡，立国近200年。

女真人居住在黑龙江流域和长白山一带，源于隋唐时期的靺鞨，辽灭渤海后，为辽所统治。女真有粗放的农业，渔猎业仍占有重要地位，诸部的发展水平也不平衡。辽的统治引起女真人的强烈不满，乘辽天祚帝时期衰落，阿骨打起兵击辽，于天庆五年（1115年）正月初一即皇帝位，定国号为大金。金灭辽、北宋降金，金与南宋对峙，立国达100余年。

契丹、党项、女真，通过畜牧业，逐渐发展壮大起来。在他们的发展过程中，逐渐利用有利于农业的地区又发展起农业。农牧的结合，使得这些游牧部族向着超部落部族的部落联盟发展，最终建立起了农牧兼营的民族政权，同宋王朝形成了长期并立对峙局面。

蒙古族、满族在中国建立过大一统的元、清政权。从蒙古族、满族的发展过程看，其中、早期政权的存在，仍然要依靠农、牧兼营的经济基础来维持政权统治。

二 民族政权的政治类型

历史上不同时期、不同民族建立的民族政权，依据其和中原王朝的关系，大致可以划分为几种政治类型：②

（一）与中原王朝长期对峙后，大部或部分归附于中原王朝，或建立臣属关系，或建立友好和亲关系。

如秦汉时期的匈奴单于国。春秋战国时期，当中原诸侯混战谋求实现

---

① （元）脱脱撰：《宋史》卷四百八十六，中华书局1977年版。

② 本部分内容参照陈育宁《民族史学概论》（修订版），宁夏人民出版社2006年版，第120—134页。

统一的时候，北方草原诸部以匈奴为中心集聚，公元前 209 年，冒顿建立了先以漠南、后以漠北为中心的北方游牧民族的第一个奴隶制政权，并以长城为界与秦汉王朝对峙长达一个半世纪之久。至公元前 51 年，因诸单于纷争，漠北大灾，呼韩邪亲至长安，接受汉朝封号，南匈奴降汉，开了漠北政权接受中原王朝统辖的先河，促成了漠北地区与中原的统一。

又如隋唐时期的吐蕃国。松赞干布于 617 年继位后先后降服塔布、工布、娘布、羊同、苏毗、香雄等部，统一西藏地区，建立了奴隶制统一政权。唐与吐蕃有和亲，也有争战和会盟。长庆唐蕃会盟以后，双方共声："自今而后，屏去兵革，宿岔旧恶，廓焉消除。"[①] 次年又重申："结立大和盟约，永无谕替！"[②]

（二）与中原王朝长期对峙后，势力渐强，入主中原，控制一部分地区，建立少数民族政权。

如鲜卑入主中原，统一北方，建立北魏朝廷。公元 2 世纪中叶（东汉后期），鲜卑首领檀石槐统一了东西诸部，南侵中原边地，北逐丁零，东败扶余，西击乌孙，尽有匈奴故地，在大漠南北建立起一个部落军事联盟性质的政权。到公元 3 世纪中叶，鲜卑分裂为许多部，其中比较强大的有慕容部、拓跋部和宇文部。慕容鲜卑先后在辽东和中原地区建立了前燕（285 年—370 年）、后燕（384 年—407 年）、南燕（398 年—410 年）等政权。拓跋鲜卑在繁峙（今山西繁峙县）建立代政权（338 年—376 年）。4 世纪末以平城（今山西大同市东北）为中心，建立北魏政权（386 年—534 年）。孝文帝太和十八年（491 年）迁都洛阳。源于匈奴的宇文部鲜卑化后在关中建立北周政权（557 年—581 年）。

（三）内附于中原王朝的少数民族，不断内迁，势力强大，利用时机，割地自居，建立地方割据政权。

如西晋末年在中原地区建立的少数民族政权等，契丹族建立的辽朝、女真族建立的金朝、党项族建立的西夏等政权也属于这一类型。

契丹原属鲜卑的一支，到 8 世纪中叶，以大贺氏部落联盟为首的契丹

---

① （后晋）刘昫：《旧唐书·吐蕃传》卷一百九十六下，中华书局 1974 年版。
② 《唐蕃会盟碑》。此碑至今仍立于拉萨大昭寺前。

各部，是唐朝统治下的一个民族，唐置松漠都督府，并于各部置州，以其首领为都督刺史。安史之乱后，唐势日衰，至唐末，阿保机为契丹首领时，伐女真、破室韦、劝降奚族，征服渤海国，统一了东北地区和东北各族，仿照汉王朝体制建辽。在东北地区统治 200 余年（907 年—1125 年）。

唐末，据夏州地区的党项羌逐渐强盛，北宋宝元元年（1038 年）李元昊称帝，都兴州（今宁夏银川市），建国号大夏，史称西夏，拥有东据黄河、西至玉门、南临萧关、北抵大漠的广大地区，长期与宋、辽鼎立，至 1227 年被蒙古灭亡，立国近 200 年。

女真人居住在黑龙江流域和长白山一带，源于隋唐时期的靺鞨，辽灭渤海后，为辽所统治。辽的剥削和压迫引起女真人的强烈不满，乘辽天祚帝时期衰落，阿骨打起兵击辽，于天庆五年（1115 年）正月初一即皇帝位，定国号为大金。金灭辽、北宋降金，金与南宋对峙，立国达 100 余年。

辽、金、西夏都是与宋王朝并立对峙，以一个民族为统治、统辖多民族杂居的局部地区的民族政权。

（四）与统一的中央王朝相并立的地方性民族政权。

如北元—蒙古政权。朱元璋建立明朝后，蒙古族建立的元朝灭亡，元政权被迫迁往漠北。洪武初年，元顺帝北都应昌。明太祖连续用兵，直到天顺年间阿罗出入居河套，明朝与北元—蒙古的疆界大体上沿燕山、河套、贺兰山以及河西走廊北山一线稳定下来。北元—蒙古疆域保留了元朝版图中的岭北行省以及中书省，辽阳省的一部分，元朝版图的其余部分大体上归于明朝。这一时期，原蒙古族建立的统一的元朝政权，实际上分裂为两个并存的政权，即统一全国大部分地区的明朝政权和逐渐走向衰败的北元民族政权。明朝和北元—蒙古的对峙达 260 余年，一直延续到满族统一全国。

（五）统一王朝政治管辖下的地方民族政权，实质上也是统一统辖地方行政建制的另一种形式。

1. 属国制。始自秦汉，秦朝设"典属国"。汉承秦制，《汉书》记载西域属国 36 个，到东汉时西域属国有 50 个。这种地方行政建制与郡县制不同，是"因其故俗"以部落为单位设置的，在经济上对属国不摊派赋税。曹魏时，西域仍有 20 余属国。

2. 羁縻府州。在臣属、内附的边疆少数民族地区或对臣服的民族绥纳内迁，在安置地设羁縻府州县。最早出现这种带有某种"自治"性质的地方民族政权，是隋朝在岭南设立的。唐初最早也是在西南已归附的诸族地区建立羁縻州县。太宗以后，边疆少数民族不断归附，羁縻府州设置数量增多。唐代在周边地区设置的羁縻府州县共 856 个，由边州都督府或都护府管辖。羁縻府州由少数民族部落首领充当都督和刺史，有的原少数民族首领还被封为"可汗"。羁縻府州对中央王朝的经济负担一是朝献，二是交纳轻微的赋税，以表明政治上臣服隶属和经济上的赋税关系。

3. 土司制。始于元代，元代蒙古族统治者出于"远方蛮夷顽犷难制，必任土人可以集事"①，故朝廷任命土司，管理当地事务。明朝在平定、收降南疆少数民族地区各部时，承认其辖区并保留其士兵，对元朝在各少数民族聚居的府、州、县所设的土官，也基本上以原官授职，设立土府、土州、土县。土司土官皆世袭，由中央颁府印，确定其等级、品秩和俸禄，并规定了承袭、考核、缴纳贡赋、应征等制度。允许土司在辖区内仍然保留其传统的统治机构和权力。这一制度普遍推行于南疆的云南、贵州、四川、广西和广东等少数民族地区，一直沿袭至清代。

4. 盟旗制。清朝政府为了分散编制、便于控制，在原有蒙古各部的基础上建立的。将蒙古各部在原来"鄂托克"（领地）的基础上设旗，由清政府从蒙古王公、台吉中决定人选，任命旗长扎萨克管理旗务，给以土地、牧丁、爵位、俸禄，仍安置在原来的牧区。各旗长统率部属，政治权力可世袭。旗与旗不相统属。旗之上设盟，盟长也由清政府任命，盟长只有权按清政府的规定，定期在固定的地点召集各旗旗长扎萨克会盟。会盟时，必须由清政府理藩院派官员检查。为限制盟长专权，清政府规定盟长不得直接向所属各旗发号施令，但可以监督军政事务。旗长扎萨克与原来蒙古部落领主的地位不同，是清政府在蒙古地区的行政官员，履行清政府委派的职责。清代在蒙古地区实行的盟旗制度，名义上以蒙古王公管辖本族政务，有一定程度的"自治"，实质上削弱蒙古地方势力，使蒙古族难以形成一个政治整体。

---

① （明）宋濂：《元史》卷二十六，中华书局 1976 年版。

5. 伯克制。清政府在维吾尔族聚居区按回疆原有的制度，在各城设阿奇木伯克，总管各种民政事务。与原有制度不同的是取消了伯克的世袭，并分散其权力，使之分别受清政府委派的各大臣管理。伯克官阶自二品到四品，政府分给一定数量的养廉田，收取租税，以代薪俸。

（六）中央王朝监护下的藩属国，属于地区性的民族政权，大多利用中央政府敕封的爵位与官号，扩充实力，割据一方，与中央王朝保持一定的政治上的隶属关系和经济上的朝贡关系。

如唐代的渤海国，粟末靺鞨族大祚荣在长白山一带建立的以粟末靺鞨为主体、吸收高丽、沮等族的多民族国家。大祚荣出于确保自身统治和增加国力之目的，接受唐朝的招谕，并派次子大门艺入侍唐廷，宿卫京师。唐朝向渤海都督府派"长史"，就地在渤海实施监督。又如南诏国。唐开元二十七年（739 年），在唐朝的支持下，在洱海地区建立了以乌蛮奴隶主为核心、联合白蛮奴隶主的南诏国。南诏前后历 200 年，传 13 代，其中有10 代受唐册封，从而确立了南诏对唐朝政治上的从属关系和经济上的朝贡关系。再如回纥国。骨力裴罗时期，回纥立国，"斥地愈广，东极室韦，西越金山，南控大漠，尽得古匈奴地"[1]，成为漠北的唯一强国。唐朝政府适时地承认回纥首领的可汗地位，历 13 名可汗，有 12 名受唐册封。回纥国称唐朝皇帝为"天可汗"，政治上从属唐朝，军事上曾助唐出兵吐蕃和平定安史之乱，与唐朝的藩属关系一直保持到唐末。

（七）与同时期的王朝并立的民族政权，最终统一全国，成为全国性政权。

对我国历史影响最大、最为深远的少数民族是蒙古族和满族。蒙古族是我国蒙古语族诸民族中最大的一个民族。蒙古族先民在唐朝称为"蒙古室韦"，活动于今大兴安岭东西、额尔古纳河一带，约在 8 世纪时开始西迁，游牧于斡难河和怯绿连河之间。到 11、12 世纪时，在蒙古草原上，有蒙兀部（蒙古部）、克烈部、塔塔儿部、蔑儿乞部、斡亦剌部、乃蛮部、翁吉剌部、汪古部等。随着对草原资源的利用和控制，诸部之间的争夺也趋于激烈。蒙古孛儿只斤部贵族铁木真，在长期的争夺中壮大了自己的势

---

① （宋）欧阳修：《新唐书·回鹘传上》卷二百十七上，中华书局 1977 年版。

力，在与诸部的联合、相互攻伐下，最终于 1206 年统一了诸部，在斡难河源称汗，建立蒙古国，铁木真被各部尊称为成吉思汗。蒙古统一以后，于 1227 年 8 月攻灭西夏，1234 年 3 月攻灭金朝。从 1218 年至 1258 年，蒙古先后发动三次西征，使蒙古帝国称霸欧亚大陆。蒙古国是典型的利用畜牧业建立起来的政权，到攻灭金朝后，在耶律楚材劝谏下，成吉思汗同意复苏农业，鼓励汉人垦殖，重视农业。1271 年，在争夺汗位中胜出的忽必烈，改国号为大元，建立元朝，即元世祖。1276 年元朝攻灭南宋，统一全国，形成了"北逾阴山，西极流沙，东尽辽左，南越海表"的辽阔疆域，较之汉唐盛世，领土更加广阔。元朝除以今河北、山东、山西等地为"腹里"外，还设置了岭北、辽阳、河南、陕西、四川、甘肃、云南、江浙、江西、湖广等"行中书省"，简称"行省"或"省"。元朝是我国第一个由少数民族建立起的政权而统一全国的王朝。元朝的建立，结束了自唐末以来 400 多年的分裂局面，将亚洲中部草原地带同亚洲南部的黄河、长江流域等更为广阔的地域联结为一体。1368 年，朱元璋建立明朝，元朝灭亡。

满族的前身是女真族。女真族长久以来居住在今松花江南北及黑龙江一带。早在 11 世纪时，女真族的完颜等部已经建立金朝，以后又从东北迁入黄河流域，另一些部落直到明初仍然留住在东北，分为海西、建州和野人三部。野人部"无市井城郭，逐水草为居，以射猎为业"。[①] 海西、建州两部虽然还过着渔猎生活，但已经从事畜牧与农耕。三部中海西和建州邻明边而居，满族就是以建州女真为核心兼并海西女真的基础上产生的。明朝在女真地区建立了众多卫、所，以各部酋长为督都、刺使，"分而治之"，并许其持敕书定期来内地贸易。16 世纪后期，隆庆、万历年间，在建州部居住的费阿拉（旧老城）和赫图阿拉等地区，"土地肥饶，禾谷甚茂，旱田诸种，无不有之"[②]，一般都使用铁制农具和牛耕，农业已成为主要的生产部门。随着女真农牧业的发展，控制农牧资源的兼并战争也拉开了序幕，建州女真首领努尔哈赤登上历史舞台，完成了女真各部的统一。

---

① （明）宋濂：《元史》卷五十九，中华书局 1976 年版。

② 李民寏：《建州闻建录》。

努尔哈赤建立起了与农业相适应的社会组织是八旗制度，旗兵"出则为兵，入则为民"[①]，"无事耕猎，有事征调"[②]，最终在 1616 年，建立"后金"政权。此后，"后金"同蒙古联盟，共同对抗明朝。在占领辽沈后，"后金"实行"计丁授田"，使八旗兵丁与土地建立了稳定的关系，成了满族向农业经济过度的物质基础。1636 年，皇太极在盛京（今沈阳）定国号大清。1643 年，清军乘明末农民军推翻明朝之机，进入山海关，在北京建立了清中央王朝，遂成为统治全国的政权。乾隆时期，清的国内辖地除顺天府和盛京外，还包括称为本部的十八行省和称为藩部的内蒙古、青海蒙古、喀尔喀蒙古、西藏、新疆等地。清王朝的疆域北至恰克图，南至海南岛及南海诸岛，西至葱岭，东至外兴安岭、库页岛，已经成为一个幅员广阔、国势强大的统一国家。清统治中国近 270 年，在 1911 年的辛亥革命中倾覆。

第三节　少数民族政权地位与历史作用

一　少数民族政权是历史客观存在

从以上少数民族政权的产生、类型来看，少数民族政权同汉族政权一样，是人类利用不同地域的自然资源，形成不同类型的生产方式而产生的政权组织。汉族首先在亚洲东部的黄河长江流域，利用农业生产方式，逐渐形成农业型政权组织，并逐渐发展壮大，建立起影响东亚，乃至世界的国家组织。在亚洲中部草原、青藏高原、云贵高原等地的少数民族，首先利用天然的草地资源，发展起畜牧业，逐渐建立起牧业为基础的政权组织。从农业生产方式和牧业生产方式的发展来看，这两种生产方式都能够形成规模不等的社会政权组织。从亚洲东部的地域特征来看，两种政权组织都是利用和控制自然资源的产物，又是对自然适应的结果。研究少数民族政权必须正视这一自然和社会两种因素共同作用于人类社会这一客观实事。正视这一事实，才能够正确看待中国历史上的汉族王朝同少数民族政

---

① 《清太祖实录》，卷七，天聪四年五月。
② 魏源《圣武记》卷一。

权之间的关系。

二 少数民族政权的形成与发展历程，对中原王朝治乱兴衰的历史经验有警示作用

秦汉时匈奴的强大，并未影响秦汉对内和对外的边界功能，最终两汉战胜匈奴，匈奴与汉由"敌国"关系而最终变为臣属关系。晋末的"八王之乱"长达 16 年之久，最终造成西晋国力耗尽，王朝四分五裂，北方少数民族乘势而起，建立了"五胡十六国"、北朝诸民族政权。因此，"五胡乱华"之局面的形成的前因是"华的自乱"。南北统一于隋唐，形成了唐的盛世。唐末内乱再起，形成五代十国的分裂纷争局面，最终造成了宋辽夏诸政权的鼎立。宋王朝终难以形成有效的军事势力恢复汉唐王朝一统中国南北的大业。金灭辽后又形成宋夏金先后统霸一方，最终被北方崛起的蒙古的铁骑逐个击灭，蒙古族建立的元朝，统一了中国。元朝统治中国，又不得不面对汉、唐所同样面对的农民、农业问题，最终在农民大军的讨伐中败走蒙古高原。

同样，明朝末年，王朝内部也出现了农民、农业问题，最终倒在了内乱之中，给崛起于东北的满族人有隙可乘，满族人入关，建立了统一中国的清王朝。因此，少数民族政权的崛起，尤其是在中原建立的诸王朝，首先是因为汉族王朝衰落造成政权的瓦解或国力衰退，最终难以守住农牧边界而造成国灭，从而为少数民族政权的进入创造了机会。当然，少数民族政权的形成和发展，有着多重因素，但汉族王朝内乱和衰弱无疑是重要原因之一。所以，研究少数民族政权发展轨迹的重要价值之一，是对历史上汉族王朝的一个检讨，也是对如何维护中华民族统一局面的一面"镜子"。

三 民族政权建立，推动了少数民族向效率更高的农业化发展，给农业制度文明注入了新活力

从推动民族政权建立和发展的业态来看，少数民族社会组织的建立，首先依靠其传统的畜牧业，并在此基础上不断发展壮大。在亚洲中部草原地带，无论是匈奴、鲜卑、柔然、突厥、回纥等游牧政权，进入中原建立的诸民族政权，还是建立统一中国的元、清政权，其发展之初都依赖于草

原资源。所不同的是，在中原建立的民族政权，以及东北的夫余、高句丽、渤海诸政权和西域诸国，在其发展进程中，农业成为他们越来越依赖的重要生业。即便是匈奴、鲜卑、柔然、突厥、回纥这样的游牧政权，在其统辖的地域中仍然有零星的农业，只不过农业对整个牧业社会贡献不大，没有显著作用。少数民族接触、从事农业，具有深远的意义。通过对农业的了解和不断深入也就对汉族及汉族王朝物质文明、制度文明、精神文明、科学知识系统，以及建立在这些文明、系统之上的文化艺术文明有了更多的吸收，以至于改变自己的组织结构，改善认知体系，促进社会发展形态的进步。民族政权在经营农业的过程中，又将其牧业文明中有益的资源带入到政权当中，对农业制度文明起到了丰富和完善的作用。如在唐初起到过积极作用的"均田制""府兵制"，就肇始于北魏和西魏；元代的行省制度，被明、清沿用，且一直影响到现代；清代设置理藩院，对至今的治国理念和治理途径都有历史借鉴价值。

四　民族政权的建立与中华的扩大

不可否认，少数民族政权的建立，使其社会力量有了质的飞跃，在同汉族王朝的争夺中，汉民族和少数民族都付出了血与火的沉重历史代价，但对以后的中国，却有着重要作用。

汉族王朝首先建立起"内中华而外夷狄"的天下观念。这种观念的形成，首先是缘于黄河中下游的河洛地带，也就是被称为中原的地区。华夏族正是利用中原的农耕资源而逐渐发展起农业，建立起了国家政权。《左传》说"中国有礼仪之大，故称夏；有服章之美，谓之华"，华是指汉服，夏指行周礼的大国，而"华夏"的意思就是"身穿华裳的礼仪之邦"。从华夏形成的过程来看，就是利用中原的农业资源而形成的拥有物质文明和制度精神文明的民族，是天下之中心，具有无比的优越性。正因为如此，当汉族王朝没落时，并不意味着"中华"的灭亡。西晋末年后形成的"五胡十六国"、北朝，隋唐"五代十国"之后形成的辽夏金元，以及明末在中国建立大一统清王朝，都以"国人"、中华正统自居。原来的"中华"崩溃了，而代之以扩大了的中华。

其一，黄河、长江流域，只要是利用农业生产技术，建立符合农业生产的相应人类组织，就能长久提供维持社会生存的农业资源。因此，无论哪一个民族，只要进入这一地区，就会被这里优越的生存条件所吸引，被自然和经济社会规律约束和改造，这是中华形成的物质基础。

其二，少数民族由边疆进入中原，建立政权，使得更多的非汉族力量加入到中华中来。中华的概念，是一个包括地域中心因素在内，并由此而产生的"天下"观念的复合体。少数民族一旦进入中原，就意味着对中华的认同。这种认同在表象上来看，是所谓的"汉化"，从本相上讲，就是同化于农耕社会，因为汉族本身就是农业社会的产物。因此，"劝课农桑，仓储救灾"、儒家文化等这些从农业社会中生出来的基因，民族政权也同汉族王朝一样，践行不逾。

其三，从民族政权发展过程来看，是一个由"外"至"内"，最终又由"内"至"外"的过程。如美国学者拉铁摩尔认为："在中国历史上，可以看出一个显著的'边疆形态'：或者是一个王朝建立在边疆以外或者边疆之上，然后向内地推进，建立其对中国的统治；或者是在中国以内建立王朝，然后向外推进，建立其对边疆及边疆以外的统治。"① 这是一个非常具有启发意义的结论。从少数民族政权发展轨迹来看，无论是在边疆建立政权，还是进入中原建立政权，其趋势都是将中原以外的广大地域带入到中华之中来，从地域上扩大了中华，实现了"天下"观念上没有边界的外延。同时，这种扩大了的中华，无论是汉、唐、宋、明，还是"五胡十六国"、北朝、辽夏金还是元、清，都要面对一个共同问题，就是边防问题。汉、唐、宋、明要面对的主要是北方游牧民族，而北方游牧民族进入中原建立政权，同样又要面对他们过去的游牧伙伴对他们的袭击问题。因此，这一由"外而内，又由内而外"的过程，使得汉族和非汉族建立的政权不得不在不同时空，共同守护中华。

其四，在中原建立的少数民族政权，将牧业资源带进中华之中来，形成了农牧资源的互补，促进了贸易繁荣，中原同边疆地区人们的依赖关系，在经济上紧密地联系在一起。

由于以上诸多因素，无论是汉族王朝，还是少数民族建立的诸政权，

---

① 拉铁摩尔：《中国的亚洲内陆边疆》，唐晓峰译，江苏人民出版社 2005 年版，第 264 页。

无论是主观上，还是客观上，都在向中华靠拢：物质上离不开中华；观念上逐渐更像中华；地域上不断扩大着中华。正是汉族同各少数民族在不同时空中，共同守护着中华，虽历尽沧桑，但仍然生生不息，才有中华五千年来不断勃发的生机，今天又屹立在世界民族之林，发挥着巨大的作用。

第十章　少数民族历史人物

　　历史人物研究是中国历史研究的重要内容之一。自司马迁的《史记》开始，我国历代史书就是以人物传记为其主体内容，同时，对历史人物的评论历代皆成传统。自 20 世纪 50 年代，史学界曾就历史人物评价原则、标准、方法等理论问题进行过热烈讨论，取得了一些共识。60 年代，历史人物评价理论的研究又走上了一个曲折的道路。改革开放以来，历史人物研究再次成为历史学界乃至社会重要议题，历史人物研究从单一的政治视角向多元视角转化，将不同历史人物研究放到社会生活的本来面目中，采取客观态度进行研究，已经取得了丰硕的成果。在历史人物研究中，少数民族历史人物研究是重要的组成部分，并且取得了不少成绩。少数民族历史人物在中国整体社会历史以及局部社会历史中曾经起到过不同作用，对他们的研究与评价，史家从不同角度出发，曾有过同中有异、异中存同的结论。中国是一个多民族的国家，在研究、评价少数民族历史人物时，既要尊重个性，尊重历史，又要从中华民族是一个整体的角度出发，着眼全局和发展，这对于今天来讲，依然有着方法论和经验的借鉴作用。

第一节　少数民族历史人物的产生

　　中国很早就形成了华夏族居于中原，大部分"蛮、夷、戎、狄"居于周边的"五方之民"的分布格局。"内诸夏而外夷狄"，首先是古代中国诸民在地域上的客观分布，而后才形成了"五服"的天下观念。地域上的差异对古代中国诸民族影响很大。汉（华夏）族最早在黄河、长江流域利用农业资源，开发农业生产，首先发展壮大起来，建立起辉煌的农业文明。

农业文明产生、发展的历史过程，也是著名汉族历史人物层出不穷的历史，可以说，农业文明社会同汉族历史人物的出现互为因果。与此同时，居住在周边的"四方"之民同样建立起同农业社会有着相当差异的社会文明。从"四方之民"的生活地带来看，主要分布在亚洲中部草原、青藏高原、云贵高原。这些地域，除部分山间、河谷、绿洲适合于农业外，大部分地域为在形态上存在差异的草原地带。这些"四方之民"利用草原地域资源，发展畜牧业生产，逐渐形成了分布有疏有密、大小不等的牧业社会，最终形成了同中有异的牧业文明。历史文献记述中，汉族的先民炎帝被称为神农氏，《周易》说神农氏"斲木为耜，揉木为耒，耒耨之利，以教天下"。而秦厉公时，羌族的先民爰剑则"河湟间少五穀，多禽兽以射猎为事，爰剑教之田畜，遂见敬信，庐落种人依之者日益众"。① 因此，不论是农业社会，还是牧业社会，生产是人类社会一切文明产生的本源。无论是农业社会，还是牧业社会，社会生产都是一个需要特定地域，并在特定时间内的运动过程。正是在生产过程之中，人同物质生产的形式以及获得生产所必需的知识、组织生产的社会组织之间的结合、对抗、观察、交流等必要的环节中，起到显著作用的历史人物便脱颖而出。社会生产必然导致社会财富的不断积累，因此，在生存资源相对充足的环境之中，社会人口就会逐渐繁衍生息，形成具有一定数量规模的人类社会。因此，在物质条件优势和社会成员在数量上的优势背景下，形成影响社会发展的历史人物便成了可能。

从"四方"少数民族的历史发展来看，随着利用草原资源规模的扩大及生产水平的提高，有了一定的人力和物力的支持，牧业社会发展壮大起来，超部落、部族的部落联盟乃至政权产生便成为可能。从历史发展的实际来看，部落联盟乃至政权的首领是推动部落、部族向高级别共同体运动的关键。畜牧生产不断积累起的人力和物力是畜牧社会发展的物质基础，在此基础之上，杰出的部族首领才能有施展才能的空间，带领部落人民不断地推进社会组织往前发展。在特定草原环境中，一些首先壮大起来的少数民族部族必然会向外扩展其生存边界，必然会与其他部族产生控制和争

---

① （宋）范晔：《后汉书》卷八十七，中华书局 1965 年版，第 287 页。

夺资源的竞争。这种竞争是一种生存竞争，因此，一个部族的获胜或者失败，就决定着这个部族存亡。因此，在生存竞争中，支配部族的首领的能力成为部族成败的关键。在这种竞争环境中，一些部族首领往往能脱颖而出，带领部族控制了更大规模的资源，较为统一而又规模较大的畜牧社会便逐渐形成。从北方游牧社会来看，牧草资源总体上处于稀缺状态，这就决定着，游牧部族在较为极端条件下，对牧草资源的控制和争夺变得更加激烈。这就使得游牧社会始终处于一个为资源而争夺的压力状态。多个较为强有力的部族组织之间的竞争会趋于紧张。能够保证自己的部族组织有足够的资源以及部族组织的生存，最好的方式就是消灭或者控制、改造、融合自己的竞争对手。于是，强大部族间的统一战争便不可避免的持续进行着。这使得更多的有能力的部族首领参加到这场争夺中来，那些支配局部的部族首领们跃变为较大地域的盟主，有的成了声名远播、主宰亚洲中部草原或者青藏高原等地的领袖人物。在畜牧社会局部统一之后，其边界便扩展到了与农耕社会相邻的地域是不可避免。畜牧社会一经同农耕社会接触，农业社会的资源就成为其依赖的重要资源。除了少数民族对农业社会的掠夺、战争获取资源外，少数民族政权同中原汉族王朝也通过和平方式向农耕社会获取资源。在与农耕社会的互动中，出现了影响范围更大的政治、军事人物，甚至成为民族政权的支配人物。在汉族王朝衰落时，一些民族政权直接控制黄河流域或者统一中国南北，在这一过程中，形成了一批少数民族领袖，成为影响中国历史的重要人物。

近代以来，随着工业化生产对西方世界的深刻影响，形成了一些世界性强国，他们怀着远销工业品的目的和扩大殖民统治的野心，先后出现在传统中国的周边。这种在中国周边形成的进攻势力，给包括传统"四方"之民的少数民族在内的所有中国人以空前的压力，这是一种根本不同于以往"四方"之民对汉族王朝的压力，也不同于少数民族进入中原或者统一中国南北后，他们过去的游牧伙伴对他们的挑战。因此，中华民族在这种前所未有的变局之中一经呼出，便形成了"四方"之民同汉民族的共鸣，抵抗外来势力的力量空前高涨、一致，中华民族就是在这样一种环境中得到了认同和升华。在同西方势力从海、陆不同方向渗入中国的争战中，无数勇敢的中国人身先士卒，不惜生命，顽强抵抗，形成了许多可歌可泣英雄人物，其中许多就是少数民族英雄人物。

如果说，有一定社会生产能力、较多人口因素及有初级的社会组织，为少数民族政治、军事人物出现提供了条件，那么，那些对少数民族影响较大的科技、文化、艺术人物的形成，就会要求有更高的社会条件，这些人物的出现，不但是建立在无数前人成果的积累之上，更是建立在社会财富较为充足、有较为发达的社会政权组织的保障以及社会自身发展的需求之中。当一个社会发展到这一阶段，较有影响力的科技、文化、艺术的人物出现，也就成为历史必然。

第二节　少数民族历史人物的类型

少数民族历史人物是社会历史发展的产物，在不同条件下，会有不同的人物出现。从类型来看，大致可分为三类。

一　少数民族政治、军事人物

少数民族政治、军事人物是指汉族以外的民族中的杰出人物，他们对各民族乃至中国历史发展有着重要的影响。这些少数民族政治、军事人物主要出自少数民族政权，也有些少数民族是大一统政权中的政治、军事人物，起到过重要作用。

从历史文献记载来看，先秦时期的少数民族政治、军事人物寥寥无几，但已经出现。东周时期有山戎、戎狄、林胡、东胡等诸多游牧人群对中原诸国的侵夺。《后汉书》记载秦厉公时，羌族的先民爰剑教会羌人"田畜"，并成为一支羌人种落的首领。从《魏书》记述拓跋鲜卑先民来看，部落酋长拓跋毛生存年代大约在公元前六七十年代，而在此之前，拓跋鲜卑已经传"六十七世"，其部落、部族首领很早就出现了。先秦时期影响少数民族的政治、军事人物就存在着，但由于其社会组织力量仍然处于较为分散的状态，没有形成系统的社会力量，对汉族社会影响较小，被汉文献记述的政治、军事人物的概率也就更小。同时，由于少数民族还没有形成较发达的文化记述系统，其有影响的历史人物只能在口耳相传中散失，无法形成永久记忆。

秦汉时期，戎、胡形成了几个大的民族集团，东北有东胡，西北有月氏，北方有匈奴。在这三个民族集团中，匈奴同汉族最为接近，同中原王朝有漫长的农牧交错带，匈奴对农业社会资源依赖程度较其他民族更加强烈。汉文献对月氏、东胡集团的首领只记述为"东胡王"、"月氏王"，但对于匈奴则不然。匈奴在战国末年至秦代初期发展壮大起来，头曼就是活动于这一时期匈奴著名的单于。头曼之子冒顿是继其后另一位匈奴单于。冒顿建立、训练了一支听命于自己的卫队，依赖这些力量，夺取了单于之位，并且建立了较为完整的政权组织系统。此后，在冒顿的带领下，匈奴东破东胡，西击月氏，南并楼烦、白羊、河南，北服浑庾、屈射、丁零、鬲昆、薪犁诸国，形成了一个控制大漠南北，"控弦之士三十余万"的游牧帝国。冒顿之后，匈奴单于有稽粥、伊稚斜、呼韩邪等较为有名。

东汉时期呼韩邪单于比附汉。西汉时期，同汉关系密切的乌孙国王有猎骄靡、岑陬、翁归靡。汉使张骞西域归来后，建议与乌孙联姻，汉朝先后将细君嫁猎骄靡、岑陬。细君死后，汉又将解忧公主嫁给岑陬，岑陬死后，细君又嫁给翁归靡。乌孙在猎骄靡、岑陬、翁归靡任昆弥（国王）时期，控制地域和国力都有所扩大，在同汉的联合中，大败匈奴，缓解了匈奴对双方的军事压力。西汉时期，西域鄯善国王尉屠耆、龟兹国王绛宾等，都与汉保持了良好的关系，促进了各自国家的经济文化发展。东汉时期，羌人、鲜卑崛起。西部羌人主要以种姓家支制度组成各不统属的种落。羌人种落繁多，并未形成一个较大规模的社会组织形式。其中影响较大的羌人酋长有爱剑的后人烧当、滇良、东吾、迷唐等。这些羌酋被史书记述，主要因其同汉的争夺中起电支配作用。当然，这些羌酋并未将所统的种落发展壮大，但其分散、不相统属的种落的叛服无常，使得东汉疲于应付，耗费了东汉大量的人力和物力。东汉时，东部鲜卑出现了一位名为檀石槐的人物，因其勇健有智略而被鲜卑部族推为首领。檀石槐建庭于高柳北三百余里的弹汗山歠仇水上，北拒丁零，东却夫余，西击乌孙，尽据匈奴故地，形成一个统东、中、西三部的部落联盟。檀石槐曾率部寇汉边，拒绝东汉的封授、和亲。檀石槐死后，鲜卑联盟随之瓦解。

魏晋南北朝时期，是中国北方民族大活跃时期，影响北方民族社会乃至对中国产生深远影响的民族人物，可谓层出不穷。如果按照民族类别来分，十六国时，匈奴主要有刘渊、刘聪、刘曜、赫连勃勃、沮渠蒙逊；羯人有石勒、石季龙；羌族有姚弋仲、姚襄、姚苌、姚兴；氐族有苻洪、苻健、苻生、苻坚、吕光等；鲜卑有慕容廆、慕容皝、慕容垂、慕容德、乞伏国仁、秃发乌孤等。这些民族人物，有的是民族政权的奠基者，有的是民族政权的建立者、十六国的君主。其中，羯人石勒、氐人苻坚曾短暂统一中国北方。北魏是继十六国之后，由拓跋鲜卑族建立的政权。曹魏时期，拓跋部首领拓跋力微并、服诸部，形成了一个"控弦上马二十余万"的部落联盟，并与曹魏和亲，巩固了其首领地位。力微死后，拓跋鲜卑虽有部落酋长，但处于松散或者分裂时期。至西晋末年，拓跋鲜卑部族迎立什翼犍为部族首领，最终统一了代北，公元 310 年，建立了代国，后被前秦苻坚灭，什翼犍被俘至长安。前秦淝水战败后瓦解，拓跋珪复代称魏。经鲜卑人拓跋珪、拓跋嗣、拓跋焘三代经营，最终由拓跋焘统一了中国北方。拓跋鲜卑诸政治人物中，除以上所述人物对拓跋的兴盛起到主导作用外，影响中国历史较大的是孝文帝。孝文帝太和改制，建立了同农耕社会相适应的制度，推进了民族融合。

北魏建立后，在北方能同其竞争的主要是柔然。柔然的首领社仑、吴提、予成等，是柔然政权的重要人物，也是对北魏王朝产生一定影响的人物。东魏、北齐，西魏、北周是继北魏之后，由鲜卑人建立的民族政权。高欢是北齐的奠基者，其子高洋建立北齐。宇文泰是北周王朝的奠基者，其所创立的府兵制成为影响隋唐的主要制度之一。宇文泰的四子宇文邕统一中国北方，建立北周。

隋唐时期，随着北方突厥、回纥的兴起，出现了一批较有影响的少数民族人物。突厥是 6 世纪初崛起于阿尔泰山脉西南麓的一个强大的部族。在其首领阿史那土门的带领下，突厥同西魏进行贸易，互派使者，和亲友好，两政权间联系密切，最终在鄂尔浑河流域建立突厥汗国。自土门之后，有名的大可汗有木杆可汗、沙钵略可汗、启民可汗、始毕可汗、颉利可汗、突利可汗等。木杆可汗是突厥的第三任可汗，在其带领下，彻底击败柔然，成为继柔然之后又一统治蒙古高原的游牧帝国，其控制地域东起大兴安岭，西至撒马尔罕和布哈拉的铁门，南自沙漠以北，北至贝加尔湖，东西万里，南北五六千里。木杆可汗嫁女给北周武帝做皇后，曾助北周进攻北齐。木杆可汗在位期间，通过与西魏、北周的交往，促进了西域同中原的文化交流。沙钵略可汗在位时，同隋有战有和，形成过与突厥短时期的友好关系。启民可汗是隋朝拜封的可汗，隋曾助其平乱，尽据有东突厥故地，对隋始终保持臣属关系。始毕可汗叛隋，助李渊父子建立唐朝。唐与始比可汗通婚，保持友好关系。颉利可汗曾叛唐，被唐太宗李世民所败后附唐，被软禁，贞观八年死，唐赠其归义王。突利可汗是东突厥前朝的末代可汗，附唐，唐太宗授其为右卫大将军，封平郡王。此外，东突厥后期的创立者骨咄禄、东突厥后期可汗默啜、毗伽可汗等，内部纷争，同唐有战有和，总体上保持友好关系。

回纥在 7 世纪初就分布在鄂尔浑河流域，后西迁今新疆一带。回纥早期首领菩萨与薛延陀联合，大败突厥，在土拉河建立牙帐，附于薛延陀，贞观三年派使者到唐朝贡。回纥的第一个可汗是吐迷度，他联合诸部攻败薛延陀，并占有其部分地区。吐迷度曾出兵助唐征薛延陀，最终消灭薛延陀，向唐进贡。唐太宗在灵州（今宁夏灵武县）接见回纥使者，赏赐甚厚。唐曾拜吐迷度为怀化大将军兼瀚海都督，受燕然都护府节制。骨力裴罗是吐迷度的六世孙，曾联合诸族，大败突厥等部，在嗢昆河（今鄂尔浑河）流域建立回纥汗国，自称骨咄禄毗伽阙可汗，遣使向唐贡献，唐玄宗封其为奉义王，册封为怀仁可汗，正式承认回纥汗国。骨力裴罗统治回纥时期，回纥控制地域扩大，经济繁荣。磨延啜可汗是继骨力裴罗之后，又一重要人物，史称其"勇悍，善用兵"，曾助唐平定"安史之乱"，与唐通婚，与唐保持友好关系。

唐时期，"乌蛮"（彝族先民）人细奴逻建立南诏政权，疏远吐蕃，尊奉唐朝为正朔。南诏第四世王皮逻阁，在唐的帮助下，统一了六诏，唐授皮逻阁以特进的官阶，封郡王，知沙壶州刺史，赐名归义。在皮逻阁的治理下，南诏社会经济发展到较高水平，曾击败吐蕃，与唐关系极为密切。阁逻凤，继南诏第五世王时，其国力大增，有统一云南之势，唐对南诏有芥蒂之心，双方引起摩擦，最终引发唐与南诏的"天宝之战"。阁逻凤在战胜唐军后断绝了与唐的关系，臣属吐蕃。此后，又通过移民，控制滇西、滇东，整个云南地区都成为南诏的统治之地。阁逻凤之后，南诏王有异牟寻、丰佑、世隆等，异牟寻曾与唐联合大败吐蕃，丰佑、世隆等多与唐战争，致使南诏日益衰落。

吐蕃著名的赞普有松赞干布、器弩悉弄、弃隶蹜赞、墀松德赞等。松赞干布即位后，统一了地方诸势力，在逻些建立了吐蕃王朝。松赞干布与唐通婚，迎娶了文成公主，加强唐与吐蕃关系，促进了汉、藏间的文化交流。松赞干布先后征服、兼并了娘布、工布、塔布、香雄、苏毗等部，控制了整个西藏地区。松赞干布在位期间，吐蕃经济得到了发展，设置了较为完整的官制，建立了地方行政组织和军事组织，命人创制了吐蕃文字。松赞干布之后的器弩悉弄、弃隶蹜赞、墀松德赞等与唐主要以通婚友好关系为主，也有战争，墀松德赞赞普遣使请求与唐会盟，盟约有："大唐文武孝德皇帝与大蕃神圣赞普，舅甥二主，商议社稷如一，结立大和盟约，永无谕替。"[1] 吐蕃有名的政治人物还有大相噶东赞，协助松赞干布建立吐蕃王朝，协助制定法律，出使唐朝，为松赞干布求婚，立有卓著功勋。

唐时，还有创立薛延陀汗国的真珠毗伽可汗、帮助唐僖宗镇压黄巢起义的党项人拓跋思恭等，拓跋思恭后被唐封为夏国公。

宋辽夏金时期，是我国又一次民族大活跃时期，有影响的少数民族政治、军事人物辈出。契丹族有耶律亿、耶律德光、耶律隆绪等君王。耶律亿建立契丹国，征服过突厥、吐浑、党项、沙陀诸部，形成东自海、西至流沙、北绝大漠的辽王朝。耶律德光、耶律隆绪在辽经济、社会等方面颇有建树。耶律曷鲁、耶律斜轸、萧挞凛等都是辽朝重要大臣或战将。党项族有李元昊、李谅祚等。李元昊是西夏的开国皇帝，即位后，开疆拓土，形成在西部控制有广阔地域的民族政权。李谅祚是西夏第二代帝王，亲政后，与宋通使，并仿宋朝设置官职。女真族有完颜晟、完颜雍等金朝君王。完颜晟即位后，进行了一系列开疆拓土战争，曾使西夏称藩，灭辽国。完颜雍与宋订立盟约，推动了金朝文化、制度建设。完颜宗翰、完颜宗弼、纥石烈良弼、仆散忠义等都是金朝有名的政治、军事人物。

元明清时期，少数民族政治、军事人物更是不胜枚举。建立蒙古汗国的成吉思汗及其后继者窝阔台等都对中国历史及世界产生了重要影响。元王朝的建立者忽必烈攻灭大理、南宋，最终统一中国南北，将首都迁至燕

---

① 《唐蕃会盟碑》。此碑至今仍立于拉萨大昭寺前。

京,改燕京为大都,建立行省制度,对中国疆域的扩展与奠定有着影响深远。元朝时,蒙古族大臣、将帅有伯颜、余阙、脱脱等著名人物。明代有促进蒙汉友好的蒙古族女政治家三娘子。清王朝的创始人是满族人皇太极,他的文治武功为清朝夺取中央政权奠定了基础。清朝入主中原后,康熙、雍正、乾隆开创了"康乾盛世",他们是中国历史上著名的领袖人物。蒙古族人孝庄文皇后,是清初有重要影响的人物。军政人物有济尔哈朗、图赖、多尔衮、多铎等,是清王朝缔造的重要人物。蒙古土尔扈特部首领渥巴锡率众由俄罗斯回归中国,受到了清王朝的高度称赞和欢迎。

在大一统王朝中,很多少数民族政治、军事人物为国家的统一和发展起到过重要作用。西汉时匈奴人金日磾,三国时羌人姜维,平定"安史之乱"的名将、契丹人李光弼,元朝回回人赛典赤·瞻思丁,明代壮族人岑瑛、回族人海瑞,清代藏族、西藏首席噶伦康济鼐等这一类型人,他们所效忠的中央王朝并不是以自己民族为统治民族的政权,但是他们的所作所为和历史贡献表明他们同样属于少数民族中的杰出人物。

二　少数民族科技、文化、艺术人物

历史上各少数民族曾经涌现出许多杰出的科学家、思想家和文学艺术家,他们对创造和丰富祖国的物质和精神文明,发展中华文化作出过卓越的贡献。根据文献记述,自三国时至清代,有史可载的少数民族著名科技文化人物约有130多位。[①] 东汉以后佛教在我国流行,出现了不少佛经翻译家,不少人就是出自西域的少数民族。如三国时期,祖上来自西域的东吴译经大师支谦就是其中最著名的一位。他共译出《大明度无极经》《维摩诘经》《大阿弥陀经》等小乘经典三十六部,四十八卷。[②] 梁代慧皎撰《高僧传》称支谦译作"曲得圣义,辞旨文雅",后人公认他是继汉代安世高、支谶之后最杰出的诵译经大师。罗什是十六国期的译经大师,其父是天竺国人,与西域龟兹王妹耆婆结缘。他译的经论既信且达,文美义足,创造了一种融合华梵的新体裁,即翻译文学,在中国文学史上开辟了一块

---

① 谢启晃等编著:《中国少数民族人物志》第一辑《科技文化人物》,民族出版社 1983 年版。
② 同上书,第1页。

新园地。他所译经论及其翻译方法，对后世影响很大，与真谛、玄奘并称为我国古代三大佛经翻译家。

北朝脍炙人口的《敕勒歌》的作者是北齐时的敕勒族人斛律金。龟兹乐是古代少数民族音乐的奇葩之一，传入内地后，给古老的中原文化输入了新的艺术血液。据《周书》记载，公元 568 年，龟兹音乐家苏祇婆随突厥木杆可汗之女阿史那陪嫁北周武帝宇文邕。苏祇婆传授的龟兹乐律"五旦七声"理论，对中原音乐起了重大的变革作用。苏祇婆作为宫调理论的创始人之一，对我国古代音乐的发展作出了杰出贡献。

公元 7 世纪初，吐蕃人通密散布喇参照梵文创造了藏文，从此吐蕃有了自己的文字。西夏文字的创造者野利仁荣是党项人，对西夏文化的发展有重大功绩。八思巴是蒙古新字的创制者。八思巴是藏族人，受元世祖之命，于 1269 年参考藏文字母，创造了蒙古新字。八思巴曾任元国师，领总制院事，掌管全国佛教事务和吐蕃地区的地方行政事务，对元代中央加强对西藏地方管辖及促进汉藏文化交流起过重要作用。

藏医药学是我国最为完整、最有影响的少数民族医药学之一。《四部医典》成书于公元 8 世纪，作者是藏族人宇陀·元丹贡布，对藏医的形成和发展作出了重要贡献。唐代"歌仙"刘三姐创作的山歌至今仍有影响，是壮族的歌唱家。尤素甫·哈斯哈吉甫是 11 世纪维吾尔族的著名诗人、学者、思想家，《福乐智慧》是他的一部以诗歌形式出现的文学作品，内容包括社会、政治、经济、哲学、文学、宗教等各个方面，是研究黑汗王朝社会的一部百科全书，也为研究古代维吾尔人提供了极为珍贵的资料，并对后来的维吾尔文学产生了深远的影响。

契丹人耶律俨编纂了《辽实录》，此书虽已失传，却是当时修纂《辽史》的基本依据。元代维吾尔族著名农学家鲁明善著的《农桑衣食撮要》，被列为我国农学史上重要的著作之一。扎马鲁丁是元代著名的回族天文学家，在大都建立的天文台和主持研制的多种天文仪器，为我国天文历法的发展做出了重要的贡献。受元世祖之命的回族建筑家亦黑迭儿丁，负责元大都的设计和建设工程，为后来北京城市的建设打下了基础。15 世纪初，回族著名航海家郑和率领的庞大船队"七下西洋"，是中国和世界航海史上空前的壮举，也是中西文化交流的使者。

17世纪下半叶到 18 世纪初，在我国文坛上出现的著名短篇古典小说集《聊斋志异》，是蒙古族文学家蒲松龄之作。清代满族文学家曹雪芹创作出了文学巨著《红楼梦》，影响深远。清代蒙古族著名科学家明安图，二百多年前写的《割圆密率捷法》，在我国数学发展史上具有重要地位。

清代蒙古族贵族萨囊彻辰经过多年努力，直到晚年用蒙文写成《额尔德尼脱卜赤》，后人汉译为《蒙古源流》；蒙古族人罗卜藏丹津修订的《蒙古黄金史》，这两部史学著作与《蒙古秘史》被称为蒙古族的三大史籍文献，具有很高的史学价值。历史上的少数民族群众和他们的艺术家创作了许多具有自己民族风格的音乐、舞蹈、戏剧以及许多光彩夺目的建筑、绘画、雕塑艺术珍品，是我国历史文化的瑰宝，是中华传统文化的重要组成部分。

三 民族英雄

历史人物的一个重要类型是民族英雄。历史上，在各民族发展和交往过程中，出现过大批的杰出人物，到底哪种杰出人物才能称得上是民族英雄呢？学者们对此曾有过分歧，分歧的关键在于如何看待在我国统一的多民族国家形成过程中，曾同时存在过诸多的民族政权，各族之间在其对立斗争的历史时期互为外族，在这种背景下如何判定在各政权斗争过程中形成的杰出人物。研究认为，能称得上民族英雄的，一般来说，应具备以下三点：其一，必须与民族斗争相联系；其二，为维持本民族和中华民族的利益，在反抗外民族的斗争中做出杰出贡献或坚贞不屈、具有大无畏的气概，保持本民族气节；其三，反对民族分裂，维护民族统一，维护社会经济发展中形成的杰出人物。① 据此，可以分清在不同历史背景下少数民族英雄的类属。

（一）各少数民族发展过程中形成的本民族英雄

少数民族历史人物中有政治、军事人物，也有少数民族的民族英雄，这两类人物有区别，但也有既属于少数民族政治、军事人物，又属于少数民族的民族英雄的双重类型。

---

① 陈育宁：《民族史学概论》（修订版），宁夏人民出版社 2006 年版，第 154 页。

第一，在我国历史发展过程中，形成过多个少数民族政权。那些在少数民族形成过程中，促使本民族发展、壮大或者统一并建立超部落组织的联盟、政权的领导者及促进民族政权内部社会经济发展、对外扩大交往、有作为的统治者，都可以称为少数民族政治、军事人物。少数民族的民族英雄是指在两个不同民族间的竞争、战争中出现，维护本民族利益，使本民族得到发展的英雄人物。在少数民族统一和政权形成及统治过程中，会出现两个或多个民族间的矛盾、战争，参与到这一过程的每个民族的政治、军事人物维护本民族利益，促进本民族发展，也应成为这个民族的民族英雄。如匈奴单于冒顿既是匈奴族政治、军事人物，也是匈奴族的民族英雄；成吉思汗是蒙古族的政治、军事人物，也是蒙古族的民族英雄。

第二，在少数民族政权中，那些没有参与民族间争夺与战争的少数民族政治、军事人物，他们的作为推动了本民族及社会经济的发展，推动了民族间交往，一般来讲，称之为少数民族杰出的政治家和领袖人物，如东汉时期附汉的呼韩邪单于，北魏的孝文帝、清朝的雍正、乾隆、蒙古族人孝庄文皇后等，而不称其为民族英雄。

第三，大一统国家中，在抵抗外来民族侵略中出现的少数民族英雄人物称之为民族英雄。

（二）中华民族的民族英雄

在坚决反抗外来民族侵略，特别是在近代反抗西方列强侵略中做出杰出贡献，代表了中华民族根本利益的历史人物，被称为中华民族的民族英雄。这些称得上中华民族民族英雄的众多人物中的少数民族，也是各少数民族的民族英雄。

如明代实际掌管田州事的壮族女英雄瓦氏夫人，嘉靖三十三年（1554年）被征调到江浙，率领"俍兵"抗倭。瓦氏夫人英勇善战，曾率军会同明军歼灭倭寇3000余人，取得了抗倭以来第一次大捷，扭转了整个抗倭战局，并在同年六月，斩获倭首300余级，焚毁倭船30余艘，明朝诏封瓦氏为二品夫人。彭荩臣是抗倭有功的土家族土官，在历次的抗倭斗争中取得战绩。土家族抗倭英雄还有彭翼南等。

17世纪40年代中期，沙俄在准噶尔边境企图推行侵略政策。蒙古准噶尔部首领巴图尔浑台吉同沙俄进行了坚决的斗争，使沙俄的侵略始终不能得逞，他统一了蒙古卫拉特部和喀尔喀部，为统一祖国边疆作出卓越的贡献。

海兰察是鄂温克族，乾隆二十年（1755年），参加平定准噶尔叛乱中战功卓著，在被清廷派往西藏抗击英国殖民势力时，屡立战功，为保卫祖国边疆，维护祖国统一，建立了功勋。

渥巴锡是我国厄鲁特蒙古土尔扈特部首领，在同沙俄的斗争中，为避免灭族之灾，通过周密谋划、斗争，摆脱俄军的袭击阻截，毅然率领本部族从伏尔加河流域，经过半年多艰辛跋涉，到达伊犁河流域，回到了祖国。

库尔察克是塔吉克族，曾为叶尔羌的伯克，在道光年间抗击帕米尔附近的浩罕汗国入侵叶尔羌地区时战功卓著，在保卫边疆的战斗中牺牲。哈萨克族抗俄英雄肯尼萨尔，在抗击沙俄侵夺中玉兹等地时，为保卫边疆献出了生命。

鸦片战争中，以身殉国的土家族将领陈连升、蒙古族英雄裕谦、满族爱国将领海龄等都是可歌可泣的中华民族的民族英雄。

在台湾，龟仔角十八社高山族头人，在反对美国侵略台湾的斗争中立有功绩，是著名的爱国主义者。高山族抗击日本侵略者的还有阿禄等。在广西，壮族人黄守忠，带领当地民众抗击法国侵略者。抗击法国侵略的还有白族将领杨玉科、伍廷义，苗族人项从周等。他们都用自己的行动和生命捍卫祖国边疆，英勇事迹流传至今。

中日甲午战争中英勇牺牲的回族将领左宝贵，在增援朝鲜战争中英勇抵抗日本侵略者，最终壮烈牺牲。在东北抵抗日本侵略、沙俄侵略的满族名将寿山是中华民族名垂史册的民族英雄。在抗击八国联军战斗中，回族将领马福禄率部英勇战斗，最终同自己从弟、侄子等战死，为国壮烈捐躯。

第三节　少数民族历史人物的贡献与评价

一　评价少数民族历史人物的原则

从中国历史来看，汉族在社会发展的诸多方面，大多都占有优势，有着较高的发展水平。少数民族多处于"四方"的边疆地区，和汉族社会相比较有明显的差距。这种客观上发展的不平衡，造成人们观念上的主观偏差，极易形成大汉族主义和极端民族主义的片面的认识，影响了对少数民族历史人物的客观评价。今天，我们看待历史上民族间的历史事件、各族人物，无论是汉族还是其他少数民族，都要用马克思主义的民族平等原则，用一个标准来衡量评价。对于已经消失或今天仍然存在的民族，他们在历史上或独立，或隶属于中央王朝，都是历史上中国的组成部分，不能对汉族是一个标准，对少数民族又是另一个标准。要立足于当时的客观事实，从各个时代各个民族或民族政权的具体历史条件出发，进行分析，从而得出符合历史实际的结论。

在评价少数民族历史人物时，还应把握以下几个方面：

1. 对本民族的形成、统一与发展所做的贡献；

2. 对本民族社会经济的发展和繁荣所做的贡献；

3. 对促进各民族间的经济、文化等交往方面的贡献；

4. 在反对外来民族侵略和国内异民族压迫中所起的作用；

5. 对国家的统一和对中国历史发展的影响和作用。[①]

二　少数民族历史人物评价的多元视角

从 20 世纪 50 年代至今，现代史家对历史人物评价提出过诸多的原则、标准、方法等，形成过一些共识，同时也存在着一些分歧。20 世纪 60 年代形成的阶级分析原则，曾经造成过很大的认识分歧。对少数民族历史人物的评价，同样受到整体评价原则、标准、方法及阶级分析法的影响。对于少数民族人物的评价，需要在前人研究的基础上，在以上所提到的原则指导下，力求在继承中开阔视野，运用多元视角的方法，向客观评价人物的方向努力。

（一）评价应坚持历史的、民族的视角

在中国历史发展过程中，汉（华夏）族首先在黄河、长江流域发展起来，从"三皇五帝"到周王、诸子百家、秦始皇、汉帝，再至诸汉族王朝

---

① 陈育宁：《民族史学概论》（修订版），宁夏人民出版社 2006 年版，第 162 页。

的不同时期，著名的汉族历史人物层出不穷，他们在经济、政治、文化思想、科技艺术等诸方面创造了举世瞩目的成就，成为铸就中华文明的重要创造者。他们有著名的政治、军事人物，有科技文化艺术人物，有在同不同历史时期涌现的本民族的民族英雄，有在对外抗击侵略的斗争中涌现的中华民族的民族英雄。同样我们在评价少数民族历史人物时，也要遵循历史的、民族的视角，肯定他们的历史贡献，评价他们的历史地位。少数民族是在华夏族发展的同时，从"四方"发展起来。少数民族的发展，经历了从部落部族通过利用畜牧技术，积累社会财富，聚集更多人口，形成一定规模的社会组织，乃至诸多民族政权的过程。在这一过程中，许许多多少数民族历史人物涌现出来，从经济、政治、文化科技艺术等方面，创造了有利于本民族社会的文明成果，有些创造，对中国历史乃至世界历史，都产生了影响。少数民族中的历史人物，有著名的政治、军事人物，有科技文化艺术人物，同样有卓越的本民族的民族英雄，如冒顿、兀术（完颜宗弼）、成吉思汗、皇太极等。承认他们为本民族的民族英雄，是尊重历史、尊重民族的体现，这并不影响卫青、霍去病、岳飞在汉族人中的英雄形象。一些汉族历史人物，或者少数民族历史人物，他们的贡献，不但推动了本民族的发展，同时也促进、影响了其他民族的发展，他们在不同民族中的历史地位都应予以肯定。

无论哪个民族的杰出的历史人物都要受到时代的影响，应区分他们在不同时期内正向和负面的历史作用。在不同民族发展的不同过程中，一些少数民族杰出人物在一个特定时期，引领本民族发展壮大、统一起到正向作用，应该肯定他们的功绩；而在另一个特定时期，又对本民族的发展起到负面作用，甚至导致本民族走向衰败。对这样的历史人物应分不同历史阶段进行恰如其分的评价。同时应当相信，任何民族、国家在对待那些逆历史潮流、给本民族乃至其他民族带来灾难的历史人物，给予谴责都是应该的、一样的。

（二）现实的视角

今天的现实世界，是由过去的历史发展而来。历史发展是一个时空的单向运动，今天的现实，又会是明天凝固的历史。因此，既要有一种历史视角的观察，也要用现实的视角来审视历史。汉族的发展，是以华夏族为主融合多个民族形成的民族共同体，其他少数民族，大多都是融合了其他民族形成的共同体。因此，从血缘上来讲，各民族之间存在着源流交错的情况。更为重要的是，各民族在历史上，因地理、气候、资源分布等诸多自然因素的影响，存在着经济、政治、科技文化等方面的相互依赖，哪怕是不对称的依赖，正是在这种相互依赖之中，无论哪一个民族，都受这种相互依赖力量的牵引，向着一体化方向发展，这种相互依赖程度又在不断的加深。最终在近代西方列强的压力之下，中华民族在其原有的历史基因之中被疾呼而出，成为包括汉族和所有少数民族在内的诸民族能够共同认同、接受、符合历史趋势并行之有效的共同体称谓。这种共同体称谓既承认历史中国，更是引导着人们走向现代的统一中国国家共同体。统一的优势真实存在，但未必会被一些分裂分子所感受得到。从历史和当今世界出现民族分裂的地区和国家来看，分裂所造成经济衰退、社会动荡、人们居无定所，衣食无着，朝不保夕的悲惨局面，是真实的实事，无论持有多么冠冕堂皇的理由，都不能否定它的真实存在。从今天来看，中华民族共同体不但真实存在，而且规模不断扩大，向着更高阶段发展。中华民族共同体的形成，必须要反思过去的历史，从而认识到，各民族的发展历史，都是中华民族的历史。从这样的逻辑判断出发，汉族和各少数民族的历史人物都是中华民族的历史人物，他们都对中华民族的形成贡献过力量，是中华民族的杰出人物。

综上所述，坚持正确的评价原则，从多元历史视角出发，坚持历史的、民族的和现实的历史观，尊重历史，尊重民族发展的事实和轨迹，才能从历史和现实两个方面得出评价少数民族历史人物的正确结论，才会为解决民族发展、民族问题提供有益的帮助。

第十一章　中华民族中的汉族

在古老的中华大地上，生活着世界上人口最多的汉族。在地域上则从黄河、长江流域向南发展到珠江流域抵台湾岛和海南岛，向东北发展到黑龙江流域，向西北发展到天山南北，向西南发展到云贵高原和青藏高原。

第一节　汉族的形成与发展

汉族的形成起始于夏、商、周诸侯崛起的时期，经历了各族融合成华夏民族的阶段，最后形成于汉代。

一　汉族形成的三个阶段

第一阶段：夏商周时期诸侯崛起。

汉民族是由华夏族演化而来，而华夏族并非是一个民族，实际上是一个众多部落构成的族群。在上古时期的"三皇""五帝"传说时代，炎黄部落以中原为核心，与东夷、苗蛮部落不断交往融合，孕育了华夏族的胚胎。夏人、商人、周人都属华夏部族集团。夏部落形成于"五帝"时期，原是一些部落联盟，由夏后氏、有邑氏、有穷氏等十二氏族组成。夏人最早活动在今河南嵩山到伊水、洛水一带，今山西南部也有夏人活动的踪迹。其文化渊源是由黄河中游文化区和海岱文化区交汇融合形成的龙山文化。从族源看，他们是从炎帝部族分化出来，其中又融合了黄帝、少昊部族，最终发展成最早建立国家的一支。

夏朝的建立促使夏族形成。夏族是由以夏后氏为核心的部落联盟为基础而逐渐发展起来。"夏，大也。故大国曰夏。华夏，谓中国也。"① 夏朝的建立加速了各部族融合的进程。夏政权为加强对各地部族的控制，实行"五服"制度：以夏都城为中心，按照距离远近将全国领土分为五个区域，每个区域实行不同管理方式。"五服"反映了夏族对其他部族的关系。与夏族关系较为密切的是东夷和南蛮两大部落，他们的居住地与夏接壤，甚至交错杂居，既有和平交往，也有相互交战，彼此同化互融。

夏朝之时，其下有一部落名商，是居住在黄河中下游的一个古老氏族部落，发祥地在今山西南部及河南北部的漳水流域，以鸟为图腾，《诗经·商颂》记有："天命玄鸟，降而生商。"商在不断吸收夏文化过程中，通过兼并其他部落，实力不断壮大，最终商代夏而立。商的建立，标志着商族的形成。商将周围部落称之为"方"或"邦方"，武丁时期，曾北伐鬼方、土方、苟方，西征氐羌，南讨荆楚、蜀、卢、彭、濮诸部。战争中，商朝不断融合其他部族。商族与夏族有着紧密联系，在文化上二者相互影响，商不仅在政治、经济、文化等方面继承了夏朝成果，在民族特征上也是相似的。

在商强盛之时，发源于渭水中游的部族——周开始兴起。周先是迁到陕、甘交界一带，与戎狄杂居，后由于不断受戎狄侵扰南迁至岐山下周原，开始从事农业生产。依靠先进的农业生产和优越的气候条件，周逐渐强大，称霸一方。商与周爆发多次冲突，但始终未能灭掉周。周武王时，商的国力渐衰微，周趁势联合诸方灭了商，商族成为周下属民。武王灭周后大规模分封诸侯，先后建有七十余诸侯国。周初分封的诸侯，大部分是同姓宗亲，也有少数异姓。"封帮建国"稳定了周民族共同地域，使周部落完成血缘关系向地缘关系的转化，标志着周民族正式形成。

周朝的建立，对处于华夏族四周的民族的认识，已不再停留在单独的个体概念上，而是上升为整体概念，统称为蛮、夷、戎、狄。《礼记·王制》载："中国戎夷，五方之民，皆有性也，不可推移。""中国"是"五方之民"之一，是"众国之中"。西周时不仅肯定了四方的四个部族，而

---

① （晋）郭璞注，（宋）邢昺疏，王世伟整理：《尔雅注疏》《释诂》，上海古籍出版社 2010 年版。

且指明了"五方之民"的划分是以他们的活动区域、经济生活、语言和习俗的特点为据,反映了西周人们对民族共同体的认识比夏、商更近一步。

西周时期,夏、商、周族交错杂居,民族差异性逐渐减少,在民族观念上也渐趋一致。可以说,夏、商、周三族此时已具备同属一个民族共同体的基本条件。至此,华夏族已发育成型,只待时机出世。

第二阶段:华夏族在大融合中铸成。

春秋之时,风云渐变,周室东迁后,"礼崩乐坏",各方诸侯坐大,西周时壁垒森严的族群边界逐渐被打破。先是齐、鲁、晋、秦、楚、魏、郑、曹、蔡、卫、燕、陈等国地位显著,被称为十二诸侯。之后,长江下游的吴、越称霸一时,出现了大国争霸局面,进入战国时期,秦、楚、韩、赵、魏、齐、燕七国争雄,纵横捭阖,兼并不断,但也显示出了统一的大趋势。

华夏族的发展,与春秋时期民族大融合有着密切关系。西周末年,诸侯强盛起来,周边部族也得到发展,不断向外扩张,十分活跃,随后出现了春秋时期的霸主政治局面。从中原各诸侯大国发展看,几乎都是通过向外扩张而壮大的。如秦穆公西征戎王,收复众多部落,拓土千里,晋国则向北发展,将附近戎狄逐一吞并。南方楚国庄王在位时,四面扩张,统一了长江、汉水和淮河流域,其势力曾到达西南云南地区。春秋时期的东夷部族包括了任、宿、介、根牟、须句诸国,到诸侯争霸时,这些部族、小国均被兼并,融入华夏族,以黄帝为祖先。至此,从炎帝、黄帝以来一直存在的东夷部族已完全融化成为华夏族的重要组成部分。华夏族在这一时期不断吸收新鲜血液更为壮大。战国时期,"诸夏"或"中国"的影响和范围得到扩展,华夏族与四周的部族之间进一步融合,许多原少数民族地区逐渐华夏化,境内外"诸夷"与华夏族混融为一体。

经过以上历史进程,从春秋到战国,大量蛮、夷、戎、狄等部族定居中原,原中原周边民族在各诸侯国开疆辟土之时也与华夏族交错杂居,接触频繁,经济生活、语言、风俗及心理素质逐渐趋同,再加上互相通婚,血缘也逐渐融合,从而使一部分蛮、夷、戎、狄等部族加入到华夏族体之中。

春秋战国时期是中国社会大变革的时代,以中原为核心,出现了前所未有的民族大融合浪潮，大一统思想随之而产生。至此，华夏民族已形成。

第三阶段：汉族在大一统中形成。

秦国在战国时期因彻底而完备的变法变得强盛，具备了统一中国的实力。公元前221年，秦王嬴政"一扫六合"，结束了数百年来割据纷争的局面，建立了中国历史上第一个统一的、多民族的中央集权国家——秦。秦的统一，也促使了华夏民族的统一。秦虽时间短暂，很快被汉朝取而代之，但汉承秦制，进一步加强了中央集权，巩固了国家统一。秦汉时期所采取的一系列措施，对汉民族的形成产生了重大影响。

为加强中央集权，避免地方割据局面的重现，秦汉政权实行郡县制，地方官吏任免权归于中央。为削弱地方豪强势力，政府强行将豪门大族迁出原籍，始皇时即"徙天下豪富于咸阳十二万户"①。西汉初年，高祖"徙贵族楚昭、屈、景、怀、齐田氏关中"②。西汉建立起的监察制度和其他措施，削弱了地方势力，使地方很难脱离中央政权。这些措施在政治体制上保持了国家和民族的统一，使民族的认同与国家的认同统一起来，为华夏族创造了共同的政治环境，国家观念开始影响大众，中央的政策也影响到各地，在共同的政治环境里，民族之间因地域不同而产生隔阂和对立的状况大大减少。

秦朝开始，"使黔首自实田"③，从而确立了以土地私有制为基础的农业经济。在这种经济制度下，"男乐其畴，女修其业，事各有序"④。这种自给自足的自然经济一直持续了两千多年，成为汉族主要的生产和生活方式。秦时统一度量衡和货币，施行车同轨等措施，摆脱了战国以来"田畴异亩，车涂异轨"⑤的状况，大大推进了汉族地区社会经济的发展，形成了境内各族之间共同的经济生活，加强了华夏族内部的经济联系，这种紧密的联系，使得不同地域的华夏族形成了利益共同体。

---

① （汉）司马迁：《史记·秦始皇本纪》，中华书局1959年版。
② （汉）司马迁：《史记·高祖本纪》，中华书局1959年版。
③ （汉）司马迁：《史记·秦始皇本纪》，中华书局1959年版。
④ 同上。
⑤ （汉）许慎撰，徐铉校定：《说文解字·序》，中华书局2013年版。

　　秦统一全国文字，结束了战国以来不同地域之间"文字异型"的现象。李斯把中原华夏族的篆和吴、越、楚的鸟、虫篆文综合取舍，按统一标准使其规范化，这就是小篆。汉时隶书得到普遍推广。文字的统一消除了不同地域的华夏族之间交流的障碍，进一步促进了汉文化的发展。虽然不同地域的华夏族成员拥有各自不同的方言，但统一的文字成为各个成员之间文化联系的纽带。两千年来，汉族历经兴衰还能不断发展，汉字无疑发挥了重要作用。

　　西汉时，汉武帝采纳董仲舒建议，"罢黜百家，独尊儒术"。后董仲舒把儒家的"尊王攘夷"说发展成为大一统思想，"三纲""五常"在汉族中普遍传播，这使儒学在思想上居于统治地位，不但成为治国思想，还是华夏族成员价值观、伦理观的共同判别标准，并成为华夏族民族重要特征之一。

　　经过秦汉时期中央采取的一系列巩固统一的措施，加之华夏族活动区域的不断扩大，加速了华夏族向汉族的发展、演化，华夏族成员在自我意识上更趋于认同自给自足的农耕生活和共同使用汉字，奉行儒家思想。虽然在不同区域存在语言和习俗上的差异，但共同点越来越多，远大于差异，其成员之间的认同感大为提升。至此，一个更稳定、统一的华夏族——汉族形成了。

　　经过战国时期知识分子的传播以及华夏族认同的加速，在各种版本的华夏系谱中，黄帝的传播最广，记载也最清晰、完整。西汉时，黄帝不但成为华夏族的共同祖先，而且已成为一种文明符号。在华夏族人看来，黄帝之时，正是他们的文明之始。许多华夏以外的族群的历史也进入到华夏的历史之中，保持了华夏历史的一体性、继承性。以黄帝为始祖的华夏世系最终确定，成为汉民族意识确立的主要标志之一。与此同时，随着秦汉帝国疆域不断扩大，华夏的边界也随之扩展，一些陌生的部族与华夏族有了接触。在长期的交往中，华夏族对这些异族有了更深的认识，对于异族文化在族源、语言、生活习俗、服饰、社会制度、伦理道德等方面特征的不同表现，有了更清晰的区别，而这些又强化着华夏"非我族类"的意识，这也是汉民族意识确立的主要标志之一。

　　汉民族族称的确定经历了一个漫长的发展过程。秦朝周边部族称华夏族为"秦人"。西汉建立后，周边部族仍习惯称华夏族为"秦人"，《史记》《汉书》也称之为"秦人"，有时"秦人"与"汉人"并用。"秦人""汉人"虽指秦朝人、汉朝人，但这两个称呼经常用于华夏族与异族的交往中，一般即指华夏，这表明"秦人""汉人"已初步具有了民族属性。东汉时，在有关华夏族与异族交往的记载中，"汉人"取代了"秦人"，并由他称转为华夏的自称，说明东汉时"汉人"已是民族共同体的称呼了，具有民族共同体的含义。"汉人"作为汉民族族称的确立，标志着汉民族的最终形成。

二　汉族的发展壮大

秦始皇横扫六国，一统宇内，结束了地方割据、混战的局面，本是华夏族外的南方的楚、越国和秦国百姓逐渐与中原华夏族融为一体。为巩固统治，秦王朝将地方豪强迁到咸阳，其中一部分迁徙到西南巴、蜀一带，加速了巴、蜀地区民族与汉族的融合。公元前 220 年，使尉屠睢分派五十万将士分五军驻守地方，"一军塞镡城之岭，一军守九嶷之塞，一军处番禺之都，一军守南野之界，一军结余干之水，三年不解甲弛弩"[①]。这五十万将士与越人融合成为汉族一部分。公元前 215 年，蒙恬率三十万秦军征伐北方匈奴，收复今河套地区，设郡县，徙数万户汉人于此，当地匈奴人逐渐融入汉族当中。公元前 138 年，西汉武帝把部分东瓯人迁徙至江淮。之后不断征迁至江淮间，东瓯基本汉化了。公元前 127 年，汉占据匈奴河套地区，设朔方郡，迁十万人落居此地。之后匈奴休屠王率部四万余人归汉。公元前 112 年，西瓯四十万人归顺汉朝，原居地设置里珠崖、南海、郁林、交趾、九真等郡，西瓯大部分也汉化了。

秦汉时期，随着疆域的拓展，大量汉人迁徙至西北、西南、南方原少数民族聚居区，扩大了汉人的活动区域，许多少数民族也融入汉族之中。秦初人口大概有千余万，西汉时曾达到了六千万人口。

东汉末年，曹操为加强对北族统治，罢省云中、五原、朔方、定襄四郡合为新兴郡。随后，西晋时期匈奴等北方民族不断侵扰中原，涌入近二

---

① （汉）刘向等编：《淮南子》《人间训》，陈广忠译注，中华书局 2012 年版。

十万异族，在之后渐化为汉族。西晋"八王之乱"后，王室衰落，社会动荡，流民四起，匈奴、鲜卑、羌、羯、氐先后举兵，建立政权。386年，鲜卑拓跋珪建立北魏，之后的道武帝统一北方，为巩固统治强迁鲜卑慕容部、高丽等部族三十六万余人到平城，记口授田，分配耕牛，从事农业生产。494年孝文帝迁都洛阳实施改革，强制汉化，大大促进了北方少数民族的汉化。与此同时，西晋时大量流亡的北方汉人和地主集团南迁江南，他们带去了先进的生产方式和文化传统，促进南方社会发展的同时也与少数民族接触频繁，后者自觉接受了汉文化，融入汉族中。

魏晋南北朝时期，北方虽然出现了少数民族政权，但汉族仍是当时社会主体民族，统治中原的少数民族都沿袭了中原传统文化，有些民族还追认炎黄为自己的始祖，作为征服者的少数民族，在汉文化面前，又成了被征服者。

隋唐时期，中国重归大一统局面，汉人活动区域进一步扩大，从西域到两广、岭南，都可以看到汉人活动的踪迹。帝王多推行较为开明的民族政策，唐太宗曾对诸臣说："朕于戎、狄所以能古人所不能取，臣古人所不能臣者，皆顺众人之所欲故也。昔禹帅九州之民，凿山槎木，疏百川注之海，其劳甚矣，而民不怨者，因人之心，顺地之势，与民同利故也。"又言："自古皆贵中华，贱夷狄，朕独爱之如一，故其种落皆依朕如父母。"① 由此看出当时君主对异族博大的胸襟。需要指出的是，隋、唐王室都具有少数民族血统，这在一定程度上减少了对异族的歧视。正因为帝王的怀柔政策，唐初才有回纥、突厥、契丹、铁勒、蛮等部的归附，与汉民族融合。隋唐时期汉族在发展中又融合了大量少数民族。

五代和辽宋夏金这一时期，在政治上表现为南北政权的对峙，五代时期，北方梁、唐、晋、汉、周政权先后更替，同时并存的还有北汉和南方小政权。五代之后，先是宋、辽、西夏三足鼎立，后是宋、金、西夏的对峙。这一时段，汉族又有了新的发展。汉民族活动区域有所扩大，各方政权不断交战，中原汉族也随之逃亡他处，不少迁到江南，最远至岭南地区。与此同时，汉族又融合了大量迁入中原的少数民族。五代的唐、晋、

---

① （宋）司马光：《资治通鉴》贞观二十一年，中华书局2009年版。

汉都是沙陀人建立的，他们先后落居黄河中下游，之后，契丹族和女真族也深入黄淮流域。他们定居中原的同时，也接受了先进的汉文化，在生产方式和生活习惯上逐渐与汉人趋同，最终融入汉族之中。

　　元明清三代，中国大体上处于长期统一的状态。元政权创立之初，元世祖以蒙古、畏兀等族数十万人入主中原，把境内民族分四等级，汉人被划归到社会底层，汉人及汉文化受到严重打压，激化了民族矛盾。即使在这样的背景下，入主中原的蒙古、回族、畏兀、女真、契丹等族，多有汉化或与汉人融合。明初从洪武到永乐年间，开启了长达半个世纪的政府大移民，从山西、江苏、安徽等地迁民充实河北、山东地区，各区域平民的流动，客观上促进了民族融合。明朝在西南等少数民族聚居区设土司制，也有助于诸蛮接受汉文化。清初，八旗军入关后歧视汉族，满、汉矛盾一度十分尖锐。自康熙后，逐步调整民族政策，满、汉官员各半，完善科举。到康乾盛世时社会稳定、国力强盛，人口出现了大增长，康熙朝时人口数首次破亿，至乾隆时达到两亿，晚清则超过了四亿。当时全国人口中，汉族占了主体。

　　从汉族发展的历史过程可以看出，各个时期，无论出于什么原因，以什么方式，都有众多民族的民众不断融入汉族的行列中，由此形成了中华民族的核心，形成了世界上人口最多、历史最悠久、文化最丰富的强大民族。这是一条清晰的主线，也是中国多民族历史的一个基本特征。

第二节　汉族在中华民族形成中的主体作用

一　汉族是中华民族的凝聚核心

　　费孝通在《中华民族的多元一体格局》中指出："汉族的形成是中华民族形成的一个重要阶段，在多元一体的格局中产生了一个凝聚的核心。"汉族早于中华民族形成。汉族的早期形态华夏族在夏、商、周时期开始孕育。在这一时期里，华夏族居于中央，四方各族——东夷、南蛮、西戎、北狄拱卫中原，相互关联的基本格局大体形成，并渐渐出现用"中国"这一称呼来指代中原的华夏。春秋战国时期是汉族发展史上重要的时期之一，此时，由于各诸侯国之间、各诸侯国与周边少数民族之间连绵不断的战争，使得中国历史上第一次民族大融合发生，由此，西周时期较为固定的民族分布格局被打破：一方面"南夷与北狄交侵，中国不绝若线"[1]，另一方面"尊王攘夷"和"非我族类，其心必异"[2] 等民族歧视口号又沸沸扬扬；一方面战场上两族仇杀，你死我活，另一方面，又往往与异族通婚混血，和睦相处。所有这些都构成了一幅民族关系的复杂画卷。在这一时期里，同时还伴有国与国之间的融合，先是中原各国之间相互融合，认同于华夏；之后被中原诸侯国认为是蛮夷民族的秦、楚、吴、越等国成为周边民族融合的中心；最后，秦楚吴越和中原各国之间相互融合与认同，继承和扩张了夏商周以来华夏文化的传统，从而形成了地跨黄河、长江的华夏民族。

秦汉王朝的大一统，使得民族之间的融合大大加强，最终华夏族发展壮大为一个包括当时中国大地上众多民族在内的广大的民族。秦始皇的统一把春秋战国时的"诸夏""诸华"统一成为一个整体，这个时期的华夏族已不是原来意义上的华夏族了。随着秦王朝的迅速灭亡，华夏族的"秦人"称呼很快被人们遗忘。汉王朝国势强盛，在对外交往中，其他民族称汉朝的军队为"汉兵"，汉朝的使者为"汉使"，汉朝的人为"汉人"。于是，在汉王朝通西域、伐匈奴、平西羌、征朝鲜、服西南夷、收闽粤南粤等与周边少数民族进行的各种交往活动中，"汉人"之名遂代替了华夏民族的"秦人"之名。秦朝统治时，从华夏族转变来的汉族只是生活在东起辽东、西至陇西、北到长城、南到岭南的区域内。到了汉朝，由于统治者的开疆拓土，汉朝的疆域扩大为西起西域、东至辽东、北起长城北、南至海南岛、西南至云南，汉族分布的范围得到空前的扩大。随汉族分布范围扩大而来的就是边疆各族不断向内地迁徙，各民族之间的往来与融合不断进行，汉族不断吸收其他民族，族体得到发展壮大，汉族最终形成。

汉族中心区域的形成与发展，奠定了汉族核心地位的基础。中国各民族的空间分布形态是汉族居中，其他少数民族居于四周。这种格局的分布基础是地理环境所决定的。地理环境的特性决定着生产力的发展，也影响

---

① 《十三经注疏》（下）《春秋公羊传注疏·僖公四年》，上海古籍出版社 2007 年版。
② 《十三经注疏》（下）《春秋左传正义·成公四年》，上海古籍出版社 2007 年版。

着人们的经济关系及其他社会关系。上古时代，人们改造自然的能力有限，更多的是对地理环境和自然条件的依赖，这种依赖的程度越是在人类发展的早期越大。地理环境优越，自然条件好的地方，人类经济与社会文化的发展就更为先进。正因为如此，生活在黄河流域、中原地区的华夏先民，借助于优越的地理环境和自然条件，在社会经济文化发展方面，走在了其他地区和其他民族的前头。这也意味着，黄河流域的中原地区逐渐成为中华民族先民的经济文化发展中心。

古代中原，大体指的是陕西东南部、山西南部、河南西北部，即黄河中下游一带，它北控幽燕，南引江淮，西吞秦陇，东吐河下平原，地理位置优越，气候温和，四季分明，雨量适中，土地肥沃，为古代农业的发展提供了良好的自然环境，也为文明的产生提供了有利条件。大约在 200 万年前，黄河流域就已经有猿人活动的痕迹；20 万—30 万年前，山西境内发现了早期智人丁村人；大约在 1 万年前左右，晚期智人开始出现。随后，随着自然环境的改善与人类智力的提高，黄河流域出现了仰韶文化。仰韶文化主要分布于黄河中下游一带，以河南西部、山西西南的狭长地带为中心，东至河北中部，南达汉水中上游，西及甘肃洮河流域，北抵内蒙古河套地区。及至夏、商、周三代，这里更成为政治、经济、文化的中心。

继原始社会之后，从夏朝开始，在中华大地上已形成了华夏居中，夷、狄、蛮、戎分布四周的民族交往格局。在与各族交往的过程中，华夏统治者已认识到各族生活习惯的差异。在宗法分封的基础上，形成了上至天子大宗，下到诸侯国、周边部落、边远民族内紧外松的统治关系。中国古代传统的"五服"制度是这一时期乃至以后民族交往活动的政治准则，也是汉族中心区域在中华民族形成过程中起突出作用的表现形式。"五服"主要是根据距离天子居住的王畿远近的不同把地域分为五个部分，分别为甸服、侯服、绥服、要服、荒服，各服对于天子都有不同的义务。五服制度，不仅加强了国家对于偏远地区的控制，加强了天子政治上的权力，构成了从古至今中华各民族之间的居住形态，也构成了万国朝贡、向中原地区凝聚的向心力。三代之后，各个中原王朝都着力在自己王朝的周围设置羁縻机构，宣示中原王朝的存在，以及对少数民族实行管理和统治。从此，各个偏远民族政权，以居住中原周边为荣，以得到中原帝王的册封为尊，以建立在中原地区的政权为尚。也就是说，无论是汉族还是少数民族，都以能在中原地区居住、生活为目标。历史上，有大量的少数民族内迁至中原地区，大大增加了民族融合的力量。中原地区就像一面旗帜，召集着各个民族不断涌入。可以说五服制度是我国古代早期民族政策的具体形式之一。夏商周三代以"五服"之制为保障的政治制度，不仅奠定了中国古代政治地域的基本模式，也促进了以华夏为核心的这个多元一体的民族集团的发展壮大。

除了地理环境优越外，中原地区文化的形成发展，对周边地区产生了强大的吸引作用。春秋时期，我国就形成了具有代表性的儒家文化。儒家文化倡导血亲人伦、现世事功、修身存养、道德理性，其中心思想是孝、悌、忠、信、礼、义、廉、耻，其核心是"仁"。随后，由于中原地区政权的衰败，中原诸侯国"礼崩而乐坏"，戎狄夷蛮开始进入中原地区。西周被犬戎所攻破，各地异族政权相继崛起，这使得中原华夏族的士大夫们感到局促不安。他们著书立说，用以强调中原与戎蛮的不同。孔子曰："裔不谋夏，夷不乱华"①。孟子曰："吾闻用夏变夷者，未闻变于夷者也。"② 管仲曰："戎狄豺狼，不可厌也，诸夏亲昵，不可弃也。"③ 由是"华夷之辨"便被提出。古代的"华夷之辨"并不主要在于与夷狄的服饰、语言、风俗等的具体区别，而主要在于礼仪文化，即行周礼者为华夏，拒斥周礼者为夷狄。在这种文化认同的作用下，无论是夷狄还是中原的诸夏，凡是认同儒家文化、实行儒家礼仪制度的民族，都被视为是华夏族，凡是不实行这种以儒家礼仪制度为根本生活方式、文化方式的民族，统归为夷蛮之列。另外，汉文化较其他少数民族文化来说，成熟时间早，相对发达，在中原地区经过长时间的发展，已具有一套成熟的文化体系。儒家民族观不仅强调从文化上辨别华夏族与蛮夷民族，而且希望从文化的层面上"华化"所有的蛮夷民族，以壮大华夏族。这种建立在文化区分而不是血缘基础上的民族观，对于少数民族来说，具有很强的吸引力。在这种文化动因的刺激下，四周的少数民族都以实行周礼、奉行汉制为荣耀，以积

---

① 《十三经注疏》（下）《春秋左传正义·定公十年》，上海古籍出版社 2007 年版。
② 《十三经注疏》（下）《孟子注疏·滕文公上》，上海古籍出版社 2007 年版。
③ 《十三经注疏》（下）《春秋左传正义·闵公元年》，上海古籍出版社 2007 年版。

极的态度吸收儒家文化。这种文化上的内因，既维系了华夏的礼仪文化，强化了华夏的民族意识，也有利于与周边民族的相互吸收和融合，不仅对当时产生了不小的影响，而且也影响了后世中国封建王朝的和平同化政策。民族融合的本质是民族文化的融合。历史地看，汉族是人数最多、生产水平和文化水平总体较高的民族，因而，由文化内核而产生的汉族核心的吸附作用成为凝聚中华民族的稳定力量。

由于汉族的形成，以汉族为主体的中华民族逐渐融为一个整体，并走向成熟与觉醒。尤其是在近代反对外强侵略的斗争中，以汉族为主体的中华民族，大声疾呼，奋力抗争，各民族同呼吸、共命运，取得了近百年来反对外辱斗争的胜利，中华民族这一伟大的民族实体就此诞生。由此可以看出，汉族的形成以及发展壮大，使中华各民族有了一个凝聚核心，汉族是中华民族诞生的前提，是中华民族形成不可缺少的必要条件。

二　汉族是多元一体格局形成的网络和骨架

费孝通在《中华民族的多元一体格局》中指出，汉族的形成与发展在整个中华民族的发展过程中起到了网络和骨架的作用，这种作用具体体现在：汉族人主要聚居在农业地区，但也大量深入少数民族聚居地区，使得在全国各地乃至民族地区的中心地区、城市，都有汉人、汉商和农业人口。他们形成一个点线结合、东密西疏的网络，这个网络正是多元一体格局的骨架。在这种作用当中，汉族商人的活动、军屯与民屯以及汉族的移民都突显出这种作用的积极影响。

生存和发展是人类永恒的主题，民族间因生存和发展的需要形成的经济联系是族际关系中最持久、最稳定的一种关系。历史上汉族与少数民族之间因生产力水平、生产生活方式以及经济文化类型上的差异，使双方的经济往来具有极大的互补性，并表现为带有一些地区分工性质的供求关系。边疆和少数民族地区需求内地出产的铁器、铜器、锡、陶、瓷、绸缎、绢帛、布匹、盐、茶、农产品及其他工艺品，等等，中原内地同样需要边疆和少数民族地方出产的皮毛、药材、木材、珠宝、骆驼、马及其他土特产品。汉族商人在这种经济交往中扮演着重要角色。他们不畏艰险，长途跋涉，深入偏远少数民族腹地，与那里的居民进行贸易交换，带去了他们所需要的生产、生活用品，又经过长途运输，把汉族人需要的产品运往内地销售。无论是受利益的驱使还是有其他的目的，汉族商人的积极作用都是不可否定的。汉族商人成为沟通内地经济与少数民族经济的桥梁，对民族间的融合、民族间的共同发展以及民族间的共同观念的形成都有着举足轻重的作用。

在封建王朝的建立与发展过程中，或是为了争取更多的土地与人民，或是为了军事防御的目的，几乎各个王朝都在边塞区域实行了大规模的军事屯田或者民用屯田。据《史记》记载，最早的屯田大约始于秦汉时期。"始皇帝使蒙恬将十万之众，北击胡，悉此河南地，因河为塞，筑四十四县城，临河，徙适戍以充之。"①《汉书·西域传》也载："自武帝初通西域，置校尉，屯田渠犁。"军屯是由驻扎边防的军队实施屯田，以军事化的方式管理屯田事务；民屯是内地的移民主要是汉族在边塞开荒种地，中央派遣官员进行管理。无论是军屯还是民屯，都对封建王朝的巩固、民族之间的交往与融合具有重要作用。从封建王朝自身的巩固与壮大来看，如果没有边塞屯田，历代中央王朝完成大一统并巩固统一疆域是很难实现的。边塞地区距内地路途遥远，以古代有限的技术水平，要想单纯依靠内地供给来维持一支庞大驻军的后勤保障，是非常不易的。屯田一定程度上缓解了这一矛盾，有利于封建王朝的大一统，也就有利于与边塞民族的交往与融合。屯田对于边塞少数民族地区社会经济发展水平的提高，也起到了重要的作用。一是开辟荒地、拓垦农田、兴修水利、修建城郭。历史上中原王朝对于偏远地区的屯田，都是拓荒开辟新的农田，这些地区大多是没有人烟的洪荒之地。开辟新垦区，需要在一定时期内组织起大量的劳动力。而偏远地区由于人口少、财力有限、技术不足，很难开发。内地迁移来的汉族人解决了这些难题。这些新辟的垦区，很多都成了后世各族居民的聚居区。二是传播了汉地先进的生产技术。历代为了使屯田获得成功，都会有组织地将内地的农业生产技术运用到屯田区中，这就为农耕及其他生产技术传入边疆少数民族各地提供了平台。实际上，内地的代田法、耦耕等众多农业生产技术都是通过屯田传播到各少数民族地区的。又因为屯

① （汉）司马迁：《史记·匈奴列传》，中华书局1959年版。

戍区还有自己的手工业者、医生等各行各业的人员，所以，屯田区也是这些技术传播到边疆的重要途径。

历史上中原地区向边疆少数民族地区的移民活动从未停止。这种移民有军队戍和国家强制性的大规模移民，有因灾害、贫困和社会动荡等原因自发性移民，也有罪犯戍边的移民。这些移民主要是内地的汉族民众。这些众多的移民同时作为大批的劳动力留驻边疆地区，无疑对于边疆地区经济的发展是一个有利条件。随着大量汉族移民的流入，中原内地的先进生产技术和工具也陆续传入少数民族地区，推动了当地社会经济的发展，同时也推动了各少数民族社会的封建化。在秦汉之时，甘陇地区本为匈奴故地，匈奴贵族利用奴隶制政权实行残酷的奴役制度，其社会形态处于由原始部落制向奴隶制的过渡中，而西南、岭南等地许多民族还处在原始社会时期。随着秦汉"外事四夷"军事活动的成功以及伴随军事开边向这些地区实行军事性移民，这些地区相应地被拓展为秦汉王朝的行政管理区，封建生产关系在这些地区从无到有，逐步形成。

总而言之，在历史上，随着持续不断的移民迁徙，大量的汉族军士、移民、商人、工匠等星罗棋布地分布在各个少数民族地区，他们像网络的支点和骨架一样，撑起了中华民族多元一体的大格局，也撑起了中华民族巨大的身躯。随着历史的发展，民族之间的交融与融合不断地加强；民族之间的理解与认同不断地强化；民族之间的向心力与凝聚力不断的增强，最终把各个民族都融化于中华民族的汪洋大海之中。汉族在向周边地区扩散的同时，自身得到不断壮大。正如费孝通在《中华民族的多元一体格局》中讲到，华夏—汉族"像滚雪球一般地越滚越大，把周围的异族吸收进入了这个核心"。有学者称之为"雪球理论"，认为，汉民族是这个世界上独具特色的民族，也颇具雪球的特性。从遥远的古代起，其多元的祖先就繁衍生息在美丽、富饶、辽阔的中华大地上。汉族以黄河、长江、珠江等流域为摇篮，在沧海桑田的变迁之中，从点到线，从线到面，像滚雪球一样，融合了许许多多民族或族群；像滚雪球一样，越滚越大，越滚越结实，发展成为世界上人口最多的一个民族。汉民族就像一个硕大无比的雪球，是一个具有雪球性质的民族共同体，她具有雪球的结构特征，又具有滚雪球的过程特征，还具有雪球的凝聚特征。正是这三个特征的结合，才使得汉民族成为一个既包含差异，又被高度认同的世界上人口最多、最大的民族共同体。从夏商周三代开始，华夏族与周边少数民族之间的杂糅与融合就在不断发生。如周朝，先秦的西戎由于战败，加入华夏行列。东夷，被西周兼并，遂逐渐融入华夏族。春秋战国时期，原主要分布在今山西省境内的狄人通过一系列的侵扰战争逐渐汉化，融入华夏族。公元206年，曹操击败乌桓，将其内迁，内迁的乌桓人融入汉族，留居故地的乌桓人则鲜卑化，以后绝大多数又因鲜卑的汉化而加入汉族。至三国时期，五岭以南地区的百越部分汉化，部分演变为今天的壮、瑶、黎等族的先人。魏晋南北朝时期是民族发展与交融的一个最为激烈的时期，北方中原人为避战乱移民南方，加速了南方地区与南方少数民族的汉化。同时，北方的各个少数民族又涌进中原地区，促进了北方少数民族的汉化。在这种情况下，南北方民族之间的差距缩小，民族之间文化逐渐融合，从而使汉民族在这一时期空前的发展与壮大。随着历史发展，这种汉族融合少数民族，使汉族规模不断扩大的情形不断地发生，汉民族这一雪球越滚越大，最终形成了中华民族的主体部分。

从学理上来讲，民族作为一个具有共同生活方式的人们共同体，是在和外族人接触过程中形成对本民族的认同，也就是所谓的民族意识。因而，民族的形成也有一个从自在到自觉的过程。"汉"作为一个族名是汉代和其后的中原人在与四周民族接触中产生的，但汉族作为一个民族实体是先于其民族的得名而存在的。汉族先民早在夏、商、周三代孕育，成熟壮大于春秋战国时期，至秦汉最终形成。在各个发展阶段，汉族始终以其庞大的人口数量居于各民族之首。汉族的人口如果从其族源夏民族算起约有200余万，历经夏、商、周三代，到战国时代已有2000万左右。在汉族形成的两汉之时，汉族人口已达5000余万，到唐代前期达到8000万至9000万之间，到北宋大观年间达10441万余人。到1601年（明万历二十八年）人口达1.5亿。及至1851年（清道光三十年）达4亿，到中华人民共和国成立时，人口约6亿，到20世纪末已达10亿以上。总体来说，汉民族形成以后，在中国历史发展的各个阶段，汉族人口都以其庞大的人口数量占据中华民族的绝大多数，都呈现出了强大的发展趋势，由此可见，汉族是中华民族的主要组成部分，是中华民族继续发展壮大的核心力量。

第三节　汉族文化的内容及特点

一　汉族文化的主要内容

1. 农耕文化

汉民族的农耕文化历史悠久、源远流长。传说上古时代的炎帝（即神农氏）发明了农业。"炎"字是由"火"构成的，反映了最初的农耕形态与火的密切关系。农业诞生之初，由于生产力水平低下，人们以刀耕火种的粗放模式经营着土地。虽然原始的农耕方式较为落后，不足以充分满足人们的物质需求，但它具有稳定性等特点，这使它成为农业区的基本生产方式。中国的农耕文化，不仅反映农耕生产的全过程，同时还渗透到与农耕生产密切相关的生活层面，折射出宗教信仰、生活习俗等精神文化。在上万年的农业实践中，中国农业发展的每一阶段都有其独特的农业增长方式和极其丰富的内涵。石器时代，原始农业开始萌芽。最早被驯化的作物有粟、黍、稻、菽、麦及果菜类作物，被驯化饲养的"六畜"有猪、鸡、马、牛、羊、犬等，还发明了养蚕缫丝技术。原始农业的萌芽，是远古文明的一次巨大飞跃。青铜时代（公元前 21 世纪—前 8 世纪），出现了青铜农具，原始的刀耕火种向比较成熟的饲养和种植技术转变。夏禹治水的传说，反映人类利用和改造自然的能力有了很大提高。这一时期的农业技术有划时代的进步，垄作、中耕、治虫、选种等技术相继发明。春秋战国至秦汉时代（公元前 7 世纪—公元 3 世纪），是我国社会生产力大发展、社会制度大变革的时期，农业进入了一个新的发展阶段。这一时期农业发展的主要标志是，铁制农具的出现和牛、马等畜力的使用。传统农业中使用的各种农具，多数也在这一时期发明并应用于生产。东汉末年中国进入大分裂时期，至 5 世纪中期，北魏统一了北方地区，孝文帝实行经济变革，推行了对后世有重大影响的"均田制"，使农业生产获得了较快的恢复和发展。隋唐时代，有一段较长时间的统一和繁荣，农业生产进入了一个新的大发展、大转折时期。唐初，统治者采取了比较开明的政策，如实行均田制，计口授田；税收推行"租庸调"制，减轻农民负担；兴办水利，奖励垦荒，农业和整个社会经济得以很快恢复和发展。从国外、特别是从美洲引进作物品种，对我国农业发展产生了重要影响，不但使农业结构得到调整、优化，而且农产品产量大幅度提高，对于解决人口快速增长带来的巨大衣食压力起到了很大缓解作用。

传统的农业劳作者过着"日出而作，日落而息"的田园生活，虽然耕作辛苦，但较之商业、手工业等要稳定得多。而土地作为基本的生产资料显得尤为珍贵，不仅农业劳动者视土地为生命，世代辛勤耕耘，就连统治者也把农事活动当作国家的头等大事，非常重视。所以农业人口大多安土重迁、因循守旧，追求安定和平的生活。

农业生产必须遵从自然规律，顺应时令节气。华夏先民早在夏代便制定了当时较为准确的历法——《夏小正》，后又把一年分为二十四节气，作为农事活动的依据，体现了古代劳动人民的智慧。从事农业活动不仅要守时，还要注重因地制宜，才能提高产量，获得丰收。古语有云："橘生淮南则为橘，生于淮北则为枳，叶徒相似，其实味不同。"这反映出古人已经意识到不同的地貌、土壤、水源可以培育出不同的农作物。北方气候寒冷种植周期短，降雨量小，多种小麦、玉米、大豆、花生等耐旱作物。南方则湿热多雨，种植水稻、苦瓜、莴笋较为适宜。

古代中国是一个农业国家，农耕区是季风气候，旱涝灾害频发，而人口众多，粮食需求量大，必须通过精耕细作提高粮食产量，来满足对粮食的需求。同时，由于客观条件的制约，所谓"三里不同乡，五里不同俗，十里不同风"，形成了以一家一户为主的小农经济封闭、狭小的特性。农耕生产的主要目的是满足自家生活需要和缴纳一定的赋税。在没有天灾、战乱和苛政干扰的情况下，"男耕女织"式的小农经济可以使农民勉强自给自足。自耕农除盐铁之外，一般不必外求，生活比较稳定，也有较高的生产积极性。但在人口稠密、耕地有限的情况下，要想保证所得农作物自给自足，就必须在农具和生产技术上做文章。铁农具的使用和牛耕的推广是精耕细作技术发展的基础。铁犁牛耕技术出现于春秋战国，在汉代得到改进和推广。同时，还施行轮作、休耕的方式，有效地提高了土地的生产率，发挥了土地的潜力。此外，农业生产需要充足的水源，于是农耕者根据不同的地势、环境，兴建了大量的水利设施，如郑国渠、都江堰等。通过兴修农田水利，在北方地区一定程度上减缓了旱情，在南方地区一定程度上免受洪涝之灾，为农业活动的顺利进行提供了保障。

　　2. 儒家思想

　　儒家思想是由孔子创立，产生于春秋战国时代，后继者不断发展完善的思想体系。它的核心内容是仁、义、礼、智、信，一度被奉为封建正统思想，也是汉族主要崇尚和传承的思想文化。儒家思想提倡"仁"。孔子认为"仁者，爱人"，而要做到爱人，就应该要"己欲立而立人，己欲达而达人"、"己所不欲，勿施于人"。孔子"仁"的思想的提出是中国古代伦理思想由自发走向自觉的标志。儒家思想又提倡"礼乐"。孔子补充了周礼，打破西周"礼不下庶人"的传统，主张"齐之以礼"，强调礼乐能调和社会各阶层的关系。儒家将礼乐结合，不只是把礼作为外在的行为规范，而是力图进入精神层面，用礼乐培养内在的感情。除此之外，儒家还有"知之为知之，不知为不知"的务实精神；"中而不伤"的中庸之道；重视父慈子孝的道德修养；主张"德政"，提出重德轻刑的政治主张；提倡"有教无类"的教学思想。

　　汉代天下一统，实现了国家政治的统一，思想文化上的进一步统一成了迫切需要。董仲舒顺应当时形势，提出"罢黜百家，独尊儒术"，把儒家思想作为封建专制制度的理论系统化，形成了一套完整的思想体系。在儒家思想的基础上，董仲舒提出"天人感应"和"天人合一"，即天意与人事的交感相应，认为天能干预人事，预示灾祥，人的行为也能感应上天。但"天意"并不是任何人都能感受到的，皇帝身为"天子"，享有传达上天旨意的权力。他还大力宣扬"父父、子子、君君、臣臣"的等级思想，提出"三纲""五常"的伦理规范。他以阴阳家的观点重新诠释了儒家经典，把人间的一切说成是上天的安排。董仲舒新儒学的本质是鼓吹君权神授，为"人治"提供合理依据。由于他的思想神话了专制皇权，并把政权、族权和神权结合起来，符合统治者的需求，故汉武帝纳其言，使儒家思想获得了独尊的正统地位，由此开始了两千多年中国封建统治阶级尊儒的局面。

　　自汉以后，儒家思想作为正统思想而备受尊崇，但已不是独尊的地位。魏晋南北朝时儒学发展为玄学，以道家内容来解释儒家经典《易》，崇尚自然，主张无为。隋唐时期文化政策开明，儒、释、道三教地位趋于平衡。宋元时期，儒学有了新的发展，学者们不再专事经学笺注，而是按自己的想法来重新解释经学，以贞观年间钦定的《五经正义》为代表的旧经学受到怀疑，逐渐形成了宋学后又发展成理学。宋学讲求以己意解经，摒弃汉唐注疏，重视精神的作用，围绕理、气、心、性等方面展开讨论。南宋以后，宋学衍生出理学，程颢、陈颐为其奠基者。朱熹是理学的集大成者，他认为"理"是万物之源，"气"则是万物的组成部分，所以要"存天理，灭人欲"。明朝时，王阳明的心学盛极一时。他主张"心外无物""格物致知"，过分强调主观意识的作用，认为个人想法可以主导一切，将客观唯心主义的理学发展为主观唯心主义的心学。明后期李贽反对"以孔子之是非为是非"，对理学进行了激烈批判。清代黄宗羲、顾炎武、王夫之也提出各自主张，从不同角度指出了儒学的弊端。新文化运动时期，儒学受到批判。人们提倡民主和科学，对以孔子和儒家学说为代表的维护封建专制制度的旧礼教发动了猛烈攻击。

尽管在不同历史时期人们对儒家思想的认识及其地位有过种种变化，但它作为中华文化的核心和汉族主要崇尚的思想文化一直没有根本改变。

3. 语言文字

语言文字是人的思想感情的载体，是人类在生产生活中，表达自己、相互交流不可缺少的工具，也是各民族表现自身文化的主要形式。汉语是世界上最古老和至今使用时间最长的语言之一。大致在西周以前的远古期，就已有了原始的汉语；周秦两汉以后，汉语在发声和字音结构上不断发生着变化；到了宋元明清时期，汉语各方言的现代格局大体形成。古代的汉语，虽然语系相同，但各地方言广泛存在，交流不便。古汉语的书面形式被称为"文言文"，近代汉语逐渐向白话文发展，改变复杂的句式，以求通俗易懂。现代汉语是以北京话为基础，白话文为规范的语言，即"普通话"。汉语有四声音调，表现形式非常多样。汉语词汇丰富、语义多变、生动活泼，表达力强。汉语音节性很强。汉语的音节是基本的表意单位，一般说来，每个音节都有意义，音节之间界限分明。合成词在汉语中占绝对优势。现代汉语在构造形式上基本都是合成词。从世界上已知的语言来说，主要有重叠构词、派生构词和符合构词这三种构词方式。这三种构词方式在汉语中都存在。汉语里还有系统的语气词，通常放在句末表示一定的语气。法国汉学家莱恩·汪德尔麦什曾提出"汉文化圈"的概念，以此和印度教文化圈、伊斯兰教文化圈、基督教文化圈相区别。他指出，其他文化圈均是因宗教原因凝结而成的，汉文化圈形成则主要是在共同的语言基础上形成的，汉语是"汉文化圈"发展的内在动力。

"汉字是汉语之魂"，[①] 是汉语的重要传播方式，它记录了汉语，使中华传统文化得以传承。要了解古代汉语体系，就得从解读古文献开始，汉字使汉语的流传继承成为可能。我国远古时期就有关于仓颉造字的传说，其使用最晚始于商代，历经甲骨文、大篆、小篆、隶书、楷书（草书、行书）诸般书体变化。秦始皇统一中国，李斯整理小篆，"书同文"的历史从此开始。尽管汉语方言发音差异很大，但是书写系统的统一减少了方言差异造成的交流障碍。汉字的书写也不尽相同，所以出现许多异体字，还有历朝历代规定一些避讳的汉字书写，但一般不影响阅读。汉字经过长时间的发展，成为我们今天使用的简化字，大大方便了人们的记录书写。汉字适应汉语以单音节词或单音节语素占主导地位的特点，无论古今，基本上都是单音节的汉字记录单音节的汉语语素。一个汉字既表示一个音节，又表示一个语素。汉语历史悠久，语音古今变化很大。由于汉字不直接记音，所以汉语语音的变化没有反映到汉字字形上，汉字字形古今变化不是很大。因此，现在还能读懂两、三千年前先辈留下的典籍，就是因为汉字具有这样的特性。汉字是一种独特的语言符号系统，同样具有传播功能。它作为一种文化载体，对人们的思维方式、价值观念产生深远影响，具有巨大的凝聚力和渗透力。历史上众多的思想家、历史学家、文学家等用汉字创作了大量的作品，构成了中国历史丰富多样的典籍，成为中华文化最重要的载体，也成为人类历史上最为珍贵的思想文化遗产。当汉字为别的民族借用时，便传播了汉文化的观念，同时输入了华夏民族特有的文化心理内容。在历史上，汉字先后输入越南、朝鲜、日本等，并被直接或间接地改造成这些国家的官方书面语言，从而对他们的民族思维性格发生不同程度的影响。在我国各少数民族中，汉字在促进各民族之间的文化整合中

---

① 潘文国：《汉字是汉语之魂——语言与文字的关系再思考》，《华东师范大学学报》2009 年第 2 期。

发挥了难以估量的作用，许多民族文字的创立受到了汉字的启发，如契丹文、女真字、西夏文、壮族方块字、彝文等。共同的语言文化基础提升了民族凝聚力。

二　汉族文化的特点

1. 包容性

《礼记·中庸》中讲到"万物并育而不相害，道并行而不相悖"，这是汉族文化精神实质之一，充分体现着一种包容性。包容性是文化创生与发展的重要动力。从某种意义上说，中国文化最为难能可贵的精神财富之一，就是作为一种在相对独立环境中成长自足的原生型文化，它并不像世界上其他一些类似的文化，比如西方古典时代的希腊文化、罗马文化那样，对与之发生接触的异质文化产生强烈的抵触与贬低、压制对方的冲动。① 从战国时期的百家争鸣到新中国成立后学术上的百花齐放，都显示了中华文化兼容并蓄、气象万千的特点。汉朝时中原就与西域各国互通有无，虽然当时汉朝较其他少数民族政权发达得多，但并未排斥不同文化，反而吸取其他民族的优秀文化，为己所用。隋唐时期社会更加开放，民间流行穿胡服、骑马，百姓学做胡饼，跳胡旋舞，这都是从其他民族传统习惯吸收而来。唐与各国在文化交流上更加频繁，周边一些国家如百济、新罗、倭国等，都派遣留学生来唐，大唐也派人回访，互相交流学习。唐朝高僧鉴真不畏艰险，东渡日本，讲授佛学理论，传播博大精深的中国文化，促进了日本佛学、医学、建筑和雕塑水平的提高，受到中日人民和佛界的尊敬。儒、释、道相互吸收和谐共存，是汉文化包容并举的另一个表现。明成祖派三宝太监郑和"下西洋"，了解沿途国家的风土人情，吸纳海外文化。清顺治皇帝重用意大利传教士汤若望，一天之内加封汤若望通议大夫、太仆寺卿、太常寺卿三个头衔。他为清廷修订历法，制造火炮。类似的事例不胜枚举。汉文化以其包容性，实现了厚德载物、开放多元。

2. 多元性

汉族文化是中华文化的主要组成部分，是中华文化的核心内容。汉族

---

① 韩冬雪：《论中国文化的包容性》，《山东大学学报》2013 年第 2 期。

文化从起源上就表现出多元的特征。传说炎帝和黄帝是华夏族的两位始祖，他们不属于同一时期，并且来自不同部落，但二人均为汉人之祖却得到普遍认可。以黄帝族为代表的中国北方文化和以炎帝族为代表的中国南方文化，相互交融的过程，充分反映了中国文化起源的多元性。汉文化的多元性还体现在地域上。春秋战国时期华夏文化逐渐成熟起来，由于原始文化的不同源头，经济发展的不同水平，地理环境及交通条件的不同，在黄河流域形成秦陇文化、三晋文化、邹鲁文化等，而在长江流域形成巴蜀文化、荆楚文化、吴越文化等。汉唐时期又逐渐形成了长安文化，由此构成了汉族早期文化多元与一体相统一的特征。这种特征一直延续下来，成为中华文化的优秀传统。

3. 世俗性

汉文化以儒家思想为核心，儒家强调以人为本，注重人的作用，倡导人们遵循客观，认识自然，这就使汉文化更加贴近人们的真实生活，更加具有世俗性。

汉族百姓也信奉"神灵"，但这种"神灵"不是完全脱离现实生活而高高在上、主宰一切，而是与日常生活息息相关，更多是表达人们对美好生活的向往，祈求上苍赐福百姓的虔诚心态。如对"土地神"的崇拜表达了百姓希望来年风调雨顺，收获更多粮食的愿望。因为土地是重要的生产资料，是人们赖以生存的基础，所谓"取财于地"，所以才"亲地、敬地"。而观音则体现了人们希望平安健康的现实需求。可见，汉族传统文化中的"神"，并不是与世隔绝、不食人间烟火的，而恰恰是反映出人们内心最真实的愿望、需求。

伦理道德是汉文化的一个重要部分。儒家提出"三纲五常"，明确规定了父子君臣之间的关系和义务，要求每个人做到尊君爱国。这里把"人"放在了首位，而"敬天"并不是人的第一要务。孔子认为："天道远，人道迩。"既然无法把握天的意志，顺其自然即可，而人道却是可以改变的，这就要求人们努力上进，改变现状。中国封建社会是以宗族血缘关系为纽带建立起来的，是家长制的社会模式，为了保证统治的稳固，就需要统一的思想来增强凝聚力。而儒家"仁""孝"思想鼓励人们对家庭负责，成员之间要团结友爱，以增强人们对社会的共同责任感。可见政权的稳定不是建立在天意的变化上，而是基于人们对国君效忠的人文精神上。比起命运，人应该更加相信自身的能力，所谓"人定胜天"。即使在个体遭遇失败的情况下，仍然会在世俗社会中寻求解决之法，而不会把全部希望寄托在虚无缥缈的"天意"上。

汉族传统文化注重实用性，倡导"经世致用"，把所学知识转化为现实的能力是人们追求的目的。一切思想文化的内容都是为人们的具体行为而服务的。儒家不提倡为追求信仰而舍弃一切，肯定现世的世俗生活及人的价值。

汉文化以儒、道思想为主脉，其哲学观和人生观基本上都是世俗的，即立足于世俗人生建立其宇宙观和本体论，而非总是以彼岸世界为参照，设计宇宙与人生图景。这些观念也构成了中国传统哲学与文化的非宗教性、致用性和世俗性。中国士大夫们所谓"世事洞明皆学问，人情练达即文章"，充分展示了一个农业的、建立在宗法制之上的世俗社会的人们的心态。

在中国历史发展进程中，汉族文化与其他兄弟民族文化相互交融、相互促进，共同创造了灿烂的中华文明。汉族在几千年的历史进程中，无论政治、经济、军事、哲学、史学、自然科学、文学、艺术等各个领域都产生了众多的具有深远影响的代表人物和作品，留下了极其丰富的文化典籍。民族文化的生命力，在于既能保持和发展自身优秀的传统，又能积极地有效地吸收其他民族的文化成果，不断地更生创新。这也正是汉族文化不断发展壮大的原因所在，是成为中华文化主体的原因所在。

第十二章 民族与宗教

民族与宗教是两个既各自独立又相互交叉的领域，所涉及的问题广泛
而复杂。宗教指人们对"神圣"或神圣者的信仰，反映人的精神生活；而
民族则是一种稳定的人们共同体。显而易见，二者分属于两个完全不同的
范畴，但无论在历史上还是现实中，民族与宗教往往交织在一起。中国既
是一个多民族的国家，也是一个多宗教并存的国度，各民族都或多或少地
保留着某一种或几种宗教信仰形式。宗教以民族为载体，历经了各民族的
沧桑变迁，无论是在各民族的风俗习惯和伦理准则中，还是在其意识形态
和社会心理中，都留下了深刻的烙印。如果不了解各民族的宗教变迁，就
无法真正了解各民族的文化和历史。在中国民族史学研究方面，历来有研
究各个民族宗教的传统。在探讨民族历史发展规律的种种问题之中，民族
与宗教的关系也不容忽略。

第一节 宗教与民族的互动关系

民族是在一定历史阶段形成的稳定的人们共同体。形成民族的原因很
多。历经历史的变迁和社会的发展，人种学意义上的血缘已混杂了，或者
已迁移离开了他们世居的共同地域，进而语言也发生了变化。原有的形成
民族的一些自然要素逐渐减少，但社会文化方面的要素，包括独特的符号
或象征系统，以及相对稳定的价值取向和行为方式等等，在民族特性中则
逐渐凸显其重要性。因此，在形成民族的诸多特征中，文化是最核心、最
本质的要素。每一个民族都有自己独特的文化体系，如果民族的文化消失
了，那么该民族也就不复存在了。

宗教是人类社会发展到一定历史阶段出现的一种社会文化体系，"一方面它作为人类超越精神的一种表现内在于社会文化，作为一种原创精神以无形的方式塑造着社会文化，但是另一方面，既然它的信仰或无形的精神态度必然要体现为外在的观念学说、行为活动和组织制度，从而与一定社会文化中的其他观念学说、行为活动和组织制度相互并列，它也就以一种社会文化形式的面貌呈现在人们眼前了。"① 从文化的角度来看，宗教不同程度地映射着信奉者的世界观和人生观，同时它还对社会具有解释和实践的功能，因而它渗透到了民族文化的各个层面，成为塑造民族文化的重要模型。特别是对一些信教历史悠久的民族而言，宗教不仅是一种观念体系，一种社会意识形态，一种上层建筑；它还是一种社会生活方式，一种历史文化现象，一种民族文化表征。这些民族的思想观念、语言文字、历史传说、文学艺术、天文历算、建筑雕塑、医药技艺等文化传统，都留下了深深的宗教烙印。

宗教在一个民族的文化中，不仅仅是一种外在的形式，在民族的历史发展过程中逐渐融入其中，并成为其现实存在不可分割的一部分。同时，宗教也是一种媒介，在民族文化的存在、发展、传播和保存方面，发挥着重要的作用。尽管民族与宗教分属不同的范畴，但从文化的角度来看，宗教与民族之间产生了交叉点，也就是说，宗教可能会以民族文化的形式出现，民族文化也可能通过宗教现象表现出来；民族能够成为宗教文化的载体，宗教能够成为构成民族文化的基本要素，宗教和民族在文化方面形成了一种全面、深刻而复杂的互动关系。

一　宗教是一些民族形成的催化剂

宗教作为一种文化意识形态，渗透到了民族的各个要素之中，对一些民族的形成发挥了重要的作用。但是，在原生型民族和次生型民族形成过程中，宗教所发挥的作用是不一样的。

1. 宗教与原生型民族的形成

原生型民族是以原始社会的氏族、部落为基础，在人类社会进入文明

---

① 何光沪：《试论宗教与民族的关系》，《世界宗教研究》1996 年第 1 期。

时代后，与阶级和国家同时出现的。民族的最初形态即氏族和部落首先是依据共同的血缘和地域形成的。人类从野蛮进入文明，一个重要的标志就是建立了族外婚制，而共同血缘的确认需要某种辨识的标志，以便氏族成员明确自己的身份，划分氏族的界限，确定自己的婚姻关系。这对于氏族整体作为独特群体的存续具有非常重大的意义。图腾就成为这种辨识的标志，是氏族宗教象征的一种文化符号，也是氏族宗教崇拜的中心。根据古史传说，我国从三皇五帝开始，各个氏族部落都有自己的图腾，且有相应的象征徽志。东方夷族太皞（即伏羲）为蛇（或龙）图腾；北方犬戎族自称祖先为二白犬，当是以犬为图腾；南方的九黎族包含有八十一个兄弟氏族，神话说他们全是兽身人首，头有角能触人，大概是以猛兽为图腾；中部炎帝族，神话说他有牛头人身，大概是牛图腾的氏族；原居西方的黄帝族的领袖黄帝号有熊氏，他所统率的氏族分别以熊、罴、貔、貅、虎为图腾。

当氏族的发展超越了血缘联系的时候，共同的地域就成为新的认同对象，而对于共同地域的确认当然可以有多种标志，首先是与氏族生存密切相关的自然事物，包括日月星辰、山川、水、火、森林，某种特定的植物、动物等。对这些特定自然事物的依恋、敬畏、感激之类的感情就发展成为原始宗教的主要形式之一自然崇拜。对特定自然事物的崇拜不仅对共同地域的确认发挥着积极的作用，而且强化了氏族成员基于共同地域的相互认同。华夏民族的远古传说以及各族古代典籍，都有对中华民族先民自然崇拜的记载。甲骨文已有祭土和祭山川的记载。《诗经》则明确记载古代人崇拜"上下神祇"，即天神地祇。天神包括日月星辰、风雨雷电以及司命、司中的神灵；地祇则包括名山大川大湖的神灵。

历史上祖先崇拜是我国许多少数民族所信奉的原始宗教的一种主要形式。比如，白族崇拜本主，白语称为"朵博""劳谷劳泰"等，意为大老爷、祖父祖母。每个村寨都有本主神，多为白族的英雄和著名历史人物，在《大理府志》《南诏野史》中都有记载。"本主"对百姓有求必应，满足人们的现实要求。"敖教勒"是鄂温克人信奉的祖先神，他们认为此神能驱鬼，能保佑人们平安，在萨满及一般人家中都供奉此神。最早的祖先崇拜是一种与血统观念相联系的崇拜形式，这对以血缘为基础的氏族向民族的发展起到了重要的整合作用，同时，氏族成员对共同祖先的崇拜，使得氏族与特定地域不可分割，这为民族的共同地域的形成奠定了基础。这种崇拜形成后又会对居住在某一地区的人们产生反作用，使得相近区域的人们由于崇拜相同的祖先而产生思想信仰上的认同。

宗教对于一个民族的经济生活特征有着重要的影响。在原始社会，氏族或部落经济生活的重大事务往往以宗教方式做出决定。自古以来，农耕经济在我国许多民族的生产活动中占有重要地位，所以对各种自然神灵的崇拜与祭祀，基本上都与农事有关。如《左传》所说："山川之神，则水旱疠疫之灾，于是乎禜之；日月星辰之神，则雪霜风雨之不时，于是乎禜之。"禜，是古代禳除灾害之祭，崇拜日月山川之神，目的是求神恩赐，免降灾害，祈求农业丰收。

中国北方的一些古代民族主要信仰萨满教，信仰内容主要以狩猎和游牧生活为基础，祭祀活动主要与企求猎物丰收以及对牲畜疾病、自然灾害等方面的焦虑相关。比如，鄂伦春族每年在大约农历三月冰雪融化、百鸟北归的季节举行隆重的春祭大典，人们通过萨满向诸神献礼，祈愿在新的一年里全族人平安吉顺。春天关系到一年的狩猎收获、人畜平安，族人都会积极参加，这也是最隆重的祭礼。而南方诸民族的原始宗教则与刀耕火种的生产方式相适应，他们的原始宗教最为关心的是农业方面的收获、灾害问题，因此普遍实行农时祭祀，信仰与农业生产相关的各种神灵、鬼怪，并由此产生大量的祭祀和巫术活动，这些宗教活动有助于保持各地各民族经济生活方式的稳定。由此可以看出，宗教将人们凝聚到一个以血缘为基础的共同体里，加强了氏族和部落的自我认同，同时也加强了氏族部落与一定的地域的联系，促进了民族共同地域与共同经济生活的形成。

宗教作为民族文化中的一项重要内容，不能不对民族的语言产生重大的影响。在原始氏族社会，氏族共同语言的形成发展与宗教仪式的进行和占卜有密切关系。当一个民族创造了自己的语言时，同时也创造了他们的神话，也创造了自己崇拜的"神"。在传播他们的神话和对"神"的信仰时，反之又固化了民族的共同语言。随着民族的发展，宗教又作为一种文化形态对民族的语言产生渗透和影响，以至于一个民族的语言的方方面面都留下了宗教的痕迹。

宗教在长期的历史过程中渗透到民族精神的内部，成为民族共同的心理素质的重要内容。宗教通过神话体系为人们提供一个超自然的起源论和神圣化的群体始祖，从而增强了社会个体对其群体的崇拜感和依赖性，并把宗教视为自身个体生存和发展的一种实现形式。宗教仪式是在人类群体之中产生的行为方式，宗教信徒在参加宗教仪式时，看到许许多多与自己信仰相同的人按同样的姿势和程式朝拜同样的神灵，极易产生群体的归属感、依赖感和认同感。此外，共同的宗教仪式和行为规范在一定程度上也统一了人们的行为，使群体活动达到基本一致。一个民族的伦理道德的形成，往往脱胎于原始的宗教禁忌，在其发展过程中也曾受到宗教教条的巨大影响。民族艺术的发展，大都与宗教仪式，包括其歌、舞、诗以及祭坛、祭器等相关，同其宗教观念和宗教情感有着更深刻的关系。民族的风俗习惯也往往受到宗教的影响。因此，宗教对于某一民族的成员来说，已不再是抽象的理论认识和观念，而是在实际的体验中形成的对世界的认识，渗透到了几乎所有的生活内容中，并伴有相应的宗教情绪、感受和心理反应。宗教观念往往与民族观念交织在一起，宗教情感与民族情感也总是重叠在一起，宗教已成为民族自我意识的一个重要组成部分，构成了民族形成的一个基本因素。

2. 宗教与次生型民族的形成

次生型民族也称之为融生型民族，是指在民族形成后的发展过程中，通过民族之间的分化、同化、组合，以致消失了民族间的界限，相互融合成了一个新的民族。在一些次生型民族形成的过程中，宗教也发挥了重要作用，我国回族的形成就是一个典型的例子。

回族作为一个民族共同体，其形成比较特殊，它不是传统意义上由氏族部落发展而形成的民族，也就是说，它不是原生形态的民族。回族的族源非常复杂。历史上来自不同地区和国家的人们如何能够融合为一个新的民族回族，这在很大程度上取决于他们共同的宗教信仰——伊斯兰教。

回族的先民可追溯至唐宋时期东来的穆斯林蕃客以及元代东迁的大批西域回族先民，这些回族先民来源多样，语言和风俗习惯也不一样，当他们迁徙到中国后，他们的共同点是都信仰伊斯兰教，保持着基本一致的由伊斯兰教规定的风俗习惯。他们东迁来到中国后，最后在中国定居，都被称为"回回人",为了生活习俗的方便,他们往往集中居住在一起,形成了聚族而居的教坊。这些东来的穆斯林移居中国,同时也把伊斯兰教带入了中国。中国文化与伊斯兰文化是截然不同的,当伊斯兰教以穆斯林为载体被植入中国文化这一广袤的土壤之中时,以儒家文化为代表的中国文化其实并不利于伊斯兰文化的生长,但是伊斯兰教经历了一个"中国化"的过程,这为形成一个独特的民族创造了条件。伊斯兰教以汉语为媒介传教,并设法与儒家思想相调适,从而形成了统一的语言,为不同种族和不同民族的穆斯林相互交流统一创造了条件,也为汉族等民族成员与穆斯林之间交际、通婚创造了条件,使各民族穆斯林最终在中国大地上形成了一个新的人们共同体——回族。同时,这也说明,包括伊斯兰教、佛教在内的世界宗教,尽管它有可能在任何民族文化中传播和发展,因为它具有的超民族性的特性,但是任何一种世界宗教,不可能单独铸造一个特殊民族,它必须与另一种可以赋予它特殊内涵的文化相结合才有可能形成一个独特的民族。

在回族形成的历史过程中,伊斯兰教作为回族的自身文化,中国文化作为回族的环境文化,二者密切地结合在一起,缺少其中的任何一个,都不可能形成回族这一民族共同体。同时,我们也可以看出,在回族形成的过程,也就是以伊斯兰教为核心的回族伊斯兰文化在中国的形成过程,回族是伊斯兰文化的载体,伊斯兰文化则构成了回族作为一个民族的主要特征,二者同生同长,相互依存。

二 宗教以民族为载体,经历了民族化和本土化的历史过程

作为文化现象的宗教,是人类社会发展历史上出现的一种社会意识形态或者观念形态,民族则是其载体。一般来说,原生民族自形成之时起,就承载着特定的"原生"宗教或原始信仰。比如,我国北方的鄂伦春族,在历史上曾有自然崇拜、图腾崇拜、祖先崇拜和萨满信仰等原始信仰。在诸多神灵中,鄂伦春人对火神"透欧博如坎"尤为尊崇。而南方的独龙族的宗教信仰也曾处于以自然崇拜和万物有灵为主的原始宗教阶段。灵魂观念是独龙族原始宗教的核心,他们认为世间万物都有灵魂,特别是有生命的东西更是如此,人和动物有两个灵魂,一个是机体赖以存活的生灵"卜

拉"，另一个是死后的亡魂"阿细"。

宗教作为人类社会上层建筑的一部分，大体上经历了从氏族宗教到民族宗教，再到世界宗教的发展过程。世界宗教的传播突破了民族和地域的界限，同一宗教以不同的民族为载体，不同的民族信奉同一宗教。但是，不同的民族即使信奉同一种宗教，往往表现出其独特的民族性。同一种宗教以不同的民族为传播载体时，经历了民族化和本土化的过程。

源自印度的佛教，其传播地域早已超越了民族和国家的界线，成了一种世界宗教。佛教传入中国之后，经历了汉地和藏区本土化及民族化的历史发展过程。

佛教于公元 1 世纪主要通过三个途径传入汉地。一个途径是通过中亚西域经由丝绸之路传入中原，这是最主要的一条通道，东来传法和西去取经的高僧通常走的就是这条路；另一个途径是通过西南川滇边远地区传入；还有一条是通过东南沿海广州、扬州等地由海路而入。东汉时期佛教初入汉地，汉代的人很重视神仙方术，佛教也被视为某种神仙方术。作为一种外来宗教的佛教，与中国传统文化有很多抵触，并未受到重视。魏晋之际，借助于玄学和老庄，大乘空宗的般若学开始在社会上层中广泛流传，但其地位和影响仍不能与玄学相比。佛教在汉地流传四五个世纪之后，至隋唐时期佛教进入了鼎盛时期，适应中国情况的礼仪法规也基本成形，形成了天台宗、律宗、净土宗、禅宗、密宗等汉化佛教的大小宗派。宋代时期，佛教更加深入民间，朝着世俗化的方向发展，佛教汉化的标志更加明显。同时，经过汉化的佛教思想也明显在知识分子的思想中占有很大比重，并影响到哲学、道德、文学、艺术等领域。

汉化佛教在与中国传统文化冲突与融合的过程，渗入到社会各个角落，形成了独特的系统，独具特色，这些特点有机融合在汉化佛教的建筑、佛像雕塑、绘画、仪轨等方面。汉化佛教建筑的佛塔和佛寺就是很好的例证。佛塔是佛教的象征，源出印度的佛塔传入中国时，曾被译为"浮屠"，但中国佛塔与印度佛塔截然不同。其一是造型不同，印度佛塔外观呈半球形，中国佛塔虽然类型众多，如阁楼式塔、密檐式塔、金刚宝座塔等，但大多都融入了中国传统建筑风格，以阁楼式塔居多，如西安的大雁塔。其二是塔在寺庙中的位置有所变化，目的是突出大雄宝殿的地位，因此就把中国人认为不重要的佛塔由寺内搬到寺外，由寺内正中移至偏处，或者完全消失。中国佛寺的建筑一般也按照中国传统的营造法则，即把主要建筑摆在南北中轴线上，附属设施放在东西两侧。寺院由南往北，主要建筑大致是山门、天王殿、大雄宝殿、法堂、藏经阁，这些都是坐北朝南的正殿。东西配殿有伽蓝殿、祖师堂、观音殿、药师殿等。至近代，中国佛寺建筑愈是趋向于四合院式，以一个四合院为主体，在其前后左右可增减制式四合院或变式花园。

与此同时，汉化佛教融入了汉族文化，在哲学、建筑、绘画、雕塑造像、音乐、文学、语言文字等方面产生了深远的影响。佛教哲学的世界观和人生观作为对儒、道哲学的补充，丰富和发展了中国古代哲学。佛教传入之前，中国的建筑、书法、绘画等已有长足发展，佛教传入后又在这些领域注入了新鲜的活力，使这些领域的发展达到了一个辉煌灿烂的高度，敦煌壁画、龙门石窟、乐山大佛等以及遍布全国的寺、塔、石刻，其艺术上的价值已为世界所公认。在佛教的各种宗教仪式中，都要用音乐（声乐和器乐），约在三国时佛教音乐就用中国的音调来配唱经文，形成了中国佛教音乐。唐代进入鼎盛时期，佛教音乐家辈出，在创作、演唱、演奏上都达到了很高水平。佛教音乐对中国民间说唱音乐、声韵学、乐律、音阶、音型、音调和字谱学的发展，都产生了重大影响。在语言文字方面，东汉时期佛教徒开始用汉文翻译佛经，佛教教理、教义逐渐为平民百姓普遍熟悉的同时，一些佛教语汇也融入了汉语语汇，比如今天汉语中的常用词"导师"就是来自佛教梵文的意译，佛教称"引导众生入佛修道的人"，也是佛菩萨的通称。诸如此类的词语还有：烦恼、因果、苦海、轮回、圆满、执着、大彻大悟、空中楼阁，等等。

与汉地佛教一样，藏传佛教也是佛教的一个分支，但其传入时间较晚，约公元7世纪佛教才分别经由印度和中原传入西藏，与西藏地区原有的本教经过了斗争，吸收了一部分本教的思想和仪式，同时结合藏族社会的政治和经济情况对佛教教义、仪轨等进行了调适，逐渐被藏族社会接纳。正是在藏族和佛教，也就是民族和一种外来的宗教文化的冲突、互动与调适的过程中，最终形成了一种独特的、具有浓厚藏族文化特点的佛教。在佛教传入之前，受地域环境的影响，藏族大多生活在海拔较高的地区，自然条件恶劣，常有各种自然灾害，部落间的战争也时有发生，因此，在藏族的原始宗教和本教中，有很多除灾降魔的禳解之术。佛教原本是反对巫术的，传入藏区以后，为了适应藏族民众，保留和改造了一些原始宗教和本教的巫术仪式，宁玛派的教义和仪轨之中对此就有较多保留。信徒家中若有久病不愈或危重病人，或者家有不顺，往往会请来通晓密法的俄华①来家中作法，禳解驱魔。藏族的传统信仰中，神灵众多，有山神、龙神、水神、火神等等，藏传佛教各派对这些神灵都有不同程度的保留。

虽然藏传佛教形成于藏族社会，但是其影响远远不止于藏族社会。12世纪以后藏传佛教得到了更广泛的传播，先后传播到了云南、青海、蒙古、新疆等地区，我国其他一些少数民族，如蒙古族、裕固族、门巴族等也先后接受了藏传佛教，但是这些少数民族所信仰的藏传佛教又经历了再次本土化的过程，具有浓厚的本民族特色，蒙古族信仰的藏传佛教就是典型的例子。藏传佛教（喇嘛教）传入蒙古社会以后，通过对蒙古族原有的宗教进行改造和继承，完成了其在蒙古社会的本土化。比如，对成吉思汗的崇拜是蒙古族信仰的一部分，佛教传入之前，通常由萨满主持祭祀成吉思汗的仪式。佛教传入之后，成吉思汗也被喇嘛教视为神灵。蒙古族原有的萨满教祭祀的一些神灵，如白老翁（一种主管畜群和丰收的神），后来都被纳入了喇嘛教，变成了具有蒙古族特色的喇嘛教神的形象。此外，原来由萨满主持的敖包祭祀，在佛教传入以后，改为由喇嘛主持。由此可以看出，蒙古族信仰的喇嘛教虽然源自藏传佛教，但是传入蒙古社会以后，历经了蒙古族文化的本土化改造，变成了具有蒙古族民族特色的喇嘛教。

三 某一民族往往是多种宗教的复合载体

民族是宗教的载体，而某一民族往往承载着多种宗教文化，成为多种宗教的复合载体。

---

① 俄华：宁玛派的信徒一般分为两种。一种是出家的僧侣，住在寺院里，有严格的教阶制度和寺院管理制度；另一种是住在家里的信徒，通称为"居家宁玛巴"，在青海藏区称之为"俄华"，可娶妻成家，不脱离生产劳动，定期到所属寺院或称为"俄康"的密宗真言堂参加宗教活动。这些"俄华"居住在民间，与信教群众有着更密切的联系，多擅长咒术密法，从事禳灾祈福、治病驱邪、防雹祈雨等社会宗教活动，至今影响仍然很广泛。

我国历史上的党项族，属于古代羌族的一支，以其建立西夏政权和创造了自己独特的民族文化，在中国历史上占有重要一页。党项族原居于今青海及四川西北部，那里既有广阔的草原，也有雄伟的雪山，自然条件恶劣，狩猎和游牧是其主要的生产方式，自然崇拜由此成为党项先民的主要信仰，其中对"天"的崇拜是党项人最早的宗教观。8—9世纪时党项人受吐蕃压迫，不断内迁。随着党项人的内迁，其宗教信仰的内容也不断增加，信奉鬼神，崇尚巫术。据《宋史·夏国传》记载，西夏巫术流行，"笃信机鬼，尚诅咒"。内迁以后，党项族同时也接受了中原的礼教，西夏统治者率先接受了佛教，并进一步推进其发展，使之成了国教，服务于西夏政权的封建统治。西夏时期，不仅修建了很多佛寺、佛塔，而且用西夏文翻译了大量佛经。西夏开国之君元昊在都城兴庆府东修建高台寺，"高台寺"这一地名保留至今。元昊死后，其子年幼登位，皇太后没藏氏好佛，于西夏垂圣元年（1050年）在兴庆府西修建承天寺以及佛塔，历时近六年才完工，内藏宋朝所赐《大藏经》。西夏时期还完成了西夏文《大藏经》的翻译，当时类似于这样大规模的佛经翻译活动颇多，黑水城遗址中发现的大量西夏文刻本和写本中大多是佛经。除此以外，西夏对佛教僧人实行系统的封号制度，"帝师"是西夏佛教封号制度中最高的封号，其下还有国师、德师等封号，他们在西夏享有较高的社会地位。除了原始信仰和佛教以外，道教在党项族中也有所流传。在黑水城出土的西夏文献中，道教典籍有晋人郭象注本《庄子》、宋人吕惠卿著《庄子解》《太上洞玄灵宝天尊说救苦经》等，黑水城出土的木刻板画中也见有道教玉皇大帝的尊像。西夏法典《天盛律令》提及相关宗教法律规定时，往往将僧人和道士写在一起，卷十一"为僧道修寺庙门"，还列出了十几种道教典籍，有《太上君子消灾经》《太上君子北斗延生经》等。

女真族是我国古代生活于东北地区的古老民族，12世纪初，女真完颜部在其首领阿骨打带领下逐步统一女真各部，于1115年建立金国，统治中国北方一百多年之久。与其他中国古代北方民族相似的是，女真人在早期也信仰萨满教，认为万物有神灵，在人世间之外还存在着神灵世界，每个部族都有沟通人和神之间关系的使者，他们就是萨满。萨满在女真人社会中的地位很高，他们可为人祈福、求子、驱邪治病等。在诸种神灵中，女真人特别尊崇天神，认为天神主宰着人世间的一切，凡遇大事必祭天。起初是望日而拜，后来设位而祭。《金史·礼志一》记载："金之郊祀，本于其俗有拜天之礼。其后，太宗即位，乃告祀天地，盖设位而祭也。"女真统治者入主中原以后，随着汉、契丹文化影响的加深，佛教逐渐传入女真社会，对女真人产生了潜移默化的影响。起初，女真统治者对佛教还持有拒斥的态度，《金史·太宗纪》天会元年十月记载："上京庆元寺僧献佛骨，却之。"

至金熙宗时，推行汉化和封建化改革，佛教开始兴盛，当时的燕京佛寺林立，女真贵族和平民中信仰佛教者人数众多，《大金国志》载："浮图之教，虽贵戚望族，多舍男女为僧尼。"① 从熙宗时期开始，各级佛教僧侣被赐予不同的僧官号，享有很高的社会地位，他们"在京曰国师，帅府曰僧录、僧正，列郡曰都纲，县曰维那"。② 京师的最高佛教领袖称"国师"，帅府设"僧录"或"僧正"，州郡设"都纲"，县设"维那"。这些不同级别的僧职享有一定的待遇，拥有特殊的权力。在女真贵族的推动下，佛教发展迅速，全国各地寺庙林立，仅当时的上京就建有庆元寺、储庆寺、兴元寺、兴王寺、宝胜寺、林光寺等佛寺。除了佛教以外，道教也曾得到女真统治者的支持和扶植，在女真人中也曾盛行一时。

综上所述，党项族和女真族的宗教，都是既保留了本民族原有的原始信仰，又吸收了从中原传入的佛教和道教。本民族原有的包括自然崇拜、万物有灵，以及萨满教在内的原始信仰，都源于民族形成之初对自然的依赖和抗衡，受限于当时特定的自然环境和社会状况，也是民族形成之初一个必经的文化阶段。随着民族的社会发展以及与其他民族的接触和交流，受其他民族文化的影响，外来宗教如佛教和道教，逐渐被吸收。当时这些民族正处于由奴隶制向封建制演变的过程中，为了适应生产力的发展以及维护统治秩序的需要，统治阶层大多竭力倡导、推行外来的相对于本民族原有的原始信仰更为高级的宗教——佛教和道教。对于普通民众来说，现世的生活贫困无望，佛教、道教这些创生性宗教大多宣扬忍让、无为、谦恭等思想，让人们与世无争，忍受苦难，同时也给他们带来对来世的希望

---

① （宋）宇文懋昭撰，崔文印校证：《大金国志校证》卷 36《浮图》，中华书局 1986 年版，第 517 页。
② 同上。

和憧憬，因此很快也为下层民众所接受。但是，当一个民族接受某一种或多种外来的宗教文化之后，不可能立即与其原有的宗教文化发生断裂。这样，同一民族既保留着原有的宗教信仰，同时也逐步接受了外来的宗教文化，成为承载多种宗教文化的复合载体。

四　特定历史时期，宗教推动或阻碍一些民族的社会发展

作为一种特殊文化现象的宗教，在民族的历史发展过程中，既发挥过积极作用，也有其负面的消极作用。

纵观中国各民族的历史，我们不难发现，宗教是一种不可忽视的力量，在特定历史时期确实推动了一些民族的社会发展，起到了积极的作用。首先，宗教是一种社会整合力量，强化了民族认同。比如，藏族是由生活在青藏高原上的各部落、部族逐步聚合而成的一个民族，吐蕃王朝时期实现了藏民族在政治上的统一，但作为一个民族，更具实质意义的是其共同的文化，而藏民族在文化上的同质性则是与藏传佛教的兴起和发展同步完成的。受自然地理条件的影响，生活在青藏高原上的各部落、部族居住分散，交通不便，正是他们共同信仰的宗教——藏传佛教发挥了强大的作用，通过其宗教教义、组织、制度、仪式等，使各部落、部族凝结为一个民族，铸就了他们共同的语言、心理素质和文化。而对于先有宗教之后才形成民族，比如回族，宗教对民族所起的聚合作用就更显著了。正是伊斯兰教，把来自不同地域、具有不同民族和种族的人们联结在一起，在历史的发展过程中逐渐形成了共同的心理素质、共同的风俗习惯和共同的生活方式，在中国大地上铸就了回族这一民族共同体。其次，宗教促进了不同民族间的文化交流。

比如，宋辽金西夏时期，不同民族建立的政权相对抗，民族战争频繁。但在这一时期，宋、辽、金、西夏都崇尚佛教，其中西夏的敬佛程度颇高，常常邀请各地佛教名流达士前来西夏参加演经、译经与弘法活动，并经常以佛经作为友好往来的"礼品"送往他国，这样的活动即使在战争时期也时有发生。由此可见，佛教不受政治分裂的影响，在民族战争纷繁、民族政权割据的历史时期，成为跨民族、跨地区文化交流的纽带，维系了各民族精神文化上的一致性，为之后政治上的统一发挥了作用。再

次，以宗教文化为轴心，孕育和传承了民族的传统文化。在中国古代社会，各民族一般都没有专门的教育机构，一些宗教机构如佛教的寺院、伊斯兰教的清真寺等，就承担了人才培养和文化传承的社会职能。比如，清朝时期蒙古喇嘛教的一般寺院都设有满巴札仓，专门负责培养医学人才，寺院也都藏有大量医学书籍。

　　不可否认的是，宗教也曾对民族的社会发展产生过消极影响。首先，宗教对民众有精神麻痹的作用。宗教往往把自然或社会的力量神秘化，使得人们在这些神秘力量面前显得渺小而软弱，由此而产生的宗教教义大多宣扬忍耐、顺从、安于现状，不是让人们追求对现实世界的改造和追求现世的幸福，而是要人们忍受现世的苦难，寄希望于来世。我国许多少数民族在历史上都信仰佛教，佛教也有类似的教义，如"因果报应""解脱轮回"等，这样的教义让劳苦大众认为，达官显贵们享尽富贵是因为他们前生的善行，而百姓的苦难则是因为他们前生作孽而遭受惩罚。这种消极的教义往往被统治阶级所利用，宗教变成了统治阶级麻痹民众、维护其统治秩序的精神工具。其次，各种宗教一般都有不同的教派，各教派为争夺信徒，扩大影响范围，教派斗争时有发生，破坏了民族地区的社会安定和经济发展。

　　撒拉族人笃信伊斯兰教，18 世纪伊斯兰教派如格底目派、虎夫耶派等传入撒拉社会，各教派信徒出于护卫自己所属的教派，同时受民族矛盾、政治等因素的影响，各教派之间的斗争复杂而激烈。清末民初，撒拉族的教派斗争引发了多起流血事件，如苏四十三事件（1781 年）、光绪二十一年教派斗争（1895 年）、街子教争血案（1925 年），这些事件使得撒拉族社会惨遭重创，破坏了撒拉族的社会稳定和经济发展。再次，宗教有时会抑制或阻碍民族社会发展。

　　喇嘛教传入蒙古以后，寺庙在蒙古社会中的地位逐步提升，至清代时寺庙不仅是蒙古族宗教和文化的中心，同时也是社会财富最集中的地方，一些大活佛的财产远远超过了王公贵族，一举成为蒙古社会中最大的封建领主，寺庙经济开始成为蒙古社会一个独立的经济体系。寺庙经济的形成和发展，对传统的封建领主占有制经济和整个蒙古社会产生了重要的影响。[①] 寺

---

　　① 汤晓芳：《论近代蒙古地区喇嘛教的寺庙经济》，《内蒙古社会科学》1987 年第 1 期。

庙聚敛的巨大财富往往不是用于扩大再生产，而是用于修建规模宏大、华丽壮观的寺庙，或者用于礼佛、诵经、供养数量众多的喇嘛，这严重阻碍了蒙古地区的社会经济发展。

第二节 各民族宗教信仰的主要类型与分布特点

一 主要类型

作为精神文化的宗教现象，在旧石器时代晚期已经出现，到新石器时代伴随着氏族制度的演变而逐步系统化、制度化。中华大地上土生土长的原始宗教随中华先民步入文明时代，逐渐演变成宗法性宗教。在夏、商、周三代，一方面是以宗法性宗教为代表的国家宗教，另一方面是在下层民众当中生生不息的民间信仰。进入秦汉以后，创生性宗教或由本土自生、或由域外传入，中华大地上的宗教又呈现出以宗法性传统宗教为主、兼容并蓄其他宗教的多元格局。

1. 宗法性传统宗教

牟钟鉴提出"宗法性传统宗教"这一概念，是指以天神崇拜为核心，以社稷、日月、山川等自然崇拜为羽翼，以其他多种鬼神崇拜为补充，形成相对稳固的郊社制度、宗庙制度以及其他祭祀制度，成为维系社会秩序和家族体系的精神力量，成为慰藉中国人的心灵的精神源泉。这种宗教在中国人心目中占有崇高的地位，它不仅在实际生活中为官方所尊奉，为民众所信仰，而且为学者和史家所关注。[1] 宗法性传统宗教的主要内容及其作用包括：第一，传统宗教的神灵杂多而又有主脉体系，大致可以归结为天神、地祇、人鬼、物灵四大类。这四大类又以祭天、祭祖、祭社为轴心，形成一套由高到低的完备的郊天、宗庙、社稷的典制。第二，传统的宗教神权与君权、族权、父权紧密结合在一起，成为社会政治生活、家族生活和精神生活的有机组成部分。宗教神权为国家所掌握，执政者将宗教祭祀作为国事活动的重要内容。历代君王在取得最高统治权力以后，必须实行祭天、祭祖、祭社稷，才能表示继承了华夏正宗的神统、

---

① 周燮藩、牟钟鉴等：《中国宗教纵览》，江苏文艺出版社1992年版，第2页。

政统和礼统。君王对佛、道诸教可信也可不信，但必须敬天祭祖。第三，传统宗教与传统礼俗融为一体。古代多从礼教的角度处理宗教祭祀，特别重视祭坛建制、仪规仪注，比较忽视宗教信仰与宗教理论的建设和深化，满足于关于天命鬼神的一般性观念，宗教性常被世俗礼教的形式所掩盖。第四，宗法性传统宗教过分地依赖于国家政权和各阶层的族权，自身在组织上没有独立性，也没有教徒与非教徒的界限。辛亥革命后，宗法性传统宗教因得不到帝制的支持而从整体上坍塌，剩下的只是余音的缭绕和民间习俗的惯性作用。第五，宗法性传统宗教的历史作用具有两重性。一方面，它用"君权神授"的信条维护着君主专制制度，削弱下层人民对剥削压迫的反抗意识，用崇宗敬祖的观念束缚人们对狭隘性的族权、夫权的挣脱，因此具有很大的消极性；另一方面，当崇奉传统宗教的统治集团处在上升时期或者相对健康的状态时，传统政权对宗教的维护作用便具有积极的因素。它所形成的宗教礼俗是维系中华民族共同体的重要精神力量，对于社会道德风尚的改良有积极推动作用，因此应当给予它一定的历史地位。①

2. 原始信仰

各个民族在不同历史阶段都不同程度地保存着原始信仰的内容，主要表现为以下几种形式：

（1）祖先、家族神、寨神崇拜

各民族的原始信仰系统中，祖先、家族神、寨神崇拜很普遍，每个氏族基本上都有自己的祖神，多为氏族内曾祖父辈以上的男性祖先。在北方萨满教中，氏族的巫师常被称为"斡娇如"萨满，意为祖神传下来的，他们是被祖神看中充当巫师，因而在举行仪式时要恭请祖神降临，同鬼神交战时须凭借祖神的力量。南方诸民族的祖先崇拜也比较普遍，其中既有氏族性的集体祭祖活动，也有家庭化的祭祖活动。如白族的本主崇拜中，"本主"就有祖先和主人的意思，各个村寨的本主庙内都塑有自己的本主神。在壮族神话传说中，祖先英雄就有能开天辟地、教人种田、养鱼及狩猎的布洛陀，还有能令龙王供雨、为壮人造福的布伯，等等。壮族村寨多

---

① 牟钟鉴：《中国宗法性传统宗教试探》，《世界宗教研究》1990年第1期。

建有以宗姓为单位的宗祠，内列本宗族历代宗亲神位，各宗族定期在祠堂里举行祭奠。

（2）天神崇拜

天体的神化和崇拜是原始信仰最为普遍的现象，《诗经》中有"上下神祇"（即天神地祇）的记载，其中天神包括日月星辰，风雨雷电以及司命、司中等神灵。各民族的原始信仰都有自己的天神系统和天神崇拜。蒙古人称天为"腾格里"，满族人称天为"阿布卡"，突厥人称天亦为"腾格里"，这些民族普遍存在着祭天的习俗。突厥人信奉萨满教，太阳是他们崇奉的天神之一，突厥可汗的牙帐一律向东开，以示对日出的敬仰。拜天之礼也是女真人的传统礼仪，通常在重五、中元、重九举行。每当国有大事，如皇帝即位、上尊号、纳后、册命以及军队出征、临敌、临师等，均举行祭告天地仪式。蒙古人坚信人与万物都是天造的，天是"生命的赐予者"，天神自然成为蒙古萨满教的最高神灵。在南方诸民族中，天神崇拜的现象也很普遍。傈僳族称天神为"白加尼"，认为天神权威最大，主宰旱、涝、风灾及丰收，所以要杀牲祭献。景颇族把日、月星等视为天神，并总称为"天鬼"，他们认为其中以太阳鬼最大。畲族、水族等视雷公为天神。彝族、普米族、纳西族等都有各自崇拜的诸天神，也都有自己的祭天仪式。总之，每个民族的原始信仰，都有自己的天神系统，只是由于地域的差异和生活方式的不同，他们对天神的称呼和崇拜的内容略有区别。

（3）自然神崇拜

在我国各民族历史上曾经信仰的原始信仰中，自然神崇拜的现象也非常普遍。一切自然物都被古代民族认为是有灵魂的，人们都对其进行崇拜并有一定的活动仪式。我国古代早期古籍对山川神灵崇拜的记载较多。高耸入云的深山，对于原始民族而言，神秘莫测且充满着极其神奇的吸引力。在对山川拓荒开垦的过程中，人们又增加了对山神的崇敬程度。据《吴越春秋》载，越王勾践在鼓励人民"开辟草莱"的同时，就"祭陵山于会稽"。及至汉代，《史记·封禅书》中记载了越巫以干鱼祭武夷山神的活动。蒙古萨满教认为，山有山神，曼扎恩·古勒梅·图奥黛是所有高居于天上的众腾格里和盘踞于高山之巅的众哈特（即神灵）的女始祖。在布里亚特蒙古萨满教中，有哈特崇拜习俗和仪式。[1] 彝族也十分重视对山神的祭祀，以石头或树枝作为山神的象征供于山神庙中，定期祭山。

春秋时期，吴越地区的越人统治者为祈求农业丰收，就开始了"祀水泽于江州"的祭祀活动，并且虔诚地"春祭三江，秋祭五湖"。[2] 在对广西左江流域崖壁画的考证中，有的认为是古代壮族先民祭祀水神的遗迹。至近代，南方诸民族崇拜水神现象在黎、壮、布依、高山、怒等少数民族中依然存在。沿海地区还有海神崇拜，这些地区多台风，易遭海水侵袭，《隋书·流求传》记载在一些沿海农业居民中"俗事山海之神，祭以酒肴"。

藏族、纳西族、普米族等民族中有对火的崇拜现象，每家的火塘为家庭火神之驻所，有点长明火和祭祀祈祷的习俗。佤族每年以村落为单位，举行取新火祭典。蒙古萨满教认为，火神萨吉阿代是遵照西方腾格里的意志从天而降，以保护人们御寒、防夜间猛兽袭击和消除东方腾格里派来的血吸虫危害，也是生儿育女、合家幸福的保护神，因此，对火有很多禁忌。

（4）动植物崇拜

动物崇拜在各民族的原始信仰中也很常见。自先秦以来，史书中就有对有些民族崇蛇现象的记载，直至唐宋，南方各地崇蛇现象仍很普遍。一些少数民族还不同程度地存在崇鸟现象。明清台湾高山族对一种名叫"西稀利"的小鸟的崇拜甚至胜过对"夫伦"（百步蛇）的崇拜，人们外出耕作狩猎等，都要听鸟音，音吉则行，音凶则止。云南西双版纳地区的少数民族自古就对象崇敬，视象为吉祥之物，留下一些关于象的神话传说。海南岛黎族认为牛也如人一样具有灵魂，因此农家都珍藏着一块"牛魂石"。史书中还记载有一些民族的螺崇拜、鱼崇拜、蛙崇拜等。

古代很多民族崇拜高大粗壮的古树，视其枝叶茂盛，生命力强，以象征本族的兴旺发达。蒙古萨满教认为，落叶松与人的生命相连，坚信树死亡将招致人亡。佤族称神林为"龙梅吉"，布朗族称其为"色林"，彝族称

---

[1] 佟德富：《中国少数民族原始宗教概述》，《世界宗教研究》1997 年第 3 期。

[2] （东汉）袁康：《越绝书》，文渊阁四库全书本，史部第 463 册，卷 14《德序外传记》，上海古籍出版社 1985 年版，第 363 页。

其为"密枝林",景颇族称其为"龙尚"。除了对古树的崇拜以外,许多民族还崇拜与农业生产密切相关的植物。如布朗族认为谷种是天神赐给他们的,谷粒有灵魂,每年从砍地播种到收割入仓的各个季节都要祭祀谷魂。

(5) 图腾崇拜

在原始宗教信仰中,认为自己的民族同某一物种有亲缘关系,此物就是他们的祖先,于是就产生了图腾崇拜。图腾是氏族的标志和象征。《史记》记载"天命玄鸟,降而生商",玄鸟便成为商族的图腾。在我国古代的乌孙、铁勒、突厥、回纥、蒙古等北方诸游牧民族中间,几乎都盛行过对于狼图腾的崇拜。历史上,鄂伦春族和鄂温克族都曾有过熊图腾;壮族有青蛙、乌鸦、蛇、鸡等图腾;藏族有羊、牦牛、龙等图腾;纳西族有青蛙、牛、虎等图腾;彝族有牛、羊、鹰、猴、虎、熊、斑鸠等图腾,彝族也有植物图腾,如竹、松、葫芦等。

3. 创生性宗教

创生性宗教主要是指某个或某些特殊的个人按照自己的宗教信念和宗教体验创立的宗教。

(1) 道教

道教是产生于中国本土的创生性宗教,以"道"为最高信仰,源于古代的巫术,在承袭古代鬼神思想、神仙方术、阴阳五行学说以及黄老道的某些宗教观念和修炼方法的基础上,经过一些文人术士的努力,在汉代形成。最初有张陵创立的五斗米道和张角创立的太平道,南北朝时寇谦之创立北天师道,陆修静创立南天师道,元时南北天师道与上清、灵宝、净明各宗派归并于正一派,在此前后形成了王重阳创立的兼容儒释二教的全真道。道教产生于汉族之中,汉族在信仰、观念、行为方式和处世原则等等方面都受其影响。除汉族之外,道教对其他民族,特别是对南方许多民族产生了深远的影响,如布依族、黎族、仫佬族和壮族等。

(2) 佛教

佛教发源于公元前 6 世纪的古印度,自汉代传入中原后,在与中国传统文化互相渗透和影响的过程中,逐步完成了中国化的过程。在此过程中,不仅汉族接受并改造了佛教,形成了禅宗、华严宗和天台宗等中国教派,藏族也接受并改造了佛教,形成了宁玛派、噶举派、噶当派和格鲁派等中国教派。此外，佛教还以其多神的信仰、超度亡灵的仪式、行善布施和治病等社会救济功能，融入北方和南方各民族的社会基层。中华各民族信仰的佛教，经过历史的积淀，形成了三个子系统，即在中原地区生根开花并结果的汉传佛教，信仰者以汉族、朝鲜族、白族等为代表；在云南地区较为流行的南传佛教，信仰者以傣族、德昂族等为代表；藏传佛教则主要盛行于藏族、蒙古族和土族之中。

（3）伊斯兰教

伊斯兰教于 7 世纪初兴起于阿拉伯半岛，由麦加人穆罕默德创立。伊斯兰教自唐代传入中华腹地，历经四朝形成一定的规模。唐代安史之乱时肃宗曾向大食借兵 20 万，平乱之后允许他们世居中国，可与当地妇女通婚。五代、北宋时期新疆天山南北的一些原来信仰萨满教、摩尼教、景教、祆教和佛教的民族陆续改宗伊斯兰教。蒙元时期，大批的"西域亲军"分驻各地，除较密集地定居在陕、甘、宁地区外，还在一些重要的城镇和口岸与多年从事商贸活动的阿拉伯商人形成一定规模的定居点。到明代逐步形成了具有"大分散、小集中"分布特点的回族，在此前后，还形成了信仰伊斯兰教的撒拉族、东乡族和保安族。在中华各民族之中，伊斯兰教同其他宗教相比，与民族的关系更密切一些，具有一定的特殊性。伊斯兰教是信教民族全民族共同信仰的唯一宗教。伊斯兰教在信仰上是一神论，具有一定的排他性，与其他民族全民信仰的多神宗教有所不同。

（4）基督教

基督教于公元 1 世纪起源于巴勒斯坦地区，相信耶稣是救世的基督，最初为犹太教下一层派别，后逐步与之分裂而独立化，并于 4 世纪成为罗马帝国国教。11 世纪时分裂为罗马公教（中国称之为天主教）和东正教，在 16 世纪的宗教改革运动中，新教（中国称之为基督教或耶稣教）又从罗马公教中分裂出来，并在自身内部形成路德宗、加尔文宗和安立甘宗三大主流教派，后又陆续分化出其他许多教派。基督教历史久远，唐代即有基督教的被称为"景教"的一支传入中国，元代又有"也里可温教"传入中国，明末则有利玛窦等传教士再次来华。基督教在中国传教的三起三落，特别是鸦片战争前后与帝国主义炮舰一同进入中国的耻辱，以及基督教自身缺乏融入中国文化的努力，使之始终未能像佛教和伊斯兰教那样真正的中国化。尽管如此，基督教在中国的影响还是呈逐渐增长的趋势，无论在汉族还是其他民族中，都有一定数量的信众。

二 分布特点

一个地区的文化总是会受到该地区地理环境的影响，民族的宗教文化亦不例外，时间越久远，这种表现越明显。虽然各民族的宗教信仰特点并非由地理环境因素决定，但气象万千的地理环境对各民族宗教文化的发生、发展乃至转变，仍然产生着重要的影响。

1. 原生性宗教文化圈

自然地理环境是原生性宗教形成的主要外在条件。正如恩格斯所说："一个部落或民族生活于其中的特定的自然条件和自然产物，都被搬进了它的宗教里。"[1] 同时，宗教也是受历史条件制约的社会现象，反映着人类生存、认识和活动的方式，它植根于人们同自然积极地相互作用的过程中。原生性宗教起源久远，南北地域文化差异很明显，时间越早，这种差异就越大。

我国北方草原地区，主要包括东北、内蒙古地区和西北地区各少数民族的原始信仰，基本上属于萨满教。"萨满"即巫师，被视为沟通人与神的中介，是神在世间的代言人。萨满教的信仰主要是万物有灵论、祖先崇拜和自然崇拜。其基本特点是没有始祖、没有教义、崇拜多种神灵，没有组织、没有固定的庙宇教堂、没有专门的神职人员。跳神是萨满教最主要的活动。我国历史上信仰萨满教的民族主要有蒙古族、满族、鄂伦春族、鄂温克族、达斡尔族、锡伯族、赫哲族、柯尔克孜族等。

本教（又称苯教，或苯波教）是青藏高原土生土长的一种古老文化现象，它带有浓厚的地域性文化特色。在古藏文的记载中，本（苯）教的本（苯）是"颂咒""祈祷""咏赞"之义，这在原始信仰的各种仪式中是非常重要的部分。本教文化与青藏高原之间有着密不可分的联系，同时，本教又是藏族传统文化的重要组成部分。在佛教没有传入青藏高原之前，本

---

① 《马克思恩格斯全集》第27卷，人民出版社1972年版，第63页。

教文化是藏族地区唯我独尊的正统文化。生根于远古时代的本教，对早期藏族社会的文明进步起到了推动作用。同样，在后期藏传佛教的形成过程中，由于本教具有广泛的群众基础，充当了不可替代的主要角色。藏传佛教从本教中特别在宗教礼仪以及护法神等比较贴近藏族信徒生活的文化领域里吸收了不少东西。

西南云贵高原、中南山地地区、南岭地区及部分东南地区，从远古时期起，我国南方诸民族的先民就世居在这里，大都信仰原始宗教。他们信仰的原始宗教的显著特点之一就是巫术与占卜活动非常普遍，巫师随着历史的演变而逐渐职业化，有些还拥有大量的经书。巫师在南方巫术宗教中扮演着重要的角色，他们通常被看作具有某种或某些"超自然力"，他们借助此种能力不仅可以将人的某些要求传达到神灵世界，甚至可以借助某些仪式驱使鬼神为之服役。南方少数民族对巫师的称谓比较繁杂，不同民族有不同的称呼，即使同一民族的不同支系、不同地区，其称呼亦不相同。如彝族的巫师称为"毕摩"；白族的巫师称为"朵西簿"和"朵西"；纳西族的巫师称为"东巴"；普米族的巫师称为"丁巴"。

宗法性传统宗教在夏、商、周三代是社会唯一的意识形态，它以天神崇拜和祖先崇拜为核心。西周初年，周公推行宗教改革，宗法性传统宗教开始走上伦理化的道路。春秋战国时期，社会动荡激烈，宗法性宗教在意识形态领域里的垄断地位被打破，但并没有真正灭亡，经过众多儒家学者的诠释和它自身的发展变化，秦汉以后的历代政府都予以尊崇。宗法性传统宗教作为一种在中国历史上长期发挥作用的文化传统，对中华各民族社会生活的影响相当广泛。尽管各民族群体的传统宗教中都有若干宗法性传统宗教的文化因素，但是由于以华夏民族作为其主要文化载体，所以其信仰主体在历史上主要分布在中原农耕地区。

2. 创生性宗教文化辐射带

中国各民族的宗教除了原生性宗教外，另一种则是形成于异文化环境并在文化传播和涵化过程中融入本土文化的，如佛教、基督宗教、伊斯兰教等被称为世界或民族宗教的次生性宗教系统。[①] 费孝通的"民族走

---

① 王建新：《宗教文化融合三题——以人类学的视角》，《中国宗教》2010 年第 3 期。

廊"理论①给我们以很大启发，在此，我们以该理论概括中国历史上创生性宗教文化的分布范围。

（1）伊斯兰教文化辐射带：西北走廊

伊斯兰教文化辐射带主要分布在西北地区，包括现今的新疆、青海、甘肃、宁夏等地。自唐宋伊斯兰教传入中国直至清代，在这一地带逐渐形成了信仰伊斯兰教的回族、维吾尔族、哈萨克族、东乡族、柯尔克孜族、撒拉族、塔吉克族、保安族、塔塔尔族、乌孜别克族10个民族。这一地带处于我国西北内陆地区，气候干旱，在大片的沙漠和戈壁之中，分布着一些绿洲。在地理上，虽然具有封闭的特点，但又是连接欧亚的主要交通线——丝绸之路的必经之地，在文化生态上又具有开放的特征。7世纪，伊斯兰教在阿拉伯半岛产生之后，沿着古老的丝绸之路逐渐传入，并对新疆境内的佛教势力进行圣战，最终代替佛教成为西北地区维吾尔族、哈萨克族等民族的主要信仰。沙漠戈壁和以丝绸为中心的贸易通道，使其和伊斯兰教的起源地——阿拉伯半岛具有相似的文化生态，导致了伊斯兰教在这一地带各民族中的广泛传播。

（2）藏传佛教文化辐射带：藏彝走廊

藏彝走廊处于青藏高原东缘中国地势第三级台阶向第二级台阶过渡的地带上，呈西北——东南走向。"藏彝走廊"北起甘青交界的西倾山南侧阿尼马卿山至岷山一线，南抵滇西高黎贡山、怒山及云岭南端，以及金沙江南侧至乌蒙山西侧一线。在历史上这个走廊既是民族交汇融合最为频繁的地区，也是藏传佛教文化影响最大的地带。藏传佛教以青藏高原为中心，还传播到和青藏高原具有相似文化生态的蒙古高原以及云贵高原的西北部，形成了藏传佛教在我国的一个半月形的分布，使藏传佛教也成为蒙古族、普米族、纳西族、土族等具有和藏区相似的文化生态环境地区的民族信仰的宗教。7世纪佛教传入西藏（当时为吐蕃）。藏传佛教是印度佛教在青藏高原上本土化的产物，在这一过程中，它与高原早期已有的宗教（包括本教及一些原始宗教）的斗争、融合是一个非常重要的内容。在与

---

① 1978—1982年，费孝通曾作过3次重要讲话，逐步提出和完善了民族走廊理论。费孝通所说的"走廊"，是一个历史动态概念，表示多元文化之间不断交融，形成你中有我，我中有你的相互关系。

本教及其他原始宗教的斗争、融合中藏传佛教才得以形成、确立，因而形成后的藏传佛教也带有许多高原早期宗教的烙印。

（3）道教文化辐射带：南岭走廊

南岭走廊处在我国东南部的珠江、闽江流域与长江流域分水岭地区，略呈东——西走向。东起闽南武夷山区，西至珠江支流北盘江、南盘江上游地区。道教是我国的本土宗教，东汉末年在岭北（即五岭以北）形成。汉魏两晋南北朝时期，居住在南方广袤地区的众多少数民族，都被泛称为"南蛮"。活动于长江流域的板楯蛮、盘瓠蛮、廪君蛮，是人数众多、分布广泛的三大支蛮族。道教的初创和传播，与这三支蛮族极有关系。早期道教的创立，既继承了先秦国家宗法宗教的礼仪，也汲取了南方巫术宗教的营养。由于地缘的影响，古代岭南的民俗风情具有鲜明的地域特色，其崇尚巫觋，崇拜图腾，信仰神仙，崇山乐道，与道教的"成仙"教旨和"斋醮"科仪以及"抱朴"精神有共通之处，有的甚至一致，两者可谓"同源互感"，同类相生。

（4）汉地佛教文化辐射带：始于中原，辐射四方

佛教传入汉地是在西汉末年。佛教自传入汉地后，即与中土传统文化相结合，并逐渐发展成为中国文化的一个重要组成部分，及至隋唐时期，达到了高峰。唐时中国名僧辈出，对佛学义理上的阐发无论在深度和广度上都超过前代，因此为建立具有民族特点的很多宗派奠定了理论基础，而且佛教信仰深入民间，创造了通俗的俗讲、变文等文艺形式。在建筑、雕刻、绘画、音乐等方面，建树颇多，丰富了中国民族文化艺术的宝库。在唐时有大批外国僧侣、学者来中国从事传教和译经事业，中国也有不少僧人（如玄奘、义净）不辞艰辛去印度游学。中国佛教宗派也开始传入朝鲜、日本、越南等国家，加强了中国与亚洲其他国家的宗教、文化和商业的关系。但是，武宗时期发生了大规模的禁佛事件，佛教受到极大的打击。北宋初期，朝廷对佛教采取保护政策。南宋偏安，江南佛教虽仍保持一定盛况，但由于官方限制佛教的发展，除禅、净两宗外，其他各宗已日益衰微远非昔比。元代的统治者崇尚藏传佛教，对汉地佛教也采取保护政策。明万历以后，出现了袾宏、真可、德清、智旭四大家，进一步发展了对内融会禅、教、律等宗学说，对外融通儒、释、道三家的风气，所以深受士大夫的欢迎和被一般平民的信仰，并使佛教更加具有中国的特色。清

初皇室崇奉藏传佛教，对汉地佛教采取限制政策，随后禁令稍弛，已经衰微的佛教一时又呈现出活跃的气象。

（5）基督教文化辐射带：由东向西，零星点缀

基督教大规模传入我国是在清末特别是鸦片战争之后，主要是外国传教士由我国东部沿海地区向内陆传入的，因此地理位置和便利的交通条件对基督教的传播极为重要。我国沿海、沿江平原地区特别是对外通商口岸，不仅成为基督教在我国的较早传播地，也成为其向内地进一步传播、扩散的基地。基督教在我国分布的主要特征是东南部多于西北部。随着基督教在近代由东向西的传播，西南地区的一些少数民族如傈僳族、景颇族、苗族、拉祜族、怒族、佤族、彝族等中的部分人成了基督教信徒。

第三节　多种宗教并存与多元一体格局

一　中国历史上多种宗教并存

殷代是我国古代历史上有文字记载可考的最早的一个朝代，是我国古代文化发展中有着奠基作用的重要时期，这一时期的宗教对后世也产生了重要影响。在甲骨文卜辞的记载中，至上神"上帝"或称为"帝"，是宇宙间一切事物的主宰，决定着万物的生存与人世的兴衰。但是这里的"上帝"完全不同于西方的"上帝"，在殷人诸神里，帝神属于自然神的范畴，而且是一个普通的自然神，并非众神之长。如陈梦家指出："卜辞中的上帝或帝，常常发号施令，与王一样。上帝或帝不但施令于人间，并且他自有朝廷，有使、臣之类供奔走者。"[①] 殷人除了有对帝神的崇拜之外，还崇拜日神、月神、风神、雨神、地神、山神、河神等诸多天上、地上之神。由此，可以看到中国人多神信仰的端倪。从西周开始，周人更多的是将至上神称为"天"，但是依旧保留了多神信仰的特色，反映周代祭祀制度的《礼记》曾有祭天、祭地、祭时、祭日、祭月、祭星、祭寒暑、祭水旱等记载。两汉以后，形成于印度的佛教传入中国，中国土生土长的道教也产生了，但是他们都保持了多神信仰的特色。佛教在佛祖释迦牟尼以下，有

---

① 陈梦家：《殷墟卜辞综述》，中华书局 1988 年版，第 572 页。

无数的佛、菩萨、金刚、罗汉，道教的神灵更是多得不可胜数，甚至其至上神"三清"——原始天尊、灵宝天尊和道德天尊，就很难分清上下。至于中国民间宗教诸神，根本就无法统计。①

费尔巴哈说过，"既然任何一个人都不可能信仰某种实际上至少跟他的思维能力和表象能力相矛盾的东西，那么，每一种特定的宗教，每一种信仰方式，就都同时又是一种思维方式。"② 中国古人的多神信仰在一定程度上也就决定了其完全不同于世界上其他民族的独特的思维模式。

中国古代社会的多神信仰，作为一种无形的精神态度影响着人们的思维。多神信仰，对于他们来说，一方面这是现实社会中的层级性在他们头脑中的"神"的社会反映；另一方面也铸造了他们宽容、开放的民族性格。在他们看来，神的谱系本来就是多元的，当外来的、别的民族的"神"进入他们的生活时，只是在他们原有的神的谱系中再多加上几个，并无大的妨碍。在历史上除了几个全民信仰同一种宗教的民族以外，人们一般都可以自由选择自己的信仰对象，他们一生当中可能开始是佛教徒，继而是道教徒，或者同时二者都是。这种现象不但在汉族中很常见，在许多少数民族中也不罕见。因为大多数少数民族的信仰在历史上一直处于原生性的多神信仰阶段，也具有较大的兼容性、开放性、模糊性和易变性。比如，云南白族在历史上本来信仰村社集体崇拜的社神，即本主崇拜，后来他们把道教也吸收入本主崇拜中，道教的玉皇大帝也成了白族的普遍信仰，并被奉为最高主宰。

此外，早在远古时期中华文化就表现出了多元求同的特点，中华文化的源头龙凤崇拜就很好地说明了这一特点。考古发现证明，商、周时期青铜器上的龙，是集蛇身、马首、牛角、鱼鳞、鹰爪于一身的混合体；而凤同龙一样，也是一种虚构的神物，是集鸡头、燕颔、蛇颈、龟背、鱼尾于一身的混合体。龙凤这两种想象的动物，是由现实中多种动物人为糅合而虚构的神物，是在中华文化融合的过程中逐渐形成的，集中反映了中华文化兼容并蓄、荟萃精华、多元一体、和而不同的特点。到了春秋战国时期，古代思想家则用清晰明确的语言表达了这种思维模式。"君子和而不

---

① 张践：《民族宗教关系的社会理论考察》，宗教文化出版社 2009 年版，第 80 页。
② 费尔巴哈：《基督教的本质》，荣震华译，商务印书馆 1984 年版，第 2 页。

同，小人同而不和。"① 能够包容不同的文化，才会使自己的文化具有强大的生命力。战国时期的儒家学者把天下文化发展的大势归结为"天下同归而殊途，一致而百虑"，② 当时的人们就相信天下不同的文化，终将都会走天下大同之路。

中国古人这种"和而不同"的思维模式，在面对其他宗教信仰时，往往也会表现出一种宽容的心态。在西方，异教徒是有贬义的人群，几乎与敌人画等号。而在中国历史上则没有异教徒的概念。"道，并行而不相悖。"③ 从域外传入的佛教、基督教、伊斯兰教，在中国的土地上都可以扎根开花。正如季羡林所说："中华民族是一个对宗教比较宽容的国家，不论是本土的宗教，还是外来的宗教，都一视同仁，无分轩轾。中国历史上并没有像其他一些国家那样有十分剧烈的宗教战争。""在这样的情况下，印度的佛教传入中国，同本国的宗教或者文化，特别是伦理道德方面，是有撞击的，但是不激烈，不明显，表面上来看，似乎一下子就和平共处了。"④ 唐代以后，有大量外国的宗教传入中国，包括基督教、犹太教、祆教、摩尼教和伊斯兰教，中国统治者都无一例外地、宽容地接纳了它们，使它们获得了在中国传播的机会。

古代中国人宽容的宗教观，在当时主要表现为历代帝王对外来的宗教和其他民族的宗教信仰都表现出高度的礼敬，并采取了相应的适宜的政策。原因之一是出于"神道设教"⑤ 的实用性成分，即无论各种宗教起了多么大的作用，无论这种宗教与那种宗教相比如何重要，从政治的角度看，各种传统宗教在古代社会中历来都只是社会政治和伦理教化的工具。但更主要的是受孔子"敬鬼神而远之"的宗教观的影响。首先，孔子对"鬼神"敬畏的态度，表现在对待外来的和其他民族的宗教，最基本是一种尊敬的态度。中国历代统治者，不论是汉族掌握中央政权，还是少数民族掌握中央政权，都对其他民族的宗教信仰采取宽容的政策，因俗而治，

---

① 《论语·子路》。
② 《周易·系辞下》。
③ 《礼记·中庸》。
④ 季羡林：《中印文化交流史》，新华出版社1991年版，第27页。
⑤ 在近代以前，中国人所说的"教"更多地意指教化之教。

"修其教不易其俗，齐其政不易其宜。"① 各民族居住区域的自然条件不同，生产、生活方式和宗教信仰必然有差异，只要不违反政治上的统一，完全没必要强迫其思想观念和信仰的统一。其次，孔子对"鬼神"远之的态度，表现为宗教不可能成为中国的主导政治意识形态，某种宗教不可能成为中国的"国教"，正因为如此，统治者才可以允许多种宗教同时存在、传播和发展，对统治者来说，各种宗教只是辅助政治和伦理教化的工具。

正是在和而不同的思维模式下，隋唐以后的历代政府，建立了"三教并奖"的宗教政策，在儒、释、道"三教合一"的过程中，外来宗教与我国传统文化不断融合，最终使佛教与儒教、道教一样，成为中国文化重要的组成部分。② 再看伊斯兰教，伊斯兰教在唐代传入中国，元代以后在中国大量传播，形成了中国的穆斯林民族——回族。伊斯兰教属于一神教，而且通常采用政教合一的政治统治形式。信仰一神教的穆斯林在中国可以与其他民族和睦相处，根本原因就在于在多种宗教并存的大背景下，中国帝王对伊斯兰教表现了极大的宽容和尊敬，中国的穆斯林也就自然视中国为自己的家园。他们并没有改变"认主独一"的基本价值信仰，但他们适应了中国的环境，明清之际的回族思想家们主动将伊斯兰教的教义与儒家经典相结合。

二　多种宗教并存对中华民族多元一体格局的影响

宗教不仅仅是一种精神信仰体系，还是一种社会文化体系，具有相同信仰的人们往往会组成一些社会实体。多种宗教并存于中国大地，有其自身的历史演变过程，并对各民族的社会发展有着重要的影响，同时，在中华民族多元一体格局的形成与发展过程中，始终发挥着十分重要的作用。③

---

① 《礼记·王制》。

② 值得说明的是，通常说的儒教，实际上指的是儒家文化，它不是严格意义上的宗教；道教是中国本土产生的多神教，有一个非常庞大的神团系统；佛教是外来宗教，它在与中国文化整合的过程中，渐渐地"中国化"了，特别是禅宗，可以说是中国式的佛教。此外，这里的"道"并非全指"道教"，而主要是指道家学说。道家学说本与道教无关，老子的《道德经》里也根本没有涉及宗教的思想。但后来兴起的道教却尊老子为教主，把老子附会为神仙，并把《道德经》当作道教的中心经典。

③ 这一部分主要参考张声作主编《宗教与民族》第一章中华民族多元一体格局的形成与多种宗教的共存（金泽撰写），中国社会科学出版社1997年版，第15—48页。

在中国历史上，多种宗教并存，历代统治者对宗教一般都持有较宽容的态度，这非常有利于各民族互相交往和融合。在特定历史条件下，某种共同的宗教信仰，甚至能把原本属于不同民族的人们凝聚为一个新的民族。华夏民族的形成与壮大，就与当时一些民族认同宗法性传统宗教密不可分。尽管在中国历史上有过政治统一时期，但也有政治分裂时期，民族之间的战争也时有发生。无论各民族政权在政治与军事上如何暂时对立与冲突，但在思想信仰上却保持着很大的共同性，也就是说不论哪一民族的政权，都崇信儒、佛、道三教，因而有着共同的思想文化基础。这个共同的思想文化基础，使得各割据政权都认同中华民族这个大的文化共同体，而且为日后国家的统一提供了精神动力。即使是在分裂时期，由于各割据政权对宗教都较为宽容，一些宗教人士仍然可以来往于各地，起到了沟通和维系民族关系的作用。

还要指出的是，中华各民族传统宗教的演变，基本上都不是彻底否定旧有的宗教，而是在旧有的传统宗教中增添新的文化因子并使之与传统文化融为一体。古代的华夏族在发展的过程中，借助其掌握国家政权和联姻制度的优势，不仅使其族体迅速壮大，而且使其传统宗教成为中华民族传统宗教的主干，即宗法性传统宗教。这一宗教直接继承了原生性宗教的灵魂崇拜、祖先崇拜和土地崇拜等基本观念并加以发展，与其他民族所保持的原始氏族与部落宗教有许多内在的共性因素，从而构成了相互认同的深厚继承。这一宗教倡导的慎终追远、敬天法祖的观念，历经数千年的文化积淀，凝聚为中华各民族共同的文化和心理素质。各种后来形成的和外来的宗教都不得不在一定程度上调整自身，使其基本观念与行为方式和传统宗教的基本观念与行为规范相适应。无论这种调整是主动的还是被动的，其结果都是更加强化了宗法性传统宗教的核心地位。后起的或外来的宗教在对宗法性传统宗教认同的过程中为民众和统治者所接受，它们为中华文明注入新的血液的同时，进一步拓宽了各种宗教相互宽容的基础。

在中国古代社会，传统宗教、民间宗教、本土宗教和外来宗教与王权同时存在，由于宗法制传统和政治集权的作用，王权显然处于权力的核心地位。宗教要生存和发展，必须做出让步，尤其是与王权有矛盾的外来宗教，它们若想在中国传播和发展，面对强大的王权，必须改造自己，随之就产生了中国宗教的依附性，服务于王权的政治统治，成为伦理教化的工具。来自于印度的佛教于两汉之际传入中国内地，受印度本土的影响，佛教宣传父子、夫妇、主仆之间关系平等，沙门可以不敬王者，这显然与中国古代社会的身份层级观念和王权至上观念相违背。为了适应中国社会的情况，佛教被迫做出调整。在处理佛教与封建王权的关系上，佛教竭力使其依附于王权，取得王权的支持。对于"沙门敬不敬王者"这一敏感的问题，佛教徒们一方面坚持不拜君亲的出世主义立场，另一方面又极力强调佛教"助王化于治道"，并努力与主张王权至上的儒家思想靠拢。

各种宗教对政权有较强的依附性，没有形成独立于政权结构的教会组织和教权体系。即使实行政教合一体制的藏传佛教和伊斯兰教，也必须接受中央政府的政治统治。在政治上各种宗教都维护和服从中央政府统辖的传统，杜绝了任何一种宗教操纵国家机器进行宗教迫害的可能性，为多种宗教同时并存和相互认同提供了一定的政治基础和保障，也为民族关系的友好相处提供了宽松的氛围和前提条件。

在古代中国，宗教与王权保持着密切的联系，王权借用宗教的教化作用来巩固统治，宗教依靠王权的支持寻求生存和发展。宗教在中国一直没有在欧洲和中东那样巨大的影响，不能与王权相抗衡，王权与宗教也没有发生过激烈的冲突。各民族的宗教信仰既有充满个性和民族特色的一面，又有在核心观念及社会政治方面的共同性；既有历时性的发展过程，又共时性地多元并存。各宗教系统对宗法性传统宗教的认同与兼容，各宗教系统的多元性，与中华民族多元一体的格局具有结构上的相似性。各民族的宗教信仰体系不仅维系着本民族的文化，形成了中华民族多元的宗教文化，同时又促使中华各民族沿着相互兼容和认同的共同体方向不断发展。

第十三章 少数民族文化与中华文化

文化是一个包含内容极其广泛的概念。英国人类学家爱德华·泰勒认为，文化，或文明，就其广泛的民族学意义来说，是包括全部的知识、信仰、艺术、道德、法律、风俗以及其作为社会成员的人所掌握和接受的任何其他的才能和习惯的复合体[①]。我国学者总结关于文化的各种说法，认为人们理解的文化一般有四种含义：（1）指每个民族为了生存和发展，积年累代，在物质生活和精神生活中通过体力和脑力劳动所取得的各种成果和成就的总和，包括物质文化和精神文化。（2）专指精神文化而言，即社会意识形态以及与之相适应的典章制度、宗教信仰、文学艺术等。（3）指社会生活中和政治、经济两类并列的文化类而言。（4）主要指一个民族的思想基础即哲学而言[②]。文化作为人类社会的重要成果，具有极其丰富、复杂的面貌。根据中国少数民族文化及中华文化的内容和特性，我们理解文化为包含三个层面内容的概念：一是精神层面，包括思想观念、宗教信仰、道德伦理、文学艺术等；二是物质层面，包括生产技术、建筑遗存、科学技术等；三是制度层面，包括社会制度、政权组织、法律制度、军事制度等。

中国是一个历史悠久的文明古国，中华民族创造了博大精深的中华文化；中国又是一个传统的多民族国家，灿烂的中华文化是历史上各个民族共同创造的。中华文化是包括汉文化在内的各民族文化的集合体，各民族文化的内容塑造并决定着中华文化的形态和内涵；而汉文化在型塑中华文

---

① ［英］爱德华·泰勒：《原始文化》，连树生译，上海文艺出版社1992年版，第1页。

② 阴法鲁、许树安主编：《中国古代文化史·前言》（一），北京大学出版社1989年版，第1页。

化的过程中拥有突出的地位和作用。

第一节　各民族文化的多样性

历史上各民族文化由于自然的、历史的、人文的种种因素，在发展过程中形成了各自独有的特征，因而在中华文化的构成中都具有不可替代的重要地位，并且构成了中华文化多样性的特点；同时也因为文化间的不断交流、传播和融汇，又形成了中华文化一体性的基本特征。

一　文化源流的多样

中国地域辽阔，地形、地貌、气候繁杂多样。人类文化的发展以及文化类型的形成是以自然地理环境为前提的。中国地理环境的复杂特征及自然条件千差万别，使得中国文化具有多样的可能性。众多考古学材料证明，至少在新石器时代，中国境内的文化面貌就明显呈现出多元共存的局面。新石器时代面貌较清楚的几大文化系统包括：黄河流域上游地区的马家窑文化系统，渭河流域的老关台文化和仰韶文化系统，以今河南地区为中心的有裴李岗文化和大河村文化系统，海岱地区有大汶口文化系统；长江流域，有宁绍平原地区的河姆渡文化系统，太湖地区有马家浜文化和良渚文化系统，汉江平原有屈家岭文化系统，鄂西和长江三峡地区有大溪文化系统，珠江流域有石峡文化系统，闽江流域有昙石山文化系统，辽河流域则有兴隆洼文化、红山文化和富河文化。① 这些文化系统之间既有相互影响的一面，更是起源相对独立的文化系统。

进入青铜器时代后，不仅处于中原地区的夏商周王朝拥有高度发展的青铜器文化，而且处于中原之外的四方民族地区也经历了青铜时代，创造了各具特色的青铜文化，他们存在的时间或早或晚，有长有短，表现出各地各族不同的文化特征。如在四川广汉发现的三星堆遗址，反映了从新石器时代晚期到约西周早期的巴蜀地区高度发展的青铜文化，其中青铜人像、人面像、人头像及金面罩等有着鲜明的地方民族特色。

———————
① 张之恒：《中国新石器时代考古》，南京大学出版社 2004 年版，第 15 页。

成书于西汉，反映战国至汉儒家夷夏观的经典《礼记》中阐释了当时被称为"中国、蛮、夷、戎、狄"五方之民在文化上的差异："中国戎夷，五方之民，皆有性也，不可推移。东方曰夷，被发文身，有不火食者矣。南方曰蛮，雕题交趾，有不火食者矣。西方曰戎，被发衣皮，有不粒食者矣。北方曰狄，衣羽毛穴居，有不粒食者矣。"[①] 说明在民族形成之初，各族体的文化就是来源各异。以后形成的民族，包括演进为现代民族，也同样表现出文化源流多样的特征。如回族文化是以伊斯兰文化和汉文化的结合为其主要特征，而伊斯兰文化则是在唐以后，由阿拉伯、波斯等地的穆斯林商人带入中国，经过与中国本土文化的充分结合，逐渐形成中国独有的回族文化。维吾尔族文化虽然也以伊斯兰教为重要内容，但其文化来源和演变则与回族有着不同的路径。维吾尔族的远祖可追溯到公元前 3 世纪的丁零，丁零当时主要游牧于贝加尔湖一带，有一部分分布在当时西域的额尔齐斯河流域。4—5 世纪丁零被称作铁勒（或高车），6 世纪时，东部铁勒中有韦纥应为维吾尔族的直系先民。8 世纪中叶，回纥人建立了地域辽阔的回纥汗国，9 世纪，回纥汗国崩溃后，其部众分三支西迁，其中的两支高昌回鹘与葱岭西回鹘分别建立了自己的政权，他们与自古以来居住在南疆的部族和先前分布在此地的汉人、羌人、吐蕃人、原西部铁勒遗民，以及后来又陆续迁入的契丹人、蒙古人等长期融合，大约到明代，逐步形成今天的维吾尔族。[②] 维吾尔先民在历史上曾信奉过多种宗教。10 世纪时，伊斯兰教开始从中亚传入新疆西部喀什等地的回鹘人中，到 16 世纪初，伊斯兰教在西域取代了佛教的地位，维吾尔族也成为全民信仰伊斯兰教的民族。[③]

二 文化类型的多样

中国境内各民族的经济文化从大的方面看，可以分为三个主要类型：中原农耕文化、北方游牧文化和南方山地农业文化。

中原农耕文化还可粗分为黄河流域灌溉农业区、南方稻作农业区和山

---

① 《礼记·王制》。
② 杨圣敏主编：《中国民族志》，中央民族大学出版社 2003 年版，第 144 页。
③ 同上书，第 152—153 页。

地农业区三部分。黄河流域是世界农业的发祥地之一，距今一万年前，这一区域就已进入农耕时代，创造了发达的农耕文化。汉民族及历史上生活在这一区域的各民族以农业经济为依托，创造和发展了以儒家文化为核心的中原农耕文化类型。以长江中下游平原、四川盆地和珠江三角洲为核心区域的南方稻作农业区同样是中国农耕文明的重要组成部分，从春秋战国时期的吴越诸国到三国吴蜀、东晋南朝，再到南宋时期中国经济重心南移，南方稻作农业区为历代专制政权的发展提供了有力的经济保障。山地农业区指以北方旱作农业为主的区域，也包括历代不断扩展的南方山地区域，因多无灌溉之利，历史上以耐旱杂粮种植为主，产量有限，经济积累不足以维持庞大的专制政权，但因区域广阔以及以家庭为单位的劳作方式，对以儒家文化为核心的中原农耕文化的孕育与发展亦做出了重要贡献。

北方游牧文化的情况更为复杂多样，包括以开阔的蒙古高原为中心的典型草原游牧文化区，东北地区的森林草原游牧文化区、大兴安岭一带的山林游牧狩猎文化区和黑龙江等三江流域渔猎文化区，西北地区以青藏高原北部和天山北部河谷地区为主的高山河谷游牧文化区、以塔里木盆地为中心的城邦农商文化区等。北方的蒙古高原一带，包括东北地区的森林草原区，拥有辽阔的草原，这里自古就生活着以游牧经济为主要生产方式的各个民族，曾兴起过匈奴、鲜卑、柔然、突厥、回纥、契丹、蒙古等强大民族。这些草原民族的文化形态与游牧的经济方式互为表里，相伴相生。目前在阴山、贺兰山以及阿尔泰山发现有分布密集的岩画，这些岩画富有浓郁的草原游牧文化气息，生动展示了古代游牧民族的生产生活习俗、审美意识和原始信仰。《史记·匈奴列传》记载了匈奴人的游牧文化："居于北蛮，随畜牧而转移。其畜之所多则马、牛、羊……逐水草迁徙，毋城郭常处耕田之业，然亦各有分地。毋文书，以言语为约束。儿能骑羊，引弓射鸟鼠；少长则射狐兔，用为食。士力能弯（冊）弓，尽为甲骑。其俗，宽则随畜，因射猎禽兽为生业，急则人习战攻以侵伐，其天性也……父死，妻其后母；兄弟死，皆取其妻妻之。其俗有名不讳，而无姓字。"[①] 匈奴的后继者虽在习俗文化方面各有不同，但游牧经济方式大同小异，没有实质性变

---

① （汉）司马迁：《史记》卷150《匈奴列传》，中华书局1959年版。

化。蒙古族继承了历史上北方草原游牧民族的生存方式，衣食住行、风俗习惯无不带有浓厚的草原民族的鲜明特点。

大兴安岭一带的山林，历史上是东胡、乌桓、鲜卑的发祥地，蒙古帝国时期"山林中人"在征战中亦发挥了重要作用。清代的鄂温克、鄂伦春、达斡尔、锡伯等族，包括部分满族在这一区域从事畜牧、狩猎和采集为主的生产生活方式。东北地区渔猎文化区以赫哲族为主。

西北地区青藏高原北部的高山河谷游牧文化区，孕育了历史上羌、吐谷浑等文明，后来成为藏族的重要游牧地。这一区域地处高寒，只有各山间河谷才有较为适宜的牧场。高山的阻隔以及严酷的资源竞争形势，使早期的羌人难以建立较大政权，各部落间争夺资源的冲突不断，只有在汉王朝扩张威胁到他们的生存时才"解仇结盟"共同对付。吐蕃政权的强大组织力和藏传佛教的深刻影响使此区域的文化得到了整合。居住在青藏高原的藏族以高原草场畜牧经济兼营农耕为其主要经济文化特征。

天山北部以伊犁河谷为中心的高山河谷游牧文化区，养育了古代乌孙等游牧民族，后来成为蒙古族和哈萨克人的舞台，清代从东北征调了一部分锡伯、达斡尔人戍守边疆，锡伯人还在伊犁河谷察布查尔一带创造了高效灌溉农业。这一区域河谷宽广，水草丰盛，是游牧民族的理想牧地。

今新疆天山以南塔里木盆地由于地理环境以沙漠为主，北部天山和南部昆仑山阿尔金山环围四周，高山融雪形成了许多相对独立的河谷绿洲，历史上是丝绸之路城邦农商文化的典型区域，《汉书》"西域三十六国"主要指这些绿洲城国。这一地区在历史上是东西文明交汇的区域，先后有印欧系的塞人文化、斯基泰草原文化、佉卢文化、粟特文化、吐火罗文化等，蒙古利亚系的匈奴文化、乌孙文化、羌藏文化、突厥文化、回鹘文化、蒙古文化等。从宗教看，先后有萨满教、火祆教、佛教、摩尼教、聂斯托里基督教（景教）、伊斯兰教等。这些文化与宗教或"各领风骚数百年"，或同时并存，互相竞争，构成了一幅幅绚丽而灿烂的文化图景。

南方山地农业文化区，各民族因为适应不同的地理和气候条件，形成了各具特点的农业经济类型。生活在河谷、盆地的民族一般以稻作农业为主要生计方式，经过长期的经验积累，生产力发展水平较高，傣、壮、白、纳西等民族属于此一经济文化类型。壮族为古越人的一支，从新石器时代开始，壮族先民即开始从事稻作农业。白族聚居区处在河谷坝区，资源丰富，主要从事农业生产，属稻作农耕经济文化类型。居住在云南丽江地区的纳西族农业生产水平接近汉族和白族。布依族、侗族、水族、仫佬族亦多从事稻作农业。位于山腰地带的民族，多从事梯田农耕或旱地农业种植，如哈尼族多居住在海拔 1000—1400 米的山腰地带，以梯田稻作农耕文化闻名于世；一部分哈尼族生活在高山地区，属于山地旱作农业经济。

高寒地区生活的民族多以耕牧结合的经济文化为主，辅以采集、狩猎。傈僳族生活在云南怒江流域，是中国最典型的深山峡谷地形区，傈僳族的生计方式是以山区耕牧经济为主，采集和狩猎为辅。拉祜族居住的澜沧江东西两岸，是由山地和平坝构成的亚热带丘陵地区。居住在山区密林中的拉祜族，从事周期性的游耕农业、粗放的畜牧经济和季节性的狩猎采集活动。半山区的拉祜族从事梯田稻作和旱地农耕；坝区主要从事水田稻作农业。普米族生活在云南怒江流域，大多居住在滇西北海拔 2000—3500 米的高寒山区和半山区，与藏、彝、白、纳西等民族相邻而居，是一个典型的从事山地耕牧型生计的民族。

彝族历史上是一个半农半牧的民族，经过不断迁徙，分布于西南各地的彝族，适应不同的地理和气候条件，形成不同的生计类型，川滇大小凉山的大部分地区，为杂粮栽培农耕经济文化类型；云南中部及南部彝区，属稻作农耕经济文化类型；贵州部分和凉山部分高寒山区，则属耕牧经济文化类型。另外，狩猎、采集也是彝族不可缺少的经济来源。羌族分布于四川阿坝、甘孜、绵阳等地，大多居住在高山或半山地带。以农业经济为主，兼营畜牧业。景颇族是个跨境民族，主要居住在云南德宏境内。百余年前，景颇族主要经营旱地农业，同时也从事畜牧、采集和家内手工业等副业生产。近百年来，受汉、傣、德昂等族的影响，景颇族开始经营水田，由锄耕农业转向犁耕农业，水田农业基本上成了景颇族的主要产业。独龙族、怒族、基诺族、珞巴族等民族的农耕经济相对落后，新中国成立后开始逐步改进刀耕火种型农业。佤族居住在云南沧源怒山山脉南段，为山区，以旱地农耕为主要经济方式，水田次之，且多为梯田。

苗族是一个有悠久的农耕生活史和文化史的民族。从经济—文化类型来分：苗族传统的生计大致可以分为两大类型：一类是山地耕猎型，这是苗族社会中占主导地位的生计方式，黔东方言和湘西方言的苗族绝大多数属于这种生计类型；一种是山林刀耕火种型，云南境内的苗族大多属于这一类型。此外，还有一定数量的人口从事山地耕牧或丘陵稻作生计。瑶族传统的生计方式以畲耕旱地和种植水田为主，林业和山林狩猎采集具有重要的辅助作用。居住在丘陵、河谷地区的瑶族，以种植水稻为主；位于山区和石山区的瑶族，除耕种部分水稻外，大部分种植旱地农业；边远高寒山区的瑶族，种植水稻极少，靠种植旱地作物为主。

从语言文化的角度来看，作为民族的重要特征和文化载体，语言是在特定的环境中产生，各种不同的语言代表着不同的生存环境。中国各地无论是自然环境还是人文环境千差万别，因此，各民族的语言也呈现出极为丰富多样的特点。

我国境内的各个民族分属于五大语言系统：汉藏语系、阿尔泰语系、南亚语系、南岛语系以及印欧语系。每个语系下又可细分为几个语族和多个语支，如汉藏语系下有汉语、壮侗语族、藏缅语族、苗瑶语族几大分支。每个语族又由几个语支构成，如汉藏语系—藏缅语族由藏语支、彝语支、阿昌语支、景颇语支等构成；而每个语支又涵盖若干民族语言，如汉藏语系—藏缅语族—藏语支涵盖了藏语、羌语、门巴语、珞巴语等民族语言。从民族语言的地域分布来看，除汉族、回族及大部分满族等使用汉语的民族分布于全国外，属于汉藏语系各语族的民族均分布在中国的西南、中南地区；而北方各民族则多属于阿尔泰语系各语族。

语言的差异既是文化差异的表现之一，同时又是造成文化差异的原因。汉语的形成和发展与汉民族的形成发展密切相关，汉族由最初中原地区的华夏族吸收了众多其他民族成分发展而来，是一个内在成分极其多元的民族，表现在语言上，则是汉语中存在大量方言土语，且各地方言之间差异很大。

属于汉藏语系—藏缅语族的 17 个民族主要分布在青藏高原、横断山脉、云贵高原以及长江三峡流域的丘陵地区，这些民族在语言及历史文化渊源方面有许多相近的地方，但同时也呈现出人文环境的多样性特征。在藏缅语族内部可以分为三个文化区：青藏高原为中心的藏文化区，云贵高原地区的彝语支民族文化区，横断山脉则是这两大文化与汉文化互动形成的一条民族走廊，被称为"藏彝民族走廊"，羌、普米、纳西、怒、独龙、门巴、珞巴等民族生活在这里。[①] 属于汉藏语系—壮侗语族的民族分属 3个语支：壮族、傣族、布依族属于壮傣语支，侗族、水族、仫佬族、毛南族属于侗水语支，黎族属于黎语支。壮侗语族各民族在历史渊源上与古代南方分布广泛的"百越"有着密切联系，在不断迁徙与融合中形成了现有格局。这些民族多选择气候湿润、土壤肥沃宜于稻作农业的河谷平原地区生活。汉藏语系—苗瑶语族包括苗族、瑶族、畲族 3 个民族。由于分布区域广阔，他们在语言上虽然有亲缘关系，但也存在较大差异。中古时期的湘赣黔交界地区是三个民族的"共同历史区"[②]，在这一区域地理环境下形成了三族山地耕猎型为主导的经济文化类型。

阿尔泰语系包括三个语族：满—通古斯语族、蒙古语族和突厥语族。在中国，属于满—通古斯语族的民族生活在东北地区，包括满族、锡伯族、赫哲族、鄂伦春族和鄂温克族，这些民族由于长期生活在同一地域，生产生活方式相近，形成了以渔猎、狩猎为主，兼采集、游牧和农耕的经济文化类型。均流行萨满教，文化有许多共同之处。属于蒙古语族的民族主要分布在北方，有蒙古族、东乡族、达斡尔族、保安族、土族、裕固族（东部）等。这些民族基本上属于以草原畜牧业为主，兼狩猎、农耕和手工业经济文化类型。蒙古语族民族历史上曾创造和使用过契丹文、八思巴文等，留下了许多珍贵的文献，如蒙古族的三大历史文献《蒙古秘史》《蒙古黄金史》《蒙古源流》和少数民族三大史诗之一《江格尔》，在中华文化体系中，是一个独具特色的重要组成部分。突厥语族的民族主要分布在西北地区的新疆、青海、甘肃境内，包括维吾尔族、哈萨克族、柯尔克孜族、乌孜别克族、塔塔尔族、撒拉族、裕固族（西部）等。维吾尔族也是突厥系中人口较多的民族，在历史上创造了辉煌的文化成就，如《突厥语大词典》《福乐智慧》《真理的入门》《拉失德史》及"十二木卡姆"等，丰富了中华文化宝库。

---

① 杨圣敏主编：《中国民族志》，中央民族大学出版社 2003 年版，第 196 页。
② 同上书，第 367 页。

属于印欧语系的民族有使用伊朗语族的塔吉克族和使用斯拉夫语族的俄罗斯族。塔吉克族主要居住在海拔 3000 米以上的帕米尔高原塔什库尔干地区。中国的俄罗斯族是 18 世纪以后由俄罗斯迁徙而来，目前绝大多数已与汉族混血，汉语成为通用语。

属于南亚语系的民族有佤族、德昂族和布朗族，属于孟高棉语族佤德语支，三族在渊源上同出于古代的百濮，主要居住在西南亚热带地区，以旱作农业为主要生计方式，茶叶种植在其经济生活中占有重要地位。

属于南岛语系的民族是台湾高山族，是该语系印度尼西亚语族。

三 文化形态的多样

中国历史上各民族文化由于源流与类型的不同，在具体的形态特征上表现出丰富多彩、千差万别的状态。

首先，在物质文化层面上，中国古代各民族创造了多种多样与自身生计方式相适应的生产技术。如黄河流域以汉族为主体的农耕民族，在长期的农业生产实践中，利用江河的灌溉之利，创造了精耕细作的生产技术，利用畜力以提高生产力，使用犁、锄、耙、镰等农具。汉族等农耕民族还积累了丰富的纺织技术，此外，制瓷、造纸、印刷等手工业也颇为发达。历史上匈奴、鲜卑、突厥及蒙古族等北方游牧民族，从"逐水草而居"到定居轮牧，形成和发展了游牧经济文化类型的典型生产方式。在长期的畜牧业生产过程中，积累了丰富的优良畜种培育等生产技术。世居于东北三江平原沿岸的赫哲族是一个典型的以渔猎为生计方式的民族，自古以来，赫哲族就形成了"夏捕鱼作粮，冬捕貂易货"的生计传统。

在衣食住行方面，各民族的差异和多样性更为突出。北方游牧民族的传统居住形式为适应游牧生活和当地气候条件的穹庐毡房，中原农耕民族则多为砖木结构的房屋，而南方许多民族的民居则以通风良好的干栏式建筑为主。

由于生产和生活的需要，各民族都创造了本民族的历法，其中农历、傣历、藏历均属阴阳合历，适合于农耕民族的生产需要。回族、维吾尔族等信仰伊斯兰教的民族在宗教生活中则使用伊斯兰教历。每个民族都根据自己使用的历法安排日常的生产生活，并形成民族节日。壮族、布依族、侗族、瑶族、苗族、土家族等民族与汉族一同过春节、清明节、端午节和中秋节，彝族、白族、哈尼族、傈僳族、纳西族、普米族、拉祜族等民族于农历六月举行火把节，傣族于傣历六、七月间举行泼水节，藏族于正月举行传召节，还有庆丰收的旺果节，信仰伊斯兰教的回族、维吾尔族、哈萨克族、柯尔克孜族、东乡族、撒拉族等族于伊斯兰教历十月过开斋节，十二月过古尔邦节，蒙古族于夏秋举行一次节日大会——那达慕。

其次，在制度文化层面上，与经济文化类型的多样相对应，历史上各民族在社会组织、政治制度方面也显现出多元的复杂形态。

中原地区以汉族为主体的农耕民族自秦汉以来形成了中央集权的君主专制制度，皇帝作为国家的最高代表，独掌一切大权；皇帝之下，设立有三公九卿或三省六部制的中央政府机构，地方上则设立郡县进行管辖。这一政治制度也是中原王朝不断强化国家政治统一的有力保证。

北方游牧民族自匈奴冒顿单于东服东胡、西击月氏、南并楼烦，使"诸引弓之民，并为一家"后，建立了以单于庭为中心、左右贤王为两翼，之下有左右谷蠡王、左右大将、左右大都尉、左右大当户、左右大且渠等官设，以部落组织为基础，共分统领万骑的军事首长 24 个，各有分地，逐水草移徙，形成了典型的军事游牧帝国体制。之后，随着统一中原地区的强势政权晋魏隋唐王朝的建立，北方也形成了鲜卑、柔然、突厥、回鹘等民族的强势游牧政权与中原相颉颃，他们在政权组织方面继承了匈奴军事游牧帝国体制。蒙古族在成吉思汗统一蒙古各部过程中创制了一套政治体制，以千户制打破旧有的部落组织。成吉思汗及其黄金家族是蒙古帝国的最高统治阶层，帝国治下的地区和民众以千户制为基本统治结构，千户制既是蒙古帝国的行政区划单位，也是帝国的军事组织体系。在东北民族中，满族所实行的是八旗制，这一社会组织形式与东北民族游猎的生产方式相适应，由努尔哈赤将女真人的生产与军事合一的组织形式牛录制改造而成。八旗不仅是强有力的军事组织，也是卓有成效的行政组织和生产组织。这一兵农军政合一的组织形式有效地帮助努尔哈赤建立了后金政权，也为以后满族建立起对全国的统治打下了基础。藏族在吐蕃政权时期实行的是世俗的集权制。随着佛教在藏族社会的广泛传播并占据主导地位，藏族社会开始逐步实行政教合一制度。在藏传佛教的各派系中，噶举派（白教)、萨迦派(花教)、格鲁派(黄教)都先后在青藏高原建立过政教合一的地方政权。13世纪中叶,以萨迦派为主的藏传佛教上层喇嘛掌握西藏地方政权,形成政教合一的社会政治体制。清朝时期,随着清政府对格鲁派达赖与班禅两系转世活佛制度的确认与倡导,进一步完善了由驻藏大臣监督的藏族社会政教合一制度。

最后,在精神文化层面上,历史上各民族在思想观念、宗教信仰、艺术审美等方面亦表现为多样性。精神文化是一个民族文化的核心层面,是在民族社会发展中逐步凝练而成,具有较强的稳定性和保守型,变动较为缓慢。宗教信仰是较为典型的精神文化。汉族地区没有统一的宗教信仰,但祖先崇拜及自然神崇拜的影响颇为深刻,"敬天法祖"是统治者的核心治国理念之一。另外,佛教、道教在汉族社会也十分发达,佛教寺院以及道教宫观遍布城乡各地,巫术、占卜活动也非常普遍。

宗教信仰对中国少数民族的世界观、人生观、审美情趣、艺术形态及内容等等均有着深刻影响。藏传佛教是藏族、蒙古族、土族、裕固族等民族的主要宗教信仰,俗称喇嘛教。佛教从7世纪始传入西藏地区,在与当地原始宗教——本教的斗争中,借鉴吸收了本教的一些信仰和仪式,经过长期的发展,逐渐形成了具有地方特色的藏传佛教。元朝时期由于中央政府的支持,萨迦派占据优势地位。明清以降,格鲁派(黄教)先后得到进入青藏高原的蒙古统治者和清政府的支持与倡导,在藏族社会中逐步占据绝对优势地位,其寺庙遍及藏族地区。藏族传统文化的思想观念、伦理道德、审美情趣、文学艺术等均受藏传佛教的高度影响。萨满教是蒙古族古老的原始宗教。萨满教崇拜多种自然神灵和祖先神灵。成吉思汗信奉萨满教,崇拜"长生天"。元朝建立后,藏传佛教开始在蒙古族中传播,到明清时期最终成为蒙古族的主要信仰。蒙古族的藏传佛教信仰中保留了许多的萨满教传统,如祭敖包、祭腾格里(天)等仪式。维吾尔族、哈萨克族、柯尔克孜族、撒拉族、乌孜别克族、塔塔尔族6个突厥系民族,东乡族、保安族两个蒙古系民族和回族、塔吉克族均信仰伊斯兰教。各民族的信仰表达方式虽然各有不同,但均严格恪守伊斯兰教基本信条。伊斯兰教对各民族世界观、伦理道德、文化艺术都有深刻影响,如维吾尔族著名的历史典籍《突厥语大词典》《福乐智慧》《真理的入门》等都是以伊斯兰世界观完成的人类知识宝典，其歌舞说唱艺术"十二木卡姆""麦西来普"等均寓伊斯兰信仰与伦理于艺术，劝世人向善避恶。南方各民族的传统宗教信仰，大多数为有着自己民族特色的以自然崇拜与祖先崇拜为核心的万物有灵论原始宗教，较有系统的有彝族的毕摩教、纳西族的东巴教等。许多民族受中原文化影响，亦有道教和汉传佛教信仰。傣族等民族信仰小乘佛教。羌族、白族等藏缅系民族受藏族影响，部分信仰藏传佛教。近代以来，受西方传教士影响，一些民族的部分人群接受了基督教信仰，如苗族、景颇族、普米族等。

第二节　各民族文化的交融渗透与中华文化的形成

中国历史上各地区各民族间文化交流融合的记载和遗存非常普遍而且持续不断。文化的交流和渗透先是在局部地区进行，随着文化传播的广泛和深入，交流的范围不断扩大，进而在更大的文化体之间展开。

从新石器时代开始，中国各地的文化出现了越来越多的共同点，如在陶器制造上彩绘陶器的普遍出现，以及各地彩陶文化在风格上的相互影响。"从新石器时代起，我国东方沿海或东南地区就形成了一个独特的历史文化体系，它是构成中华民族共同体的一个重要组成部分。在这一文化领域内，是我国夷、僚、濮诸氏族活动的范围。他们在文化传承上有着内在的历史联系。构成这一文化体系的共性是相当明显的，像特别发达的三足陶器、有段石锛、穿孔石钺、鸟形纹饰和塑形，以及拔牙习俗的普遍存在，鸟生传说和鸟祖崇拜的记载，还有后来的悬棺葬，等等。"[①] 中国几大玉文化之间的联系也是非常明显的。"早在五千年前左右，中国原始文化已经出现了影响与融合的迹象，如山东龙山文化两城镇玉锛上的饕餮纹，与良渚文化玉琮上的兽面纹，两者非常相似；玉琮上的兽面纹与简化的饕餮纹相类；红山文化玉器上的云纹，虽然时间略有先后，纹饰繁简不同，

---

① 石兴邦：《我国东方沿海和东南地区古代文化中鸟类图像与鸟祖崇拜的有关问题》，载田昌五、石兴邦主编《中国原始文化论集——纪念尹达八十诞辰》，文物出版社 1989 年版，第234—266页。

但总不能说毫无关系……不能不说红山文化、良渚文化是滋润三代文明要素的一部分。"①

历史上各少数民族从形成到发展至今，始终处在不断地变化过程中，而文化传播则是变化的主因。同处北方地区的蒙藏文化之间的接触和交流即有着久远的历史。宋元时期，蒙藏文化的交流极为深入，突出表现为藏传佛教在蒙古民族中的传播。蒙古民族兴起后，最先接触到的佛教是中原汉地的禅宗。1253年，吐蕃萨迦法王八思巴谒见忽必烈，忽必烈及其妻室皆正式成为吐蕃佛教的信徒，从此吐蕃佛教逐渐取禅宗而代之，成为最受蒙古统治者尊崇的佛教教派。八思巴担任元朝帝师后，将大量梵文和藏文佛经传入内地，对蒙古文化产生了深远影响。明清时期，随着藏传佛教在蒙古族中的传播，蒙古族受到藏文化的深刻影响。在藏传佛教中设有医学部和时轮学部，不少喇嘛具有医药、数学、天文、历算及建筑、绘画等方面的知识和技能。来蒙古传教的西藏喇嘛大多懂得藏医，他们随处行医，对蒙古医学的发展也产生了影响。藏文化对蒙古族文化的深远影响，还表现在明清两代所出现的蒙古史书大都借用了藏文史册类史籍的编撰模式。

满族创制的民族文字满文，是受到蒙古文深刻影响产生的。无论是新满文还是老满文，都是在蒙古语文基础上改制而成，在创制过程中，吸收了许多蒙古语词汇，而改进后的新满文，又对蒙古文字的改进和走向定型起了促进作用。新满文通行后，蒙古文的书写法吸收了不少新满文的优点，在书写借词及汉语人名、地名时都使用了满文字母。满文还大量吸收汉语词汇和句法而逐步完善起来。

由于地理环境和历史契机等多方面的原因，以黄河流域为中心的农耕文化一开始便显现出先进性，从而具有较强的文化辐射功能。从新石器时代晚期开始，东南地区的东夷族系文化与中原地区的华夏族系文化的交往明显增多，最终融为一体。在山东龙山文化基础上发展而来属于东夷民族集团的岳石文化已进入青铜器时代后，一方面继承了龙山文化的地方特点，同时表现出受到中原地区夏、商青铜文化的明显影响。到了战国时期，该地区的青铜文化则表现出与中原地区的青铜文化基本一致的面貌。

---

① 佟柱臣：《中国东北地区和新石器时代考古论集》，文物出版社1989年版。

进入文明时期后，以炎黄为核心的中原华夏族文明进程走在了周边各部族之前，且一直保持并强化这一优势。华夏族人乐于以文化布道者身份，将教化传及四边诸族。春秋时期曾有"用夏变夷"之说。在早期各种方式的频繁的文化交往中，华夏族的许多典章制度、哲学思想、语言文字、宗教信仰、文学作品以及神话传说为周边各民族所吸收，以至于不少周边民族最终融合于华夏民族之中。在不同文化间的交流和传播过程中，汉文化与周边少数民族文化间的交流融合是最为重要的部分。在河套鄂尔多斯的匈奴墓葬中，发现了中原风格的铜镜和铁剑，还有丝织品和布帛的残迹，说明匈奴族和中原农业民族密切的经济文化联系。华夏文化通过各种途径向周边辐射、传递，在中华文明发展史上一直处于先进和中心的地位。

考古发现，新疆自汉代以来便开始使用中文和民族文字两种文字的钱币。一种称汉佉两体钱，在和田古城址曾出土，正面是篆书汉字"重廿四铢钱"，背面是佉卢文"大王，王中之王，伟大者，矩伽罗摩耶婆"。佉卢文中央为马形图案，作走势，故亦称"和阗马钱"。[1] 另一种是汉龟两体钱，在新疆轮台古城出土，正面为汉文"五铢"，背面为古龟兹文。[2] 据有关研究，汉佉两体钱的使用年代是汉代至晋代年间，主要流行于当时新疆于阗国（今和田地区）。汉龟两体钱使用时间为魏晋南北朝时期。

西夏王朝为党项人所建，立国 190 年。元昊建立西夏王朝，基本上借用了中原王朝的政治制度，同时加强对儒学思想的吸收。黑水城西夏遗址出土的古书中，包括《论语》《孟子》《孝经》等西夏文译本。契丹、女真和党项都创制有本民族文字，其文字创制都是在汉字的影响与启迪下完成的。

文化的交流融合从来都不是单向进行的。以迁徙、聚合和战争为中介，华夏文化与周边各民族文化持续交流融合，不断吸收新鲜血液，终于构成一个气势恢宏的庞大文化体系。

中国各民族包括汉族及其先民华夏族均是各民族不断混血的产物。梁

---

[1] 新疆维吾尔自治区社会科学院考古研究所：《新疆古代民族文物》，文物出版社 1985 年版，图版 242 及图版说明。

[2] 同上书，图版 251 及图版说明。

启超曾说:"华夏民族,非一族所成。太古以来,诸族错居,接触交通,各去小异而大同,渐化合以成一族之形,后世所谓诸夏是也。"① 汉文化及其前身华夏文化同样是吸收了各民族的成分发展而来的。"华夏是蛮夷戎狄异化又同化的先进产物。从蛮夷戎狄方面去看,华夏是他们自身社会发展速度不同而发生的异化过程中出生的。从华夏方面去看,它是在蛮夷戎狄的某些部分因社会发展阶段相近和彼此频繁交往而发生的同化过程中合成的。无论从血统上来说,从文化上来说,华夏都是蛮夷戎狄共同创造的。"②

在春秋战国时代"用夏变夷"的同时,中原华夏文化也不断吸收周边各民族文化以丰富自己,如女娲、槃瓠本是南方苗蛮集团(主要是楚人)的神话传说人物,后来这两位神祇为华夏文化所接受,以至成为整个中华民族的始祖神,槃瓠最后也变成了盘古。战国时期,赵武灵王推行胡服骑射,促进了中原文化与北方文化、华夏文化与胡族文化、农耕文化与游牧文化的交流融合。中原地区农业生产水平的提高并由此带动的社会整体发展水平的进步,与游牧民族的贡献有着直接的关系。战国秦汉时期,中原地区的农业生产发生了革命性的进步,其核心内容即是铁质生产工具和畜力的使用。铁农具的出现和牛马驴骡用于农业生产,极大地提高了生产效率,农业的发达,粮食供给的充足,使得人口迅速增加。战国时代牛耕的运用,秦汉时驴骡的使用,均来自北方游牧民族的输入。秦汉国力的强大有赖于此。中国农作物品种的增加也是文化传播的结果。秦汉以前,中原农业区农作物品种很少,常见于甲骨卜辞的只有黍和粟,现在华北地区最普遍的农作物如高粱、玉米、花生、芝麻、棉花等,都是秦汉以后由西域输入中原。③ 棉花种植的推广和棉纺织技术的传播,使民间的衣着原料发生重大改变。明人丘浚在《大学衍义》中所言:"盖自古中国所以为衣者,丝、麻、葛、褐四者而已……至我国朝,其种乃遍天下,地无南北皆宜之,人无贫富皆赖之,其利视丝枲百倍焉,故表出之,使天下后世知卉服之利。"④ 棉

---

① 梁启超:《中国历史上民族之研究》,《饮冰室合集》第8册,中华书局1989年版。

② 张正明:《先秦的民族结构、民族关系和民族思想》,《民族研究》1983年第5期。

③ 齐思和:《少数民族对于中国文化的伟大贡献》,《历史教学》1953年第7期。

④ (明)丘浚:《大学衍义》补卷22(转引自《中华民族凝聚力的形成与发展》,民族出版社2000年版,第115页)。

花传入我国有两个渠道，一是非洲棉，东汉时传入西域，再由西域各民族传入中原地区；一是亚洲棉，原产印度，先传入我国南方黎族和壮族地区，再传入中土。宋末元初，上海松江人黄道婆曾到海南黎族地区，学习黎族的棉纺织技术，回到家乡后，改进了黎族传统纺织技术，创造出一套比较先进的棉纺织工具和技术，对我国棉纺织手工业的发展做出重大贡献。

中华文化发展过程中，最基本的趋势是各民族文化的共性不断增加，相互的依存和联系愈加紧密。不同区域、不同民族的文化，通过长期的交流传播，相互借鉴、相互吸收、相互交融、相互促进，形成了你中有我、我中有你的局面，这就是中华文化的共性的表现。在不断交流和融合中，各民族文化不断向着一体化方向发展，共性越来越多，最终使中华文化汇聚成为内容丰富、形式多样的人类最优秀的文明之一。

纵观中华文明发展的历史，几次大的繁荣期均发生在民族及民族文化大交流大融合之后。

魏晋南北朝 400 余年，是历史上一次大规模的民族大融合时期，这一时期，北方的匈奴、鲜卑、羯、氐、羌等游牧民族纷纷打破民族区域界限进入中原地区，并建立起自己的政权。这些北方胡族在进入中原后，开始在政权机构、生产方式、意识形态方面主动学习中原汉族文化，并迅速汉化。鲜卑族是这一时期汉化最为彻底、最具代表性的例子。在政治上依照汉魏典章制度设官置守，统治机构渐趋完备；生产上开始学习经营农业，迁入黄河流域后乃大规模从事农耕；宗教信仰方面，由初期的信奉巫术，祭祀天地日月山川，到进入中原后逐渐信仰佛教，一度极为兴盛，杨炫之《洛阳伽蓝记》对北魏时期洛阳地区佛寺遍布、佛教兴盛的情况有生动的记述，云冈石窟展示了北魏时期鲜卑文化与中原文化以及西域文化交融的盛况；北魏孝文帝的改革，让鲜卑人穿汉服，鼓励与汉族通婚，朝廷使用汉语，改用汉姓等，加速了鲜卑族的汉化。到隋唐时，鲜卑作为一个民族已不复存在，多数民族成员都融合到汉族当中。

隋唐王朝就是在南北朝时期民族大融合基础上建立起来的，各民族之间的交流和共性更加突出和明显。唐朝文化一个突出的特点便是对外来文化的摄取。此时中原地区的文化已不是单纯的汉族文化，而是在传统的汉文化中增加了大量少数民族文化的成分，其内容更为丰富多彩。在宗教上，景教、火祆教、摩尼教、印度教、犹太教等在内地流传，建堂授徒；在饮食上，各种制作方法新异的美味"胡食"如胡麻饼、毕罗等成为人们喜爱的日常食品，来自西域的酿制葡萄酒成为达官贵族们珍爱的饮料；服饰上，胡服、胡妆是时尚男女们竞相效仿的装扮潮流；音乐上，胡乐、胡舞成为歌舞席上盛行的表演方式，唐朝十部乐中，有八部为"胡夷"之乐；由中亚传入的蹴鞠、打马球成为人们喜好的体育活动；在雕塑和绘画方面，异域画成为画坛中别具风貌的派别，敦煌壁画中的"飞天"形象以及帝王陵墓中的石雕就是受到"胡风"影响的表现。文学上，由于西域民族豪爽之气的注入，使得盛唐文人在气质上"大有胡气"，他们的许多诗篇洋溢着一股刚健雄豪的气概。

元朝的建立，不仅实现了自唐末以来中国历史上的又一次大统一局面，而且极大地促进了国内各民族文化的交流和融合，尤其是北方草原游牧文化与中原旱地农耕文化的交流与融合。在元朝建立之前，游牧文化与农耕文化间虽多有交流，但交流的规模与程度同元朝建立后无法相提并论。元朝的建立，在某种程度上打破了游牧文化和农耕文化的区域界线。元朝政府出于政治军事的需要，在蒙古地区大力开展屯田，据《元史》记载，岭北行省多次发予蒙古贫民农具、田种，令其耕种自给，这说明当时在岭北行省内从事农业或半农半牧的蒙古人已不在少数。由于元朝统治者对汉文化的积极态度，许多入居中原的蒙古族人开始熟悉并通晓汉文化。元中后期，吟诗作赋、唱和酬答在蒙古、色目官员和士人中已形成风气，有元一代，在儒学、史学、文学、艺术等领域都有一些杰出的蒙古族以及色目人。同时，中原汉族的伦理道德和行为规范也逐渐在蒙古人中流传。

元朝时期蒙古民族的传统文化也对内地汉文化产生了很大影响，元代有不少蒙古语和西域语言的音译词汇被吸收到汉语汉文中，如车站的"站"就是蒙古语"驿传"的译音，有学者认为"胡同"一词也是来自蒙古语"井"的音译。元曲中许多曲牌名称和唱词当中夹杂了许多蒙古语言，使得元曲平添几分活泼生动的风格。另外，久居内地的蒙古人、色目人在习俗、饮食、服饰方面也对当地汉族有一定影响，明方孝孺在《正俗》一文中说："宋亡，元主中国八十余年，中国之民言语、服食、器用、礼服不化为夷者鲜矣。"① 可见内地甚至南方地区受到蒙古族文化习俗的影响，文化面貌发生了诸多变化。

各民族文化共性增强的趋势并不意味着各民族文化独特性的消失，文化共性的增加也不是指某一种民族文化取代了其他民族的文化，而是在追求共性的同时依然保存着各民族文化的个性。中华文化的共性寓于中华文化的个性之中，没有不同民族、不同地区的文化，就没有中华文化；不同民族、不同地区的文化也离不开整体的中华文化，而是和整个中华文化相互联结，不可分割。因此，中华文化是共性和个性的统一。

回族先民在唐宋时期以番客的身份侨居在中国，但他们在与汉族人的长期交往中不断主动接受汉文化，许多人与汉族通婚，有"五世番客"、"土生番客"等称呼，有人参加科举考试并得中进士，有人深谙诗词格律，屡有佳作传世。元代有着多种文化背景的中西亚穆斯林以军士、工匠等身份大规模进入中国后，元朝政府对其以"编民"相待，他们很快系统地接受中国文化，如使用汉语汉文，使用汉族姓氏名号；在思想观念上，接受儒家的伦理道德规范。一些人在中国传统的文学艺术领域取得很高成就，如萨都剌、丁鹤年的诗，高克恭的画，嶐嶵的书法等。到了明清时期，回族人群体已与中国社会融为一体。明末清初，回族宗教知识分子开始用儒家伦理思想诠释伊斯兰教义，涌现出一大批著作，这些著作将伊斯兰教的教义与中国传统的儒家思想进行比较，从而肯定伊斯兰教的价值，这显然是伊斯兰教主动与中国社会进行贯通调适的努力。这些"以儒诠经"的著作以刘智的《天方典礼》最为典型，该著作用大量篇幅论述了"五典"之说，即君臣、父子、夫妻、兄弟、朋友五个方面的人伦关系，把中国儒家伦理的核心"三纲五常"与伊斯兰教的道德规范结合起来，并按伊斯兰教的基本原则进行取舍和阐述，构建了独特的中国伊斯兰教伦理体系。这些"以儒诠经"的著作不仅被回族人民所接受，且被奉为"汉可塔布"（汉文经典），说明了儒家的文化体系已经内在于回族自身心理和人格结构中。然而另一方面，回族文化对儒家文化的吸收借鉴，并没有导致回族文化特性的消失，而是使回族文化既保持着与中国主流社会文化的高度统一，又

---

① （明）方孝孺：《逊志斋集》卷三，中华书局1912年版。

使中国化的伊斯兰教文化得以更好地在中国社会生存、发展。

总之，中华民族文化的多样性与同一性的关系不是对立的关系，而是一般与个别、共性与个性的关系。如何对待中华文化的共性与个性，即多样性与同一性的关系，费孝通先生曾提出"各美其美，美人之美，美美与共，天下大同"① 这一处理不同文化关系的十六字"箴言"，应该说这十六个字提出了我们对待多元一体的中华文化发展方向的指导原则。

第三节　多民族文化对中华文化的贡献

中国悠久的历史文化，是由各民族共同创造的。历史上各民族虽有大小强弱、先进与后进的不同，但在中国文化发展的历史上，都做出了自己的贡献，占有一定的位置。首先，每一个民族在自身的生存和发展过程中，都创造了属于本民族的历史文化，每个民族在本地区的社会和经济文化建设，都是中华文化不可分割的组成部分，众多形态各异、多姿多彩的民族文化构成了中华文化丰富多样的面貌；其次，作为中华文化核心组成部分的汉文化，是在漫长的历史进程中不断吸收各民族文化营养发展而来，这一特性既决定了汉文化内涵的丰富多元特征，同时决定了中华文化博大包容的特性，也是中华文化充满生机与活力的根源。

中华文化由中国各民族文化共同构成，众多少数民族独特的文化创造和历史遗存决定了中华文化的丰富多样性。目前国家批准定为有重大价值的 62 座历史文化名城中，至少有 12 座是由或最初由少数民族建设的。作为国家重点文物保护单位的秦汉以来的 37 处古遗址中，至少有 13 处是属于少数民族的，如楼兰故城遗址、古格王国遗址、金上京会宁府遗址、元上都遗址等。作为国家重点文物保护单位的 216 处古建筑及历史纪念建筑物中，至少有 53 处是少数民族掌握政权时修建的，如沈阳故宫、国子监、雍和宫、普宁寺、普乐寺、普陀宗乘之庙、须弥福寺之庙、颐和园、避暑山庄等。作为"国家重点文物保护单位"的 30 处石窟寺，其中由少数民族

---

① 1990 年 12 月，在东京召开的东亚社会研究国际研讨会上，著名社会学家费孝通先生做了题为"人的研究在中国"的演讲，会后题写："各美其美，美人之美，美美与共，天下大同。"

修建和少数民族与汉族共同修建的有 16 处。作为国家重点文物保护单位的古墓葬 55 处，其中属于少数民族的 17 处，如清东陵、清西陵、清昭陵、永陵、福陵、阿巴和加麻札（墓）等。这些历史遗址和遗迹，不仅是各少数民族文化发展的反映，也是我国历史文化的重要构成部分和表现。①

以东方佛教文化艺术宝库著称于世的敦煌石窟艺术和莫高窟藏经洞遗书是我国古代各民族在中西文化交流的丝绸之路上留下的优秀文化遗产。敦煌石窟历时千年，是我国氐、羌、匈奴、鲜卑、汉、吐蕃、回鹘等民族共同创造的。石窟佛雕的开凿与魏晋南北朝时入主中原的各族统治者推崇佛教有关。莫高窟藏经洞的文书，年代最早到 5 世纪初，晚的到 10 世纪末，内藏经卷写本约有 25000 卷，除佛经外，还有许多有关宗教、哲学、历史、文学、艺术、经济和政治等各种写本文书。写本中除汉文外，还有梵、藏、回纥、龟兹、和阗、康居等文本；内容有佛教、道教、景教、摩尼教的经典，有经、史、子、集、诗、词、典、赋、图经、方志、医药、历法以及通俗文学等方面的抄件，也有寺院的文契、账簿、户籍、信札等等，内容极其丰富，包罗万象。

在语言文字、天文历算、文献记载、文学艺术、建筑科技等方面，少数民族均为中华文化的丰富多样作出重要贡献。少数民族拥有和使用本民族语言文字的情况非常普遍，大多数民族都有自己的语言，很多民族还在民族语言的基础上创造和使用了自己的文字。从历史上看，少数民族曾经使用、现已不再使用的文字有怯卢文、焉耆龟兹文、于阗文、突厥文、回鹘文、西夏文、契丹文、女真文、察哈台文、八思巴文、满文、东巴文、哥巴文等等。这些文字虽然是历史上存在但现今多已消失的文字，但它们记载的文书、碑刻等，却是研究这些民族的重要资料和中华历史文化宝库的重要组成部分。由少数民族创造且现在还在使用的文字，有蒙古文、藏文、维吾尔文、哈萨克文、傣文、锡伯文、彝文、朝鲜文等，这些文字均有悠久的历史，经过对其他民族文字的吸收和借鉴不断改进发展而来。历史上各民族根据自身对大自然的认识以及生产生活的需要和特点，大多创造了本民族的历法。许多民族采用了世界通用的太阳历以及中国农业民族

---

① 参见阴法鲁、许树安主编《中国古代文化史》前言（一），北京大学出版社 1989 年版。

普遍采用的农历，但仍有一些民族古老的历法沿用至今，如已有1300多年历史的藏历、信仰伊斯兰教的民族使用的伊斯兰教历、傣历、佤族历等，这些各具民族特点的历法不仅提供给我们更多关于少数民族认识自然与人类活动关系的知识，同时还呈现出丰富多彩的节庆文化资源，除了一些与汉族的节日相同的民族外，许多民族拥有自己的传统节日，并形成独具特色的节日习俗。如藏族有藏历新年、传召节、旺果节、雪顿节等，回族、维吾尔族、哈萨克族、柯尔克孜族、东乡族、撒拉族、保安族等民族的开斋节、古尔邦节，彝族、白族、哈尼族、傈僳族、纳西族、普米族、拉祜族等民族的火把节，傣族于傣历六、七月间举行泼水节等。

我国少数民族的文学艺术有着悠久的历史，创造了许多优秀作品。在众多优秀的文学作品中，由满族作家曹雪芹撰写的《红楼梦》已成为中国乃至享誉世界的名著，藏族的《格萨尔王传》、蒙古族的《江格尔传》、柯尔克孜族的《玛纳斯》被称为"中国三大史诗"。维吾尔族的《福乐智慧》是11世纪维吾尔族诗人尤素甫创作的长篇叙事诗，内容包括宗教信仰、修身处世、治国安民等各个方面，是一种劝喻性质的史诗，是维吾尔族的巨著。几乎各个民族都留下了具有独特的民族传统和各种形式的文学艺术作品，它们都是中华民族文学艺术的一部分。

我国少数民族在绘画艺术方面的成就同样巨大，以闻名于世的莫高窟千佛洞的壁画为代表的少数民族优秀绘画作品，为中华民族文化艺术宝库增添了丰富的色彩。少数民族能歌善舞，唐时的疏勒乐、龟兹乐、高昌乐、高丽乐、北狄乐、南诏奉圣乐，都是少数民族的乐舞。长期以来，少数民族中流传着大量歌舞作品，内容丰富，形式多样。如蒙古族的"长调"，维吾尔族的"十二木卡姆"，南方民族的山歌、纳西族的古乐、白族的月琴舞、台湾高山族的"杵歌"等，以及反映少数民族生产生活的舞蹈，如维吾尔族的木卡姆、藏族的锅庄、蒙古族的安代舞、朝鲜族的长鼓舞、彝族的阿细跳月、傣族的孔雀舞等。少数民族的音乐舞蹈，不仅极大地丰富了中国音乐舞蹈艺术宝库，而且为各民族文化的相互借鉴发展起着重要作用。

任何一种文化的产生及发展都是适应环境的结果。文化的内涵和文化的变迁受环境影响，环境的多样性会带来文化的多样性。中国复杂多变的自然地理环境和自古以来的多民族杂相交融的局面，造就了中华文化博大包容的特性。中国文化能够长久延续并发展，得益于其"有容乃大"的文化包容机制。

中国文化的核心部分——儒家文化在发展初期就形成了追求"和而不同"和"有教无类"的文化观。在孔子《论语·子路》中有："君子和而不同，小人同而不和。"《国语·郑伯》有："夫和实生万物，同则不继。以他平他谓之和，故能丰长而物归之。若以同裨同，尽乃弃矣。"《史记·货殖列传》中称："泰善者因之，其次利导之，其次教诲之，其次整齐之，最下者与之争。"儒家传统的民族观是重文化，轻种族，认为蛮夷戎狄之人虽然语言文字不同，风俗各异，只要接受中华文化，守礼知义，就可以被接纳为"华夏"之人。

自秦汉至明清，中国文化经历过很多重要的发展阶段，几乎每一个重要的发展时期都伴随着各民族文化的交融和渗透。隋唐时期是中国政治文化发展的高峰，其中一个非常重要的原因是隋唐再一次出现大统一局面之前，中国经历了魏晋南北朝的民族大融合时期，此时的汉族吸收了大量少数民族的新鲜血液，显得更加生机勃勃，充满创造力。唐代由于国家强盛，移居内地的各民族人口很多。大量外来民族的进入，带来了各种不同的饮食起居、衣冠服饰、宗教信仰和风俗习惯等民族文化，唐朝对于这些"远方殊俗"基本上采取兼收并蓄的开放态度，让他们各从其俗，各行其是。唐朝前期，中央政府官员几乎一半是少数民族成员，唐朝后期，军队中的高级将领有一半以上来自契丹、突厥、回纥、高丽等少数民族。由于唐朝文化博大包容的气势及其强大的影响力，唐太宗被四边诸民族共同尊称为"天可汗"。隋唐文化所以能盛极一时，正与其以博大胸怀吸收和融合各少数民族文化分不开。

少数民族作为统治民族的元朝和清朝是中国文化两个重要而且独特的发展时期。为了巩固在被占领区的统治，以忽必烈为代表的元朝统治集团顺应历史潮流，在文化上采取兼容并蓄的方针，一方面，把"行汉法"作为当务之急，接受中原文明，使具有悠久传统的汉文化得到继承和发展；另一方面，利用大一统的局势，积极推进少数民族文化的迅速发展和广泛交流。其结果首先使蒙古族文化得到很大发展，同时也促进了边疆其他少数民族文化的交流和发展。元代在文化上兼容并蓄的特点，还表现在对外来文化的开放和吸收。11世纪到14世纪，中国和阿拉伯地区是当时世界上文化发达的两大文明地区，大批中亚波斯人、阿拉伯人迁居中国内地，带来了各地的先进文化。在阿拉伯天文、历算的影响下，元朝于至元四年（1267年）下令颁行札马鲁丁进献的《万年历》，至元十三年（1276年）成立太史局，改修新历，还在大都设立天文台。元代著名科学家郭守敬在继承前人成就、学习国外先进技术的基础上，大大发展了元代的天文学。元朝统治者对各种宗教采取宽容态度，伊斯兰教、基督教、天主教文化不断传入中国。元朝社会在文化上的开放和包容，使中原农业文化、北方草原文化、边疆各族文化、中亚伊斯兰文化、东欧基督教文化、南亚佛教文化等都在元朝得到广泛交流与传播，大大丰富了元朝统治下中国文化的内涵。当时的元大都，东西方学者云集，成为东西方文化交流的中心和世界性大都会，元朝时期中国文化在世界上享有很高声誉，是13世纪世界文化水平的体现。

清朝为巩固统一多民族国家的政治需要，乾隆年间清廷编纂了满、蒙古、汉、藏、维吾尔五体的《清文鉴》，还编纂了《钦定西域同文志》二十四卷，"首列国书以为枢纽，次以汉书详注其名义，次以三合切音曲取其音声，次列蒙古字、西蕃字（藏文）、托忒文（卫拉特蒙古文）、回字（维吾尔文）排比连缀，各注其译语对音。"① 这部多民族语言文字大辞典的编纂，是大一统的客观要求和反映，同时对满、蒙、藏、维吾尔等民族与汉族的政治、经济、文化交流提供了良好条件。

世界文化有很多支系。在最古老的文明中，古埃及、古印度、古巴比伦等两河流域文明以及古美洲玛雅文化等早就夭折了；曾辉煌一时的古希腊、古罗马文明也经历了中断发展、长期湮没无闻的命运。然而在漫长的岁月中，中华文明虽屡经曲折磨难，甚至曾面临倾覆消亡的厄运，却一次又一次地衰而复兴，蹶而复振，巍然屹立于世界的东方，且代代有伟大的成就，这是绝无仅有的世界奇迹。

中华文明之所以有如此强大的生命力，除了儒家文化所具有的凝聚力

---

① 《四库全书总目》卷41《经部·小学类》二。

外，历史上各民族以其独特的智慧创造了各具特色的民族文化，作为中华文化的重要组成部分，共同创造了优秀的中华文化。各民族的科学家、发明家在数学、天文学、医学、地理学、军事学等方面的创造发明以及文学家、艺术家在文学艺术方面的杰出成就，凝聚着各民族的高超智慧，也成为中华文化的优秀代表。各少数民族的文化成就，不仅属于这个民族，而且属于整个中华民族。每个民族都以其鲜明的民族特色丰富了中华文化，共同推动了中华文明的进步与发展。由于各少数民族大多生活居住在中国的边疆地区，许多外来文化通过少数民族或少数民族地区传入我国，极大地丰富了中华文化的内涵，使之经常拥有新鲜文化血液的营养，从而始终保持生机和活力。中华文化正是在不断融合凝聚各民族优秀文化成果的基础上，发展成为人类最优秀的文化之一。

第十四章　中华民族多元一体格局

　　我国著名学者费孝通先生提出的"中华民族多元一体格局"理论观点，是费先生长期从事民族研究和民族工作的思想结晶，是中国近代以来民族理论发展最具概括力和现实价值及鲜明中国特色的理论观点。"中华民族多元一体格局理论的主要贡献，在于它提出并确立了'多元一体'这个核心概念在描述和分析中华民族构成格局中的重要地位，从而为我们认识中国多民族历史特点提供了一个把握全局的总思路。"① 自从这个理论观点提出以后，带动了民族学，特别是民族史学领域的整体研究。这个理论观点已经在诸多复杂的民族问题上给予了有效的解答，并且在许多现实民族问题的处理上具有重要的指导作用。随着人们对这一理论理解和认识的加深，学界对"中华民族多元一体格局"理论进一步加以完善，并有所发展。这一中国特色的民族理论将长期影响我们对中华民族的历史和现实的研究。

第一节　一个新的理论概括

　　1988 年 8 月 22 日，年近八旬的费孝通先生应香港中文大学之邀发表讲演，此次演讲的题目叫《中华民族的多元一体格局》。"中华民族的多元一体格局"这一概念的提出，在国际人类学、民族学界引起很大反响，在国内更受到了普遍的好评与认同，认为是研究中华民族结构的核心理论，是解开中华民族构成奥秘的钥匙，是理解我国民族关系特点的一个理论框架，对于推动我国的民族研究将起到重要作用。这篇演讲的全文及其他几

---

　　① 陈育宁：《论中华民族多元一体格局》，《宁夏日报》2005 年 7 月 7 日第 6 版。

篇相关论文结集成册，以《中华民族多元一体格局》为名，于 1989 年由中央民族学院出版社出版，10 年之后，该社又出了修订本。

费孝通先生于 1930 年由医学转学社会学，师从燕京大学吴文藻先生。在吴文藻先生的指导和影响下，认识到要科学地认识中国社会，吸收西方人类学实地调查的方法和着重现实的分析是一条比较踏实可行的路子，因此在 1933 年升入清华大学研究院师从俄罗斯人类学家史禄国学习人类学。费孝通在清华的两年，主要学习体质人类学。1935 年清华研究院结业后，接受史禄国老师的建议去少数民族地区实习一年。这一年，费孝通偕妻子王同惠到广西大瑶山调查瑶族的体质和社会组织。这是费孝通民族研究的起点，此次调查形成了费孝通学术思想的基础和应用研究的方向，也使他与中国少数民族结下了终身的缘分。① 这次调查虽发生了事故，费孝通受伤，他的新婚妻子不幸遇难，事后费孝通以亡妻的名义出版了民族志著作《花篮瑶社会组织》。1936 年利用夏季回家乡休养的机会又在家乡江苏吴江的江村进行了一次为期近两个月的农村实地调查。② 后来完成了在人类学界有重要影响的著作《江村经济——中国农民的生活》。1936 年秋季费孝通赴伦敦政治经济学院师从著名人类学家马林诺斯基学习社会人类学。1938 年抗日战争期间返国，到达云南后即在内地进行农村调查，按马林诺斯基功能学派的观点和实地调查方法实行吴文藻所提倡的"社区研究"，一直到 1949 年中华人民共和国成立。1949 年之后，费孝通响应国家的号召，接受组织上的安排，遂把研究工作重点转向了民族研究。

中华人民共和国成立初期，中央人民政府于 1950 年到 1952 年间派出若干中央访问团分别到各大行政区遍访各地的少数民族，除了宣传民族平等的基本政策外，中央访问团的任务就是对各地的少数民族进行访问调查，摸清楚他们的民族名称（包括自称和他称）、人数、语言和简单的历史，以及他们在文化上的特点（包括风俗习惯）。中央民委邀请费孝通参加调查工作，并委任他为西南民族访问团副团长。③ 费孝通在 1951 年和 1952 年先后参加西南及中南访问团，负责领导贵州和广西两个省的实地访

---

① 徐平等：《大瑶山七十年变迁》，中央民族大学出版社 2006 年版，第 8 页。
② 费孝通：《简述我的民族研究经历和思考》，《北京大学学报》1997 年第 2 期。
③ 徐平：《费孝通评传》，民族出版社 2009 年版，第 187 页。

问工作。1955 年，费孝通主持贵州地区穿青人、穿蓝人的识别调查工作。

民族识别工作从 1953 年开始直到 1982 年告一段落，一共进行了 30 多年。经过工作组的识别和当地有关民族群众协商取得同意后，由中央政府分批审定和公布。1954 年确认了 38 个少数民族，1965 年确认了 15 个少数民族，1982 年又确认 2 个少数民族，至此一共确认了 55 个少数民族。加上汉族，中国这个多民族国家一共有 56 个民族被认定。[①]

1956 年第一届全国人民代表大会常务委员会决定组织对中国各少数民族进行一次全面的社会历史调查。参与这项调查研究的工作人员前后共超过 1700 人，分别在不同地区的少数民族中进行实地调查，并反复分组分批进行研究讨论。这是我国民族研究的空前创举。从 1957 年开始，20 世纪60 年代中期告一段落，一直到 1991 年结束。调查结果由国家民族事务委员会出版"五种丛书"。费孝通参加了开始的一段工作，负责筹备、组织和开始时在云南省的实地调查。不久由于受到反右斗争扩大化的影响，费孝通被迫停止社会调查工作。直到 1980 年，费孝通才获得了学术上的"第二次生命"。改革开放后，又"行行重行行"，几乎走遍了除西藏之外的中国少数民族地区。[②] 他除了进行农村社区研究、小城镇研究外，依然对民族问题十分关注，并且进行了深入的思考和研究。

费孝通对于中国民族问题的思考于 20 世纪 30 年代就已开始。1939年，费孝通曾在昆明《益世报》上撰文，参与讨论过中华民族"一"和"多"的结构关系，这是他多年以后提出"多元一体"理论的重要伏笔。1939 年 2 月 13 日，昆明《益世报》上刊载了顾颉刚《中华民族是一个》一文，拉开了一场影响深远、辩论范围广泛的民族理论大讨论的帷幕。文章开首即云："凡是中国人都是中华民族——在中华民族之内我们绝不该再析出什么民族——从今以后大家应当留神使用这'民族'二字。"顾氏认为，把中华民族分为"五大民族"的做法危害中国的统一，不利于抗日大业的完成。提出"我们只有一个中华民族"，"我们要逐渐消除国内各种民族的界限"。[③] 费孝通在《益世报》发表的《关于民族问题的讨论》一文

---

① 费孝通：《简述我的民族研究经历和思考》，《北京大学学报》1997 年第 2 期。
② 徐平：《费孝通评传》，民族出版社 2009 年版，第 185—186 页。
③ 顾颉刚：《中华民族是一个》，《益世报》1939 年 2 月 13 日。

对顾颉刚的一元民族观提出了质疑。他认为，中国境内除存在有五大民族外，还有许多人数较少的民族，尽管人数不多，但它们都是客观存在的。他根据自己的民族学、社会学调查资料，认为中国人民不但在文化、语言、体质有分歧，而且这些分歧时常成为社会分化的根据。在社会接触的过程中，文化、语言、体质不会没有混合，可是这些混合并不一定会在政治上发生统一。不能把国家与文化、语言、体质团体画等号，即国家和民族不是一回事，不必否认中国境内有不同的文化、语言、体质的团体（即不同民族的存在）。谋求政治的统一，不一定要消除"各种种族"（即民族）以及各经济集团间的界限，而是在于消除因这些界限所引起的政治上的不平等。① 54 年后，费孝通对这次论争作了回忆，他说："后来我明白了顾先生是急于爱国热情，针对当时日帝国主义在东北成立'满洲国'，又在内蒙古煽动分裂，所以义愤填膺，极力反对利用'民族'来分裂我国的侵略行为。他的政治立场我是完全拥护的。虽则我还是不同意他承认满、蒙民族是作茧自缚或是授人以柄，成了引起帝国主义分裂我国的原因。而且认为只要不承认有这些'民族'就可以不致引狼入室。借口不是原因，卸下把柄不会使人不能动刀。但是这种牵涉到政治的辩论对当时的形势并不有利，所以我没有再写文章辩论下去。"② 但费孝通当年阐述的民族多元的观点与他后来提出的中华民族多元一体格局的理论是一脉相承的。

新中国成立后，随着费孝通先生参与民族调查和识别工作，他深切体会到，民族是一个客观普遍存在的"人们共同体"，是代代相传、具有亲切认同感的群体，同一民族的人们具有强烈的休戚相关、荣辱与共的一体感。由于他们有共同的语言和经常生活在一起，形成了守望相助、患难与共的亲切的社会关系网络。费孝通说："民族不是个空洞的概念而是个实实在在的社会实体。同属于一个民族的人们的认同感和一体感是这个社会实体在人们意识上的反映即一般我们所说的民族意识。"民族意识首先具体表现在对自己所属的民族有个名称，也就是自称。③

费孝通还认为，斯大林关于民族的定义"是根据欧洲资本主义上升时

①　费孝通：《关于民族问题的讨论》，《益世报》1939 年第 4 期。
②　费孝通：《费孝通文集》第十三卷，北京群言出版社 1999 年版。
③　费孝通：《简述我的民族研究经历和思考》，《北京大学学报》1997 年第 2 期。

期所形成的民族总结出来的……定义里提到的四个特征只适用于历史上一定时期的民族……所以这个定义中提出的四个特征在我们的民族识别工作中只能起参考的作用，而不应当生搬硬套"。① 但是，我们仍然可以从共同语言、共同地域、共同经济生活、共同文化的心理素质四个方面去观察中国各少数民族的实际情况，因而启发我们有关民族理论的一系列思考，从而看到中国民族的特色。

费孝通还提出了自己长期思考的问题：汉族对少数民族社会历史发展发生过什么作用？怎样去看待包含汉族和国内所有少数民族在内的"中华民族"？这个问题主要源于 1957 年大调查时，"只访问少数民族，并不访问汉族"，最后还是以一个少数民族为单位编写出各族的历史，无法看清汉族和少数民族的关系，以及汉族对少数民族的影响。费孝通认为："出于中国的特点，事实上少数民族是离不开汉族的。如果撇开汉族，以任何少数民族为中心来编写它的历史很难周全。"特别是历史研究不宜从一个个民族为单位入手，也不宜以汉族为中心的观点书写中国的历史。②

带着这些问题以及多年的思考，费孝通于 1988 年整理、撰写了《中华民族的多元一体格局》这篇文章。这篇文章的主要论点是：

第一，中华民族是包括中国境内 56 个民族在内的民族实体，并不是把 56 个民族加在一起的总称，因为这些加在一起的 56 个民族已结合成相互依存的、统一而不能分割的整体，在这个民族实体里所有归属的成分都已具有高一层次的民族认同意识，即共休戚、共存亡、共荣辱、共命运的感情和道义。

第二，多元一体格局有个从分散的多元结合成一体的过程，在这过程中有一个起凝聚作用的核心。汉族就是多元基层中的一元，由于它发挥凝聚作用把多元结合成一体，这一体不再是汉族而成了中华民族，一个高层次认同的民族。

第三，高层次的认同并不一定取代或排斥低层次的认同，不同层次可以并存不悖，甚至在不同层次的认同基础上可以各自发展原有的特点，形

① 费孝通：《简述我的民族研究经历和思考》，《北京大学学报》1997 年第 2 期。
② 同上。

成多语言、多文化的整体。所以高层次的民族可说实质上是个既一体又多元的复合体，其间存在着相对立的内部矛盾，是差异的一致，通过消长变化以适应于多变不息的内外条件，而获得这共同体的生存和发展。

"中华民族多元一体"的观念不同于民国时代有关"中华民族是一个"，或"中华民族是多个宗族的融合体"的民族主义论述。多元一体观念更强调的是多样性与混杂性的统一。首先，不同于前一种论述中的"一个"或"融合体"概念所内含的汉族同化其他各少数民族的观点，"多元一体"强调的是混杂和融合的漫长过程，而不是单方面同化。其次，费孝通的"多元一体"不仅是指多族群共存的状态，而且也指任何一个被界定为民族的社会都存在多元性。[①]

中华民族多元一体格局这个重要的研究新成果，将民族理论与中国民族工作的实践结合起来，把汉族的研究与少数民族的研究结合起来，对中华民族构成的全局和中国的民族问题做了高层次的宏观的新概括，提出了民族研究中一个重大的新课题，具有对学科建设和实践工作的指导意义。这个理论观点同时提醒我们，民族研究要注意克服与少数民族研究等同起来的缺陷，要展开包括对汉族及各民族互相关系的民族学研究。对少数民族的研究要注重其历史、文化、社会深层结构以及它们在现代化进程中的作用与影响等研究，但整个民族研究事业，必须是全面的、整体的，必须把民族关系史、地区民族史、民族地区综合开发等项研究提到更自觉的更广阔的视野上发展下去。[②]

在费孝通先生的文章中，还运用了地理学、语言学等多方面的研究成果。多学科的综合研究，是现代科学的重要特征，特别是在中国这样一个悠久、庞大、复杂的文化系统里，从事社会科学研究，不可能单纯采用一种观点，依附于一个学派，而必然是兼容并包，吸收不断发展的新的观点与方法。有作者认为："费孝通先生提出的'中华民族多元一体格局'理论，正是以系统的观点形成了对中华民族的整体性认识，既把握了中华民族从自在到自觉的历史演变规律，也突出了中华民族现实的

---

① 汪晖：《东西之间的"西藏问题"》，生活·读书·新知三联书店2011年版，第86—96页。
② 陈连开：《民族研究新发展的良好开端——1990年民族研究国际学术讨论会纪闻与体会》，《西北民族研究》1990年第2期。

结构性特征，这为学者们研究我国的民族现实问题和历史问题提供了一种新的研究范式。"[①]

第二节　中华民族多元一体格局的形成与基本特征

费孝通先生在这篇文章中回溯了中华民族多元一体格局的形成过程。他认为，这个过程的主流是由许许多多分散孤立存在的民族单位，经过接触、混杂、联结和融合，同时也有分裂和消亡，形成一个你来我去，我来你去，我中有你，你中有我，而又各具个性的多元统一体。中华民族多元一体格局形成的自身特色是，从华夏族到汉族，像滚雪球一般地越滚越大，把周围的异族吸收进入了这个核心。汉族在不断壮大的同时，渗入其他民族的聚居区，构成起着凝聚和联系作用的网络，奠定了在中国疆域内许多民族联合成的不可分割的统一体的基础，成为一个自在的民族实体，作为一个自觉的民族实体，是近百年来中国和西方列强对抗中出现的。

对于中华民族多元一体格局的形成过程，马戎提出了"三个阶段"的论点。[②]

第一个历史阶段是这一格局的形成时期。多元一体格局形成时期可以划分为三步：第一步是华夏族团的形成。第二步是汉族的形成，从华夏核心扩大而成汉族核心。第三步，南北农牧两大民族集团统一体的汇合才是中华民族作为一个民族实体进一步的完成。而这两个统一体的汇合，体现了游牧经济与农业经济之间相互依存、密不可分的关系。只有到了清朝中叶，汉、满、蒙、回（主要指新疆各少数民族）、藏等各大民族集团统一在清朝的统治之下，才真正结合成一个稳定的政治、经济和文化实体。满族在各族群的拥戴和支持下，为统一祖国、奠定祖国的疆域做出了重大贡献。从某种意义上说，满族是介于农牧两大统一体之间的民族集团。它既能理解中原农业民族的经济活动、社会组织、文化和民族心理，也能理解北方草原游牧民族；它一方面大量学习吸收汉族的文化，另一方面又努力

---

① 韩永静：《论中华民族的系统结构——"中华民族多元一体格局"理论的系统论分析》，《西北民族研究》2009年第3期。
② 马戎：《中华民族凝聚力的形成与发展》，《西北民族研究》1999年第2期。

保持北方狩猎民族的风俗习惯和传统文化。也正因为如此，满族最终能同时被两方面所接受。

第二个历史阶段是这个格局的危机时期。这一时期大致是从鸦片战争到中华人民共和国成立的 100 年。当中华民族多元一体格局和相应的领土疆域于清朝中叶最终形成之后，由于西方帝国主义势力的入侵，这个民族统一体在 19 世纪面临着新的危机。帝国主义对中国步步紧逼，划分势力范围，武装侵略与强权干预纷至沓来，中国面临瓜分豆剖的危险，边疆民族地区更是首当其冲。此时中华民族的多元一体格局一度面临着解体的严重威胁。日本军国主义侵华，使得这些趋势发展到无以复加的地步，中国人民发出"中华民族到了最危急的时刻，每个人都被迫发出最后的吼声。"而也恰恰在此时，外敌入侵激发了中华民族大家庭全体成员的民族主义精神和多民族共同体的凝聚力。自在的中华民族在外来力量的冲击下成为自觉的中华民族。

第三个历史阶段是多元一体格局在中国的重建时期，即自 1949 年至今的这个时期。在中华人民共和国的旗帜下，中华民族大家庭中的各个民族又重新统一起来。这一次是在中国共产党的领导下，在党的民族理论的指导下，努力重新缔造一个在形式与内容方面与以前都不相同的新的"多元一体"结构。国家制定了一系列扶助各少数民族发展的优惠政策。中国在各少数民族聚居区实行区域自治的制度，以保障少数民族自己当家做主的权力。经过近几十年的努力，虽然其间也经历了许多曲折，但是我国各少数民族确实取得了很大的进步，中华各民族的团结和统一得到了巩固与发展。

上述发展脉络表明，中华民族多元一体格局是中国特定条件下多民族历史发展的必然结果、必然归宿，因此，也必然形成"汉族离不开少数民族，少数民族离不开汉族，各少数民族之间也相互离不开"的传统。这一历史规律和历史传统，在新中国建立后，在中国共产党民族政策的正确指引下，得到了进一步的尊重和发扬。

费孝通通过分析中华民族多元一体格局形成的历史过程，提出了若干特点：

1. 中华民族多元一体格局存在着一个凝聚的核心。它在文明曙光时期，即从新石器时期发展到青铜器时期，已经在黄河中游形成它的前身华夏族团，在夏商周三代从东方和西方吸收新的成分，经春秋战国的逐步融合，到秦统一了黄河和长江两大流域的平原地带。汉继秦业，在多元的基础上统一成为汉族。汉族的名称一般认为到其后的南北朝时期才流行。经过 2000 多年的时间向四方扩展，融合了众多其他民族的人。

汉族主要聚居在农业地区，除了西北和西南外，可以说凡是宜耕的平原几乎全是汉族的聚居区。同时在少数民族地区的交通要道和商业据点一般都有汉人长期定居。这样汉人就大量深入到少数民族聚居地区，形成一个点线结合、东密西疏的网络，这个网络正是多元一体格局的骨架。

2. 少数民族聚居地区占全国面积一半以上，主要是高原、山地和草场。少数民族中有很大一部分人从事牧业，和汉族主要从事农业形成不同的经济类型。少数民族聚居地区并不排斥有汉族居住在内，甚至在人数上可以占多数。这些地区有些是汉族的大小聚居区和少数民族的聚居区马赛克式地穿插分布。在这种杂居得很密的情形下，汉族固然也有被当地民族吸收的，但主要还是汉族依靠深入到各少数民族地区的这个队伍，发挥它的凝聚力，巩固了各民族的团结，形成一体。

3. 从语言上说，只有个别民族，如回族，已经用汉语作为自己民族的共同语言外，少数民族可以说都有自己的语言。有些民族自称有自己民族语言，但经研究原属汉语方言，如畲族。有自己语言的民族中有 10 个民族有自己的文字，但群众里用文字的则只有几个民族，如藏文、蒙文、维文、朝鲜文等。少数民族中和汉人接触多的大多已学会汉语。汉语已逐渐成为共同的通用语言。

4. 导致民族融合的具体条件是复杂的，主要是出于社会和经济的需要，政治的原因也不应当忽视。政治上的歧视、压迫反而会增强被歧视和压迫的人的反抗心理和民族意识，拉开民族之间的距离。从历史上看，历代王朝，甚至地方政权都有一套对付民族关系的观念和政策。固然有些少数民族统治者如北魏的鲜卑族，入主汉族地区后奖励甚至用行政手段命令自己的民族和汉族同化，但大多数少数民族王朝是力求压低汉族的地位和保持其民族的特点。结果和他们的愿望相反，政治的优势并不就是民族在社会上和经济上的优势。

汉族无论是在统一时期或是分裂时期，总是在民族间进行杂居、混合和融化，不断吸收新的血液壮大起来。如果要寻找一个汉族凝聚力的来源，汉族的农业经济是一个主要因素。任何一个游牧民族只要进入平原，落入精耕细作的农业社会里，迟早就会主动地融入汉族之中。

5. 中华民族成为一体的过程是逐步完成的。先是各地区分别有它的凝聚中心，各自形成了初级的统一体，比如新石器时期在黄河中下游及长江中下游都有不同的文化区。这些文化区逐步融合出现汉族的前身华夏的初级统一体。当时长城外牧区还是一个以匈奴为主的统一体和华夏及后来的汉族相对峙，经过多次北方民族进入中原地区及中原地区的汉族向四方扩散，才逐步汇合了长城内外的农牧两大统一体。又经过各民族流动、混杂、分合的过程，汉族形成了特大的核心，主要聚居在平原和盆地等适宜发展农业的地区。汉族通过屯垦移民和通商，在各非汉民族地区形成了一个点线结合的网络，把东亚这一片土地上的各民族串联在一起，形成了中华民族自在的民族实体，并取得大一统的格局。这个自在的民族实体在共同抵抗西方列强的压力下形成了一个休戚与共的自觉的民族实体。这个实体的格局是包含着多元的统一体。虽然中华民族和它所包含的多个民族都称为"民族"，但在层次上是不同的，各个层次的多元关系又存在着分分合合的动态和分而未裂、融而未合的多种情状，这就提供了民族学研究者富有吸引力的研究对象和课题。①

第三节 多元一体格局理论的深化及其意义

"中华民族多元一体格局"是近二十年提出的理解我国民族关系发展历史与现状的重要理论框架，可以帮助我们从总体上把握我国民族问题的大脉络，但是在许多细节方面，这一理论还需要不断充实与发展。费孝通说："中华民族多元一体格局的问题提出来了，但不是一下子就能解决的。"② 随着多元一体理论被广泛传播，学界深入讨论，提出了一些问题，

---

① 费孝通主编：《中华民族多元一体格局》（修订本），中央民族大学出版社 1999 年版，第31—36 页。
② 陈连开：《怎样理解中华民族及其多元一体》，载费孝通主编《中华民族研究新探索》，中国社会科学出版社 1991 年版，第 423—424 页。

拓展了研究领域，深化了对这一理论的认识。例如：

（1）多元一体中的"中华民族"概念

费孝通对"中华民族"的解释是，"用来指现在中国疆域里具有民族认同的11亿人民"。"中华民族作为一个自觉的民族实体，是近百年来中国和西方列强对抗中出现的，但作为一个自在的民族实体则是在几千年的历史中形成的。"① 对这个提法，一种意见认为，56 个民族称民族，中华民族也称民族，似不好理解。译成外文，中华民族（Chinese Nation）不用多数格，与 56 个民族一样用单数格，外国人无法理解。另一种意见认为，中华民族指的是中国各民族的总体认同。不管什么民族，只要是中华民族的一员，维护中国的统一与中华民族的团结，就是总体上的民族认同。中华民族称民族，56 个民族也称民族，是一种不同层次上的民族称谓，一对既有同一性又有差异性、相辅相成的民族概念。用"多元一体格局"来概括这种多层次的对立统一关系，是可取的。还有一种意见是，中华民族是一种文化观念，是一种精神力量。

费孝通认为，民族，是稳定的人们共同体，但不是凝固不变的，同时，民族也是一个有着不同层次包容在其中的整体概念。中华民族称民族，56 个民族也称民族，在科学上与政治上都是可以成立的，含义明确，不难理解。同时又指出，"名称和概念的含义是随时代发展、事物发展、学科发展而发展的，最重要的是要把握中华民族和 56 个民族发展的客观科学内容，已有的概念在不断思考中更新。科学的概念，不要作表决，不急于取得一致。关键在于它是否有利于促进社会发展，是否有利于促进学科发展。几十年，我们都在思考，在探索，现在还有许多问题不能完全解决，但解决得比以前多了一些。今后还靠大家来完善、补充、发展。"②

（2）如何理解"多元"与"一体"

有的学者认为，汉族、藏族、回族、满族、瑶族等民族都是多元一体的。"多元"是指民族来源是多元的，各地区发展不平衡，文化、习俗、

---

① 费孝通主编：《中华民族多元一体格局》（修订本），中央民族大学出版社 1999 年版，第 3 页。

② 费孝通主编：《中华民族研究新探索》，中国社会科学出版社 1991 年版，第 411—416 页。

语言、宗教等方面呈现多元的特点；"一体"是不管来源如何，经济、文化、习俗、语言、宗教等方面有何差异，都认同为一个民族。按照这样一个认识来看，"多元"是指当代中国的56个民族比较容易理解，但"中华民族"还没有形成为一个民族，称为"一体"较难理解。如果是指祖国的统一不可分裂，中华各民族都要为祖国的完全统一而奋斗，那么，改为"中华各民族的多元一体"、"中国各民族的多元一体"或"中华各民族的多元一统"就比较好懂一些，也确切一些。①

较为统一的看法是，"多元"是指各民族各有其起源、形成、发展的历史，文化、社会各具区别于其他民族的特点；"一体"是指各民族的发展相互关联，相互补充，相互依存，有不可分割的内在联系和共同的民族利益。这种一体性，集中表现为祖国的统一和中华民族的大团结，表现为共同争取与关心祖国的完全统一与繁荣富强。所以，中华民族的"一体"，是指各民族的"多元"中包含着不可分割的整体性，而不是其中某个民族同化其他民族，更不是汉化，或者马上实行"民族融合"。②费孝通进一步说明："民族也是有发展的，有量变，有质变，中国各民族是客观的存在，实际生活中产生的整体认同意识也是客观存在，用'多元'与'一体'来概括，这是名与实的辩证关系，不能离开这个哲学基础。中华民族已有长期发展的历史，今后还会既有各民族的繁荣发展，又有中华民族的共同发展，同和异也还会长期存在，不是说'同'就完全一样，说'异'就大家分开。各民族的差异和中华民族的共同发展是辩证的统一关系"。③

"多元一体"这一理论命题，其多元性的客观存在比较易于理解，而一体性的论证似乎较为困难。一些文化研究者认为，"一体"的人为和政治的因素更多一些。其实，就几千年中华民族是一个自在的民族实体而言，"一体"是指各族人民在日常生活中形成的密切联系、共同经验和历史传统（包括各种习俗和政治传统）；就近代转变为一个自觉民族的政治实体而言，"一体"是指基于上述联系而产生的政治共同体。

① 费孝通主编：《中华民族研究新探索》，中国社会科学出版社1991年版，第417页。
② 同上书，第422页。
③ 陈连开：《怎样理解中华民族及其多元一体》，载费孝通主编《中华民族研究新探索》，中国社会科学出版社1991年版，第423—424页。

（3）中华民族多元一体格局的形成

厉声认为，"从中华民族发展的历史来看，各民族对'一体'的认同来自'天下一体'的观念和在此基础上形成的大一统思想。'一体'的本意是指多事物的统一而构成的一个完整的整体"。古代中国对事物最大的概念是"天"，国家出现后，即将国家与天等同，国之君谓之"天子"，国土谓之"天下"，因而在周朝初期就有"天下一体"之说。由"华夏一体"扩大到"华夷一体"，后来又发展到"华夏一统"或"中华一统"。①秦统一中国后，在全国范围内实施经济文化一体化和统一治理的措施；汉朝实行属国制，设校尉、都护、属国都尉等。这种以"华夷一家"为中心的中华民族大一统观念逐渐为后来历朝的华、夷统治者所认同。近代孙中山先生创立"五族共和"，以法律的形式确立了"中华一家"和"民族平等"。新中国成立后，党和政府又将历史上的中华民族大一统思想升华为中华民族大家庭观念，即由 55 个少数民族和汉族共同组成中华民族大家庭。

梁庭望提出，中华文化有四大板块，并通过四个纽带相互联系，形塑了中华民族多元一体格局。这四大板块是：中原旱地农业文化圈，北方草原狩猎森林游牧文化圈，西南高原农牧文化圈，江南稻作文化圈。这四大板块的结构在先秦已经形成。四个纽带作用将众多民族及其所代表的文化连成"一体"②：经济纽带。经济纽带是民族关系的基础，是连结为"一体"的必然条件，这是任何人为的力量也割不断的。长城是战争的产物，它企图把民族分裂开。但各民族并不是天天打仗，而长城脚下的茶马贸易却是经常的。长城给游牧民族和农耕民族提供了一个交易的地区；政治纽带。一般认为自秦汉以来形成了多民族国家，实际在秦汉之前，西周共和元年（前 841 年），各个邦国都共同认为周是天子，所以周王朝是全国最高的政权。这种政治纽带从此成了一种传统，只不过秦朝利用有力、有效的郡县制行政管辖手段，强化了这一纽带的作用。这种政治纽带的关系后来由蒙古人和满族人建立的元、清两代将其发展到新的高度；文化纽带。儒

① 厉声：《中华民族多元一体格局与民族认同的历史性》，载卢晓衡主编《三教圆融两岸一体》，经济管理出版社 2003 年版，第 62—73 页。

② 梁庭望：《中国民族关系的四个纽带》，《中国民族报》2010 年 10 月 1 日，10 月 15 日。

家文化不是单一的汉族文化。孔子提出其思想时，汉族还没有完全形成。孔子把当时各民族传统的一些关于德化教育、崇尚道德的思想集中起来，为各个政权的建立起到思想文化的支撑作用，维护王权的统一。文化纽带是汉文化和少数民族文化合力而形成的。文化让各民族有国家的归属感、认同感；血缘纽带。除了维系各民族政权格局的政治和亲外，各民族老百姓之间通过通婚、移民等形式的血缘融合是大量的，各民族老百姓之间的相互吸收，建立起了血缘关系的纽带。

（4）多元一体格局中的网络核心

费孝通特别强调了汉族在多元一体格局中的网络核心作用。汉族由于人口众多，善于农耕，并在全国范围内迁移，在交通要道和市镇等商业点繁衍生息，对联系中原与边疆民族地区具有极其重要的经济、文化意义，汉族在多元一体中起着重要的骨架作用。但是，同样不能忽视，在历史发展过程中，少数民族在局部地区所起到的网络核心作用也十分重要，其情形类似于汉族在全国范围内起到的网络核心作用。如西夏政权在西北存在近 200 年，疆域范围在今宁夏、甘肃西北部、青海东北部、内蒙古西部以及陕西北部地区，占据面积最大时达 80 余万平方公里。党项族就在这一范围内实行统治、经营与开发，对于西北地区的局部统一和发展具有积极意义，也为元代的大统一打下了局部基础。此外如大理政权、满族在入关前的关外政权、西藏地方政权等，都起到了类似的效果。少数民族在周边民族地区，实现局部统一，同样起到了网络核心作用。

（5）对"多元"的尊重问题

一些少数民族学者更加关注在多元一体格局这一范式中的"多元"的一端，"少数民族群体在主流社会中处于弱势和边缘的位置，他们首当其冲的问题是存续自己的传统"[①]。提醒不要忽略了中国文化形成的多元性。人类学家李亦园特别强调尊重多元，他认为，"自古以来，中国文化中一直有容纳、吸收不同文化成分于其中的主体观念存在"，"在中原区域中居住的中国民族文化基调中一直有一种容纳、吸收居住于边缘民族的'主旋律'在发生作用。因此几千年来，整个中国境内许许多多不同的族群都是

---

① 周传斌：《概念与范式——中国民族理论一百年》，民族出版社 2008 年版，第 201 页。

在这一'融于一体'的主旋律之中而作旋转。"李亦园进一步指出，"所谓'融于一体'主旋律存在于延续，却也依赖对'多元'成分的包容、忍耐与吸收的心态"，"还要进一步能尊重、欣赏异族的文化，才能美别人之美，更能使别人之美得以有各自表现的机会。""这种'美人之美、各美其美'的文化特征不但是几千年来使中华文化长久如'雪球'般地扩大发展，而且更重要的应该是长此以往可以成为全人类共存相处的主要文化典范"。[①]

还有的学者指出，在多元性的社会中，如何将尊重平等和尊重差异这两个原则统一起来，是一个巨大的挑战。西方一些学者认为，通过承认差异来贯彻平等的价值，以弥合社会的分裂，是具有一定道理的。多元一体必须以多元性为基础，没有这种多元文化的繁荣，"一体"就是由上至下的。要想让"多元性"不是成为分离型民族主义的基础，而成为共存的前提，就必须在每一"元"中激活交往与自主的政治，而不是将"元"视为一种孤立的、绝对的存在。[②]

（6）多元一体中的民族与国家认同

近代以来，随着帝国主义步步紧逼和西方学术思潮的涌入，中国开始发生新的转变，即从传统王朝国家向现代国民国家转化，而西方兴起的民族国家浪潮，使得中国受其影响，也在自觉不自觉地朝这个方向迈进。

建立一个复合民族（汉、满、蒙、藏等）国家还是建立单一民族（汉）国家的争论，成为清末有关民族问题的争论焦点。立宪派多主张在清帝国的基础上建立一个复合民族的国家——多民族国家，而革命派由于"反满革命"的需要多主张建立一个单一民族，也就是汉族的国家。

启蒙思想家严复认为清朝的全体臣民是"单一的黄种"[③]，他的民族思想是顺应当时世界局势，讲所谓黄、白、赭、黑四大人种的竞争与对抗。黄种必须"合群"，以避免在进化过程中"亡国灭种"。严复的思想更具有世界性，"单一的黄种"可谓是"中华民族"称谓的滥觞。受严复思想影响至为深远的梁启超，着眼于国内民族和东亚其他民族存在的现

① 李亦园：《多元一体的现代意义》，载卢晓衡主编《三教圆融两岸一体》，经济管理出版社2003年版，第6—7页。

② 汪晖：《别求新声——汪晖访谈录》，北京大学出版社2009年版，第228页。

③ [日] 松本真澄：《中国民族政策之研究——以清末至1945年的"民族论"为中心》，鲁忠慧译，民族出版社2003年版，第42页。

状，将严复的"黄种"进一步细化，认识到国内满洲、蒙古、回疆、苗、黎、生番等民族的存在。梁启超的"保国保种"之路仍然也是建立一个复合民族国家。作为梁启超的老师康有为虽然对建立复合民族国家同样坚持，但在黄种细化上却不同意梁启超的观点，他主张在种族上应该具有共同的"黄种"意识。康有为的理论有很多"合种"的思想。同期的革命派，从章炳麟到邹容，再到陈天华，几乎都认为只有汉种是黄帝的子孙，中国境内的其他"种"不是黄帝的子孙。他们主张"虽然现在的中国是多种族的国家，但应该把这一国家重新建立为单一种族——汉族的国家"①。

辛亥革命后，清帝国退出历史舞台。革命派对于民族与国家关系的认识，也回到了早期立宪派的思路上。孙中山接受五族共和论即是明证，他宣言说"合汉、满、蒙、回、藏诸地方为一国，即合汉、满、蒙、回、藏诸族为一人……是曰民族之统一。"② 即将五个地区统一，将五个民族统一。但1919年后，孙中山开始公开反对"五族共和"，认为这一理论容易被列强利用，导致民族分裂、国家分裂。故此，主张美国的"熔炉政策"，提倡民族主义，主张民族同化、融合论。虽然理论主张有所变化，但在解决处理民族与国家关系的问题及其目的上，还是始终未变。

20世纪30年代末，随着日寇的步步紧逼，顾颉刚撰文提出"中华民族是一个"的观点，在政治层面上，国共两党对这个问题有各自不同认识。抗日战争后期，国民党政府逐渐淡化民族之提法，用宗族、种族取而代之。1943年出版的蒋介石署名的《中国之命运》，不再称汉、满、蒙、回、藏各族为"民族"，而称"宗族"。他说"中华民族是多数宗族融合而成的"，"我们的各宗族，实为同一民族"③。共产党明确谴责"蒋介石的民族观，是彻头彻尾的大汉族主义。在名义上，他简直将蒙、回、藏、苗等称为边民，而不承认其为民族"④。对少数民族的行为是"民族歧视"。与此相反，共产党承认中国境内少数民族的地位，认定"中国是一个由多数

---

① ［日］松本真澄：《中国民族政策之研究——以清末至1945年的"民族论"为中心》，鲁忠慧译，民族出版社2003年版，第40—55页。

② 孙中山：《中华民国临时大总统宣言书》。

③ 蒋介石：《中国之命运》（增订本），重庆中央训练团1943年版，第2页。

④ 周恩来：《周恩来选集》上卷，人民出版社1980年版，第147页。

民族结合而成的拥有广大人口的国家"①，主张民族平等。

陈建樾认为，"多元一体"的中华民族相对于中国这个国家概念而言，在国际政治层面而言，显然是一个国族的观念；而在国内政治层面，它涉及民族整合和国家认同问题。它"有效地解释了多民族的中国的民族与国家关系"，并进一步指出，"族际整合在多民族国家内部的实现，归根结底，有赖于多民族国家及其政府在国内各个民族利益整合方面的公正性及由此而来的合法性。""其核心就是依据不断变化的族际利益格局和公共物品的拥挤点，适时地调整族际利益关系，避免出现关于多民族国家的合法性争议"②。

这些有关论述把多元一体的内涵与国家认同和民族整合紧密地联系了起来，为人们深入认识"中华民族多元一体格局"理论提供了一个新的视角，很值得重视。

（7）中华民族多元一体格局的巩固和提升

中华民族多元一体格局既是中国统一多民族国家历史渊源和现实结构的客观反映，也是中国统一多民族国家未来构造的必然取向。在现阶段，中华民族多元一体格局面临着进一步巩固和提升的任务。

首先，民族区域自治制度是中华民族多元一体格局的客观反映，也是巩固和发展多元一体格局的根本保证。民族区域自治是中国共产党解决中国民族问题的基本政策，是国家的一项重要政治制度。国家的统一领导是实行自治的前提，体现了中华民族的"一体"性；从各民族聚居地方的实际情况出发实行区域自治，尊重和保障少数民族自主管理本民族内部事务的权力，发挥民族地区在经济、文化等方面的特色，从而为"多元"的繁荣发展创造条件。

其次，发展民族经济是确保多元一体格局的内在动力。由于历史和自然等方面的原因，汉族的经济社会发展水平较高，而各少数民族聚居地区的经济社会发展水平则比较低，必须承认和重视这些差距的存在。这些差

---

① 毛泽东：《中国革命和中国共产党》，《毛泽东选集》第二卷，人民出版社1991年版，第622页。

② 陈建樾：《多元一体：多民族国家内部的族际整合与合法性》，载卢晓衡主编《三教圆融两岸一体》，经济管理出版社2003年版，第94—106页。

距的长期存在和扩大，会在很大程度上制约着中华民族内部凝聚力和向心力的发展，影响"一体"的稳固。新中国成立后，投入大量人力、物力和财力，制定了一系列优惠政策，采取多种特殊措施改变少数民族的经济社会面貌。这个过程不仅会大大提升少数民族地区经济社会发展水平，同时会有力地促进各民族间经济上的互助与合作、文化上的交流和吸收、空间上的流动与交错，增强中华民族的整体实力。这些政策措施都有力地推动少数民族地区的经济社会发展和各民族的共同繁荣，为中华民族多元一体格局的巩固和加强，提供物质基础和内在动力，因而是一项必须长期坚持的政策。

第三，弘扬民族优秀传统文化是提升中华民族多元一体格局的重要依托。我国各民族虽然在人口数量上相差很大，但都有自己丰富、独特的文化体系，民族文化的多样性是中华民族多元一体格局中"多元"的主要表现。弘扬和传承各民族优秀传统文化，鼓励百花齐放，展示中华文化的多样性，同时，通过民族间的文化交流和相互吸收，形成囊括各民族优秀传统文化因子的中华民族共同文化，是发展社会主义先进文化的基础。多样性的民族文化与中华民族共同文化的并存是个性与共性、"多元"与"一体"的有机统一，这种文化结构的形成将是中华民族多元一体格局得以强化和提升的重要精神纽带。

第四，各民族在历史发展中形成的传统、语言、文化、风俗习惯、心理认同等方面的差异将长期存在，对这种"多元"的现状要有充分的认识，予以充分尊重和理解；同时，随着我国经济、政治、文化和社会的发展，各民族的相互影响和帮助，共同因素会不断增长，"一体"趋势越来越发展。更为重要的是，中国特色社会主义事业代表了各民族人民的共同利益，也是解决民族问题的根本道路。因此，强化中华民族多元一体格局，对于妥善处理民族问题，增强民族团结、维护祖国统一有着重要的作用。

第十五章　中华民族凝聚力

回顾历史，世界上许多古老的民族文化因种种原因消失了，或者因出现断裂而失去了昔日的辉煌，唯有中华文明始终绵延不绝、一脉相承。历史上欧、亚、北非也曾出现过多个版图辽阔的大帝国，如今已分解为一个个民族国家，唯有中华民族虽然几千年来历经动荡、劫难，民族间大分大合，但大一统的格局始终是历史发展的主流。为什么在漫长的历史发展中，一个又一个众多的民族逐渐凝聚成一个整体，一个具有强大统一力和向心力的"中华民族"？中华民族为什么能够历经各种曲折而不衰，遭受内忧外患而不败，并且在艰难坎坷中不断发展和壮大？这些是需要民族史研究回答的问题。作为一种规律性的历史现象，又是需要民族史学理论予以研究和回答的问题。

改革开放以来，中国民族理论和民族史学研究的不断深入，以及现实民族关系的发展，推动着中华民族迈向现代世界先进民族之林，同时也提出了一个具有时代意义的新命题——中华民族凝聚力。对于"中华民族凝聚力"的研究，开拓了一个全新的学术领域，为今天认识和理解中国的民族历史、民族关系提供了新的理论工具。

任何一个民族都有其凝聚力，如果没有，就会土崩瓦解，趋于消亡。中华民族凝聚力是历来中华各民族赖以融合、统一、独立和相互依存与发展的内在动力。它是由多种因素、多种条件有机构成的合力，是一个伴随着中华民族的形成发展而形成发展、具有自身特征和多方面功能的动态开放系统，渗透在历史上长期积淀下来的中华民族的思维方式、文化传统和价值观念之中。

第一节　中华民族凝聚力的形成

中华民族凝聚力首先直接表现为一种团结力或统一力，具体来说，是中华民族这一共同体对各族民众的吸引力，以及各族民众对中华民族的向心力和亲和力。中华民族凝聚力更深层的含义，则是中华民族的生命力，它包括生存保种力、发展创新力和独立自主力。

中华民族凝聚力从自然因素上讲，主要是指血缘（亲缘）、地缘关系。所谓"血浓于水""亲不亲，故乡人"就是这种关系的反映。血缘是维系民族延续发展的一种自然因素，随着岁月的流逝和时代的变化，以及民族间交流的不断扩大，血缘对于民族凝聚力所产生的作用，变得越来越小。随着民族凝聚力的发展，社会因素的作用则越来越大，自然因素往往渗透于社会因素，并通过社会因素起作用。中华民族凝聚力从社会因素上讲，主要是指先进、发达的物质经济，进步、成熟的政治力量和政治制度，优秀、丰富的思想文化。

在中华民族凝聚力的社会因素中，物质经济是根本性的，它是民族生存、发展的基本条件，是民族内聚的共同利益的基础。政治因素是中华民族凝聚力的重要条件，当一种进步的成熟的政治力量在政治生活中占据统治地位时，它所产生的凝聚力的力度是十分强大的。思想文化是指导性的要素，其中，民族精神是中华民族的精神支柱，是中华民族凝聚力的思想核心。这三方面因素的互相联系、互相促进，综合地发挥作用，从而使中华民族凝聚力具有确保我们民族生存壮大和独立统一的功能。

一　中华民族凝聚力生成的自然环境

（1）半封闭型的内陆地理条件

每一个民族都有自己的历史舞台——生存空间。中华民族的舞台是世界最大的舞台之一，东面濒临浩渺的太平洋，北面从大兴安岭到天山是广阔无垠的蒙古戈壁和大草原，玉门关以西到葱岭以东是大块沙漠与小块绿洲相间的西域，与西亚（另一古老文明的发祥地）隔绝，直到公元前后才出现了一条"丝绸之路"，与西方进行着有限的文化交流。西南，从兰州穿过青海南至怒江流域一线以西，号称世界屋脊的青藏高原，喜马拉雅山将中国与世界另一古老文明的发祥地印度隔绝，直到公元4世纪以后，法显、玄奘两位高僧的"西天取经"才使两个古老文明发生接触。这个从东北到西南，由戈壁、草原、高山峻岭形成的巨大的马鞍形地带，紧紧围绕着中国的本部——黄河、长江流域。

这一近乎与世界隔绝的半封闭型的地理环境，决定了这一舞台上出现的各民族在文化上有一种内向性和内敛性，居周边的民族的文化呈现出明显的向心性倾向，这对中华民族凝聚力的生成、发展产生了深刻的影响。中华民族在相当长的时间里把自己看成是世界的中心。直到19世纪中叶以前，中国人一直把自己的国度当成世界的主体、世界的中心，故自称为"中国""中华"。这一观念也影响了外国人。据美国《西雅图时报》2010年1月12日报道，意大利的耶稣会传教士利玛窦400多年前绘制的一幅地图在美国国会图书馆展出。利玛窦是天主教在中国传教的开拓者之一，也是16世纪末第一位访问中国北京的西方人。他遵照当时明朝万历皇帝的吩咐，于1602年绘制了一张大地图，在这张地图中，中国成了世界的中心。自秦汉大一统封建王朝建立后，"中国"逐渐由王朝转变为国家的代称。这一环境在相当程度上也影响了中华民族的思想感情和民族性格。由于地理环境的优越和几千年来沿袭的农耕经济，中华先民形成了喜内聚、慎外迁，崇尚宁静、安定生活的民族性格。中华先民们有过"兼爱""非攻""礼运大同"之类的美好理想，唯独找不到海外扩张、征服世界的狂想。

(2) 气候差异和波动的影响

从地理南北方向来看，中国南北跨大约50个纬度，由南向北依次形成热带、亚热带、暖温带、中温带、寒温带。受这种气候差异的影响，秦汉以后，中国大体上形成了三个经济文化区域，即北方草原游牧文化区，南方山地游耕文化区和中原定居农业文化区，其中中原定居农业文化是核心。这三大经济文化区大体分为农耕经济和游牧经济两大文化类型，它们之间既存在着巨大的差异，也存在着一方有求于另一方的互补性，反映在民族关系方面，农耕民族与游牧民族既有冲突与战争，又有依存与融合。

此外，五千年来气候的温暖期与寒冷期的交替变化，对游牧民族和农耕民族关系的影响也是不容忽视的。竺可桢先生研究了中国五千年来气候暖冷交替的变迁情况，总的趋势是温暖期越来越短，干冷期越来越长，温度逐渐下降。他认为从公元前 3000 年至今，中国大陆经历了四个温暖期、四个寒冷期。也就是说，从公元初到现在，汉代经历了一个温暖期，三国之后气候开始转冷，并且一直持续到唐代。唐朝又经历了一个温暖期，唐末以后，气候再次变冷。到 1400 年后渐入小冰期，呈两峰三谷结构，直到 20 世纪初气候又开始回暖。① 秦汉以来，长城一线基本上构成了游牧民族和农耕民族的界线，但由于气候冷暖周期的变化，二者的界线并不总是固定不变的。魏晋南北朝时期，气候处于一个寒冷期，北方游牧民族匈奴、鲜卑、羯、氐、羌等大规模地向南迁徙，汉族政权东晋则偏安江南。游牧各族混战中原，黄河流域出现了"五胡十六国"的局面。辽、金时期，游牧民族再次稳居黄河流域，与农耕民族政权形成了对峙。而到了元朝和清朝时期，游牧民族已是真正意义上的入主中原，君临天下。这几次游牧民族越过长城，正是与历史上气候的几个寒冷期相一致。

历史时期的气候波动对南、北方民族经济生活的影响也是截然不同的。气候从温暖走向干冷和气温的逐渐下降，使南方本来酷热潮湿的气候变得更适合人类生存，也有利于南方土地的排涝和农业开发，从而使南方少数民族更易于做出据守故土的选择，同时也给农耕经济区的汉族王朝向南扩张提供了条件，这是唐宋以后中国古代经济中心逐渐南移的重要原因之一。同样的气候波动过程却给北方少数民族造成周期性的生存危机，恶劣的气候条件和频繁的自然灾害，迫使他们以各种形式南迁寻求生存之路，从而强化了他们对中原地区的向心力。

（3）水——促使华夏各族凝聚的纽带

华夏文明属于农业文明，农业的发展离不开水。水对华夏族来说，不仅是生命之源，而且是促使华夏先民由分散走向联合、由部落联盟走向国家的凝聚动力和纽带。黄河是华夏族的母亲河，它给先民们提供了舟楫灌溉之利，哺育了古老的华夏文明。但黄河又是世界上吞没生命财产最多的一条河。华夏先民既想逃避它又必须利用它以求生存。华夏先民各部族一方面因为争夺生存空间而激烈斗争，另一方面又因铺天盖地的水患逼迫他

---

① 竺可桢：《中国近五千年来气候变迁的初步研究》，《考古学报》1972 年第 1 期。

们必须进行联合。在生产力极为低下的古代，除了联合起来共同行动外，别无出路。因此，中华先民在与水搏斗的过程中，由分散走向联合，由部落走向民族，由部落军事联盟迈向了国家的门槛。

黄河也是草原文化的摇篮，是连接北方草原民族的纽带。河套、敕勒川地区是草原文化发祥地之一。古代游牧民族很早就在这一带沿河而驻。这里又是历史上北方众多民族汇融的主要地区之一，他们的文化相互吸收和影响，也积极吸收中原的多种文化。这一地区是黄河最早形成的一段，也是最早开发利用黄河的地区。

二　中华民族凝聚力形成的社会要素

(1) 多源多流、源流交错

仅史籍所载，中国历史上曾先后出现过 160 多个民族的名称，而实际存在过的民族还要多。民族历史考察的一系列结论说明，从古到今，各个民族的形成几乎都是多源多流的，源流之间又有着复杂的交错关系，有些是同源异流，有些是异源合流，有些则又是源流交叉。最早的戎狄蛮夷及其与华夏之间就已存在着这种源流交错的关系，而且一直持续不断。

古代羌人居住在西北河湟地带，曾先后向东、西、南三个方向迁徙。西行者成为吐蕃族的先民之一，继而演进为今之藏族；南迁者入云南逐步演进为现在的纳西等民族；东移者成为汉族先民的一部分，有的成为曾建立西夏的党项族的一部分。13 世纪兴起的蒙古部，以强大的军事力量，通过征服战争，将活动在漠北草原蒙古语系和突厥语系的族属不同、各有名号的不同部落和不同部族汇集起来，组成了一个新的民族共同体。而蒙古部本身又与契丹有同源异流的关系。

出现这样的社会历史现象，原因是多方面的。随着社会的发展，由于民族内部或民族之间的经济差异、战争、迁徙、通婚、杂居以及地理条件、生态环境的变迁、大的自然灾害和周围民族的影响等各种因素，民族本身必然的经常发生变动、分化或与其他民族交融。如 8 世纪末 9 世纪初，以回纥族为主体的回纥诸部纷纷西迁，一部分迁到阿尔泰山之西的葛罗禄，一部分迁到安西都护府附近，一部分迁到于阗以西的新复州，还有一部分迁到今甘肃西部投奔吐蕃。西迁西域后的回纥各部与当地土著逐渐融合；同时，这些土著也受回纥文化的影响，成为回纥的一部分，逐渐演变为今维吾尔族先民的一部分。随着民族间的联系和交往的扩大，一些旧的民族逐渐消失，一些新的民族又不断地形成发展起来。有的民族基于自身生存发展的需要，吸收其他民族先进的文化，逐渐改变以致最后完全代替了本民族原有的特征，变成了别的民族。匈奴、鲜卑、契丹等族的一部分，进入中原地区以后，受到汉族生产方式的影响，接受了汉族文化，改变了本民族的原有特征，逐渐成为汉族的组成部分。

在社会环境和自然条件变化的影响下，民族共同体再分化、再聚合的现象也是不断发生的。有的是几个民族或几个民族成分，经过漫长的反复过程，聚合成为一个新的民族。回族的形成就是这样的典型。其先民包括有唐宋时期从阿拉伯、波斯来华的信奉伊斯兰教的"蕃客""蕃商"，有蒙元时期被签发到中国内地的中亚、西亚花剌子模等各国的大批阿拉伯、波斯和伊斯兰化的突厥工匠、士兵。这些从域外迁入的信仰伊斯兰教的不同种族的人，在中国长期生活过程中又融合了汉、蒙古、维等各民族及其文化，不断繁衍后代，成为"回回人"。到了元末明初，他们在以伊斯兰教为共同信仰和以汉语为共同语言的社会条件下，终于聚合为一个新的民族群体——回族。

这种民族之间多源多流、源流交错的复杂关系构成了中国历史上各民族间的一种天然联系，一种源远流长的或多或少的血缘联系，形成你中有我、我中有你，不断地发生着相互间的同化和融合的民族关系格局。尽管中华大地地域辽阔、山隔水阻，尽管民族间经常兵戈不绝，但这种天然的血缘联系却是无法打破的历史规律，这就为中华民族凝聚力的形成造成了一种历史前提或历史条件。

（2）共同开发、共同创造

中国的历史是各民族共同创造的。各个民族不仅为本民族的发展进步，也为中华民族的集聚壮大和中华文明的形成与发展做出了各自的历史贡献。

各民族以坚韧的精神开拓、捍卫了祖国的疆域，维护了中华民族生存空间的独立、统一和完整。我国疆域的形成与发展大体经历了两个阶段：第一阶段，居于周边的少数民族，依据自己经济社会发展的需要，首先实现了边疆地区的局部统一，开拓和保卫疆土，并为全国的统一和中国疆域的确立提供必要的条件；第二阶段，在周边地区局部统一的基础上，实现全国的统一，确定当今中国的疆域。

在我国西南地区，白族的先民是定居云南和开发云南最古老的民族之一。居住在洱海地区的各族中，以白族先民的蒙舍诏为强，统一了洱海地区，建立了蒙氏政权，皮罗阁被唐朝册封为云南王，称强于西南边陲。段思平建立大理国，立国 316 年，政治稳定，生产发展，至忽必烈征服大理时，该地区的社会经济发展已与中原相差无几。西南地区的开发及局部统一是与白族先民等所做出的贡献密不可分的。

古代肃慎系各族对东北边疆的开发和局部统一，匈奴、东胡、契丹、党项、女真等对北部边疆的开发与局部统一，壮、侗、仫佬、毛南等族的先民西瓯、骆越对岭南地区的开发，维吾尔等族对新疆的开发，等等，都为元朝的统一及清代我国疆界的确立奠定了历史基础。

近代以来，面对殖民主义列强的入侵，边疆的少数民族同侵略者展开了英勇顽强的斗争，尤其在内蒙古、新疆和西藏，各族人民反对帝国主义侵略的斗争震惊了世界。19 世纪中叶以后，沙俄计划在中国的东北到西北、西南包括整个满洲、蒙古、新疆、西藏地区建立一个与西伯利亚相连接的"黄俄罗斯"；英国也企图把英属印度和它在中国长江流域的势力范围连成一片，使西藏变成由印度入四川到达长江流域的英国毛纺业的廉价原料基地，以建立其在亚洲的霸权。面对这种形势，边疆各族人民用鲜血和生命捍卫了祖国的神圣领土，为保卫中华民族的独立、主权和尊严，建立了卓越功勋。

各民族以辛勤的创造性劳动，推动了古代生产力的发展，奠定了中华民族凝聚力强大的物质基础。历史上的少数民族和汉族共同创造了我国古代的物质文明。

农业是我国古代社会主要的生产方式。农业的开发不仅限于中原汉族聚居的黄河流域和长江流域，在边疆宜于农耕的地方，如新疆的吐鲁番地区、长城以北的辽河流域、云南、广西、岭南等地，农业开发都有久远的传统和卓越的成绩，倾注了边疆少数民族的辛劳和智慧。

北方地区东起兴安岭、西至阿尔泰山、南达阴山、北抵贝加尔湖，绵亘数千里的草原地带以及西藏和云贵高原，历来都是游牧民族经营畜牧业的基地。

我国西北地区的少数民族，克服重重障碍，通过商业贸易，沟通了横穿欧、亚大陆的丝绸之路，充当了建立东西文化交流的使者。中亚、西亚的一些先进的工艺品及农产品新品种不断传入中国内地，我国古代的四大发明又通过回族和蒙古人传到阿拉伯世界，再传入西欧，对世界历史发展起到了巨大的推动作用。

各民族创造的各具特色的民族文化，成为中华古代文明的重要组成部分。许多少数民族很早就创制了本民族的文字，记载并保存了宝贵的民族文化遗产。少数民族的科学家、发明家在数学、天文学、医学、地理学、军事学等方面的创造发明以及文学家、艺术家在文学艺术方面的杰出成就，凝聚着各民族的高超智慧，成为中华文明的优秀代表。

敦煌石窟艺术和莫高窟藏经洞遗书是我国古代各民族在丝绸之路上留下的优秀文化遗产。敦煌石窟是由各族佛教徒开凿的。现在最早的洞窟是5世纪初匈奴沮渠蒙逊统治的北凉时所凿的。莫高窟藏经洞的文书年代，早到5世纪初，晚到10世纪末，内藏经卷写本约有2.5万卷，除佛经外，还有许多有关宗教、哲学、历史、文学、艺术、经济和政治等各种文书，绝大部分是写本。写本中除汉文外，还有梵、藏、回纥、龟兹、和阗、康居等文本卷子。敦煌艺术和文化是古代各族共同创造的，它充分体现了各民族文化互相吸收、互相补充，并且形成了多元一体的中华文化的本质特征。

中华民族凝聚力既是一种物质力量，同时也是一种精神力量，这种物质的和精神的力量是几千年来各族人民对祖国经济、文化的开发、创造和贡献的汇聚，是一种强大的合力，为中华民族所共有。这种合力同时又表现为一种整体观念、大一统思想，表现为国家的统一性和在中华民族面临外来侵略时的空前一致性，从而构成了中华民族凝聚力坚实的历史基础。

（3）迁徙流动、汇聚交融

在我国历史上，民族迁徙流动，或发生在局部地区，或成为全国性的局势，始终不断，而且几度形成高潮。这种民族的迁徙流动，大量的是边疆少数民族向内地的逐步移动，北方少数民族的迁徙又呈现由北向南、由东而西的趋势，同时又有内地汉族向边疆地区的移动。每一次民族迁徙的高潮之后，随之而来的是各族间凝聚力的增大和民族大融合的出现。

历史上的民族迁徙和流动的原因，一是经济方面的，二是政治方面的。最基本的原因是在社会经济方面。

匈奴、乌桓、鲜卑、契丹、女真、蒙古等北方民族，由于单一的生产方式和生活方式所决定，他们必然随着经济活动的扩大和物质需求的增长而寻求新的牧场，或以畜产品与中原的农产品、手工业品进行交换。由于地理环境和经济条件的限制，他们不可能向北移动，而中原地区先进的经济文化吸引着他们，向中原方向移动，以不断扩展自己的活动领域，寻求新的自然和物质条件，就成为一种必然的选择。

翦伯赞先生谈到北方民族的迁徙时说，大多数游牧民族包括鲜卑人、契丹人、女真人、蒙古人等，都以呼伦贝尔草原为历史舞台的后台，装备好了之后，走出马门，由东而西走上历史舞台，把万里长城打破一个缺口，走进黄河流域。

随着统一多民族国家疆域的逐步稳定及对边疆地区的不断开发，中原汉族地区人口的剧增，汉族向边疆地区迁徙也逐步呈增加的趋势。他们拓展交通，向周边延伸，进行商贸交流、文化传播，形成了城镇网点，架起了联通各地各族的网络。清政府批准了陕甘总督文绥提出的"屯田五事"的发展新疆经济的政策以后，"内地之民争趋之，村落连属，烟火相望。巷陌间羊马成群，商贾辐辏。甚至如绍兴之酒、昆腔之戏，莫不坌至"①。从明末清初开始的走西口、闯关东、下南洋三大移民潮，持续数百年，将中原汉文化推向各地，大大促进了民族间的交流和融合。

政治方面，封建社会推行的民族歧视和民族压迫政策迫使少数民族向边远地区迁徙。南方瑶族和苗族的先民，曾多次被迫向西南迁徙。明初将蒙古牧民赶往高寒的漠北。有的内地汉族民众，为了摆脱兵役等，迁徙逃亡到少数民族地区。封建王朝为了战争和边防军事需要，强制移民守边，进行屯垦等。

民族的迁徙和移动，打破了民族隔绝状态，促进了各民族经济文化的

---

① 赵翼：《皇朝武功纪盛》卷2，乾隆五十七年湛贻堂刻本。

交流和发展，推动和加速了民族间的融合和同化。古代民族的不断迁徙，使其中大部分形成了大分散、小聚居的状态。即使迁徙后仍在一个时期内没有改变聚族而居的状态，但由于地理环境以及生产、生活方式的改变，也会使聚居的状况逐渐发生改变。

民族的迁徙，不仅改变了特定地域民族的单一性，而且为不同民族的重新组合创造了条件，原来相互隔绝的不同民族共处一地，相互影响、相互吸收，有的相互融合，有的发生了同化。早期内迁的北方各族如匈奴、羯、氐、羌等，到北魏后期逐步失去了本族的特征，融入汉族，成为汉族的组成部分。汉族也正是在这种背景下发展壮大起来。

历史上的民族迁徙和流动，又是封建社会民族关系条件下的产物，它与民族压迫和民族歧视相关联，许多民族的迁徙是被迫的，是被异民族强制进行的，而且伴随着的是战争、掠夺、征服，有的民族甚至在不断地被迫迁徙中消亡了。但无可置疑的是，民族迁徙和流动促进了民族间的交往以至于融合、同化，促进了中华民族文化的融合和形成，也促成了中华民族的发展壮大，从而成为中华民族凝聚力形成的一个重要历史途径。

（4）经济互补、相互依存

古代民族的分布状况是汉族主要居内地，即黄河、长江流域，少数民族主要居边隅，在毗邻地区又交错杂居，呈大分散、小聚居状况。由于各民族所居住地区的经济地理条件不同，形成了区域经济的自然分工。各民族区域经济的分工不同，发展不平衡，但地理上又相互联结和交错杂居，这就为他们之间的交往和联系提供了天然条件。

经济生活的本质所决定，任何一个民族，出于生计和民族的发展，都需要和其他民族进行物资交换，扩大经济往来。北方游牧民族单一的经济不能满足日益增长的生活需要，为了获取生活上不可缺少的农副产品，如谷物、布帛、盐、茶及铁器等，不得不依赖于中原的农业民族。中原地区经济发达、物产丰饶，对周边民族有极大的吸引力。边疆民族以不同的方式向中原靠拢，或掠夺、战争，或贸易、和亲，或入主中原。中原经济对北方民族不断吸引的结果，使他们步步南下，留在汉地的就融合于汉族之中。边疆民族潮流般地一次次向中原靠拢、聚合的历史现象一直不断。

中原农业民族生产力的进一步发展，也需要畜牧业经济的补充和支持。从汉初开始，中原朝廷或在长城沿线，或在与少数民族地区交接处开设互市场所，进行贸易，以求达到经济互惠之目的。这种经济上互相联系和交往的形式，历时久远，难以中断，且逐步完善。

几千年来，中华各民族间相互交往的历史充分表明，各民族间的关系变化虽然曲折复杂，形式多样，但无论是以战争掠夺的形式，或是以和平交往的形式表现出来，其实质都是为了实现经济上的相互需要和满足，中原地区的农业经济成为边疆少数民族社会经济和生产体系的一部分，边疆地区的畜牧业经济也成为中原地区社会经济和生产体系的一部分，各自都不能相互缺少，从而联结成一个相互补充的经济整体。这种民族间经济的联系和依赖，把各个民族社会生活内在的需要紧密地结合在一起，形成了中华民族作为一个整体而存在的十分牢固的基础，中华民族凝聚力的形成就是由社会经济生活的本质所决定的。

（5）主体民族、凝聚核心

汉族在漫长的历史发展过程中，像滚雪球一样，融入了各个民族的成分，不断壮大，成为中国人口最多的主体民族，也成为中华民族的凝聚核心。[1] 就汉族本身而言，有以下几个方面的原因：

一是优越的自然条件和巩固的共同地域。汉族的共同地域，最先起源于黄河流域，以后逐步扩展到辽河、洮河、长江、淮河、珠江、红水河流域和巴蜀黔等广大地区。这一地区，地势较平坦，气候温和，雨量充沛，交通便利，土质肥美，适宜农作物生长。汉族在这块共同地域上生息、繁衍和发展，这是汉民族长期稳定和统一的基础，同时也为汉民族在中华民族中的核心地位奠定了坚实的基础。

二是强大的国家政权和发达的社会制度。在中国历史上，汉族曾先后建立了秦、汉、晋、隋、唐、宋、明等国家政权，其中秦、汉、唐都是盛极一时的统一的多民族国家政权。这些政权为汉民族共同体的巩固和发展，为统一国家制度完善和政权巩固，一直起着主导和稳定作用。

三是发达的社会经济。农业是汉族形成的经济条件，也是汉族共同经

---

① 据报道（《光明日报》2010 年 2 月 22 日），上海交通大学医学院的一项科研成果表明，中华 56 个民族的肤纹特征表现出很强的民族杂合性，这种肤纹的杂合性，汉族的表现更为强烈，各地汉族肤纹样本都与当地的民族聚类为一群，汉族是中华民族集合的后代。

济生活的基础。早在 4000 多年前，汉族先民就已有发达的农业。农业的进步，为手工业的发展提供了坚实的基础。秦朝时期，采矿、冶炼、兵器、纺织、车辆、漆器等工业部门已具有相当规模。随着农业和手工业的发展，以城镇为中心的交通道路和商业网络也逐步形成。中原地区以汉族为主体的经济发展，对周边少数民族产生了巨大的吸引力，成为周边少数民族不断内聚进入中原的本质原因。与此同时，汉族大量深入到少数民族聚居地区，形成了一个点线结合、东密西疏的网络，为凝聚核心的形成提供了条件。

四是悠久的历史文化。汉民族有悠久的历史文化，自古形成的大一统、天人合一的观念成为凝聚中华各民族的思想基础和传统力量。中国古代的造纸术、活字印刷术、指南针、火药四大发明，使古代的中国文化，首先是汉族文化处于世界领先的地位。此外，汉族的文学艺术、哲学、史学、天文学、地理学、建筑学、医学等方面，都有许多杰出的成就。由于汉字的特殊性质和功能，中华民族的祖先借方块汉字记述和保存了辉煌灿烂的中华文化，同时保存了汉族书面语言的统一。

五是汉族人民为开发边疆和保卫边疆起到了重要作用。汉武帝时，在边疆设置郡县和属国，推行移民垦殖活动，促进了边疆民族地区经济和人口的发展。唐王朝时，推行郡县制与羁縻制并行的统治方式，缓和了民族矛盾，保持了边疆稳定，有利于边疆的生产发展和文化进步。明朝时期，在北部边疆建立军事卫所，推行屯田制度，参与屯田的汉族官民，将中原的生产工具、生产技术、优良的农作物品种推广到边疆。在西南边疆实行土司制度，加速了边疆经济的发展。鸦片战争以后，在面对外族侵略时，汉族人民始终站在斗争的最前列，揭开了中国人民反对帝国主义侵略、保卫家园的伟大斗争的序幕。

历史上各民族有过分裂，也有过统一，但分裂是短期的，而统一是长期的。经过分裂，总是走向统一。打打和和，和和打打，最终是打不散、离不开。各民族间在政治、经济、文化等诸方面的联系愈来愈密切，彼此间相互依存、相互吸引，在历史的长河中汇流在一起，形成一股强大的内聚潮流、内聚力量，最终结合成中华民族这样一个多元一体的整体，这是历史发展规律的必然结果。

第二节　中华民族凝聚力是民族复兴的伟大动力

一　中华民族凝聚力的历史作用

中华民族凝聚力是在数千年的历史长河中，逐渐产生，不断壮大，在经历了各种各样的历史考验后，更加充满生命力。中华民族凝聚力在每一个历史时期，在不同的内外环境中，对于各民族的凝聚、中华民族的发展壮大和维护国家走向统一都发挥了重要的历史作用。

中华民族凝聚力的一个突出作用表现在大一统的国家形态是中国历史的主流。春秋战国时代，就对大一统的政治制度和国家形态的建立做了充分的思想舆论准备。秦统一六国，建立中央集权制的一统国家，开创了大一统政治局面的先河。秦以后，尽管政权更迭，但大一统局面一直处于历史的主流。大一统国家政权的建立以及一统河山政治局面的形成，从本质上说，是中华民族凝聚力的表现和历史发展的必然。秦始皇顺应历史潮流，成为开创这一局面的重要人物。中国历史上是典型的农耕社会，水利和耕地是农业的命脉，治理水源，对水源的占有和控制，是整个民族生存发展的基本前提。在生产力极其落后的条件下，要对抗周期性的水旱灾害并解决水利资源的分配和利用，解决扩大耕地、垦荒移民等问题，只有仰仗大一统的政治权力，任何权力分割和政治分立的局面都是极为不利的。另外，中国历史上始终存在受外部强敌入侵的威胁，要抗御外侮，在特定的历史地理条件下，就必须建立高度统一的防御体系和防御工程。大一统政治局面的形成及其历史演变和发展，是始终与守土保国这一国家民族的根本利益相适应的，因而只有"大一统"才被认定是万变不离的正宗，而割据分立则被视为中国历史常态发展中的动乱。

即使在分裂时期，割据政权对峙，大一统也是各民族和各政权追求的目标。魏晋南北朝时期，各少数民族纷纷入主中原，都自称是炎黄后裔，以建立"大一统"为己任。在中华民族强大而坚韧的凝聚力的作用下，"大一统"成为几千年来国家民族的集体意识。秦汉、隋唐、元明清的三次大统一，规模一次比一次大，一次比一次更加巩固。

中华民族凝聚力的另一个突出作用表现为民族融合成为普遍的历史现

象。中华民族多元一体格局的形成，是长期民族融合的结果，反映了中华民族生存发展的客观规律，是对中华民族凝聚力作用的最好说明。

民族融合在中国历史上大体经历了四个重要的时期。

先秦至秦汉时期。先秦时期是中华民族的孕育时代，也是中华民族历史上第一次大融合的时代。三皇五帝时代，炎黄部落以中原地区为中心，就开始了与东夷、苗蛮的不断融合。夏商周时期，居于中原的诸夏各族与四周的夷、蛮、戎、狄等民族逐渐融合，至战国时有的民族因融入华夏族而消失了，中原地区"华夷"逐渐走向一体。秦王朝的建立，是华夏族统一的标志。从汉代开始，在华夏族的基础上中华民族的主体民族汉族开始形成。

魏晋南北朝隋唐时期。这一时期匈奴、鲜卑、羯、氐、羌等北方少数民族纷至沓来，在黄河流域建立了政权，出现了历史上又一次民族大融合。在南方，自秦汉以来，就有不少华夏或汉族大批进入蛮族地区、西南夷及岭南地区。各民族在经济上互补，在文化上互相吸纳，在宗教信仰上兼容并包，经过长时间错杂居住、互为婚姻，加速了民族融合的进程。

五代辽宋夏金元时期。五代中的后唐、后汉、后晋三个王朝是沙陀人建立的，他们采用中原王朝的礼乐官制，在用人上蕃汉一体，与汉人通婚，仅仅半个世纪的时间，这些少数民族就融入了汉族。辽、宋、夏、金时期是中原地区民族融合的又一重要时期，各民族政权从对峙、纷争、冲突逐步走向统一的过程中，由于民族大迁徙而再次改变了民族分布的格局，从而促进了新的民族大融合，为元的空前统一奠定了基础。

明清时期。朱元璋建立明朝后，下诏禁止胡服、胡姓、胡语，留在中原的少数民族为避免歧视多改汉姓，这一措施促进了新的民族融合。清代随着满族的大批入关，实现了满族与汉族和其他民族之间的大融合。边疆地区各民族的融合较前代也有所加强，大杂居、小聚居、普遍散居的状态基本形成。至清后期，各族人民在共同抗击西方列强入侵的过程中，增强了彼此间的凝聚、交往和融合；在患难与共的斗争中，促进了中华民族的觉醒与联合，加强了各民族的凝聚。

民族融合是民族共同体形成和发展过程中必然要经历的一个阶段。中国历史上的民族融合存在着一个强有力的凝聚核心，这就是中华民族的主体民族——汉族，汉族持续不断地吸收其他民族的成分日益壮大，又不断渗入其他民族的聚居区，构成了起着凝聚和联系作用的网络，从而奠定了中华民族凝聚力和多民族联合统一体的基础。

中华民族凝聚力作为一种精神力量，是中华民族对其成员具有的一种向心力和内部聚合力，表现为个体对中华民族强烈的认同和归属心理。中华民族凝聚力也是一个动态的概念，它在一定的社会历史条件下形成，又随着社会的变迁而发生变化，表现在民族认同方面，不同历史时期也有不同的核心。

在中华民族长达几千年的自在阶段，各民族对中华民族的认同主要表现为一种文化上的认同。民族认同的发生是和"非我族类"的外人接触后，从族别上确认"我"与"非我"的过程。春秋时期的"华夷之辨"形成了最初的民族认同意识。"夷"和"夏"的区别，主要不是在血缘、地缘的划分，而是在文化上的划分。因此"华"与"夷"成为一个开放的、可以互相转化的体系，而有可能实现这种转化的就是对中华文化的认同，最终实现"华夷一统"。因此，当少数民族入主中原或建立政权与中央王朝对峙时，他们依然认同中华文化，依然以"大一统"为其政治上的终极目标。这是中华民族凝聚力长期存在的一个重要思想基础。

二 中华民族凝聚力在近代的强化

1840 年鸦片战争的爆发，中国经历了几千年以来最为严重的国家危机和民族危机，中华民族到了最危险的时候。让我们来简要地回顾一下这段痛苦历史的几个片断：

1840 年第一次鸦片战争，英帝国凭借 25 条军舰、1 万余步兵迫使清政府签订了丧权辱国的《南京条约》，开始了近代中国割地赔款的耻辱历史。

1860 年第二次鸦片战争，英军 1.8 万人，法军 7200 人，长驱直入中国首都杀人放火，将圆明园付之一炬，与清政府签订《北京条约》，各国不平等条约接踵而来。

1894 年甲午战争，中国又惨败，《马关条约》把台湾及附属各岛割让日本，还赔偿日本军费白银 2 亿两。

1900 年八国联军侵华，不但获得空前的 4.5 亿两白银赔款，更使中华民族陷入苦难绝望的境地。

1931 年 9 月 18 日，日本关东军 1.9 万兵力，对 19 万东北军发动军事政变，两天占领沈阳，一个星期占领辽宁，三个月占领东三省。

1937 年 7 月 7 日，日本华北驻屯军又以不到 8000 的兵力，对拥兵 10 万的国民革命军第 29 军发动卢沟桥事变，一个月使华北沦陷。中华民族的命运再次跌入历史的谷底。

从 1931 年九一八事变到 1945 年 8 月 15 日日本正式宣布投降，抗战持续 14 年之久，中国人民最终胜利了，为什么？国内各种力量的团结一致，武装力量的英勇奋战，反法西斯联盟的有力支援，等等，都是重要原因。但其中最重要、最关键的，是中华民族的真正觉醒。这种民族的觉醒和凝聚力的强化，在进入近代这样一个急剧转变的特殊形势下，从长期封闭固守的"睡狮"状态中突破出来，而且持续不断，越来越扩大。

从 1861 年的洋务运动到 1898 年的戊戌维新，中国士大夫阶层觉醒；从 1911 年的辛亥革命到 1919 年五四运动，中国知识分子阶层觉醒；从 1931 年九一八事变到 1937 年七七事变，则发展为中华民族的整体觉醒。这种觉醒最为深刻，也最为彻底。而这种觉醒是中华民族长期历史积淀的凝聚力的觉醒和恢复，是中华民族用自身力量挽救了自己。

历史的跌宕曲折有时是无法回避的。在灾难和危机面前，一个国家，一个民族，一盘散沙，不战自溃；一个国家，一个民族，团结凝聚，才坚不可摧。一个自强的民族，必然千方百计呵护自己的精神财富，这就是民族自尊、民族自信、民族的团结力和凝聚力。这也是近代历史留下来的最大财富。

三　中华民族凝聚力是民族复兴的伟大动力

晚清以来，中华民族经历了百年的艰苦探索，付出了巨大代价，终于取得了历史性的进步。新中国的建立，实现了民族平等，依靠历史上形成的自发的凝聚力，把分散的中华各族整合成了自觉的多民族统一体，使之有了自立于世界民族之林的能力，为中华民族的独立、尊严和发展奠定了坚实的政治基础。取得这一历史性的巨大进步，重要的原因之一就是中华民族强大的凝聚力和团结一致的爱国主义精神。这种具有巨大创造力和生命力的精神财富被世界公认为"中国精神"。

今天，在新的历史起点上，中华民族凝聚力对于实现中华民族的伟大复兴将发挥更为重要的功能。

(1) 聚合功能

中华民族凝聚力是一种精神动力，是团结各族人民的精神纽带，也是新的历史时期实现社会整合的精神力量。历史的一页虽然翻过去了，但是历史积淀下来中华民族凝聚力在新时期又焕发出了新活力。新中国成立以前，被唤醒的中华民族意识凝聚全国各族人民救亡图存，实现了民族解放和国家独立；新中国成立以后，中华民族凝聚力激励各族人民艰苦创业，勇于开拓；现在，中华民族凝聚力又把各族人民、社会各阶层、各政党聚合在一起，万众一心，为国家的繁荣富强贡献力量。

中华民族凝聚力是凝聚全民族的一种巨大的精神力量，使各族民众在思想认同和价值取向上达成共识，在实际行动中步调一致，把中华各民族及社会各种力量聚合为一个整体，这种有效聚合以全民族的共同利益为基础，而现阶段全民族的根本利益与国家的根本利益是完全一致的，因此，爱国主义精神是当代中华民族凝聚力的核心。以爱国主义精神为价值导向，中华民族凝聚力就能够聚合全国各族人民的力量，为中华民族的共同利益而奋斗。

(2) 化解功能

中华民族的构成复杂，各民族各具特色，都有自己的民族历史、民族文化、民族性格等。同时，中华民族内还有不同的阶层、利益群体等，他们各自的利益和诉求也不尽相同。面对这种错综复杂的局面，以各族人民共同创造、共同享有的中华文化为基础，中华民族凝聚力对这些各具特色的民族文化、民族性格、群体心理等进行整合，使之变成了一个同中有异、异中有同的多元一体系统。中华民族凝聚力能将这个多元一体系统内各种不同的利益和诉求统合起来，包容各民族、各群体、各阶层之间的差异，化解他们之间的矛盾，消弭意见分歧，达成共识。

此外，中华民族凝聚力具有超越中华民族内部各个亚群体利益的特性，也是维系民族内部各群体、各阶层和平共处、团结奋进的纽带。没有民族团结和国家统一，就无法实现各个民族内部的和平与发展。因此，实现和维护全民族的整体利益是中华民族凝聚力的主题之一，也是中华民族凝聚力的重要功能。从本质上讲，中华民族的整体利益与各民族、各阶层、各群体的根本利益是一致的，中华民族的整体利益与各个亚群体的利益紧紧联系在一起。

（3）抵御功能

人类社会已进入了全球化时代，西方国家凭借其强大的经济实力和先进的现代科学技术在全世界范围内推广他们的文化、价值观和意识形态，向包括中国在内的发展中国家发起了一场没有硝烟的文化侵略战。文化是一个民族的精神和灵魂，中华民族在全球化的时代如何保持我们自己的民族文化的个性，已成为当务之急。这就需要中华民族形成一种社会凝聚力，强化各族人民对国家的认同、对中华民族的认同，发扬民族优良文化，弘扬民族精神，维护国家主权和民族利益，共同应对全球化带来的挑战。

虽然和平是当今世界的主题，但是国际局势也有动荡不安，霸权主义、强权政治对中国构成的威胁时时存在。特别是近些年来，中国的迅速崛起，引起某些西方大国的疑虑和不安，他们四处散布"中国威胁论"，想方设法破坏我国发展的良好环境。他们与国内的分裂分子相勾结，挑拨、激化国内民族矛盾，打着人权、民主、宗教等的旗号，在西藏、新疆等问题上大做文章，竭力破坏这些地区的安定和团结，给我国边疆地区带来了许多不稳定因素，对我国的国家统一和民族团结构成了威胁。但是，越是面对这样紧迫的形势，越是要发挥中华民族凝聚力强大的精神支柱的作用，发挥其抵御敌对势力的功能。

（4）提振功能

民族凝聚力是一个国家的精神支柱，有了民族凝聚力，一个国家就能屹立于世界民族之林，不被困难和灾难所压倒。对于普通民众而言，强大的中华民族凝聚力，不仅表现为对国家和民族满腔的热爱之情，也表现为一种忧国忧民的自觉意识和理性思考，更是对民族和国家的生存与发展担负起责任，并把这种崇高的责任感转化为为祖国富强、民族振兴而献力的实际行动。

在中国向前发展的道路上，尽管时常会遇到很多意想不到的灾难和挫折，但灾难也可以见证一个民族的凝聚力。2008 年 5 月 12 日中国大地经历了新中国成立以来破坏性最强、波及范围最大的一次地震。地震让中华民族的凝聚力迅速迸发，中华民族在巨大的自然灾害面前，万众一心、同舟共济，又一次以雄辩的事实向全世界昭示：以民族精神凝聚起来的民族，具有一种无坚不摧、战无不胜的精神。

在当代社会，国家利益是民族利益的核心之所在，捍卫国家的主权完整是中华民族神圣的历史使命。2012 年 9 月日本宣布钓鱼岛"国有化"之后，首先是香港民间保钓人士进入钓鱼岛宣示主权，继而到全国各地爆发反日大游行，甚至号召抵制日货。日本的"购岛"行为，极大地触发了中华民族要求维护国家主权，抵御外敌入侵的强烈愿望，举国上下，义愤填膺，群情激奋、同仇敌忾，中华民族凝聚力的伟大力量再一次得到彰显。

（5）激励功能

中华民族凝聚力体现出的自强不息、刚健有为的精神激励着人们奋发向上，不断前进。"天行健，君子以自强不息。"中国传统文化中这种自强刚健的精神，一直激励着数以千万计的志士仁人为坚持自己的理想和事业而奋斗终生。经过世代的积淀，这种精神已融入了我们的民族精神。这种高昂的民族精神让每个炎黄子孙的心中充满激情，鼓舞着中华儿女敬业奋进、锐意进取、百折不挠，成为推动全国人民奋勇开拓的巨大力量。

中华民族凝聚力引导着、培育着国人的爱国情怀。作为一种精神力量，中华民族凝聚力激励各族人民把国家利益和民族利益视为最高利益，把自己和民族国家的命运紧紧联系在一起，激发出他们强烈的国家民族意识，承担起他们对国家应负的责任，团结多方力量，形成推动社会前进的强大动力。历史铸造了中华民族凝聚力，中华民族凝聚力又在新时代激励着各族人民为实现中华民族伟大复兴的"中国梦"而继续奋斗。

主要参考文献

（汉）司马迁：《史记》，中华书局 1975 年版。

（汉）班固：《汉书》，中华书局 1973 年版。

（北齐）魏收：《魏书》，中华书局 1974 年版。

（唐）房玄龄：《晋书》，中华书局 1974 年版。

（明）宋濂：《元史》，中华书局 1976 年版。

（宋）司马光：《资治通鉴》，中华书局 2012 年版。

《十三经注疏》，中华书局 1980 年版。

（唐）杜佑：《通典》，中华书局 1988 年版。

（宋）王钦若等编：《册府元龟》，中华书局 1960 年版。

（明）方孝孺：《逊志斋集》，中华书局 1912 年版。

梁启超：《饮冰室合集》，中华书局 1989 年版。

翦伯赞：《中国史纲要》，人民出版社 1995 年第 2 版。

吕思勉：《吕著中国通史》，华东师大出版社 2004 年版。

钱穆：《国史大纲》，商务出版社 2002 年版。

白寿彝主编：《中国通史》，上海人民出版社 1989 年版。

汤志钧编：《康有为政论集》，中华书局 1981 年版。

黄仁宇：《中国大历史》，生活·读书·新知三联书店 2003 年版。

陈育宁：《民族史学概论》（修订本），宁夏人民出版社 2006 年版。

陈育宁主编：《中华民族凝聚力的历史探索——民族史学理论问题研究》，
　　云南人民出版社 1994 年版。

罗贤佑：《中国民族史纲要》，中国社会科学出版社 2009 年版。

翁独健：《中国民族关系史纲要》，中国社会科学出版社 1990 年版。

费孝通：《中华民族多元一体格局》，中央民族出版社 1999 年版。

田继周：《少数民族与中华文化》，上海人民出版社 1996 年版。

田继周等：《中国历代民族政策研究》，青海民族出版社 1993 年版。

戴逸：《简明清史》，中国人民大学出版社 2006 年版。

杨建新、崔明德：《中国民族关系研究》，民族出版社 2006 年版。

崔明德：《中国古代和亲通史》，人民出版社 2007 年版。

李大龙：《汉唐藩属体制研究》，中国社会科学出版社 2006 年版。

杨茂盛：《中国北疆古代民族政权形成研究》，黑龙江教育出版社 2004 年版。

王明珂：《游牧者的抉择：面对汉帝国的北亚游牧部族》，广西师范大学出
　　版社 2008 年版。

王明珂：《华夏边缘：历史记忆与族群认同》，台北：允晨文化实业股份有
　　限公司 1997 年版。

陈连开：《我国少数民族对祖国历史的贡献》，北京书目文献出版社 1983
　　年版。

江应梁主编：《中国民族史》，民族出版社 1990 年版。

王桐龄：《中国民族史》，文化学社 1934 年版。

林惠祥：《中国民族史》，商务印书馆 1993 年版。

孔庆榕、李权时主编：《中华民族凝聚力论纲》，广东人民出版社 1995 年版。

林耀华主编：《民族学通论》，中央民族大学出版社 1997 年版。

卢勋等：《中华民族凝聚力的形成与发展》，民族出版社 2000 年版。

吕大吉：《宗教学通论新编》，中国社会科学出版社 1998 年版。

马戎、周星主编：《中华民族凝聚力形成与发展》，北京大学出版社 1999
　　年版。

何炳棣：《1368—1953 年中国人口研究》，葛剑雄译，上海古籍出版社 1989
　　年版。

王文光：《中国民族发展史》，民族出版社 2005 年版。

胡绍华：《中国南方民族发展史》，民族出版社 2004 年版。

季羡林：《中印文化交流史》，新华出版社 1991 年版。

金泽：《宗教人类学导论》，宗教文化出版社 2001 年版。

牟钟鉴、张践：《中国宗教通史》，社会科学文献出版社 2000 年版。

牟钟鉴主编：《民族宗教学导论》，宗教文化出版社 2009 年版。

张海洋：《中国的多元文化与中国人的认同》，民族出版社 2006 年版。

纳日碧力戈：《现代背景下的族群建构》，云南教育出版社 2000 年版。

宁骚：《民族与国家》，北京大学出版社 1995 年版。

汪晖：《东西之间的"西藏问题"》，生活·读书·新知三联书店 2011 年版。

万明钢：《多元文化视野：价值观与民族认同研究》，民族出版社 2006 年版。

陈梧桐：《古代民族关系论稿》，中央民族大学出版社 2006 年版。

龚荫：《中国民族政策史》，四川人民出版社 2006 年版。

樊树志：《国史概要》，复旦大学出版社 2004 年版。

［美］斯塔夫里阿诺斯：《全球通史》，吴象婴、梁赤民译，上海社会科学院出版社 1999 年版。

［美］杜赞奇：《从民族国家拯救历史：民族主义话语与中国现代史研究》，王宪明译，社会科学文献出版社 2003 年版。

［美］拉铁摩尔：《中国亚洲内陆边疆》，唐晓峰译，江苏人民出版社 2010 年版。

［英］休·希顿—沃森：《民族与国家》，吴洪英、黄群译，中央民族大学出版社 2009 年版。

［日］松本真澄：《中国民族政策之研究——以清末至 1945 年的"民族论"为中心》，鲁忠慧译，民族出版社 2003 年版。

后 记

　　《中国民族史学理论新探索》一书是我和宁夏大学中国少数民族史博士点民族史学理论专业方向毕业的博士对中国民族史学理论学习、研究的一个成果。

　　我在20世纪80年代初从事中国少数民族史研究中，经常遇到并引起思考的一个问题是，民族史研究的许多问题，需要理论观点的概括，也需要理论观点的指导。由于中国民族史是一个有着自己鲜明特色，且庞大复杂的学科体系，一般性的史学理论难以全面准确地解释民族史上众多宏观和微观、共性和个性、规律和具体的问题，民族史学需要有自己的理论概括和理论指导，需要从一个个专题的讨论，推进到学科理论体系的建设。于是，我开始进行这方面的探索，先后主持并完成了《中华民族凝聚力的历史探索》《民族史学概论》课题的研究。但进入这个领域后才深深感到，建立中国民族史学理论体系是一个艰巨复杂的任务，是需要达成共识、多学科配合、多力量合作、长时间坚持的一项工作，绝不是一两个课题、几篇文章和几部著作就能完成的。

　　2003年，宁夏大学中国少数民族史博士点建立，2007年开始正式招生。这个博士点设立了民族史学理论专业方向，这是目前高校民族史博士点极少设置的一个专业方向。我作为该点这一专业方向的博士生导师，感到欣慰的是，开展民族史学理论研究，从人才培养做起，这是一项基础工作，也是有远见之举。在这几年的教学和研究过程中，我和这一专业方向陆续毕业的博士共同感到，为了推进民族史学理论专业的深化，需要进一步对以往的研究进行总结，对新的认识和观点进行归纳，这项工作需要一个综合性的课题来承担。

　　2009 年，我结合博士点的教学工作，和宁夏大学民族史学理论专业方向的头三届博士生酝酿组建了课题组，他们是王正儒、陈红梅、韩永静、杨学跃、谢海涛、王朝海。由我负责设计课题研究方案，明确研究思路，确定研究内容。当年，该课题被宁夏大学立为"211"重点项目。立项后，我们进行了分工，并开始着手准备。2011 年，在前期研究的基础上，完成了新的课题设计。2012 年以"中国民族史学理论新探索"为题获得国家社科基金立项资助。

　　在课题研究过程中，我们注意到如下几个方面：第一，在民族史学理论问题已有研究成果的基础上，争取把近年来学界新的观点看法、认识、见解、体会归纳进来，真正成为"新探索"；第二，以若干重大理论问题（如多元一体格局、中华民族凝聚力、统一问题等）为基础和主线，将诸多问题的内在联系阐述清楚，把民族史中带有规律性、特征性的东西凝练出来，并以此构成体系；第三，这个课题的研究以新培养的博士为主力，由他们承担主要的编写任务，让他们及早得到锻炼，使民族史学理论的研究继承下来，并希望他们能成长为新的骨干。

　　全书由我进行主体设计，课题组充分酝酿、讨论并予以完善。课题组成员在分工编写过程中，曾多次交流讨论，参加相关的学术活动，请教同行专家。2013 年夏写出初稿后，在博士点导师霍维洮教授、杜建录教授、王银春教授及汤晓芳教授审读并参与下，和课题组成员进行了集体讨论和会审。在此基础上，根据汇总的意见，对内容结构做适当调整，课题组成员各自修改，此后由我进行统改审定。

　　各章编写者如下：

前　言	王正儒	谢海涛
第一章	陈红梅	谢海涛
第二章	谢海涛	王正儒
第三章	陈红梅	王朝海
第四章	王朝海	陈红梅
第五章	王朝海	
第六章	王正儒	
第七章	王朝海	

感谢我国著名的民族学家郝时远先生为本书作序。我在与郝时远先生多年的学术交往中，得到了他很多帮助，也结下了很深的情谊。他为本书作序，给予诸多肯定和指点，也是对几位青年博士后的关爱。

在该书出版与编写作过程中，得到宁夏大学西夏学研究院院长杜建录先生、王丽莺老师等人的帮助，从 2010 年 "211" 重点项目的立项，到 2012 年国家社会科学基金的资助，再到 "一省一校" 项目出版经费的支持，他们提出了宝贵意见并做了大量的工作，在此致谢！本书的出版得益于中国社会科学出版社领导的关心支持和郭晓鸿编辑的辛勤劳动，在此致以衷心的感谢！

陈育宁

2014 年 6 月